INDUSTRIEKAUFLEUTE

LERNSITUATIONEN

Lernfelder 1–5

Autoren:
Hans-Peter von den Bergen
Hans-Peter Klein
Gisbert Weleda
Dr. Petra Zedler

unter Mitarbeit der Verlagsredaktion

Dieses Buch wurde erstellt unter Verwendung von Materialien von Peter Engelhardt, Ute Morgenstern, Alfons Steffes-lai und Carsten Zehm.

Wir weisen darauf hin, dass die im Lehrwerk genannten Unternehmen und Geschäftsvorgänge frei erfunden sind. Ähnlichkeiten mit real existierenden Unternehmen lassen keine Rückschlüsse auf diese zu. Dies gilt auch für die im Lehrwerk genannten Kreditinstitute, Bankleitzahlen und Buchungsvorgänge. Ausschließlich zum Zwecke der Authentizität wurden insoweit existierende Kreditinstitute und Bankleitzahlen verwendet.

Soweit in diesem Lehrwerk Personen fotografisch abgebildet sind und ihnen von der Redaktion fiktive Namen, Berufe, Dialoge und Ähnliches zugeordnet oder diese Personen in bestimmte Kontexte gesetzt werden, dienen diese Zuordnungen und Darstellungen ausschließlich der Veranschaulichung und dem besseren Verständnis des Inhalts.

Sämtliche Personenbezeichnungen in diesem Band (z. B. „Schüler", „Lehrer") gelten selbstverständlich für beide Geschlechter.

Verlagsredaktion:	Bettina Kanke, Peter Sander
Außenredaktion:	Veronika Kühn, Köln; Annegret Wieck, Berlin
Bildredaktion:	Christina Fanselow
Gesamtgestaltung und technische Umsetzung:	vitaledesign, Berlin

www.cornelsen.de/cbb

Dieses Werk berücksichtigt die Regeln der reformierten Rechtschreibung und Zeichensetzung. Ausnahmen bilden Originaltexte, bei denen lizenzrechtliche Gründe einer Änderung entgegenstehen.

Die Webseiten Dritter, deren Internetadressen in diesem Lehrwerk angegeben sind, wurden vor Drucklegung sorgfältig geprüft. Der Verlag übernimmt keine Gewähr für die Aktualität und den Inhalt dieser Seiten oder solcher, die mit ihnen verlinkt sind.

1. Auflage, 7. Druck 2022

Alle Drucke dieser Auflage sind inhaltlich unverändert und können im Unterricht nebeneinander verwendet werden.

Druck: AZ Druck und Datentechnik GmbH, Kempten

ISBN 978-3-06-450495-0

PEFC zertifiziert
Dieses Produkt stammt aus nachhaltig bewirtschafteten Wäldern und kontrollierten Quellen.
www.pefc.de

PEFC/04-31-2260

Inhaltsverzeichnis

Inhaltsverzeichnis

Die Fly Bike Werke GmbH – eine Betriebserkundung

1 Unternehmensportrait

Jan Ullmann und Björn Ries, die Gesellschafter der Fly Bike Werke GmbH, sind seit frühester Jugend befreundet und hatten immer ein gemeinsames Hobby, das Radrennfahren. Die Väter der beiden Amateur-Rennfahrer waren schon frühzeitig im Fahrradmarkt ambitioniert. Dirk Ries, Vater von Björn Ries, betrieb in Oldenburg einen Fahrradeinzelhandel, wobei Rennräder für den Amateurbereich einen Schwerpunkt in seinem Sortiment darstellten. Klaus Ullmann, Vater von Jan Ullmann, produzierte in Oldenburg Standardfahrradrahmen aus Stahl für die Fahrradindustrie.

Die Erfahrungen, die Jan Ullmann als Hobbysportler gesammelt hatte, ließen sich gut mit dem Knowhow seines Vaters kombinieren. Die Geschäftsidee, eigene Freizeit-Sporträder aus Stahl zu entwickeln, erschien ihm so vielversprechend, dass er 1982 die Fly Bike Werke GmbH (als sogenannte Ein-Mann-GmbH) gründete. Die Aufgaben eines Geschäftsführers übertrug er an den ebenfalls radsportbegeisterten Hans Peters. Hauptziel der Fly Bike Werke GmbH ist und war immer die Produktion und der Absatz von hochwertigen, langlebigen Fahrrädern mit Gewinn.

Der Zwang zu modernen Fertigungsmethoden und die damit verbundenen Investitionen erhöhten den Kapitalbedarf zum Ende des ausgehenden Jahrhunderts erheblich. Da traf es sich gut, dass Jan Ullmann seinen alten Freund Björn Ries bei einem Radrennen traf und von seinen Sorgen erzählte. Der aufgrund eines erfolgreichen Berufslebens vermögende Björn Ries war spontan bereit, sich an der Fly Bike Werke GmbH zu beteiligen, und trat Anfang 2001 als weiterer Gesellschafter in die GmbH ein. Basis für die Geschäftstätigkeit der Fly Bike Werke GmbH ist der Gesellschaftsvertrag auf den folgenden Seiten.

Modellunternehmen Fly Bike Werke GmbH		
Rechtsform und Unternehmensgröße, Handelsregistereintrag	Gesellschaft mit beschränkter Haftung (GmbH) Kleine Kapitalgesellschaft gem. § 267 HGB Oldenburg HRB 2134	
Gesellschafter und Geschäftsanteile	Herr Jan Ullmann 200.000,00 €	Herr Björn Ries 100.000,00 €
Geschäftsführer	Herr Hans Peters	
Geschäftsjahr	Kalenderjahr (01.01. bis 31.12.)	
Umsatz Berichtsjahr	Ca. 6,9 Mio. €	

Bankverbindungen	– Deutsche Bank AG, Oldenburg
	  BLZ: 280 700 57
	  Konto-Nr.: 2 114 253 666
	  BIC: DEUTDEHB280
	  IBAN: DE68 2807 0057 2114 2536 66
	– Landessparkasse zu Oldenburg
	  BLZ: 280 501 00
	  Konto-Nr.: 112 326 444
	  BIC: BRLADE21LZO
	  IBAN: DE86 2805 0100 0112 3264 44	

Kontakt	Post- und Lieferadresse: Rostocker Str. 334, 26121 Oldenburg Telefon 0441 885-0 Telefax 0441 885-9211 Internet: www.flybike-werke.de E-Mail: mail@flybike-werke.de	
Absatzprogramm	Produktionsprogramm	Fahrräder: City-Räder, Mountain-Bikes, Rennräder, Jugendräder, Trekkingräder
	Handelswaren	Fahrradbekleidung, Fahrradzubehör, Fahrradanhänger
	Dienstleistungen	Vermittlung von Fahrradreisen
Stoffe, Vorprodukte, Fremdbauteile (Beispiele)	Rohstoffe	Rohre und Bleche aus Stahl und Aluminium
	Hilfsstoffe	Farben und Grundierungen, Schrauben und Kleinteile
	Betriebsstoffe	Strom, Gas, Wasser, Heizöl, Schmierstoffe
	Vorprodukte, Fremdbauteile	Räder, Beleuchtung, Sättel, Spezialrahmen, Federgabeln
Fertigungstypen und Fertigungsarten	– Fließ- bzw. Gruppenfertigung – Werkstattfertigung (Rennräder-Profi) – Serienfertigung – Einzelfertigung (Rennräder-Profi)	
Technische Anlagen und Maschinen (Beispiele)	Universalroboter, Rohrschneideanlage, Rahmenrichtmaschine, Schleifmaschine, Schweißmaschine, Montagebänder, Verpackungsanlage, Lackierautomaten	
Mitarbeiter	1 Geschäftsführer, 37 Arbeitnehmer, 3 Auszubildende	
Kunden	Großhändler, Filialisten, Cash-and-Carry-Märkte im Inland, Großhändler im Ausland	
Lieferanten	Industriebetriebe und Spezialgroßhändler im In- und Ausland	
Verbände	Oldenburgische Industrie- und Handelskammer (IHK), Oldenburg (Pflichtmitgliedschaft); NORDMETALL e. V., Hamburg, Geschäftsstelle Oldenburg, Bezirksgruppe Nordwest (Arbeitgeberverband)	
Betriebsnummer für die Sozialversicherung	26 550 966	
Steuer-Nr. USt-Id.-Nr.	112/8870/0057 DE 236667691	

2 Gesellschaftsvertrag

– Gesellschaftsvertrag –

§ 1   Firma und Sitz der Gesellschaft
(1) Die Firma der Gesellschaft lautet:
Fly Bike Werke Gesellschaft mit beschränkter Haftung
(2) Sitz der Gesellschaft ist Oldenburg.

§ 2   Gegenstand des Unternehmens
Gegenstand des Unternehmens ist die Herstellung und der Handel mit
Fahrrädern, Fahrradteilen, Fahrradzubehör und Dienstleistungen im
Fahrradmarkt. Die Gesellschaft darf andere Unternehmen gleicher oder
ähnlicher Art übernehmen, vertreten und sich an solchen beteiligen;
sie darf auch Zweigniederlassungen errichten.

§ 3   Stammkapital und Stammeinlage
(1) Das Stammkapital der Gesellschaft beträgt 350.000,00 DM
(in Worten: dreihundertfünfzigtausend Deutsche Mark).
(2) Der alleinige Gesellschafter, Herr Jan Ullmann, Oldenburg, leistet seine Einlage, indem er alle Vermögenswerte der Einzelunterneh-
mung Fahrrad Ullmann in die Gesellschaft einbringt.

§ 4   Dauer der Gesellschaft, Geschäftsjahr
(1) Die Gesellschaft wird auf unbestimmte Zeit errichtet.
(2) Geschäftsjahr ist das Kalenderjahr.

§ 5   Geschäftsführung und Vertretung
(1) Die Gesellschaft hat einen oder mehrere Geschäftsführer. Sind
mehrere Geschäftsführer bestellt, so wird die Gesellschaft durch je
zwei Geschäftsführer gemeinschaftlich vertreten.
(2) Zum Geschäftsführer wird bestellt: Herr Hans Peters. Er ist von
den Beschränkungen des § 181 BGB befreit.

§ 6   Jahresabschluss
Innerhalb der ersten drei Monate nach Abschluss eines Geschäftsjahres
hat die Geschäftsführung den Jahresabschluss und den Lagebericht aufzustellen und zusammen mit einem Vorschlag zur Ergebnisverwendung dem
Gesellschafter vorzulegen. Der Jahresabschluss ist nach den gesetzlichen Vorschriften zu erstellen.

§ 7   Bekanntmachungen
Bekanntmachungen der Gesellschaft werden im Bundesanzeiger
veröffentlicht.

Oldenburg, 15. Februar 1982

Jan Ullmann

**Änderungen des Gesellschaftsvertrages § 3 (1)
durch Gesellschafterbeschluss am 20.05.2000**
Das Stammkapital der Gesellschaft wird auf 200.000,00 € (in Worten
zweihunderttausend Euro) erhöht. Die ausstehende Einlage ist zum of-
fiziellen Umrechnungskurs von 1,95583 DM je Euro bis zum 31.12.2000
auf das Konto der Gesellschaft durch den Gesellschafter Jan Ullmann,
Oldenburg, einzuzahlen.

Oldenburg, 20. Mai 2000

Jan Ullmann

Änderungen des Gesellschaftsvertrages §3 (1) durch Gesellschafterbeschluss am 15.12.2000:

(1) Zu Beginn des Geschäftsjahres 2001 tritt Herr Björn Ries in die GmbH ein. Der Gesellschafter Ries leistet eine Einlage von 100.000,00 € (in Worten einhunderttausend Euro). Das gezeichnete Kapital erhöht sich auf 300.000,00 €
(in Worten dreihunderttausend Euro). Davon übernehmen:

a) Herr Jan Ullmann, Oldenburg, 200.000,00 €.

b) Herr Björn Ries, Oldenburg, 100.000,00 €.

c) Herr Björn Ries leistet eine Kapitalrücklage in Höhe von 100.000,00 € für die erbrachten Vorleistungen von Herrn Jan Ullmann (Know-how, Firmenimage).

Ergänzung des Gesellschaftsvertrages um §3 (3) durch Gesellschafterbeschluss am 15.12.2000:

(3) Der Gesellschafter Björn Ries, Oldenburg, leistet seine Einlage in Geld. Seine Stammeinlage und die vereinbarte Kapitalrücklage sind zu Beginn des Geschäftsjahres 2001 zur freien Verfügung der Gesellschaft auf das Konto der Gesellschaft einzuzahlen.

Ergänzung des Gesellschaftsvertrages um §4 (3) durch Gesellschafterbeschluss am 15.12.2000:

(3) Jedem Gesellschafter steht ein Kündigungsrecht mit einjähriger Frist zum Jahresende zu.

Änderung des Gesellschaftsvertrages §6 Jahresabschluss durch Gesellschafterbeschluss am 15.12.2000:

Innerhalb der ersten drei Monate nach Abschluss eines Geschäftsjahres hat die Geschäftsführung den Jahresabschluss und den Lagebericht aufzustellen und zusammen mit einem Vorschlag zur Ergebnisverwendung der Gesellschafterversammlung vorzulegen. Der Jahresabschluss ist nach den gesetzlichen Vorschriften zu erstellen.

Ergänzung des Gesellschaftsvertrages um §8 durch Gesellschafterbeschluss am 15.12.2000:

§8 Gesellschafterversammlung, Stimmrecht und Erfolgsbeteiligung
(1) Alljährlich findet innerhalb von 6 Monaten nach Schluss des vorangegangenen Rechnungsjahres eine ordentliche Gesellschafterversammlung statt. Diese beschließt über die

- Feststellung des Jahresabschlusses für das vorangegangene Geschäftsjahr,
- Verwendung der Ergebnisse der Gesellschaft,
- Entlastung des/der Geschäftsführer/s,
- Wahl eines eventuell zu bestellenden Abschlussprüfers.

(2) Je 500,00 € eines Geschäftsanteils gewähren eine Stimme.
(3) 10 % eines Jahresüberschusses fließen ab 2001 in die Gewinnrücklage. Die Gewinnverteilung erfolgt im Verhältnis des gezeichneten Kapitals.

Oldenburg, 15. Dezember 2000

Jan Ullmann   *Björn Ries*

Der Gesellschaftsvertrag samt Änderungen wurde von Rechtsanwalt und Notar Dr. Heinfried Kampen, Oldenburg, notariell beglaubigt.

3 Produktionsprogramm, Absatzprogramm, Kunden, Preise

Das **Produktionsprogramm** der Fly Bike Werke GmbH umfasst zurzeit zwölf verschiedene Fahrradmodelle. Das Produktionsprogramm wird durch Handelswaren und Dienstleistungen zum **Absatzprogramm** erweitert.

Produktionsprogramm			
Modell	Artikel-Nr.	Modell-Name	unverbindl. Preis
City-Räder	101	City *Glide*	245,00 €
	102	City *Surf*	274,40 €
Trekkingräder	201	Trekking *Light*	299,25 €
	202	Trekking *Free*	350,00 €
	203	Trekking *Nature*	437,50 €
Mountain-Bikes	301	Mountain *Dispo*	393,75 €
	302	Mountain *Constitution*	598,50 €
	303	Mountain *Unlimited*	997,50 €
Rennräder	401	Renn *Fast*	1.260,00 €
	402	Renn *Superfast*	2.205,00 €
Kinderräder	501	Kinder *Twist*	196,88 €
	502	Kinder *Cool*	262,50 €

City-Rad Modell 102 *Surf*

Rennrad Modell 401 *Renn Fast*

Handelswaren und Dienstleistungsangebote der Fly Bike Werke GmbH		
Handelswaren	Textilien aus Gore Tex (x = Größen S, M, L, XL, XXL)	– 701 x Shirts *STEFF superfast* – 702 x Shorts *STEFF superfast* – 703 x Jacketts *STEFF superfast*
	Fahrradanhänger	– 601 Modell *Kelly* – 602 Modell *Mini* – 603 Modell *Max* – 604 Modell *Kids* – 605 Modell *Sven*
Dienst-leistungen	Vermittlung von Radtouren/Reisen (Veranstalter: UIT und Rebbel)	– 901 Brandenburg und Mecklenburg-Vorpommern (Alleestraßen) – 902 Rheinland-Pfalz (Mosel/Saar) – 903 Niedersachsen (Nordsee) – 904 Südtirol (Pässetour, Teilnahme an Dolomiti Open) – 905 Toskana (Kultur, Tour und Mee(h)r) – 906 Schweiz (Pässetour)

Mountain-Bike Modell 302 *Constitution*

Kinderrad Modell 502 *Cool*

Kunden der Fly Bike Werke GmbH	
Einzelhandel	umsatzstarke Fachhandelsunternehmen mit eigenen Filialen und abgegrenzten Vertriebsgebieten in Deutschland
Großhandel national	Fahrradgroßhandelsunternehmen, die den Fahrradeinzelhandel in Deutschland beliefern
Großhandel Europa	je ein Großhändler in Belgien, in den Niederlanden, in Österreich und der Schweiz, die dort landesweit den Fahrradeinzelhandel beliefern
Private-Label-Kunden	eine Kaufhauskette und ein Cash-and-Carry-Konzern, die Fahrräder unter eigenem Markennamen (Private Label) vertreiben

Die Preise der Fahrräder werden von der Fly Bike Werke GmbH immer als unverbindliche Preisempfehlungen angegeben, zuzüglich Umsatzsteuer für den Endverbraucher. Auf diese Preise erhalten die Wiederverkäufer (Kunden der Fly Bike Werke GmbH) Preisnachlässe in Form von **Rabatten**, **Boni** und **Skonti**.

4 Bilanz und GuV

Bilanz der Fly Bike Werke GmbH, Oldenburg, zum 31.12.20XX (in €)

Aktiva	Vorjahr	Berichtsjahr	Passiva	Vorjahr	Berichtsjahr
A. Anlagevermögen			A. Eigenkapital	700.000,00	850.000,00
1. Grundstücke und Bauten	635.200,00	612.850,00	B. Verbindlichkeiten		
2. Technische Anlagen und Maschinen	224.904,00	131.870,00	1. Langfristige Bankverbindlichkeiten	639.000,00	602.000,00
3. Betriebs- und Geschäftsausstattung	138.371,00	97.505,00	2. Verbindlichkeiten aus Lieferungen und Leistungen	697.600,00	926.225,00
B. Umlaufvermögen			3. Sonstige Verbindlichkeiten	13.000,00	24.000,00
1. Roh-, Hilfs- und Betriebsstoffe	224.800,00	288.000,00			
2. Unfertige Erzeugnisse	36.000,00	48.000,00			
3. Fertige Erzeugnisse	72.900,00	140.000,00			
4. Handelswaren	0,00	4.000,00			
5. Forderungen aus Lieferungen und Leistungen	541.520,00	720.000,00			
6. Kasse	3.105,00	2.400,00			
7. Bankguthaben	172.800,00	357.600,00			
	2.049.600,00	2.402.225,00		2.049.600,00	2.402.225,00

Gewinn- und Verlustrechnung

Gesamtkostenverfahren, Beträge in €	Vorjahr	Berichtsjahr
1. Umsatzerlöse	5.800.000,00	6.893.555,85
2. Erhöhung oder Verminderung an Erzeugnissen	18.000,00	105.500,00
3. andere aktivierte Eigenleistungen	3.000,00	3.600,00
4. sonstige betriebliche Erträge	–	4.000,00
5. Materialaufwand und Wareneinsatz	3.271.300,00	3.565.000,00
Rohergebnis	**2.549.700,00**	**3.441.655,85**
6. Personalaufwand	1.845.990,00	2.250.000,00
7. Abschreibungen	170.000,00	210.000,00
8. sonstige betriebliche Aufwendungen	324.000,00	344.000,00
Betriebsergebnis	**209.710,00**	**637.655,85**
9. Erträge aus Beteiligungen	–	–
10. Erträge aus anderen WP/Finanzanlagen	–	–
11. sonstige Zinsen	–	–
12. Abschreibungen auf WP des UV/Finanzanlagen	–	355.412,35[1]
13. Zinsaufwendungen	60.480,00	47.628,00
9. bis 13. Finanzergebnis	**– 60.480,00**	**– 403.040,35**
Ergebnis vor Steuern	**149.230,00**	**234.615,50**
14. Steuern vom Einkommen und vom Ertrag	47.230,00	82.115,50
15. Ergebnis nach Steuern	**102.000,00**	**152.500,00**
16. Sonstige Steuern	2.000,00	2.500,00
17. Jahresüberschuss/-fehlbetrag	**100.000,00**	**150.000,00**

WP = Wertpapiere, UV = Umlaufvermögen, 1) Vollständige Abschreibung einer Finanzanlage (Beteiligung), die erst im Berichtsjahr erworben wurde.

5 Organigramm

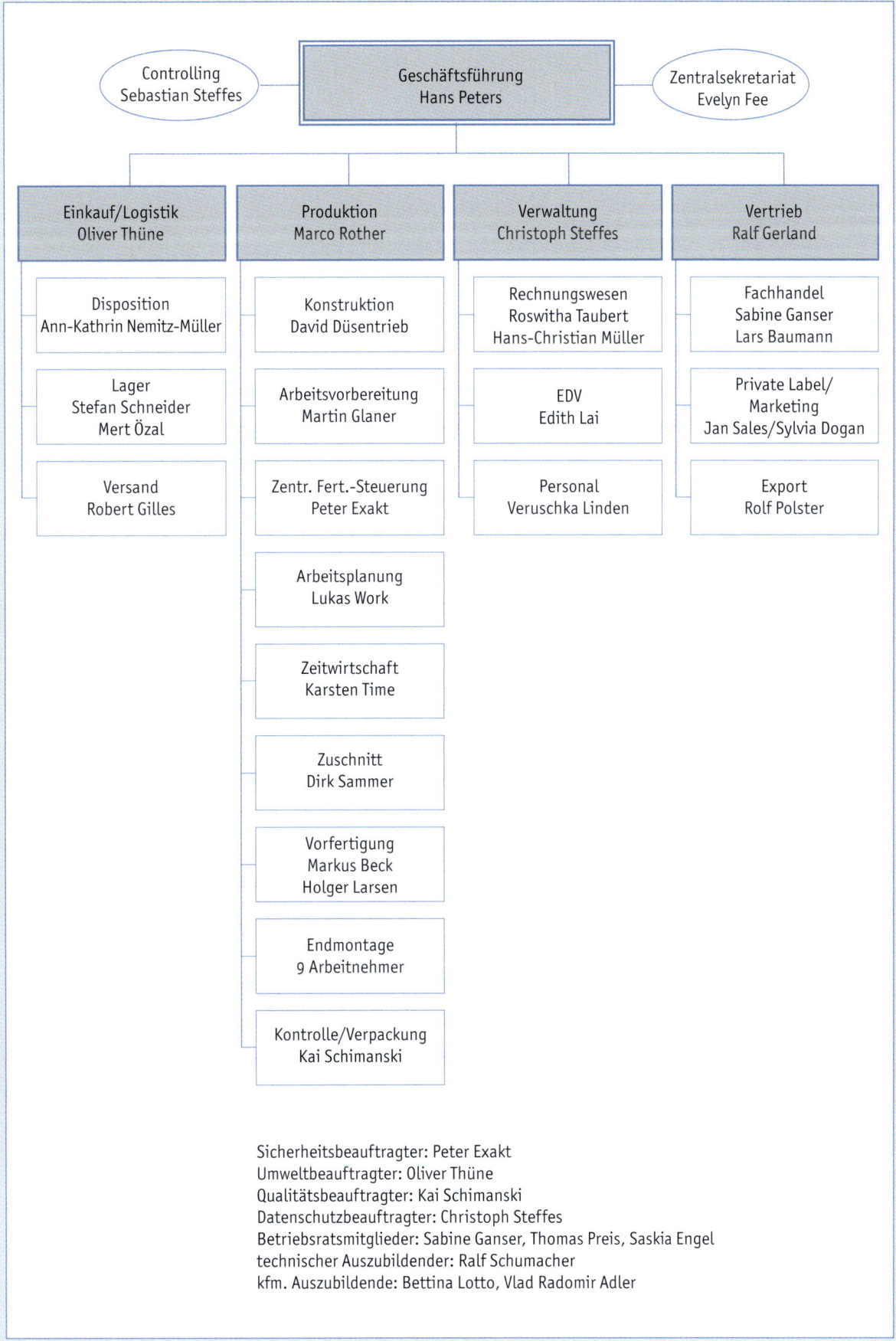

Controlling
Sebastian Steffes

Geschäftsführung
Hans Peters

Zentralsekretariat
Evelyn Fee

Einkauf/Logistik
Oliver Thüne

Produktion
Marco Rother

Verwaltung
Christoph Steffes

Vertrieb
Ralf Gerland

Disposition
Ann-Kathrin Nemitz-Müller

Konstruktion
David Düsentrieb

Rechnungswesen
Roswitha Taubert
Hans-Christian Müller

Fachhandel
Sabine Ganser
Lars Baumann

Lager
Stefan Schneider
Mert Özal

Arbeitsvorbereitung
Martin Glaner

EDV
Edith Lai

Private Label/
Marketing
Jan Sales/Sylvia Dogan

Versand
Robert Gilles

Zentr. Fert.-Steuerung
Peter Exakt

Personal
Veruschka Linden

Export
Rolf Polster

Arbeitsplanung
Lukas Work

Zeitwirtschaft
Karsten Time

Zuschnitt
Dirk Sammer

Vorfertigung
Markus Beck
Holger Larsen

Endmontage
9 Arbeitnehmer

Kontrolle/Verpackung
Kai Schimanski

Sicherheitsbeauftragter: Peter Exakt
Umweltbeauftragter: Oliver Thüne
Qualitätsbeauftragter: Kai Schimanski
Datenschutzbeauftragter: Christoph Steffes
Betriebsratsmitglieder: Sabine Ganser, Thomas Preis, Saskia Engel
technischer Auszubildender: Ralf Schumacher
kfm. Auszubildende: Bettina Lotto, Vlad Radomir Adler

6 Kundenstammdaten der Fly Bike Werke GmbH

Kundenstammdaten der Fly Bike Werke GmbH

Kunden-Nr. / Debitoren-Nr.	Firma / Anschrift / Telefon/Fax	Ansprechpartner Lieferanschrift / Lieferart	Zahlungsbedingungen Zahlungsziel	Bankverbindung Zahlungsart	Ansprechpartner FBW
10001 / 24001	Radbauer GmbH, Augsburger Str. 21, 80335 München, Tel. 089 224336(8), Fax 089 224337	Herr Rosenheim, Nymphenburgerstr. 42, 80335 München, Tel. 089 224339, Bahnfracht	2 % Skonto innerhalb von 8 Tagen, 30 Tage Ziel	Münchner Bank, IBAN DE44701900000 043622490, BIC GENODEF1M01, Überweisung	Herr Baumann
10002 / 24002	Schüller&Co. OHG, Fahrradhandel, Parlamentsplatz 2, 60385 Frankfurt a. M., Tel. 069 49260, Fax 069 49262333	Herr Kleine, Mörfelder Landstr. 180, 60589 Frankfurt a. M., Tel. 069 49262334, Bahnfracht	2 % Skonto innerhalb von 8 Tagen, 30 Tage Ziel	SEB, IBAN DE7350010111 0322400021, BIC ESSEDE5FXXX, Überweisung	Herr Baumann
10003 / 24003	Fahrradhandel Uwe Klein e. K., Am Wasserturm 4, 66113 Saarbrücken, Tel. 0681 685081, Fax 0681 68508222	Frau Geldert, Dudweiler Landstr. 157, 66123 Saarbrücken, Tel. 0681 68508223, Bahnfracht	2 % Skonto innerhalb von 8 Tagen, 30 Tage Ziel	Ver. Volksbanken Saarbrücken, IBAN DE3059190100 0120004569, BIC GENODE51LS, Überweisung	Herr Baumann
10004 / 24004	Zweirad GmbH, Herzogstr. 70, 40251 Düsseldorf, Tel. 0211 37501, Fax 0211 3750667	Herr Grünert, Gladbacher Str. 50, 41462 Neuss, Tel. 02131 544222, Bahnfracht	2 % Skonto innerhalb von 8 Tagen, 30 Tage	Deutsche Bank, IBAN DE1730070010 2140022679, BIC DEUTDEDDXXX, Überweisung	Frau Ganser
10005 / 24005	Fahrrad&Motorrad GmbH, Alter Hellweg 46, 44379 Dortmund, Tel. 0231 61701, Fax 0231 6170333	Frau Dunkel, Alter Hellweg 46, 44379 Dortmund, Tel. 0231 617010, Bahnfracht	2 % Skonto innerhalb von 8 Tagen, 30 Tage Ziel	Deutsche Bank, IBAN DE7844070050 0420006799, BIC DEUTDEDE440, Überweisung	Frau Ganser
10006 / 24006	Bike GmbH, Leipziger Chaussee 12, 39118 Magdeburg, Tel. 0391 6212417, Fax 0391 6212400	Herr Gründel, Am Hansehafen 5, 39126 Magdeburg, Tel. 0391 6212415(6), Bahnfracht	2 % Skonto innerhalb von 8 Tagen, 30 Tage Ziel	Santander Consumer Bank, IBAN DE4931010833 0122003344, BIC CCBADE31XXX, Überweisung	Herr Baumann
10007 / 24007	Zweiradhandelsgesellschaft GmbH, Unter den Linden 42, 10178 Berlin, Tel. 030 202080, Fax 030 20208100	Herr Wester, Rosenthaler Str. 40, 10178 Berlin, Tel. 030 20208650, Bahnfracht	2 % Skonto innerhalb von 8 Tagen, 30 Tage Ziel	BHF Bank, IBAN DE3210020200 0010046991, BIC BHFBDEFF100, Überweisung	Herr Baumann
10008 / 24008	Nordrad GmbH, Alter Markt 28, 18055 Rostock, Tel. 0381 4904416, Fax 0381 4904411	Frau Adams, Alter Hafen Nord 325, 18069 Rostock, Tel. 0381 4904414, Bahnfracht	2 % Skonto innerhalb von 8 Tagen, 30 Tage Ziel	Deutsche Bank, IBAN DE0313070000 0012300666, BIC DEUTDEBRXXX, Überweisung	Herr Baumann
10009 / 24009	Sachsenrad GmbH, Bayreuther Str. 20, 01277 Dresden, Tel. 0351 4274750, Fax 0351 4274751	Frau Zeisig, Bodenbacher Str. 81, 01277 Dresden, Tel. 0351 4274758, Bahnfracht	2 % Skonto innerhalb von 8 Tagen, 30 Tage Ziel	Commerzbank Dresden, IBAN DE9385080000 0669200451, BIC DRESDEFF850, Überweisung	Herr Baumann
20010 / 24010	EGZ Einkaufsgenossenschaft, Bonner Landstr. 512, 50996 Köln, Tel. 0221 934622, Fax 0221 934622300	Herr Kleinheisel, Bonner Landstr. 523, 50996 Köln, Tel. 0221 934622220, Spedition	3 % Skonto innerhalb von 10 Tagen, 30 Tage Ziel	Commerzbank Köln, IBAN DE2637040044 0240006692, BIC COBADEFFXXX, Überweisung	Frau Ganser

Kundenstammdaten der Fly Bike Werke GmbH

Kunden-Nr. / Debitoren-Nr.	Firma / Anschrift / Telefon/Fax	Ansprechpartner Lieferanschrift / Lieferart	Zahlungsbedingungen Zahlungsziel	Bankverbindung Zahlungsart	Ansprechpartner FBW
20011 / 24011	Radplus GmbH, Gütersloher Str. 102, 33415 Verl, Tel. 05246 45950, Fax 05246 4595111	Herr Reichenbach, Gütersloher Str. 122, 33415 Verl, Tel. 05246 4591200, Spedition	3 % Skonto innerhalb von 10 Tagen, 30 Tage Ziel	Kreissparkasse Wiedenbrück, IBAN DE7147853520 0000245398, BIC WELADED1WDB, Überweisung	Frau Ganser
20012 / 24012	Südrad e.G., Schleißheimer Str. 20, 85221 Dachau, Tel. 08131 78071, Fax 08131 7807211	Herr Huber, Münchner Str. 70, 85221 Dachau, Tel. 08131 5155130, Spedition	3 % Skonto innerhalb von 10 Tagen, 30 Tage Ziel	Raiffeisenbank Singoldtal, IBAN DE4470169413 0000624099, BIC GENODEF1HUA, Überweisung	Herr Baumann
20014 / 24014	Interrad e.G., Großbeerenstr. 30, 12107 Berlin, Tel. 030 747920, Fax 030 74792311	Herr Brand, Westfalenring 75, 12207 Berlin, Tel. 030 3007886, Spedition	3 % Skonto innerhalb von 10 Tagen, 30 Tage Ziel	BHF Bank, IBAN DE7210020200 0122000567, BIC BHFBDEFF100, Überweisung	Herr Baumann
30031 / 24031	Europarad N.V., Zandvoortstraat 16, 2800 Mechelen, Belgien, Tel. +32 15 209481, Fax +32 15 209411	Herr van der Kracht, Zandvoortstraat 16, 2800 Mechelen, Belgien, Tel. +32 15 209481, Spedition	1,5 % Skonto innerhalb von 14 Tagen, 60 Tage Ziel	O.B.K. Bank, IBAN BE9812287569 3600, BIC OBKBBE99, Überweisung	Herr Polster
30032 / 24032	Jansen Import B.V., Groot Bollerweg 10, 5928 NS Venlo-Blerick, Niederlande, Tel. +31 77 3822640, Fax +31 77 3824241	Herr van Erp, Groot Bollerweg 10, 5928 NS Venlo-Blerick, Niederlande, Tel. +31 77 3822640, Spedition	1,5 % Skonto innerhalb von 14 Tagen, 60 Tage Ziel	ABN Amro Bank, IBAN NL27ABNA0904428, BIC ABNANL2A, Überweisung	Herr Polster
30033 / 24033	Austria Fahrradhandelsgesellschaft AG, Rautenweg 182, 1220 Wien, Österreich, Tel. +43 1 226597, Fax +43 1 2206705	Frau Czech, Rautenweg 182–184, 1220 Wien, Österreich, Tel. +43 1 226598, Bahnfracht	1,5 % Skonto innerhalb von 14 Tagen, 60 Tage Ziel	BAWAG P.S.K., IBAN AT56000021172, BIC BAWAATWW, Überweisung	Herr Polster
30034 / 24034	Velo AG, Binzstr. 15, 8045 Zürich, Schweiz, Tel. +41 1 4638596, Fax +41 1 4637070	Frau Alpi, Binzstr. 16, 8045 Zürich, Schweiz, Tel. +41 1 4638599, Bahnfracht	1,5 % Skonto innerhalb von 14 Tagen, 60 Tage Ziel	Zürcher Kantonalbank, IBAN CH7100350110203, BIC ZKBKCHZ280A, Überweisung	Herr Polster
40021 / 24021	Hofkauf AG, Emdener Str. 4, 50735 Köln, Tel. 0221 7122400, Fax 0221 712240399	Herr Thönnes, Lagerzentrum, Frankfurter Str. 40, 51065 Köln, Tel. 0221 712240333, Spedition	2 % Skonto innerhalb von 10 Tagen, 45 Tage Ziel	Postbank Köln, IBAN DE7937010050 0240852122, BIC PBNKDEFFXXX, Überweisung	Herr Sales
40022 / 24022	Matro AG, Altenessener Str. 611, 45472 Essen, Ruhr, Tel. 0201 343170, Fax 0201 34317222	Herr Kunster, Zwischenlager Mülheim, Kruppstr. 60, 45472 Mülheim a. d. Ruhr, Tel. 0208 43430, Spedition	2 % Skonto innerhalb von 10 Tagen, 45 Tage Ziel	Stadtsparkasse Essen, IBAN DE9436050105 0012000399, BIC SPESDE3EXXX, Überweisung	Herr Sales

7 Lieferantenstammdaten der Fly Bike Werke GmbH

Lieferantenstammdaten der Fly Bike Werke GmbH

Liefer.-Nr. Kreditoren-Nr.	Firma / Anschrift / Telefon/Fax	Ansprechpartner / Lieferanschrift / Lieferart	Bankverbindung / Zahlungsart	Lieferprogramm
73014 44014	Ruhrwerke GmbH, Lohrheidestr. 72, 44866 Bochum, Tel. 02327 3521, Fax 02327 352998	Frau Rieser, Lohrheidestr. 72, 44866 Bochum, Tel. 02327 352974, Spedition	HypoVereinsbank, IBAN DE7070020270 0079200341, BIC HYVEDEMMXXX, Überweisung	Lenker, Vorbauten, Metallausstattungen (Ständer, Gepäckträger usw.)
73015 44015	Frikawerke GmbH&Co. KG, Gertenstr. 19, 58739 Wickede/Ruhr, Tel. 02377 5770, Fax 02377 577319	Herr Stoll, Gertenstr. 19, 58739 Wickede/Ruhr, Tel. 02377 577124, Spedition	Sparkasse Werl, IBAN DE1341451750 0039722611, BIC WELADED1WRL, Überweisung	Lenker, Vorbauten, Metallausstattungen (Ständer, Gepäckträger usw.)
74016 44016	Sella SA, Via San Pietro 22–24, 10121 Torino, Italien, Tel. +39 11 4679121, Fax +39 11 4679127	Sig. Maletti, Lieferanschrift, Via San Pietro 22–24, 10121 Torino, Italien, Tel. +39 11 4679224, Bahnfracht	Unicredit Banca di Roma, IBAN IT69L0603005124, BIC BROMITR1708, Überweisung	Sättel, Sattelstützen, Satteltaschen
75020 44020	Union Elektro AG, Landsberger Str. 66, 12623 Berlin, Tel. 030 5628333, Fax 030 5628321	Herr Kraprich, Landsberger Str. 67, 12623 Berlin, Tel. 030 5628362, Spedition	Weberbank, IBAN DE8110120100 0160923309, BIC WELADED1WBB, Überweisung	Beleuchtungssysteme
76022 44022	Kunststoffwerke AG, Hans-Böckler-Str. 49–52, 28217 Bremen, Tel. 0421 399550, Fax 0421 39955613	Herr Danielesen, Hans-Böckler-Str. 49–52, 28217 Bremen, Tel. 0421 39955666, Spedition	Dresdner Bank, IBAN DE4229080010 0714900211, BIC DRESDEFF290, Überweisung	Kunststoffausstattungen (Schutzbleche, Kettenschutz, Griffe usw.) und Kunststoffverpackungen
77024 44024	Druckerei & Design, Wolfgang Krause, Cloppenburger Str. 450, 26133 Oldenburg, Tel. 0441 47011, Fax 0441 47111	Herr Krause, Cloppenburger Str. 450, 26133 Oldenburg, Tel. 0441 47011, Spedition	Landessparkasse Oldenburg, IBAN DE8328050100 0100023309, BIC BRLADE21LZO, Überweisung	Abzüge, Drucksachen aller Art
78026 44026	Marwik, Den Haager Str. 1a, 28259 Bremen, Tel. 0421 576631, Fax 0421 57663222	Herr Kleinreich, Den Haager Str. 1b, 28259 Bremen, Tel. 0421 57663289, Spedition	Dresdner Bank, IBAN DE5429080010 0714911311, BIC DRESDEFF290, Überweisung	Hochwertige Antriebs- und Bremssysteme
80027 44027	Metallwarenfabrik Köller GmbH, Altendorfer Str. 411, 45143 Essen (Ruhr), Tel. 0201 6277512, Fax 0201 6277666	Herr Wiesel, Altendorfer Str. 67, 45143 Essen (Ruhr), Tel. 0201 6277512, Spedition	Sparkasse Essen, IBAN DE6236050105 0369023555, BIC SPESDE3EXXX, Überweisung	Kleinteile aus Metall (Schrauben, Unterlegscheiben, Muttern, Anlötteile, Ausfallenden usw.)
80030 44030	apv Augsburger Papier-veredelungsgesellschaft mbH, Gumpelzhaimerst. 3–5, 86154 Augsburg, Tel. 0821 5466622, Fax 0821 5466610	Frau Obermann, Gumpelzhaimerst. 3–5, 86154 Augsburg, Tel. 0821 5466622, Bahnfracht	UniCredit Bank, IBAN DE2872020070 0013119687, BIC HYVEDEMM408, Überweisung	Verpackungen aus Papier und Karton
90032 44032	Cycle-Tools-Import GmbH, Am Sandtorkai 30, 20457 Hamburg, Tel. 040 378231, Fax 040 37823200	Herr Weeseler, Am Sandtorkai 30–32, 20457 Hamburg, Tel. 040 37823372, Spedition	Bankhaus Wölbern & Co., IBAN DE1920030900 0420003995, BIC WOELDEHHXXX, Überweisung	Fremdbauteile und Handelswaren aller Art für die Fahrradindustrie (Weltmarktproduktionen)
90034 44034	Fahrradteile International GmbH, Borgwardstr. 16, 28309 Bremen, Tel. 0421 83091, Fax 0421 8309344	Herr Itze, Borgwardstr. 17, 28309 Bremen, Tel. 0421 8309567, Spedition	Dresdner Bank, IBAN DE9629080010 0700098228, BIC DRESDEFF290, Überweisung	Fremdbauteile und Handelswaren aller Art für die Fahrradindustrie (Weltmarktproduktionen)

Lieferantenstammdaten der Fly Bike Werke GmbH

Liefer.-Nr. Kreditoren-Nr.	Firma / Anschrift / Telefon/Fax	Ansprechpartner / Lieferanschrift / Lieferart	Bankverbindung / Zahlungsart	Lieferprogramm
60001 44001	Stahlwerke Tissen AG, Karl-Kleppe-Str. 19, 40474 Düsseldorf, Tel. 0211 45899917, Fax 0211 45899942	Herr Greiner, Tor 1, Karl-Kleppe-Str. 20, 40474 Düsseldorf, Tel. 0211 458990224, Spedition	Westdeutsche Landesbank, IBAN DE4030050000 0240033712, BIC WELADEDDXXX, Überweisung	Stahlrohre, Bleche
60002 44002	Mannes AG, Herner Str. 406, 44807 Bochum, Tel. 0234 904980, Fax 0234 90498711	Herr Özman, Herner Str. 405, 44807 Bochum, Tel. 0234 904980, Spedition	HypoVereinsbank, IBAN DE7070020270 079914368, BIC HYVEDEMMXXX, Überweisung	Stahlrohre
60003 44003	AWB Aluminiumwerke AG, St. Augustiner Str. 30, 53225 Bonn, Tel. 0228 464770, Fax 0228 46477711	Herr Köllen, Trier Str. 16, 53115 Bonn, Tel. 0228 617934, Spedition	SEB, IBAN DE873801011 0077998246, BIC ESSEDE5F380, Überweisung	Aluminiumrohre
60004 44004	Shokk Ltd., 401 Charcot Ave., San Jose, CA 95131, USA, Tel. +1 4 084357466, Fax +1 4 084357477	Mr. Temp, Keine Rücksendungen, Schiffsfracht	Bank of America N. A., 101 Park Center Plaza, San Jose, CA 95130, USA 77892346, Überweisung	Spezialfedergabeln
60005 44005	Hans Köller Spezialrahmenbau e. K., Lorenzstr. 10, 18148 Rostock, Tel. 03 81 69040, Fax 03 81 6904777	Frau Reiz, Lorenzstr. 10, 18148 Rostock, Tel. 0381 6904341, Bahnfracht	Deutsche Bank, IBAN DE3213070000 0012300241, BIC DEUTDEBR132, Überweisung	Spezialfahrradrahmen und Spezialfedergabeln
62007 44007	Farbenfabriken Beyer AG, Am Beyerwerk 144, 51333 Leverkusen, Tel. 0214 301, Fax 02 14 30 211	Herr Gräulich, Am Beyerwerk 144, 51333 Leverkusen, Tel. 0214 30799, Spedition	Sparkasse Leverkusen, IBAN DE8837551440 0607003712, BIC WELADEDLLEV, Überweisung	Lacke, Grundierungen
62008 44008	Color GmbH, Hafenstr. 125, 67061 Ludwigshafen am Rhein, Tel. 0621 582664, Fax 0621 582666	Frau Reineke, Hafenstr. 190, 67061 Ludwigshafen am Rhein, Spedition	Commerzbank, IBAN DE2954540033 0099763298, BIC COBADEFFXXX, Überweisung	Lacke, Grundierungen
71009 44009	Tamino Deutschland GmbH, Immermannstr. 24, 40210 Düsseldorf, Tel. 0211 162166, Fax 0211 162199	Herr Freundlich, Immermannstr. 24, 40210 Düsseldorf, Tel. 0211 162150, Spedition	Bank of Tokyo-Mitsubishi, IBAN DE7930010700 42299633, BIC BOTKODEXXXX, Überweisung	Schaltungen, Laufräder, Bremssysteme, Antriebssysteme (vollständige Systemkomponenten)
71010 44010	Tamino INC, 3–77 Oimatsuchu, Sakei 590–77 Osaka, Japan, Tel. +81 6 722233280, Fax +81 6 722233282	Mr. Wasabi, Tamino Deutschland GmbH, Immermannstr. 24, 40210 Düsseldorf, Tel. 0211 162150, Schiffsfracht	Dai-Ichi Kangyo-Bank Ltd., 2–10 Izuminachi, CHUO-CH 540 Osaka 5009087373, Überweisung	Schaltungen, Laufräder, Bremssysteme, Antriebssysteme (vollständige Systemkomponenten)
71011 44011	Dax AG, Rudolf-Diesel-Str. 25, 97424 Düsseldorf, Tel. 0211 80170, Fax 0211 8017999	Herr Sachse, Rudolf-Diesel-Str. 70, 97424 Düsseldorf, Tel. 0211 8017326, Spedition	SEB, IBAN DE2950010111 0004002193, BIC ESSEDE5FXXX, Überweisung	Schaltungen, Laufräder, Bremssysteme, Antriebssysteme (vollständige Systemkomponenten)
72012 44012	Schwalbe KG, Märkische Str. 36, 44135 Dortmund, Tel. 0231 52810, Fax 0231 5281155	Herr Rille, Märkische Str. 38, 44135 Dortmund, Tel. 0231 5281936, Spedition	Dortmunder Volksbank, IBAN DE4344160014 0204000123, BIC GENODEM1DOR, Überweisung	Reifen (Decken), Schläuche mit Ventilen, Felgenbänder
72013 44013	Continent AG, Vahrenwalder Str. 99, 30165 Hannover, Tel. 0511 927411, Fax 0511 927411	Herr Rieger, Vahrenwalder Str. 102, 30165 Hannover, Tel. 0511 927411, Spedition	Deutsche Bank, IBAN DE7425070070 0124446711, BIC DEUTDE2HXXX, Überweisung	Reifen (Decken), Schläuche mit Ventilen, Felgenbänder

SB → S. 14 ff. | Lernfeld 1, Kapitel 1

Merkmale von Industrieunternehmen, berufliche Tätigkeitsfelder in der Industrie

Die Fly Bike Werke GmbH stellt City-Räder, Mountain-Bikes, Rennräder, Jugendräder und Trekkingräder her. Darüber hinaus vertreibt sie als Handelswaren Fahrradbekleidung, Fahrradzubehör und Fahrradanhänger. Als Dienstleistungsangebot ist in den letzten Jahren die Vermittlung von Fahrradreisen dazugekommen. Die jährlichen Umsatzerlöse der Fly Bike Werke GmbH liegen bei ca. 7 Mio. €. Sie werden von rund 40 Arbeitern und Angestellten erwirtschaftet. Die Rohstoffe – Rohre und Bleche aus Aluminium und Stahl – sowie Hilfs- und Betriebsstoffe bezieht das Unternehmen von rund 25 in- und ausländischen Lieferanten. Zur Produktion setzt man im Unternehmen Metallbearbeitungsmaschinen und zunehmend auch Roboter ein. Mit ca. 20 Kunden hat die Fly Bike Werke GmbH dauerhafte Absatzverträge geschlossen. Darüber hinaus sieht sie sich aber, insbesondere im neuen Dienstleistungsbereich, einem anonymen Markt gegenüber.

1 Beweisen Sie anhand von vier Merkmalen, dass die Fly Bike Werke GmbH ein Industriebetrieb ist.
2 Klären Sie, welcher Gruppe von Industriebetrieben (Grundstoffindustrie, Zulieferindustrie usw.) die Fly Bike Werke GmbH zuzuordnen ist.
3 Stellen Sie dar, welche wesentlichen Tätigkeitsfelder ein Auszubildender beherrschen muss, der in der Fly Bike Werke GmbH zum Industriekaufmann/zur Industriekauffrau ausgebildet wird.
4 Erläutern Sie anhand des Organigramms der Fly Bike Werke GmbH die betrieblichen Grundfunktionen.

Organigramm

Controlling Sebastian Steffes	Geschäftsführung Hans Peters	Zentralsekretariat Evelyn Fee

Einkauf/Logistik Oliver Thüne	Produktion Marco Rother	Verwaltung Christoph Steffes	Vertrieb Ralf Gerland
Disposition Ann-Kathrin Nemitz-Müller		Rechnungswesen Roswitha Taubert Hans-C. Müller	Fachhandel Sabine Ganser Lars Baumann
	Konstruktion David Düsentrieb		
Lager Stefan Schneider Mert Özal	Zuschnitt Dirk Sammer	EDV Edith Lai	Private Label/ Marketing J. Sales/S. Dogan
	Arbeitsvorbereitung Martin Glaner		
Versand Robert Gilles	Vorfertigung Markus Beck Holger Larsen	Personal Veruschka Linden	Export Rolf Polster
	Zentr. Fert.- Steuerung Peter Exakt		
	Endmontage 9 Arbeitnehmer		
	Arbeitsplanung Lukas Work		
	Zeitwirtschaft Karsten Time		
	Kontrolle/ Verpackung Kai Schimanski		

Aufgaben

Aufgabe 1
Führen Sie ein Partnerinterview, in dem Sie die Fragen klären,
a wie Ihr Mitschüler/Ihre Mitschülerin seinen/ihren Ausbildungsbetrieb gefunden hat.
b warum er/sie sich gerade bei diesem Unternehmen beworben hat.
c weshalb er/sie sich für den Ausbildungsberuf Industriekaufmann/Industriekauffrau entschieden hat.
Werten Sie die Interviews im Klassenverband aus.

Aufgabe 2
Präsentieren Sie Ihren Ausbildungsbetrieb, indem Sie wesentliche Merkmale aufzeigen, die ihn als Industriebetrieb charakterisieren.

Aufgabe 3
Entwerfen Sie ein Organigramm Ihres Ausbildungsbetriebes und stellen Sie es vor.
Begründen Sie, warum Ihr Unternehmen in der im Organigramm dargestellten Weise strukturiert ist.

Aufgabe 4
Finden Sie heraus, ob es in Ihrer Klasse Auszubildende gibt, mit denen Ihr Ausbildungsbetrieb Geschäftsbeziehungen unterhält. Wenn ja, machen Sie die Art dieser Geschäftsbeziehungen deutlich.

Aufgabe 5
Stellen Sie in Ihrer Klasse vor, welche Erwartungshaltungen man Ihnen bereits im Vorstellungsgespräch und zu Beginn Ihrer Ausbildung deutlich gemacht hat und was Sie tun wollen, um diesen Anforderungen zu entsprechen.

Aufgabe 6
Erläutern Sie, in welchem Bereich Ihres Unternehmens Sie derzeit eingesetzt sind und welche Ausbildungsaufgaben man Ihnen übertragen hat.

Der Verwaltungsleiter der Fly Bike Werke GmbH, Herr Christoph Steffes, ist für alle Probleme der Einstellung, Ausbildung und Erziehung jugendlicher Auszubildender im Unternehmen zuständig. Heute begrüßt er den neuen Auszubildenden Vlad Radomir Adler, der in der Fly Bike Werke GmbH zum Industriekaufmann ausgebildet werden soll, an seinem Ausbildungsplatz. Der Ausbildung von Herrn Adler liegt folgender Ausbildungsvertrag zugrunde:

Berufsausbildungsvertrag
(§§ 10, 11 Berufsbildungsgesetz - BBiG)

IHK Industrie- und Handelskammer

Zwischen dem Ausbildenden (Ausbildungsbetrieb)

Öffentlicher Dienst ☐ ja ☒ nein

und der / dem Auszubildenden   männlich ☒   weiblich ☐

Firmenident-Nr.	Tel.-Nr.
26550966	0441 885-0

Anschrift des Ausbildenden

Fly Bike Werke GmbH

Straße, Hausnummer

Rostocker Str. 334

PLZ	Ort
26121	Oldenburg

E-Mail-Adresse des Ausbildenden

mail@flybike-werke.de

Verantwortliche/-r Ausbilder/-in
Herr/Frau — geboren am

Herr Christoph Steffes | **14.04.1965**

Name	Vorname
Adler	Vlad Radomir

Straße, Hausnummer

Platanenweg 33

PLZ	Ort
26121	Oldenburg

Geburtsdatum	Geburtsort
19.11.1999	Oldenburg

Staatsangehörigkeit	Gesetzliche Vertreter [1]
deutsch	

Namen, Vornamen der gesetzlichen Vertreter

Straße, Hausnummer

PLZ	Ort

wird nachstehender Vertrag zur Ausbildung im Ausbildungsberuf

mit der Fachrichtung/dem Schwerpunkt/ dem Wahlbaustein etc. nach Maßgabe der Ausbildungsordnung [2] geschlossen.

Industriekaufmann

Änderungen des wesentlichen Vertragsinhaltes sind vom Ausbildenden unverzüglich zur Eintragung in das Verzeichnis der Berufsausbildungsverhältnisse bei der Industrie- und Handelskammer anzuzeigen. Die beigefügten Angaben zur sachlichen und zeitlichen Gliederung des Ausbildungsablaufs (Ausbildungsplan) sind Bestandteil dieses Vertrages. Die Vertragsparteien willigen freiwillig ein, dass personenbezogene Daten aus dem Ausbildungsvertrag an eine zentrale Datenbank der Agentur für Arbeit weitergeleitet werden. Die Übermittlung erfolgt zur Erkennung von Doppelabschlüssen. Den Vertragsparteien ist bekannt, dass bei Nichterfüllung dieser Einwilligung keine Nachteile zu befürchten sind.

A Die Ausbildungszeit beträgt nach der Ausbildungsordnung **36** Monate. Die vorausgegangene Ausbildung/Vorbildung

wird mit ____ Monaten angerechnet, bzw. es wird eine entsprechende Verkürzung beantragt.

Das Berufsausbildungsverhältnis

beginnt am **01.08.20XX** endet am **31.07.20X3**

B Die Probezeit (§ 1 Nr. 2) beträgt **4** Monate. [3]

C Die Ausbildung findet vorbehaltlich der Regelungen nach D in

der Fly Bike Werke GmbH

und den mit dem Betriebssitz für die Ausbildung üblicherweise zusammenhängenden Bau-, Montage- und sonstigen Arbeitsstellen statt (§ 3 Nr. 12).

D Ausbildungsmaßnahmen außerhalb der Ausbildungsstätte (§ 3 Nr. 12) mit Zeitangabe

ÜLU der oldenburgischen IHK

E Der Ausbildende zahlt der/dem Auszubildenden eine angemessene Vergütung (§ 5); diese beträgt zur Zeit monatlich brutto

€	456	480	510	
im	ersten	zweiten	dritten	vierten

Ausbildungsjahr.

Öffentliche Förderung der Ausbildung (monatlich, regelmäßig > 50 % der Kosten): nein ☒ ja, ☐ wenn ja

☐ Sonderprogramme von Bund/Land/Kommune

☐ außerbetriebliche Berufsausbildung nach § 241 Abs. 2 SGB III (i.d.R. von der Bundesagentur für Arbeit geförderte Maßnahmen)

☐ außerbetriebliche Berufsausbildung für behinderte Menschen bzw. Reha nach § 100 Nr. 5 SGB III

F Die regelmäßige Ausbildungszeit (§ 6 Nr. 1) beträgt in Std.:

täglich[4] **8**   wöchentlich[4] ____

Teilzeitberufsausbildung wird beantragt   ja ☐   nein ☐

G Der Ausbildende gewährt der/dem Auszubildenden Urlaub nach den geltenden Bestimmungen. Es besteht folgender Urlaubsanspruch:

im Jahr	20XX	20X1	20X2	20X3
Werktage	12	28	28	16
Arbeitstage				

H Hinweis auf anzuwendende Tarifverträge und Betriebsvereinbarungen / sonstige Vereinbarungen (§ 11)

Tarif der Metallindustriellen des nordwestlichen Niedersachsens

1) Vertretungsberechtigt sind beide Eltern gemeinsam, soweit nicht die Vertretungsberechtigung nur einem Elternteil zusteht. Ist ein Vormund bestellt, so bedarf dieser zum Abschluss des Ausbildungsvertrages der Genehmigung des Vormundschaftsgerichtes.
2) Solange die Ausbildungsordnung nicht erlassen ist, sind gem. § 104 Abs. 1 BBiG die bisherigen Ordnungsmittel anzuwenden.
3) Die Probezeit muss mindestens einen Monat und darf höchstens vier Monate betragen.
4) Das Jugendarbeitsschutzgesetz sowie für das Ausbildungsverhältnis geltende tarifvertragliche Regelungen und Betriebsvereinbarungen sind zu beachten.

J Die beigefügten Vereinbarungen sind Gegenstand dieses Vertrages und werden anerkannt

Ort und Datum: *Oldenburg, 14.07.20XX*

Steffes

Stempel und Unterschrift Ausbildender

Vlad R. Adler

Vor- und Zuname Auszubildender

Gesetzlicher Vertreter

3

Mit Abschluss des Vertrages melden die Fly Bike Werke GmbH Herrn Adler in der zuständigen Berufsschule in Oldenburg an:

Anmeldung zum Besuch der Berufsschule für das Schuljahr _20XX_

Angaben zum/zur Auszubildenden

Nachname, Vorname: _Adler, Vlad Radomir_

Geburtsdatum: _19.11.1999_   Geburtsort: _____   Geschlecht: ☒ m ☐ w

Straße und Hausnr.: _Platanenweg 33_

PLZ und Wohnort: _26121 Oldenburg_

Bundesland: _Niedersachsen_

Staatsangehörigkeit: _deutsch_

Telefon: _____   E-Mail: _____

Mobil-Telefon: _____   Umschüler: ☐ ja ☐ nein   Umschulungsträger _____

Angaben zu den Erziehungsberechtigten (bei Auszubildenden unter 18 Jahren)

Nachname(n), Vorname(n): _____

Straße und Hausnr.: _____

PLZ und Wohnort: _____

Telefon: _____   E-Mail: _____

Angaben zum Bildungsweg des/der Auszubildenden

Zuletzt besuchte Schule: _Realschule Oldenburg_   Abgangsjahr: _20XX_

Schulabschluss: _Realschulabschluss_   Abgangsklasse: _10_

Angaben zur Ausbildung

Ausbildungsberuf, ggf. Fachrichtung/Schwerpunkt: _Industriekaufmann_

Ausbildungsbeginn: _01.08.20XX_   Ausbildungsende: _31.07.20X3_

Zuständige IHK: _Oldenburg_

Angaben zum Ausbildungsbetrieb

Ausbildungsstätte: _Fly Bike Werke GmbH_

Straße und Hausnr.: _Rostocker Str. 334_

PLZ und Ort: _26121 Oldenburg_

Telefon: _0441 885-0_   Telefax: _0441 8859211_

Ausbilder/-in: _Herr Christoph Steffes_   E-Mail: _mail@flybike-werke.de_

Der Ausbildungsbetrieb erhebt keine Daten, deren Verwendung durch den Betrieb gegen das Allgemeine Gleichbe handlungsgesetz (AGG) verstoßen oder verstoßen könnten. Bitte erfragen Sie weitere Daten bei der Einschulung. Hinweis zur Übertragung des Formulars per E-Mail: Wenn landesrechtliche Vorschriften keine Schriftform vorsehen, kann auf die Unterschrift verzichtet werden und das Dokument per E-Mail übertragen werden, soweit die Berufsschule dafür ein Postfach eingerichtet hat.

Oldenburg, 20.07.XX	_Vlad R. Adler_	_Oldenburg, 20.07.XX_	_Steffes_
Ort, Datum	Unterschrift des/der Auszubildenden	Ort, Datum	Unterschrift des/der Ausbilders/Ausbilderin

Diese beiden Dokumente sind kennzeichnend für die Berufsausbildung im dualen System. Herr Steffes geht am ersten Ausbildungstag den Berufsausbildungsvertrag mit Herrn Adler durch, um abzuklären, ob dieser noch Fragen dazu hat.

1 Zwischen welchen Vertragspartnern wird der Berufsausbildungsvertrag abgeschlossen?
2 Welche Angaben zur Probezeit enthält der Vertrag?
3 Wozu dient die Probezeit und welche gesetzlichen Beschränkungen gibt es?
4 Wann endet die Ausbildung/der Vertrag und welche Sonderregelungen gibt es?
5 Welche Mindestinhalte können Sie dem Ausbildungsvertrag entnehmen?

Ausbildungsordnung

Verordnung über die Berufsausbildung zum Industriekaufmann/zur Industriekauffrau (Auszug)

§ 1 Staatliche Anerkennung des Ausbildungsberufes

Der Ausbildungsberuf Industriekaufmann/Industriekauffrau wird staatlich anerkannt.

§ 2 Ausbildungsdauer

Die Ausbildung dauert drei Jahre.

§ 3 Struktur und Zielsetzung der Berufsausbildung

(1) Die in dieser Verordnung genannten Fertigkeiten und Kenntnisse sollen funktions- und prozessbezogen vermittelt werden. Die Berufsbildpositionen nach § 4 Abs. 1 Nr. 1 bis 4 sind während der gesamten Ausbildungszeit arbeitsfeldübergreifend auch unter Berücksichtigung des Nachhaltigkeitsaspektes zu vermitteln [...]

(2) Die in dieser Verordnung genannten Fertigkeiten und Kenntnisse sollen so vermittelt werden, dass der Auszubildende zur Ausübung einer qualifizierten, an Geschäftsprozessen ausgerichteten kaufmännischen Berufstätigkeit [...] befähigt wird [...]

§ 4 Ausbildungsberufsbild

(1) Gegenstand der Berufsausbildung sind mindestens die folgenden Fertigkeiten und Kenntnisse:

1. Der Ausbildungsbetrieb
2. Geschäftsprozesse und Märkte
3. Information, Kommunikation, Arbeitsorganisation
4. Integrative Unternehmensprozesse
5. Marketing und Absatz
6. Beschaffung und Bevorratung
7. Personal
8. Leistungserstellung
9. Leistungsabrechnung
10. Fachaufgaben im Einsatzgebiet

§ 5 Ausbildungsrahmenplan

Die Fertigkeiten und Kenntnisse nach § 3 sollen nach den in den Anlagen 1 und 2 enthaltenen Anleitungen zur sachlichen und zeitlichen Gliederung der Berufsausbildung (Ausbildungsrahmenplan) vermittelt werden. Eine von dem Ausbildungsrahmenplan abweichende sachliche und zeitliche Gliederung des Ausbildungsinhaltes ist insbesondere zulässig, soweit eine berufsfeldbezogene Grundbildung vorausgegangen ist oder betriebspraktische Besonderheiten die Abweichung erfordern.

§ 6 Ausbildungsplan

Der Ausbildende hat unter Zugrundelegung des Ausbildungsrahmenplanes für den Auszubildenden einen Ausbildungsplan zu erstellen.

§ 7 Berichtsheft

Der Auszubildende hat ein Berichtsheft zu führen. Dabei sind regelmäßig Ausbildungsnachweise anzufertigen. Dem Auszubildenden ist Gelegenheit zu geben, das Berichtsheft während der Ausbildungszeit zu führen. Der Ausbildende hat das Berichtsheft regelmäßig durchzusehen.

§ 8 Zwischenprüfung

(1) Zur Ermittlung des Ausbildungsstandes ist eine Zwischenprüfung durchzuführen. Sie soll in der Mitte des zweiten Ausbildungsjahres stattfinden.

(2) Die Zwischenprüfung erstreckt sich auf die in den Anlagen 1 und 2 für das erste Ausbildungsjahr aufgeführten Fertigkeiten und Kenntnisse sowie auf den im Berufsschulunterricht entsprechend dem Rahmenlehrplan zu vermittelnden Lehrstoff, soweit er für die Berufsausbildung wesentlich ist [...]

§ 9 Abschlussprüfung

(1) Die Abschlussprüfung erstreckt sich auf die in den Anlagen 1 und 2 aufgeführten Fertigkeiten und Kenntnisse sowie auf den im Berufsschulunterricht entsprechend dem Rahmenlehrplan vermittelten Lehrstoff, soweit er für die Berufsausbildung wesentlich ist.

(2) Die Abschlussprüfung besteht aus vier Prüfungsbereichen. Die Prüfung in den Bereichen Geschäftsprozesse, Kaufmännische Steuerung und Kontrolle sowie Wirtschafts- und Sozialkunde ist schriftlich durchzuführen. Der Prüfungsbereich Einsatzgebiet besteht aus einer Präsentation und einem Fachgespräch [...]

§ 10 Bestehensregelung

(1) Bei der Ermittlung des Gesamtergebnisses haben die einzelnen Prüfungsbereiche folgendes Gewicht:

1. Geschäftsprozesse   40 Prozent,
2. Kaufmännische Steuerung und Kontrolle   20 Prozent,
3. Wirtschafts- und Sozialkunde   10 Prozent,
4. Einsatzgebiet   30 Prozent.

(2) Sind in der schriftlichen Prüfung die Prüfungsleistungen in bis zu zwei Prüfungsbereichen mit „mangelhaft" und die übrigen Prüfungsleistungen mit mindestens „ausreichend" bewertet worden, so ist auf Antrag des Prüflings oder nach Ermessen des Prüfungsausschusses in einem mit „mangelhaft" bewerteten Prüfungsbereich die schriftliche Prüfung durch eine mündliche Prüfung von etwa 15 Minuten zu ergänzen, wenn dies für das Bestehen der Prüfung den Ausschlag geben kann. Der Prüfungsbereich ist vom Prüfling zu bestimmen. Bei der Ermittlung des Ergebnisses für diesen Prüfungsbereich sind die Ergebnisse der schriftlichen Arbeit und der mündlichen Ergänzungsprüfung im Verhältnis 2:1 zu gewichten.

(3) Die Abschlussprüfung ist bestanden, wenn:

1. im Gesamtergebnis,
2. im Prüfungsbereich Geschäftsprozesse,
3. in mindestens einem der beiden schriftlichen Prüfungsbereiche Kaufmännische Steuerung und Kontrolle und Wirtschafts- und Sozialkunde sowie
4. im Prüfungsbereich Einsatzgebiet
   jeweils mindestens ausreichende Leistungen erbracht wurden. Werden die Prüfungsleistungen in einem Prüfungsbereich mit „ungenügend" bewertet, so ist die Prüfung nicht bestanden.

Herr Steffes bespricht mit Herrn Adler die Verordnung über die Berufsausbildung zum Industriekaufmann/zur Industriekauffrau, um mit ihm zu klären, warum er in allen Abteilungen der Fly Bike Werke GmbH eingesetzt werden muss und welche wichtigen Eckpunkte es in seiner Ausbildung gibt.

1   Machen Sie sich mit dem vollständigen Text der Ausbildungsordnung vertraut.
  a   Was bedeutet die Aussage, dass Ihr Ausbildungsberuf staatlich anerkannt ist?
  b   Die Ausbildungsordnung legt als Ausbildungsdauer drei Jahre fest. Welche Gründe könnte es dafür geben?
  c   Warum beinhaltet das Ausbildungsberufsbild für Ihren Beruf die entsprechenden Inhalte?
  d   Untersuchen Sie die zeitliche Gliederung des Ausbildungsrahmenplanes. Weshalb verteilen sich die sachlichen Inhalte der Ausbildung in der beschriebenen Weise auf die drei Ausbildungsjahre?

2   Klären Sie folgende Fragen, arbeiten Sie dazu in Partnerarbeit:
  a   Wieso muss Ihr Betrieb einen Ausbildungsplan erstellen?
  b   Warum müssen alle Auszubildenden ein Berichtsheft führen?
  c   Wozu dient die Zwischenprüfung und wann findet sie statt?
  d   Aus welchen Prüfungsbereichen besteht die Abschlussprüfung?
  e   Wann gilt die Abschlussprüfung als bestanden?

Arbeitsblatt 2.1: Duales System

Erarbeiten Sie sich mithilfe von Internetrecherchen bzw. Ihres Schülerbuches die wesentlichen Merkmale des dualen Systems der Berufsausbildung. Tragen Sie Ihre Ergebnisse in die folgende Übersicht ein.

Duale Ausbildung

Ausbildungsbetrieb | **Berufsschule**

An zwei Lernorten vermittelt man folgende Inhalte:

Gesetzliche Grundlagen:

Beaufsichtigung und Kontrolle erfolgt durch:

Abschluss:

Aufgaben

Aufgabe 1
Es gibt auch Berufsabschlüsse, die ausschließlich an der Berufsschule erlangt werden können (z. B. Assistentenberufe). Die Betriebe stehen diesen Abschlüssen skeptisch gegenüber. Finden Sie Argumente, warum dies so ist.

Aufgabe 2
Vergleichen Sie die Ausbildungordnung für den Beruf Industriekaufmann/Industriekauffrau mit dem Rahmenlehrplan der Berufsschule. Stellen Sie die wesentlichen Gemeinsamkeiten und Unterschiede fest.

Aufgabe 3
Klären Sie, z. B. durch eine Internetrecherche, ob Ihr Berufsabschluss auch international anerkannt ist.

Aufgabe 4
Finden Sie heraus, welche beruflichen Perspektiven Sie mit dem Abschluss als Industriekaufmann/Industriekauffrau haben.
a Welche praxisorientierten internen und externen Weiterbildungs- und Personalentwicklungsangebote bietet Ihr Unternehmen an?
b Welche außerbetrieblichen Weiterbildungsmöglichkeiten gibt es sonst noch im kaufmännischen Bereich?

Aufgabe 5
Vergleichen Sie den Ausbildungsvertrag von Herrn Adler mit Ihrem eigenen Vertrag.

Aufgabe 6
Von der Industrie- und Handelskammer kommt ein Berufsausbildungsvertrag mit dem Vermerk „ungültig" zurück. Ergründen Sie, welche wichtigen Ursachen dafür vorliegen könnten.

Aufgabe 7
Sie wollen Ihre Ausbildung verkürzen. Stellen Sie dar, unter welchen Voraussetzungen das möglich ist.

Aufgabe 8
Unterscheiden Sie die Begriffe Ausbildender und Ausbilder.

Aufgabe 9
Stellen Sie dar, welche Aufgaben der Ausbilder hat.

Aufgabe 10
Vergleichen Sie Ihren eigenen Ausbildungsplan mit dem Ihrer Mitschüler und stellen Sie die Gemeinsamkeiten und Unterschiede fest.

Aufgabe 11
Das Ausbildungsberufsbild für den Industriekaufmann/die Industriekauffrau enthält zehn einzelne Komplexe, zu denen entsprechende Kenntnisse und Fertigkeiten vermittelt werden sollen. Klären Sie, welche konkreten Kenntnisse und Fertigkeiten Sie sich im Rahmen der unter a bis j aufgezählten Komplexe Ihres Ausbildungsberufsbildes aneignen müssen.
a Der Ausbildungsbetrieb
b Geschäftsprozesse und Märkte
c Information, Kommunikation, Arbeitsorganisation
d Integrative Unternehmensprozesse
e Marketing und Absatz
f Beschaffung und Bevorratung
g Personal
h Leistungserstellung
i Leistungsabrechnung
j Fachaufgaben im Einsatzgebiet

In der Berufsschule

SB → S. 22 ff. | Lernfeld 1, Kapitel 3

Rechte und Pflichten der Vertragspartner

Der neue Auszubildende Herr Adler hat in der Berufsschule eine Reihe von Diskussionen anderer Auszubildender miterlebt, bei denen er sich über die tatsächliche Rechtslage nicht im Klaren war. Und Herr Steffes, sein Ausbilder, kommt mit einer Fülle neuer Eindrücke von einer Ausbildertagung zurück.

Auszug aus dem Berufsbildungsgesetz

Unterabschnitt 2

Pflichten der Auszubildenden

§ 13 Verhalten während der Berufsausbildung
Auszubildende haben sich zu bemühen, die berufliche Handlungsfähigkeit zu erwerben, die zum Erreichen des Ausbildungsziels erforderlich ist. Sie sind insbesondere verpflichtet,
1. die ihnen im Rahmen ihrer Berufsausbildung aufgetragenen Aufgaben sorgfältig auszuführen,
2. an Ausbildungsmaßnahmen teilzunehmen, für die sie nach § 15 freigestellt werden,
3. den Weisungen zu folgen, die ihnen im Rahmen der Berufsausbildung von Ausbildenden, von Ausbildern oder Ausbilderinnen oder von anderen weisungsberechtigten Personen erteilt werden,
4. die für die Ausbildungsstätte geltende Ordnung zu beachten,
5. Werkzeug, Maschinen und sonstige Einrichtungen pfleglich zu behandeln,
6. über Betriebs- und Geschäftsgeheimnisse Stillschweigen zu wahren.

Auszug aus dem Jugendarbeitsschutzgesetz

§ 32 Erstuntersuchung
(1) Ein Jugendlicher, der in das Berufsleben eintritt, darf nur beschäftigt werden, wenn
1. er innerhalb der letzten vierzehn Monate von einem Arzt untersucht worden ist (Erstuntersuchung) und
2. dem Arbeitgeber eine von diesem Arzt ausgestellte Bescheinigung vorliegt.
(2) Absatz 1 gilt nicht für eine nur geringfügige oder eine nicht länger als zwei Monate dauernde Beschäftigung mit leichten Arbeiten, von denen keine gesundheitlichen Nachteile für den Jugendlichen zu befürchten sind.

§ 33 Erste Nachuntersuchung
(1) Ein Jahr nach Aufnahme der ersten Beschäftigung hat sich der Arbeitgeber die Bescheinigung eines Arztes darüber vorlegen zu lassen, dass der Jugendliche nachuntersucht worden ist (erste Nachuntersuchung). Die Nachuntersuchung darf nicht länger als drei Monate zurückliegen. Der Arbeitgeber soll den Jugendlichen neun Monate nach Aufnahme der ersten Beschäftigung nachdrücklich auf den Zeitpunkt, bis zu dem der Jugendliche ihm die ärztliche Bescheinigung nach Satz 1 vorzulegen hat, hinweisen und ihn auffordern, die Nachuntersuchung bis dahin durchführen zu lassen [...]

Unterabschnitt 3

Pflichten der Ausbildenden

§ 14 Berufsausbildung

(1) Ausbildende haben

1. dafür zu sorgen, dass den Auszubildenden die berufliche Handlungsfähigkeit vermittelt wird, die zum Erreichen des Ausbildungsziels erforderlich ist, und die Berufsausbildung in einer durch ihren Zweck gebotenen Form planmäßig, zeitlich und sachlich gegliedert so durchzuführen, dass das Ausbildungsziel in der vorgesehenen Ausbildungszeit erreicht werden kann,

2. selbst auszubilden oder einen Ausbilder oder eine Ausbilderin ausdrücklich damit zu beauftragen,

3. Auszubildenden kostenlos die Ausbildungsmittel, insbesondere Werkzeuge und Werkstoffe zur Verfügung zu stellen, die zur Berufsausbildung und zum Ablegen von Zwischen- und Abschlussprüfungen, auch soweit solche nach Beendigung des Berufsausbildungsverhältnisses stattfinden, erforderlich sind,

4. Auszubildende zum Besuch der Berufsschule sowie zum Führen von schriftlichen Ausbildungsnachweisen anzuhalten, soweit solche im Rahmen der Berufsausbildung verlangt werden, und diese durchzusehen,

5. dafür zu sorgen, dass Auszubildende charakterlich gefördert sowie sittlich und körperlich nicht gefährdet werden.

(2) Auszubildenden dürfen nur Aufgaben übertragen werden, die dem Ausbildungszweck dienen und ihren körperlichen Kräften angemessen sind.

§ 15 Freistellung

Ausbildende haben Auszubildende für die Teilnahme am Berufsschulunterricht und an Prüfungen freizustellen. Das Gleiche gilt, wenn Ausbildungsmaßnahmen außerhalb der Ausbildungsstätte durchzuführen sind.

§ 16 Zeugnis

(1) Ausbildende haben den Auszubildenden bei Beendigung des Berufsausbildungsverhältnisses ein schriftliches Zeugnis auszustellen. Die elektronische Form ist ausgeschlossen. Haben Ausbildende die Berufsausbildung nicht selbst durchgeführt, so soll auch der Ausbilder oder die Ausbilderin das Zeugnis unterschreiben.

(2) Das Zeugnis muss Angaben enthalten über Art, Dauer und Ziel der Berufsausbildung sowie über die erworbenen beruflichen Fertigkeiten, Kenntnisse und Fähigkeiten der Auszubildenden. Auf Verlangen Auszubildender sind auch Angaben über Verhalten und Leistung aufzunehmen.

1   Prüfen Sie in den folgenden Fällen, inwiefern Ausbilder bzw. Auszubildende ihre Pflichten aus dem Ausbildungsvertrag verletzt haben. Notieren Sie die entsprechenden Paragraphen und Absätze aus den Gesetzestexten von S. 22/23.

Das erzählen Auszubildende ...

a „Mein Vorgesetzter lässt mich vor Feiertagen grundsätzlich nicht in die Berufsschule gehen, weil wir da extrem viel Arbeit haben."

b „Ständig muss ich im Büro Staub saugen und das Auto vom Chef putzen, obwohl ich Industriekauffrau lerne."

c „Meine Ausbildung gefällt mir gar nicht, weil mir bisher fast nie jemand etwas gezeigt hat, die meiste Zeit sitze ich nur herum."

d „Mein Chef ist furchtbar geizig. Ich musste mir sogar die PC-Tastatur selbst kaufen!"

Pflichten des Ausbildungsbetriebes

Was Ausbilder sagen ...

e „Unser Azubi hält sich in vielen Fällen überhaupt nicht an die Anweisungen, die er von den weisungsberechtigten Personen in den Abteilungen bekommt."

f „Gestern hat unser Azubi schon wieder die Schule geschwänzt."

g „Ich bin wütend, weil unser Azubi aus der Personalabteilung die Gehälter von Mitarbeitern an seine Kumpels weitererzählt hat, um damit anzugeben."

h „Unser Azubi hat sich geweigert, die Bescheinigung über die ärztliche Nachuntersuchung vorzulegen, obwohl er noch keine 18 Jahre ist."

Pflichten des Auszubildenden

Aufgaben

Aufgabe 1

Ein altes deutsches Sprichwort lautet: „Lehrjahre sind keine Herrenjahre." Erläutern Sie den Sinn dieses Sprichwortes und diskutieren Sie in Ihrer Klasse, ob es heute noch Gültigkeit hat.

Aufgabe 2

Ben Pivohr (18 Jahre) wird in der Hopfen und Malz Brauerei AG seit drei Monaten zum Industriekaufmann ausgebildet. Seit Beginn der Ausbildung hatte er fast täglich länger zu arbeiten. Zweimal stellte ihn der Betrieb bereits vom Berufsschulunterricht aus dringenden betrieblichen Gründen frei. Heute wird er von seinem derzeitigen Ausbildungsplatz kurzfristig zur Krankheitsvertretung in das Kundenservicezentrum umgesetzt. Ihm platzt der Kragen und er sagt zu seinem Ausbilder, Herrn Streußel: „Ich will hier ordentlich ausgebildet werden und nicht nur Lückenbüßer sein." Der Geschäftsführer Max Wendelin erfährt von diesem Vorkommnis und beordert Herrn Pivohr und Herrn Streußel zu einer Aussprache. Stellen Sie diese Aussprache im Rollenspiel nach.

Rollenkarte Herr Wendelin

„Ich musste als Jugendlicher auch hart arbeiten, mein Erfolg ist mir nicht in den Schoß gefallen. Als Chef erwarte ich, dass mein Azubi jederzeit Einsatzbereitschaft für den Betrieb zeigt!"

Rollenkarte Herr Pivohr

„Ich möchte ordentlich ausgebildet und nicht nur ausgenutzt und als Lückenbüßer überall herumgeschubst werden!"

Rollenkarte Herr Streußel

„Meine Azubis sollen so ausgebildet werden, dass sie am Ende der Ausbildung den Beruf beherrschen und die Prüfung bestehen. Aber betriebliche Erfordernisse sind auch extrem wichtig!"

SB → S. 24 ff. | Lernfeld 1, Kapitel 3

Kündigung des Ausbildungsverhältnisses

Herr Adler hat in der Berufsschule viele Beispiele zur Kündigung von Berufsausbildungsverhältnissen gehört. Jetzt möchte er sich zu diesem Problem umfassend Klarheit verschaffen.

1 Ergänzen Sie folgende Übersicht mithilfe des § 22 Berufsbildungsgesetz.

Kündigung des Ausbildungsverhältnisses	
in der Probezeit:	nach der Probezeit:

Eine Kündigung muss _____ erfolgen.

Bei einer Kündigung nach der Probezeit muss _____ angegeben werden.

Auszug aus dem Berufsbildungsgesetz

§ 22 Kündigung

(1) Während der Probezeit kann das Berufsausbildungsverhältnis jederzeit ohne Einhalten einer Kündigungsfrist gekündigt werden.

(2) Nach der Probezeit kann das Berufsausbildungsverhältnis nur gekündigt werden

1. aus einem wichtigen Grund ohne Einhalten einer Kündigungsfrist,
2. von Auszubildenden mit einer Kündigungsfrist von vier Wochen, wenn sie die Berufsausbildung aufgeben oder sich für eine andere Berufstätigkeit ausbilden lassen wollen.

(3) Die Kündigung muss schriftlich und in den Fällen des Absatzes 2 unter Angabe der Kündigungsgründe erfolgen.

(4) Eine Kündigung aus einem wichtigen Grund ist unwirksam, wenn die ihr zugrunde liegenden Tatsachen dem zur Kündigung Berechtigten länger als zwei Wochen bekannt sind. Ist ein vorgesehenes Güteverfahren vor einer außergerichtlichen Stelle eingeleitet, so wird bis zu dessen Beendigung der Lauf dieser Frist gehemmt.

§ 23 Schadensersatz bei vorzeitiger Beendigung

(1) Wird das Berufsausbildungsverhältnis nach der Probezeit vorzeitig gelöst, so können Ausbildende oder Auszubildende Ersatz des Schadens verlangen, wenn die andere Person den Grund für die Auflösung zu vertreten hat. Dies gilt nicht im Falle des § 22 Abs. 2 Nr. 2.

(2) Der Anspruch erlischt, wenn er nicht innerhalb von drei Monaten nach Beendigung des Berufsausbildungsverhältnisses geltend gemacht wird.

2 Erläutern Sie, warum zwischen einer Kündigung während der Probezeit und nach der Probezeit unterschieden wird.
3 Viele Auszubildende halten insbesondere eine Kündigung nach der Probezeit für ungerecht. Klären Sie, welche Möglichkeiten es gibt, dagegen vorzugehen.
4 Finden Sie Beispiele aus der Rechtsprechung, die arbeitsrechtliche Verfahren im Zusammenhang mit der Kündigung von Auszubildenden zum Inhalt haben. Recherchieren Sie dazu im Internet.

Aufgaben

Aufgabe 1

Da es sich bei dem Ausbildungsverhältnis um ein besonderes Vertrauensverhältnis handelt, gelten für die Kündigung spezielle Regelungen, die deutlich von den Kündigungsmöglichkeiten bei Arbeitsverhältnissen abweichen. Prüfen Sie mithilfe des § 22 BBiG, ob und mit welcher Frist in den folgenden Fällen die Kündigung möglich ist.

Beispiel	Kündigung möglich nach Absatz ... des § 22	Kündigungsfrist
Tommy Streußel hat am 01.09. eine Ausbildung zum Industriekaufmann begonnen. Die Probezeit beträgt vier Monate. Tommy ist unzufrieden und möchte am 04.10. kündigen.		
Tommys Ausbildungsbetrieb ist unzufrieden mit ihm. Der Betrieb möchte ihm am 04.10. kündigen.		
Grit Maier hatte am 01.09. eine Ausbildung zur Industriekauffrau begonnen. Die Probezeit betrug vier Monate. Am 31.03. des nächsten Jahres hat Grit 200,– € aus der Kasse gestohlen. Der Betrieb möchte ihr deshalb sofort kündigen.		
Maren Radler, Auszubildende zur Industriekauffrau im 2. Ausbildungsjahr, möchte nach Neuseeland auswandern und deshalb ihr Ausbildungsverhältnis kündigen.		
Maren Radler bleibt doch in Deutschland, möchte aber lieber eine Ausbildung zur Medizinischen Fachangestellten machen. Deshalb möchte sie ihr Ausbildungsverhältnis zur Industriekauffrau kündigen.		
Sören Stuff, Auszubildender zum Industriekaufmann im 3. Ausbildungsjahr, ist mit seinem Betrieb unzufrieden und möchte seine Ausbildung in einem anderen Betrieb fortsetzen. Deshalb will er seinem bisherigen Ausbildungsbetrieb kündigen.		

Aufgabe 2

Unterscheiden Sie Kündigung und Aufhebungsvertrag als Möglichkeiten, das Ausbildungsverhältnis zu beenden.

SB → S. 25 ff. | Lernfeld 1, Kapitel 4.2

Jugendarbeitsschutzgesetz

Manja, 17 Jahre, ist bei dem Metallbaubetrieb Heinrich Blech KG Auszubildende zur Industriekauffrau. Sie befindet sich im 1. Ausbildungsjahr. Jede Woche trifft sie in der großen Pause in der Berufsschule ihren Freund Vlad Radomir Adler, der zwar auch im ersten Ausbildungsjahr lernt, aber schon 20 Jahre alt ist. Heute unterhalten sie sich ganz angeregt über ihre Ausbildungsbetriebe.

Manja schildert ihrem Freund verschiedene Situationen, die sie selbst in ihrem Ausbildungsbetrieb betreffen bzw. dort vorgefallen sind. Manja ist sich nicht sicher, ob ihr Chef, Herr Blech, immer Recht hat. Vlad Radomir möchte ihr helfen, diese Rechtsfragen zu klären, und macht ihr den Vorschlag, sich nach der Schule im Café zu treffen, um ausführlich darüber zu reden. Manja ist damit einverstanden. Nach der Schule setzen sie sich bei einer Tasse Kaffee mit dem Jugendarbeitsschutzgesetz auseinander, um dort eindeutige Antworten auf Manjas Fragen zu finden.

1 Machen Sie es den beiden nach und prüfen Sie, ob in folgenden Situationen im Rahmen des gültigen Rechts gehandelt wird. Begründen Sie Ihre Ansicht und stellen Sie Gesetzesverletzungen richtig.

   a   Manja hatte vor zwei Wochen in der Berufsschule nach der 4. Stunde Unterrichtsschluss und ging nach Hause. Am darauffolgenden Tag bekam sie von ihrem Chef eine Standpauke mit dem Hinweis, sich zukünftig in solchen Fällen unverzüglich im Betrieb zur Arbeit zu melden.

   b   Manja ist im Berufsausbildungsvertrag ein anteiliger Urlaubsanspruch von acht Tagen für das laufende Jahr (August bis Dezember) eingetragen worden.

   c   Um Kosten zu sparen, möchte Herr Blech die Ausbildungsvergütung um die Dauer der Berufsschulzeit kürzen.

   d   Manja ist seit zwei Monaten jeden Samstag zum Telefondienst eingeteilt.

   e   Wegen der guten Auftragslage muss Manja täglich zehn Stunden arbeiten.

   f   Weil mehrere Angestellte in der Abteilung Vertrieb erkrankt sind, soll Manja bis auf Weiteres die Berufsschule nicht mehr besuchen, sondern muss diese Kolleginnen vertreten.

   g   Jens (19 Jahre), ein anderer Azubi aus dem Betrieb, wird am Arbeitstag vor der schriftlichen Abschlussprüfung von der Heinrich Blech KG nicht freigestellt.

2 Klären Sie, welche Möglichkeiten Manja hat, gegen Verletzungen des Jugendarbeitsschutzgesetzes vorzugehen.

3 Stellen Sie das Gespräch in einem Rollenspiel nach, in dem Manja ihren Vorgesetzten auf die Rechtsverletzungen anspricht.

Arbeitsblatt 5.1: Das Jugendarbeitsschutzgesetz

Geltungsbereich:	
Zweck:	

Schutzbereiche:

Arbeitszeit:	Ruhepausen:	Ärztliche Untersuchungen:
verbotene Arbeiten:	Urlaub:	
Berufsschule und Prüfungen:	Nachtruhe:	
	Tägliche Freizeit:	
	Wochenende und Feiertage:	

In allen Schutzbereichen sind branchentypische Ausnahmen möglich.

Aufgaben zu den Lernsituationen 2 bis 5

Aufgabe 1

In der Hansen GmbH, einem Betrieb der Möbelbranche, wurden neue Auszubildende zum Industriekaufmann/zur Industriekauffrau eingestellt. Beurteilen Sie bei den folgenden Alltagssituationen, ob die beteiligten Personen im Rahmen des gültigen Rechts handeln. Begründen Sie Ihre Ansicht mit Hinweis auf die entsprechende Rechtsquelle.

a Pauline Dawson, 18 Jahre, soll den Betrieb kennenlernen und wird deshalb für 14 Tage in der Kundeninformation eingesetzt. Sie beschwert sich bei ihrem Ausbilder, dass diese Tätigkeit nichts mit ihrer Ausbildung zur Industriekauffrau zu tun habe.

b Sophie Ritter, 18 Jahre, muss täglich helfen, die Büros und Lagerräume zu putzen, da die Kosten für das bisher eingesetzte Reinigungsunternehmen eingespart werden sollen.

c Bertram Rietling, 16 Jahre, wird zzt. im Lagerbereich ausgebildet. Der Lagerleiter fordert ihn auf: „Da hinten steht ein 50-Liter-Gefäß mit Lösungsmittel. Füll das bitte gleich in kleine 5-Liter-Flaschen um."

d Artus Magnussen, 18 Jahre, und Max Rhein, 17 Jahre, besuchen beide die gleiche Berufsschulklasse und haben am Montag fünf und am Donnerstag sieben Stunden Unterricht. Ihr Ausbilder verlangt, dass sie nach der Berufsschule in den Betrieb kommen.

e Sybille Zweistein, 18 Jahre, erzählt in der Berufsschule, wie hoch die durchschnittliche Gewinnspanne im Geschäftsbereich Büromöbel ist. Die Klassenkameraden stellen die Höhe in Zweifel. Als Beweis bringt Sybille deshalb am nächsten Berufsschultag eine Kopie der Abrechnung mit.

f Ernst Serjozny, 20 Jahre, nimmt im November vier Tage an einer von der IHK organisierten überbetrieblichen Ausbildungsmaßnahme teil. Sein Ausbilder verlangt, dass er diese Zeit an vier Samstagen im Betrieb nachholen soll, damit der betriebliche Teil der Ausbildung nicht zu kurz kommt.

g Im dritten Monat der Ausbildungszeit kündigt die Hansen GmbH dem Auszubildenden Bertram Rietling fristlos ohne Angabe von Gründen.

h Marie Schmitt ist mit ihrer Ausbildung als Industriekauffrau in der Hansen GmbH aufgrund der Arbeitszeiten nicht besonders glücklich. Nach der Probezeit will Sie nun zum Metallbaubetrieb „Power-AG" wechseln, eine Stelle ist ihr bereits angeboten worden. Am liebsten möchte sie gleich kündigen und nächste Woche in dem neuen Betrieb anfangen.

i Weil sie sich nicht ausreichend vorbereitet hat, ist Bernadine Foulhardt beim ersten Mal durch die Abschlussprüfung gefallen. Kann sie das Ausbildungsverhältnis bis zur nächsten Wiederholungsprüfung fortsetzen?

j Die Ausbildung von Marcus Klein dauert laut Ausbildungsvertrag vom 01.08.20XX bis zum 31.07.20XY. Nachdem er bereits die schriftliche Abschlussprüfung bestanden hat, besteht er am 15.07.20XY die mündliche (praktische) Abschlussprüfung. Ab 16.07.20XY hat er einen Arbeitsvertrag mit der Mayer OHG geschlossen.

Sein Ausbildungsbetrieb verlangt von Marcus Klein, dass er bis zum Ende der Ausbildung am 31.07.20XY zu arbeiten habe. Gespräche über eine mögliche Weiterbeschäftigung nach der Ausbildung wurden mit ihm zu keinem Zeitpunkt geführt.

Aufgabe 2

Überprüfen Sie den Ausbildungsvertrag hinsichtlich der geltenden Bestimmungen des BBiG, der Ausbildungsordnung und des JArbSchG und füllen Sie die Tabelle auf der folgenden Seite aus.

Berufsausbildungsvertrag

IHK Die Industrie- und Handelskammern in Baden-Württemberg

(§§ 10, 11 Berufsbildungsgesetz - BBiG)

Zwischen dem/der Ausbildenden (Ausbildungsbetrieb) und der/dem Auszubildenden   männlich ☐   weiblich ☒

KNR	Firmenident-Nr.	Tel.-Nr.
164	815	4711

Anschrift des/der Ausbildenden
Scoundrel GmbH

Straße, Hausnummer
Stuttgarter Alle 90 a

PLZ	Ort
78543	Kochertann

E-Mail-Adresse des/der Ausbildenden
scoundrel@gmx.com

Verantwortlicher Ausbilder
Herr
Thoralf Zhestokii

Name	Vorname
Grau	Tine

Straße, Hausnummer
Plattenweg 13

PLZ	Ort
99876	Sondergoldhausen

Geburtsdatum
23.02.2000

Staatsangehörigkeit	Gesetzliche Vertreter[1]
deutsch	Eltern

Namen, Vornamen der gesetzlichen Vertreter
Bernwart Grau, Jasmin Grau

Straße, Hausnummer
Plattenweg 13

PLZ	Ort
99876	Sondergoldhausen

Wird nachstehender Vertrag zur Ausbildung im Ausbildungsberuf mit der Fachrichtung/dem Schwerpunkt/ dem Wahlbaustein etc. nach Maßgabe der Ausbildungsordnung[2] geschlossen
Industriefachkraft

Zuständige Berufsschule
Kochertann

A Die Ausbildungszeit beträgt nach der Ausbildungsordnung **41** Monate.
Die vorausgegangene Berufsausbildung / Vorbildung:

wird mit **0** Monaten angerechnet, bzw. es wird eine entsprechende Verkürzung beantragt.

Das Berufsausbildungsverhältnis
beginnt am **01.08.2016**   endet am **31.12.2019**

B Die Probezeit (§ 1 Nr. 2) beträgt ☐ Monate.[3]

C Die Ausbildung findet vorbehaltlich der Regelungen nach D (§ 3 Nr. 12) in

Straße **Stuttgarter Allee 90 a**

PLZ, Ort **78543 Kochertann**

und den mit dem Betriebssitz für die Ausbildung üblicherweise zusammenhängenden Bau-, Montage- und sonstigen Arbeitsstellen statt.

D Ausbildungsmaßnahmen außerhalb der Ausbildungsstätte (§ 3 Nr. 12) (mit Zeitraumangabe)

insgesamt 4 Wochen Seminar zur Kundenbetreuung

E Der/die Ausbildende zahlt dem/der Auszubildenden eine angemessene Vergütung (§ 5); diese beträgt zur Zeit monatlich brutto

EUR	330,00	335,00	340,00	350,00
im	ersten	zweiten	dritten	vierten

Ausbildungsjahr.

F Die regelmäßige tägliche Ausbildungszeit (§ 6 Nr. 1) beträgt **9,00** Stunden.[4]

G Der/die Ausbildende gewährt dem/der Auszubildenden Urlaub nach den geltenden Bestimmungen. Es besteht ein Urlaubsanspruch.

Im Jahr	2016	2017	2018	2019	20
Werktage	9,00	24,00	24,00	24,00	
Arbeitstage					

H Sonstiges, Hinweise auf anzuwendende Tarifverträge und Betriebsvereinbarungen.

Wenn Fr. Grau das Ausbildungsverhältnis vorzeitig kündigt, verpflichtet sie sich zur Schadensersatzzahlung in Höhe von 1.000,00 €.

J Die beigefügten Vereinbarungen sind Gegenstand dieses Vertrages und werden anerkannt.
Kochertann   , den **15.08.2016**
Ort, Datum

Der/die Ausbildende:

Th. Zhestokii
Stempel und Unterschrift

Der/die Auszubildende:

Tine Grau
Vor- und Familienname

Die gesetzlichen Vertreter des/der Auszubildenden:

Vater und Mutter/Vormund

Änderungen des wesentlichen Vertragsinhaltes sind vom Ausbildenden unverzüglich zur Eintragung in das Verzeichnis der Berufsausbildungsverhältnisse bei der Industrie- und Handelskammer anzuzeigen.

Die beigefügten Angaben zur sachlichen und zeitlichen Gliederung des Ausbildungsablaufs (Ausbildungsplan) sind Bestandteil dieses Vertrages.

[1] Vertretungsberechtigt sind beide Eltern gemeinsam, soweit nicht die Vertretungsberechtigung nur einem Elternteil zusteht. Ist ein Vormund bestellt, so bedarf dieser zum Abschluss des Ausbildungsvertrages der Genehmigung des Vormundschaftsgerichtes.
[2] Solange die Ausbildungsordnung nicht erlassen ist, sind gem. § 104 Abs. 1 BBiG die bisherigen Ordnungsmittel anzuwenden.

[3] Die Probezeit muss mindestens einen Monat und darf höchstens vier Monate betragen.
[4] Das Jugendarbeitsschutzgesetz sowie für das Ausbildungsverhältnis geltende tarifvertragliche Regelungen und Betriebsvereinbarungen sind zu beachten.

Verstoß/Fehler	Verordnung/Gesetz	Verbesserung

Verstoß/Fehler	Verordnung/Gesetz	Verbesserung

Aufgabe 3

Gestalten Sie selbstständig ein Silbenrätsel zu zehn Begriffen, die im Zusammenhang mit dem Berufsausbildungsverhältnis und seinen Rechtsgrundlagen stehen. Arbeiten Sie in Gruppen. Die Gruppen tauschen die Rätsel aus und lassen ihre Mitschüler raten. Ein Begriff und die Struktur des Rätsels sind vorgegeben.

1. Gesetz, welches Jugendliche „behütet"	**Jugendarbeitsschutzgesetz**
2.	
3.	
4.	
5.	
6.	
7.	
8.	
9.	
10.	
11.	

Silben: ar – beits – ge – gend – ju – schutz – setz

SB → S. 43 ff. | Lernfeld 1, Kapitel 5.4

Jugend- und Auszubildendenvertretung

In der Fly Bike Werke GmbH wurden neue Auszubildende zur Industriekauffrau/zum Industriekaufmann eingestellt. Auch im gewerblich-technischen Bereich gab es Neueinstellungen. Durch den Abschluss der neuen Ausbildungsverträge sind jetzt sechs Auszubildende im Unternehmen. Für sie alle ist der Ausbilder, Herr Steffes, verantwortlich.

Naomi, Auszubildende im ersten Ausbildungsjahr, ist der Ansicht, dass Herr Steffes die Meinung der Jugendlichen zu wenig respektiert. In der Mittagspause spricht sie mit Bettina, die bereits das zweite Jahr im Unternehmen ausgebildet wird. Diese hat in der Berufsschule schon mal etwas von einer Jugend- und Auszubildendenvertretung gehört, kann sich aber nicht so recht daran erinnern. Marie, ebenfalls im ersten Ausbildungsjahr, mischt sich in das Gespräch ein: „Wir dürfen uns nicht alles gefallen lassen. Denkt doch mal an den Versuch, mir im dritten Monat fristlos zu kündigen. Natürlich muss so eine Vertretung in unserem Betrieb geschaffen werden." „Wie denn?", fragt Naomi. Und: „Dürfen wir das überhaupt hier in der Fly Bike Werke GmbH?" Marie meint: „Klar, das muss doch in jedem Betrieb gehen."

Michael ist bereits im dritten Ausbildungsjahr. Als er von der Idee von Naomi, Bettina und Marie hört, meint er, schließlich gebe es einen Betriebsrat, der könne sich ja um die Probleme kümmern. Und im dritten Ausbildungsjahr ginge ihn das alles sowieso nichts mehr an. Vlad mischt sich ein: „Ein guter Freund von mir, Mark, ist Mitglied einer Jugend- und Auszubildendenvertretung, den kann ich ja mal fragen."

Mark ist bereit, mit den Auszubildenden der Fly Bike Werke GmbH über seine Arbeit in der JAV der Südwest AG zu sprechen. Dazu treffen sich die Jugendlichen in einer Kneipe. Mark erzählt: „JAV gibt es für die besonderen Belange der jugendlichen Arbeitnehmer unter 18 Jahre und der Auszubildenden unter 25 Jahre. Wir konnten in der Südwest AG eine JAV wählen, weil bei uns mehr als fünf jugendliche Arbeitnehmer unter 18 und Auszubildende unter 25 beschäftigt sind, das ist nämlich die Mindestbedingung. Wir sind insgesamt 24 Personen, die auch alle wählen durften. Und zwar insgesamt drei Vertreter. Wählbar sind Arbeitnehmer und Auszubildende, die noch nicht 25 Jahre alt sind. Jetzt wisst ihr, warum ich als 22-Jähriger noch in der JAV bin. Aber meine Amtszeit ist bald zu Ende, weil die zwei Jahre fast um sind. In der Zeit vom 1. Oktober bis 30. November wird dann neu gewählt. Tja, das war's dann." Naomi sagt: „Alles schön und gut, mit der Wählerei, aber was macht Ihr denn nun eigentlich?"

„Wer Probleme hat, kommt zu uns. Und wir vertreten dann die Interessen der Jugendlichen. Unser Ansprechpartner dafür ist der Betriebsrat. An allen Sitzungen des Betriebsrates kann ein Vertreter von uns teilnehmen. Und wenn besondere Probleme von Jugendlichen und Auszubildenden im Betriebsrat behandelt werden, da nehmen wir alle teil. Und wir werden nicht nur angehört, sondern haben sogar Stimmrecht im Betriebsrat, wenn Beschlüsse überwiegend jugendliche Arbeitnehmer oder Auszubildende betreffen. Und wir haben ein Antragsrecht zu Angelegenheiten der jugendlichen Arbeitnehmer. Der Betriebsrat muss uns umfassend und rechtzeitig unterrichten."

Marie möchte wissen: „Was sind denn nun eure Aufgaben? Und nimmt das viel Zeit in Anspruch?" „Wir beantragen Maßnahmen, die den Jugendlichen dienen, beim Betriebsrat. Ganz besonders wichtig ist es, über die Einhaltung von Gesetzen und Vorschriften für jugendliche Arbeitnehmer zu wachen. Wir nehmen Anregungen der jugendlichen Arbeitnehmer entgegen und drängen auf Erledigung. Wichtig ist es auch, Maßnahmen zur Durchsetzung der Gleichstellung jugendlicher Arbeitnehmer beim Betriebsrat zu beantragen. Und nicht zuletzt kümmern wir uns um die Integration ausländischer jugendlicher Arbeitnehmer." „Also hat euch die JAV was gebracht?", fragt Naomi. „Auf jeden Fall!", bestätigt Mark.

In Kampfstimmung machen sich die Fly-Bike-Werke-Azubis kurz darauf auf den Heimweg.

1 Stellen Sie fest, ob in der Fly Bike Werke GmbH eine JAV gewählt werden kann. Begründen Sie Ihre Antwort.
2 Welche Aufgaben nehmen die gewählten Vertreter der JAV wahr?

3 Füllen Sie folgende Tabelle aus:

Wahl und Aufgaben der Jugend- und Auszubildendenvertretung		
Betriebliche Voraussetzungen:	Aufgaben:	Rechte der JAV:

Wahl findet alle _____ Jahre in der Zeit von _____ bis _____ statt.

Wählbar: _____

_____

_____

Wahlberechtigt: _____

_____

_____

Aufgaben

Aufgabe 1

a Stellen Sie sich vor, Sie und Ihre Klassenkameraden wären Auszubildende der People Car AG. Stellen Sie fest, ob man in Ihrem Team eine JAV wählen kann, wer wählbar und wer wahlberechtigt ist.

b Erstellen Sie eine Pro- und Kontra-Liste für Ihre eigene Kandidatur zu einer Jugend- und Auszubildendenvertretung.

Pro-Argumente	Kontra-Argumente

c Machen Sie drei Wahlvorschläge für Kandidaten zur Wahl der Jugend- und Auszubildendenvertretung.

d Erarbeiten Sie in Gruppen für die Kandidaten ein Wahlprogramm mit jugendtypischen Forderungen.

e Stellen Sie das Wahlprogramm Ihrer Gruppe zur Diskussion.

f Simulieren Sie als Auszubildende der People Car AG die Wahl zur Jugend- und Auszubildendenvertretung. Beachten Sie dabei auch notwendige Formvorschriften.

Aufgabe 2

Die Jugend- und Auszubildendenvertretung hat ihre Arbeit aufgenommen. Jugendliche der People Car AG kommen mit folgenden Anliegen zur JVA:

a Ein Jugendlicher kritisiert, dass er bei der bestehenden Arbeitszeitregelung in der People Car AG seinen Bus am Feierabend nicht rechtzeitig erreicht. Der nächste Bus fährt eine halbe Stunde später.

b Eine türkische Auszubildende in der Versandabteilung beschwert sich, dass sie wegen ihres Kopftuches von den Kolleginnen gemobbt wird.

c Die jugendlichen Raucher sind nicht damit einverstanden, dass sie sich zum Rauchen mittels Stechuhr abmelden müssen.

d Ein Jugendlicher unter 18 Jahre bemängelt, dass er im Lager regelmäßig bis zu zehn Stunden am Tag arbeiten muss.

Prüfen Sie, inwieweit diese Anliegen berechtigt sind.

SB → S. 62 ff. | Lernfeld 1, Kapitel 6.3, 6.5   **Rechts- und Geschäftsfähigkeit**

Herr Adler lebt in einer großen Familie. Dazu gehören seine Eltern Hans und Marina Adler, seine beiden jüngeren Geschwister Maja (14 Jahre) und Robert (6 Jahre) sowie Opa Walter Adler.

In der vorigen Woche gab es viele Diskussionen in der Familie. Vlad geht in Gedanken die Ereignisse nochmals durch:

a Opa Walter verkündete beim Abendbrot, dass er in seinem Testament sein ganzes Vermögen seinem Golden Retriever vermachen will.

b Maja bekam von den Eltern 120,00 €, um Schulbücher zu kaufen. Sie hat dies getan, behielt aber, da zwei Bücher nicht vorrätig waren, 59,00 € übrig. Von diesem Geld kaufte sie zwei DVDs für die Eltern, die sie ihnen zum Hochzeitstag schenken will.

c Robert kaufte im Auftrag der Mutter eine Packung Eier in der Good Buy GmbH. Auf dem Heimweg stürzte er mit seinem Rad, die Eier gingen dabei alle zu Bruch.

d Maja bekam von Opa Walter zum Geburtstag 50,00 € geschenkt.

e Robert tauschte seine vier nagelneuen Matchbox-Autos gegen eine angebissene Milchschnitte mit seinem Freund Igor (5 Jahre).

1 Untersuchen Sie die Ereignisse in der Familie Adler auf ihre rechtliche Wirksamkeit, arbeiten Sie dazu mit dem BGB. Begründen Sie Ihre Antwort mit den Rechtsnormen des BGB.

a _____

_____

_____

b _____

_____

_____

c _____

_____

_____

d _____

_____

_____

e _____

_____

_____

2 Finden Sie Beispiele aus Ihrem familiären Umfeld, in denen deutlich wird, dass bestimmte Willenserklärungen und Rechtshandlungen vom Alter abhängig sind.

Arbeitsblatt 7.1: Rechtsfähigkeit

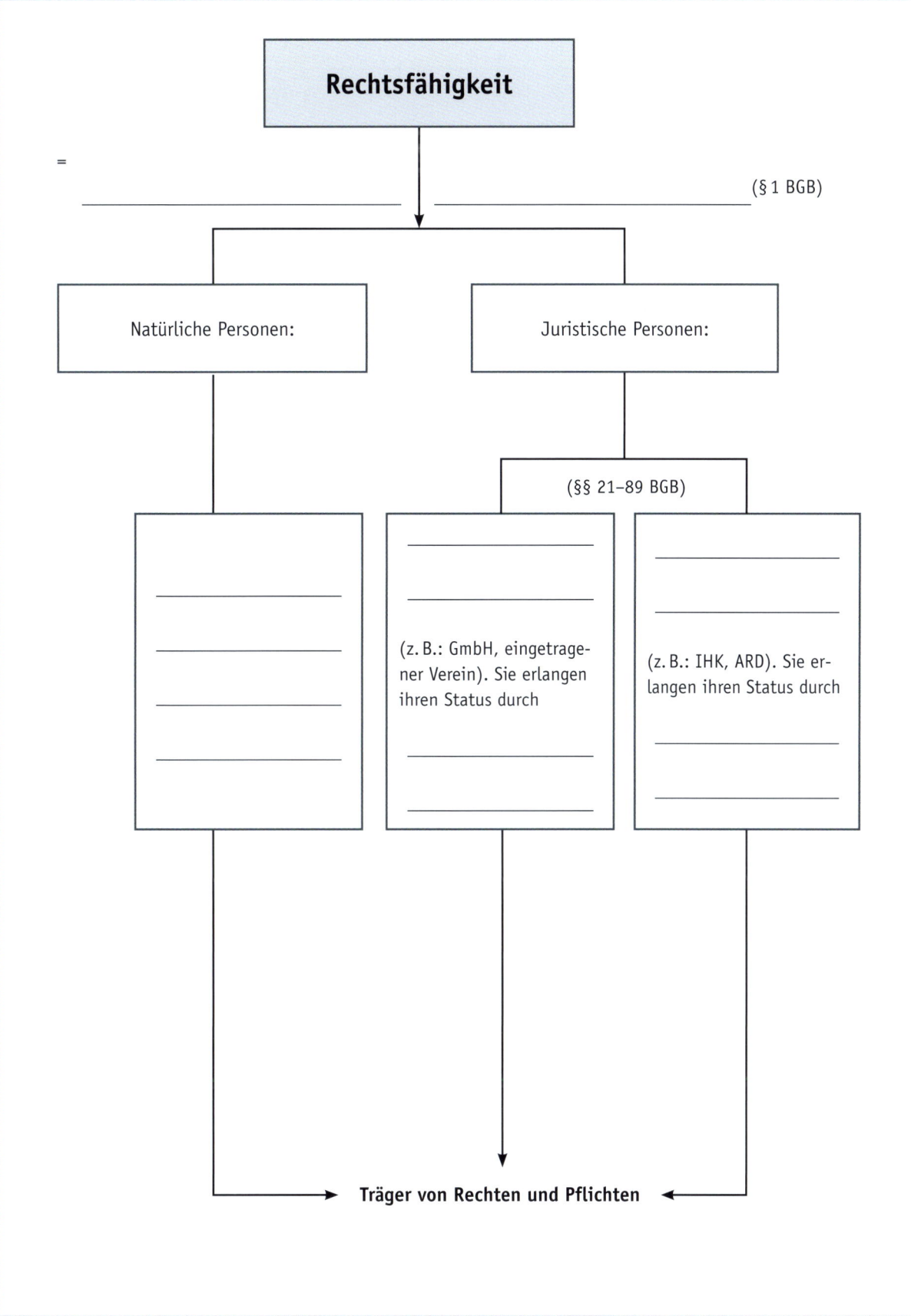

Arbeitsblatt 7.2: Geschäftsfähigkeit

Vervollständigen Sie die Tabelle mithilfe der Rechtsnormen des BGB.

Definition:	_____ _____	
Stufen der Geschäftsfähigkeit	**Voraussetzungen**	**Rechtsfolgen**
_____ (ab 18 Jahre)		Willenserklärungen sind … _____ _____
_____ (7 bis unter 18 Jahre)	im Rahmen von Dienst- und Arbeitsverhältnissen:	Rechtsgeschäfte sind … _____ _____
	mit Einwilligung des gesetzlichen Vertreters:	_____ _____ _____
	lediglich rechtlicher Vorteil:	_____ _____ _____
	Taschengeld, Vertrag bereits erfüllt:	_____ _____ _____
	ohne Einwilligung des gesetzlichen Vertreters, Vertrag:	Vertrag _____ _____ _____ … wirksam von Anfang an _____ _____ … unwirksam
_____ (unter 7 Jahre)		Willenserklärungen sind … _____ _____

Aufgaben

Aufgabe 1

Lösen Sie die folgenden Fälle zur Geschäftsfähigkeit, indem Sie Umfang der Geschäftsfähigkeit, Personenkreis, Rechtswirkung und mögliche Ausnahmen prüfen:

a Die dauerhaft psychisch kranke Fr. Magert lässt sich in einem Fahrradgeschäft beraten und will anschließend ein Fahrrad kaufen. Ist das Rechtsgeschäft wirksam?

b Der 17-jährige Tommy will im Reisebüro eine Flugreise nach Las Vegas für 2.000 Euro buchen. Ist die Flugbuchung rechtswirksam?

c Frau Müller schickt ihren fünfjährigen Sohn Björn mit abgezähltem Geld und einem Einkaufszettel in ein Lebensmittelgeschäft. Auf dem Einkaufszettel steht, dass der Junge einen Liter Milch kaufen soll. Darf der Verkäufer Björn die Milch verkaufen?

d Der 16-jährige Sirco will zwei Geschenke annehmen: 800 Euro Bargeld und einen nicht mehr fahrtüchtigen PKW. Seine Eltern sind davon nicht begeistert und verbieten ihm die Annahme der Geschenke. Dürfen die Eltern ihrem Sohn die Geschenke verweigern?

Aufgabe 2

Lösen Sie die folgenden Fälle zur Geschäftsfähigkeit und begründen Sie schriftlich:

a Die sechsjährige Madeleine kauft ohne Wissen der Eltern im benachbarten Schreibwarengeschäft von ihrem Taschengeld ein Malbuch und benutzt dieses. Die Eltern sind mit dem Kauf des Malbuches nicht einverstanden und verlangen vom Einzelhändler die Herausgabe des Kaufpreises. Muss der Einzelhändler unter Beachtung der gesetzlichen Bestimmungen das Buch zurücknehmen und den Kaufpreis erstatten? Nehmen Sie zu den folgenden Aussagen Stellung:

  1 Nein, denn das Buch ist bereits bemalt worden und daher nicht mehr verkäuflich.

  2 Nein, mit sechs Jahren ist das Mädchen beschränkt geschäftsfähig. Sie kann im Rahmen des Taschengeldes ohne Einwilligung der Erziehungsberechtigten rechtswirksam Rechtsgeschäfte abschließen.

  3 Nein, denn die Eltern hätten im Rahmen ihrer Sorgfaltspflicht verhindern müssen, dass das Kind alleine das Schreibwarengeschäft aufsucht.

  4 Ja, denn es ist kein Kaufvertrag abgeschlossen worden.

  5 Ja, denn erst ab sieben Jahren ist man geschäftsfähig.

  6 Ja, denn Kinder unter sieben Jahren sind noch nicht rechtsfähig.

b Ordnen Sie den folgenden Aussagen zur Geschäftsfähigkeit die entsprechenden Paragrafen im BGB zu:

  1 Die 16-jährige Tanja Schick kauft ohne Wissen ihrer Mutter von ihren Ersparnissen ein Mofa für 700,00 Euro.

  2 Der 62-jährige Max Fröhlich schenkt seinem zwölfjährigen Enkel Peer ohne Einwilligung der Eltern einen CD-Player.

  3 Die sechsjährige Pauline kauft ein Spielzeugauto. Sie zahlt mit dem Geld, das ihr ihre Eltern als Taschengeld überlassen haben.

  4 Der sechsjährige Marcus kauft am Kiosk mit abgezähltem Geld eine Zeitschrift. Der Verkäufer weiß, dass Marcus im Auftrag des Vaters handelt.

Aufgabe 3

Entscheiden Sie, ob folgende Aussagen wahr oder falsch sind:

a Bei einem beschränkt Geschäftsfähigen sind die eigenen Willenserklärungen schwebend unwirksam.

b Schwebend unwirksam bedeutet, dass ein Vertrag nicht zustande gekommen ist.

c Bei einem Sechsjährigen sind die eigenen Willenserklärungen nichtig.

d Die Nichtigkeit einer Willenserklärung bedeutet, dass kein Rechtsgeschäft zustande kommt.

In der Fly Bike Werke GmbH hat man schon seit Längerem über eine Erweiterung des Fuhrparks nachgedacht. In der aktuellen Diskussionsrunde der Geschäftsleitung hat man sich entschlossen, einen Kleintransporter käuflich zu erwerben. Der abgebildete Kaufvertrag für den Fahrzeugverkauf zeigt die Vertragspartner, Konditionen, Zahlungsvereinbarungen und besondere Vereinbarungen:

Der Verkäufer

Mercedes-Center Hildebrand GmbH

Kaufvertrag für den Fahrzeugverkauf

Anrede | Vor- & Nachname / Firmenname inkl. Gesellschaftsform

26121 Oldenburg, Alleenstr. 54

vollständige Anschrift (PLZ, Ort - Straße, Hausnummer - ggf. Land)

Telefon | Mobiltelefon | eMail-Adresse

0441 89765

Geburtsdatum | Geburtsort | Beruf/Gewerbe

veräußert an den Käufer

Fly Bike Werke GmbH

Anrede | Vor- & Nachname / Firmenname inkl. Gesellschaftsform

26121 Oldenburg, Rostocker Str. 334

vollständige Anschrift (PLZ, Ort - Straße, Hausnummer - ggf. Land)

Telefon | Mobiltelefon | eMail-Adresse

Fahrradhersteller

Geburtsdatum | Geburtsort | Beruf/Gewerbe

zu den nachfolgenden Konditionen folgendes Kraftfahrzeug:

Fahrzeug - Hersteller, Modell, Ausführung usw.		Leistung (kw / PS) lt. Fahrzeugbrief	Farbe
Mercedes 316 CDI Sprinter		120	silbergrau
Fahrgestellnummer	(letztes) amtl. Kennzeichen	Hubraum lt. Fahrzeugbrief	Anzahl der Türen (o. siehe Feld Fzg.)
0987654	OL-K-345	2.685	
Fahrzeugart	Gesamtfahrleistung	Anzahl der Vorbesitzer	nächste Hauptuntersuchung (HU)
Kastenwagen Hochdach		1	20XX
Datum der Erstzulassung	Fahrleistung lt. Tacho	zul. Gesamtgewicht	nächste Abgasuntersuchung (AU)
20XX	21345	5.500	20XX

Sonderausstattung und Zuberhör:

Zahlungsvereinbarungen	alle Beträge in € (EUR)
kein Umsatzsteuerausweis möglich, § 25a UStG (Differenzbesteuerung) - **Kaufpreis:**	
Umsatzsteuer ausweisbar (Regelbesteuerung) - **(netto) Kaufpreis:**	**30.000,00**
19% Ust.:	**5.700,00**
Gesamtbetrag:	**35.700,00**

Gesamtbetrag in Worten:

Art und Umfang von bekannten Unfallschäden:

Das Fahrzeug wurde als Taxi/Miet-/Fahrschulwagen genutzt:	Ja		/ Nein	X
Es handelt sich um ein EU-Import/Reimport Fahrzeug:	Ja		/ Nein	X
Das Fahrzeug wird finanziert bzw. geleast (siehe Unterlagen):	Ja	X	/ Nein	

Besondere Vereinbarungen:

Beide Vertragsparteien bestätigen, eine schriftliche Ausfertigung des Vertrags erhalten zu haben. - Sofern es sich beim Verkäufer nicht um eine juristische Person des öffentlichen Rechts oder einen Unternehmer in Ausübung seiner gewerblichen oder selbstständigen Tätigkeit handelt, wird der Vertragsgegenstand unter Ausschluss jeglicher Sachmängelhaftung verkauft.

Oldenburg, 23.05.20XX *Wildfeld*

Ort, Datum | Unterschrift Verkäufer

Oldenburg, 24.05.20XX *H. Peters*

Unterschrift Käufer

1 Klären Sie mithilfe der Rechtsnormen des BGB, ob die Fly Bike Werke GmbH Eigentümerin des Kleintransporters geworden ist.

    a Definieren Sie zunächst die Begriffe Besitz und Eigentum.

    b Erarbeiten Sie Argumente, warum dieser Vertrag mit Eigentumsvorbehalt abgeschlossen wurde.

    c Bestimmen Sie die Rechte und Pflichten, welche die Fly Bike Werke GmbH aus dem vorliegenden Vertrag bezüglich des Kleintransporters hat.

2 Finden Sie heraus, mit welchen Konsequenzen die Fly Bike Werke GmbH rechnen muss, wenn sie ihrer Zahlungsverpflichtung gegenüber der Mercedes-Center Hildebrand GmbH nicht mehr oder nicht mehr im vollen Umfang nachkommen kann.

3 Die Fly Bike Werke GmbH beabsichtigt, zur Erweiterung ihrer Lagerkapazitäten ein angrenzendes Grundstück zu kaufen. Stellen Sie dar, welche Gemeinsamkeiten der Kauf des Kleintransporters und der Kauf eines Grundstückes aufweisen und welche Unterschiede es gibt.

	Kleintransporter	Grundstück
Gemeinsamkeiten:		
Unterschiede:		

4 Die Geschäftsleitung der Fly Bike Werke GmbH erhält Kenntnis von der Tatsache, dass einer ihrer Mitarbeiter während der Arbeitszeit illegal aus dem Internet Software heruntergeladen hat. Der Geschäftsführer Herr Peters fordert unverzüglich Konsequenzen. Klären Sie die Rechtslage sowie die Besitz- und Eigentumsverhältnisse mithilfe folgender Rechtsquellen: BGB §§ 626, 812, 858, 862.

Arbeitsblatt 8.1: Möglichkeiten des Eigentumserwerbs

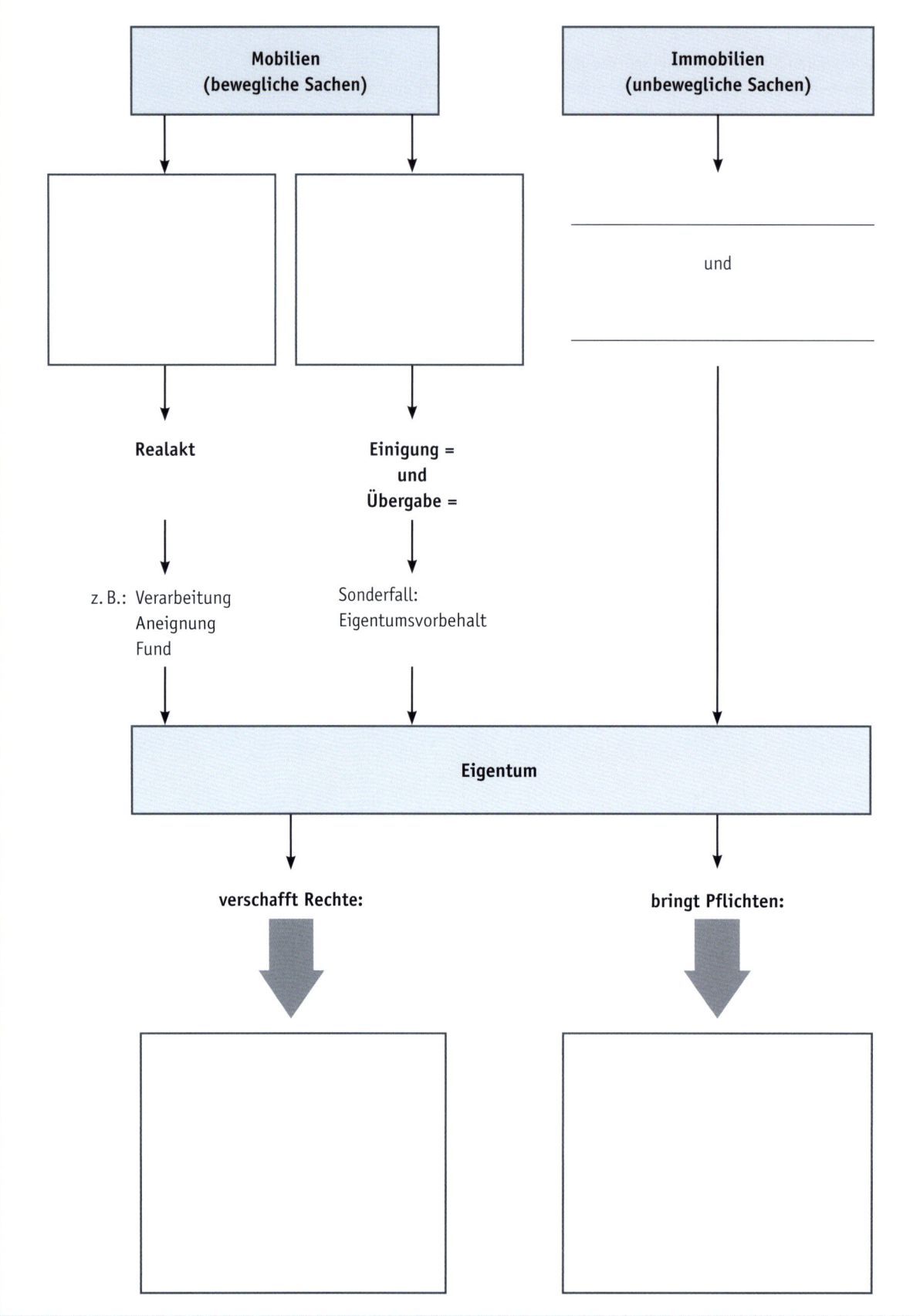

Aufgaben

Aufgabe 1

Klären Sie mithilfe der Rechtsnormen des BGB, wer Eigentümer und wer Besitzer ist:

a   Im Ladengeschäft der Südwest AG nimmt Angelina Schick einen für ihre Tochter Tanja gedachten MP3-Player aus dem Regal.

b   Frau Schick geht zur Kasse, zahlt den Kaufpreis, nimmt den MP3-Player und geht.

c   Herr Walter findet im Stadtpark die Uhr von Frau Pflaume und hebt sie auf.

d   Herr Wendelin – Geschäftsführer der Hopfen und Malz Brauerei – sitzt in seinem Stammlokal und trinkt Bier aus seiner Brauerei, das ihm in einem verzierten Maßkrug vom Wirt gereicht wird.

Aufgabe 2

Erläutern Sie die jeweilige Rechtslage:

a   Helene wird das von ihrer Freundin geliehene Fahrrad entwendet. Sie hat den Dieb
   – auf frischer Tat ertappt.
   – nach zwei Tagen entdeckt.

b   Der Vermieter Herr Maler hat seinem Mieter rechtzeitig den Mietvertrag für ein Lagerhaus gekündigt. Dieser gibt den Raum trotzdem nicht frei.

c   Herr Bauer hat von Frau Reibach Geschäftsräume für seine Supermarkt OHG gemietet. Ohne Wissen und ohne Erlaubnis der Vermieterin nimmt er bauliche Änderungen vor.

d   Die Auszubildende Katja (17) verkauft ihrer besten Freundin Hanna (19) für zehn Euro eine CD, die sie mittels einer illegal beschafften Software aus dem Internet geladen und auf ihrem heimischen Rechner gebrannt hat.

e   Briefträger Herr Hausmann muss die Post einem Bauern zustellen, der auf einem abgelegenen Bauernhof wohnt. Auf dem Wege dorthin greift ihn plötzlich der Hund des Nachbarn an. Um Hose und Gesundheit zu retten, bricht der Postbote eine Latte aus dem Gartenzaun des Bauern und schlägt auf den Hund des Nachbarn ein. Der Nachbar verlangt vom Briefträger nun Schadenersatz für die Verletzung seines Hundes und der Bauer möchte Ersatz für seinen beschädigten Zaun.

f   Herr Silici beobachtet, wie ein Dieb sein Auto aufbricht und das Radio entwendet. Da er ihn nicht einholen kann, wirft er ihm einen am Straßenrand liegenden Knüppel zwischen die Beine. Der Dieb stürzt und erleidet eine Prellung und Abschürfung.

g   Der Auszubildende Andreas verleiht seinem besten Freund Pablo für einen Videoabend seinen DVD-Player. Dieser verkauft das Gerät aus Geldmangel an einen Secondhandladen.

Handelsregister, Kaufmann, Firma

Auszug aus dem Handelsregister des Amtsgerichts Oldenburg:

Firma/Name	Sitz	Status
Niedersachsen **Amtsgericht Oldenburg (Oldenburg) HRB 604** DGL Beteiligungsgesellschaft mit beschränkter Haftung Oldenburg	Oldenburg	aktuell
Niedersachsen **Amtsgericht Oldenburg (Oldenburg) HRB 1511** City Club Hotel Oldenburg Verwaltungs-GmbH	Oldenburg	aktuell
Niedersachsen **Amtsgericht Oldenburg (Oldenburg) HRB 2134** Fly Bike Werke GmbH Kleine Kapitalgesellschaft gemäß § 267 HGB	Oldenburg	aktuell
Niedersachsen **Amtsgericht Oldenburg (Oldenburg) HRB 2709** VfH Verrechnungsstelle für Heilberufe GmbH	Oldenburg	aktuell
Niedersachsen **Amtsgericht Oldenburg (Oldenburg) HRB 3044** GB Biorecycling Planungs- und Beratungsbüro GmbH	Hatten-Twiest	aktuell
Niedersachsen **Amtsgericht Oldenburg (Oldenburg) HRB 3135** Paul Grundstücksverwaltung GmbH	Oldenburg	aktuell
Niedersachsen **Amtsgericht Oldenburg (Oldenburg) HRB 3188** W.P. Werbe-Plus-Verlagsgesellschaft mit beschränkter Haftung Historie M 1.) W.P. Werbe-Plus-Verlagsgesellschaft mit beschränkter Haftung	Oldenburg 1.) Herford	aktuell
Niedersachsen **Amtsgericht Oldenburg (Oldenburg) HRB 3451** „Mykonos" Restaurant GmbH	Oldenburg	aktuell
Niedersachsen **Amtsgericht Oldenburg (Oldenburg) HRB 4017** Bettenhaus Uwe Heintzen GmbH	Oldenburg	aktuell

1 Begründen Sie, warum die Fly Bike Werke GmbH in das Handelsregister eingetragen werden muss.
2 Klären Sie, was der Eintrag der Fly Bike Werke GmbH bedeutet. Gehen Sie dabei insbesondere auf folgende Sachverhalte ein:
   – Wer ist für die Führung des Handelsregisters zuständig?
   – Welche Gemeinsamkeiten weisen alle im Handelsregisterauszug aufgeführten Unternehmen einschließlich der Fly Bike Werke GmbH auf?
   – Welche Informationen über eine Firma enthält der Handelsregistereintrag?

Arbeitsblatt 9.1: Das Handelsregister

Definition

Abteilungen

Abteilung A	Abteilung B

Aufgaben

Unterrichtung der Öffentlichkeit über

-
-
-
-
-
-
-
-

Arbeitsblatt 9.2: Kaufmann nach HGB

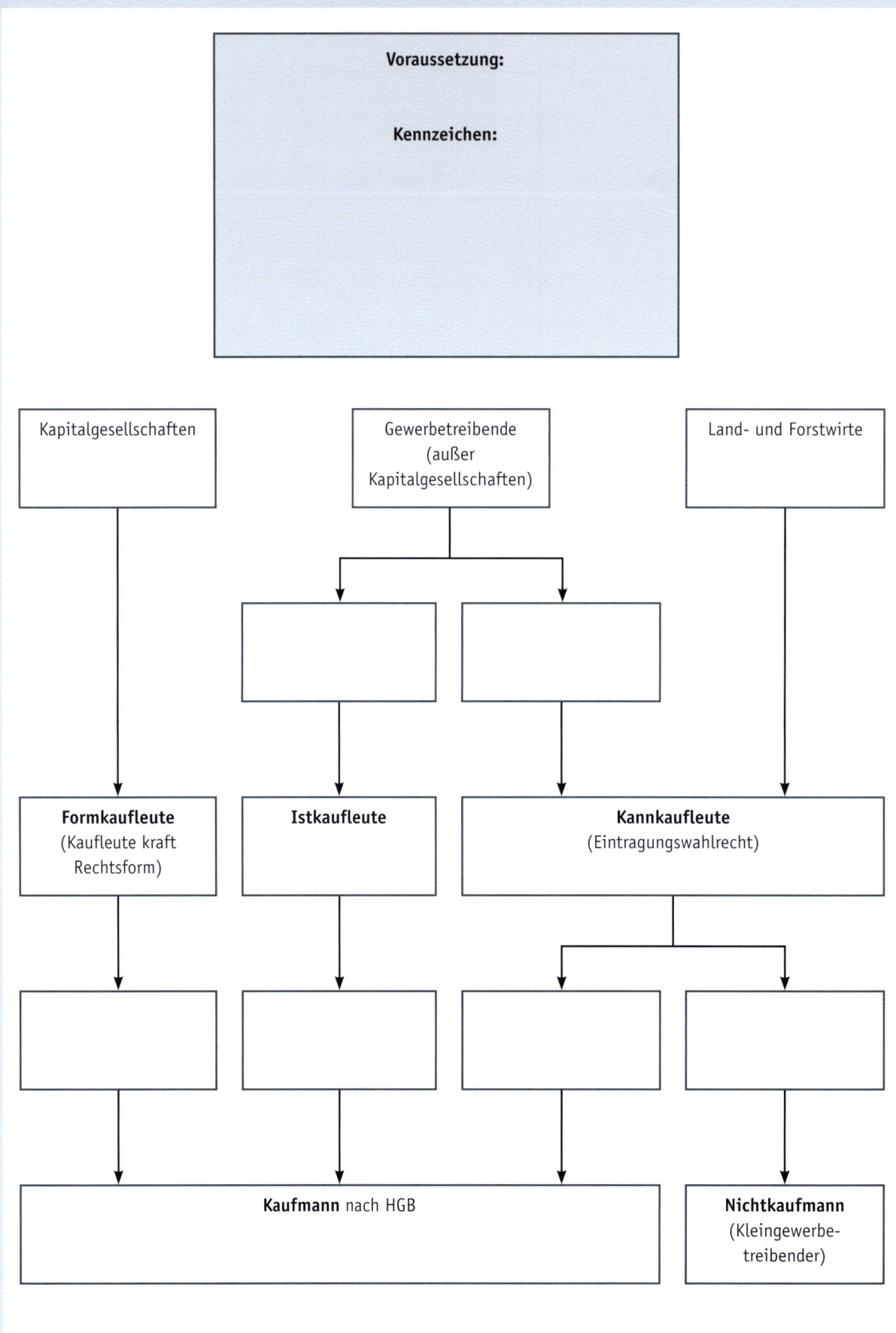

Arbeitsblatt 9.3: Firma

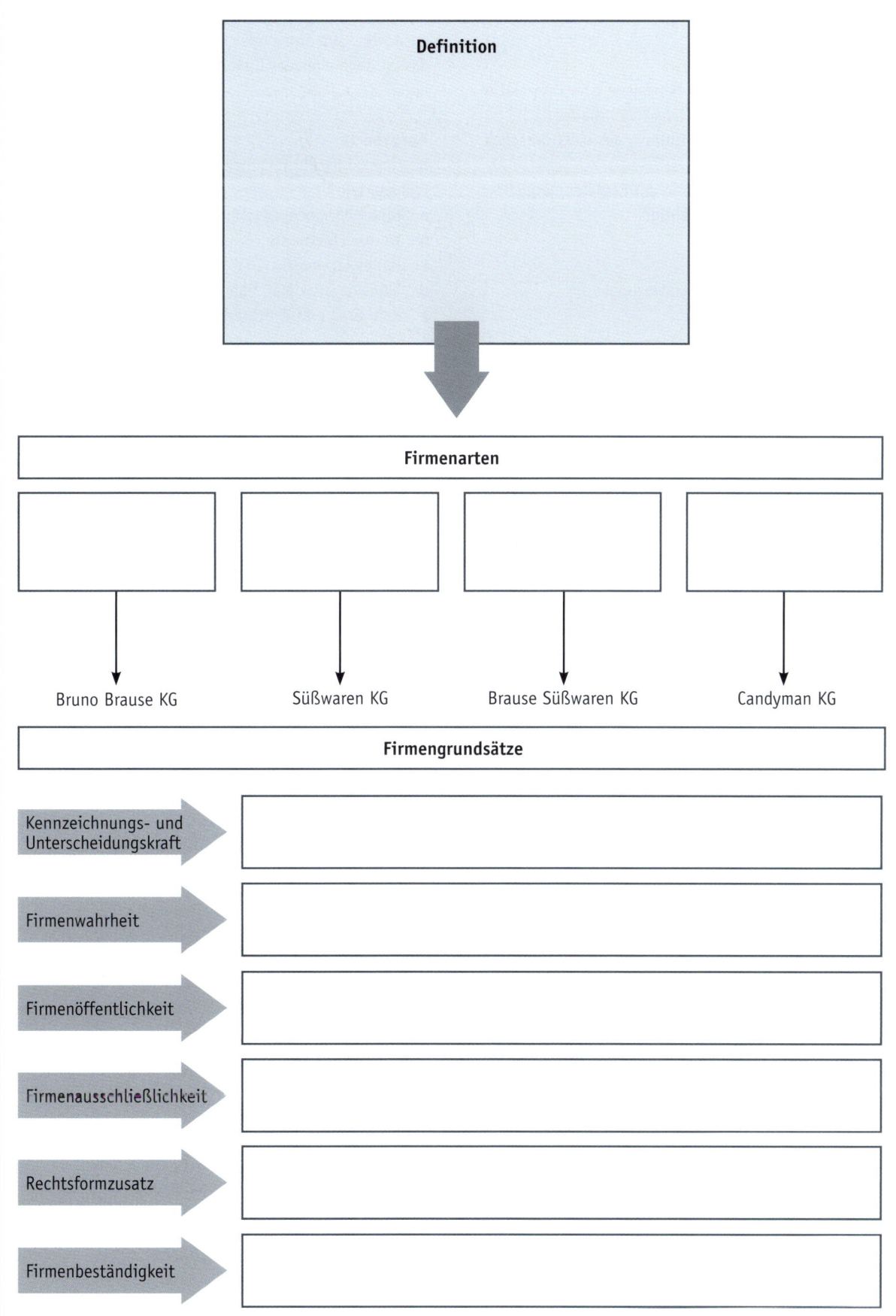

Definition

Firmenarten

Bruno Brause KG   Süßwaren KG   Brause Süßwaren KG   Candyman KG

Firmengrundsätze

Kennzeichnungs- und Unterscheidungskraft

Firmenwahrheit

Firmenöffentlichkeit

Firmenausschließlichkeit

Rechtsformzusatz

Firmenbeständigkeit

Aufgaben

Aufgabe 1
Klären Sie, wer im Handelsregister eingetragen werden muss.

Aufgabe 2
Sie wollen im elektronischen Handelsregister Informationen über einen Ihrer Geschäftspartner erhalten.
a Wer ist zuständig für die Führung des elektronischen Registers?
b Wie ist die Einsichtnahme in das Register möglich?
c Ist der Zugang kostenpflichtig?

Aufgabe 3
Nennen Sie vier wesentliche Eintragungen im Handelsregister.

Aufgabe 4
Informieren Sie sich in Ihrem Ausbildungsunternehmen, in welchem Handelsregister es eingetragen ist und welche wesentlichen Eintragungen über Ihr Unternehmen in dem entsprechenden Handelsregister zu finden sind.

Aufgabe 5
Erklären Sie anhand je eines Beispiels die unterschiedliche rechtliche Wirkung des Handelsregistereintrags.

Aufgabe 6
Definieren Sie den Personenkreis, für den das Handelsgesetzbuch gilt.

Aufgabe 7
Nennen Sie vier Kriterien für einen in kaufmännischer Weise eingerichteten Geschäftsbetrieb.

Aufgabe 8
Bestimmen Sie, welche Kaufmannsarten jeweils vorliegen:
a Fly Bike Werke GmbH, 40 Beschäftigte, ca. 7 Mio. € Jahresumsatz
b Großkino in Berlin, 20 Beschäftigte, 2,5 Mio. € Jahresumsatz
c Zeitungskiosk in der Innenstadt von Oldenburg
d Holzelemente GmbH, ein Gesellschafter, keine Mitarbeiter
e Arztpraxis Dr. Freyer
f Geflügelaufzuchtbetrieb „Glücklicher Hahn"
g DV-Profi e. K. Softwareberatung, kein Mitarbeiter, 85.000,00 € Jahresumsatz
h Industriekaufmann Ingolf Seelig

Aufgabe 9
Ein Bekannter von Ihnen hat einen Dog-Shop eröffnet und behauptet, er sei Nichtkaufmann. Erläutern Sie, was das bedeutet.

Aufgabe 10
Die Auszubildende Sandra fragt ihren Arbeitskollegen Julius, was man unter dem Begriff Firma verstehe. Julius antwortet: „Ob Firma oder Betrieb oder Unternehmen, das ist doch alles das Gleiche". Sind Sie derselben Meinung? Begründen Sie.

Aufgabe 11
Bestimmen Sie für folgende Beispiele die jeweilige Firmenart:
a Bürogroßhandel GmbH
b Werner Elektro KG
c Happy Cows e. G.
d Kalenderdruck Max Maler e. K.
e Rudi Grau und Wilma Enhaft OHG

Aufgabe 12
Johanna Lindner, Inhaberin der Boutique „Lindner Moden e. Kfr.", verkauft das Geschäft an Jeannette Goldig. Klären Sie, unter welchen Voraussetzungen die bisherige Firma beibehalten werden darf und wer ins Handelsregister eingetragen werden muss.

Aufgabe 13
Die Firma Kalenderdruck Max Maler e. K. ändert den Unternehmensgegenstand und vertreibt nur noch Visitenkarten. Begründen Sie, ob die Firma beibehalten werden darf.

Aufgabe 14
Kreuzen Sie an, welche der folgenden Aussagen richtig sind:

a Nur derjenige, der ein berechtigtes Interesse nachweist, darf das Handelsregister einsehen. ☐

b Jede Änderung im Handelsregister ist zu veröffentlichen. ☐

c Wer über 100.000,00 € Jahresumsatz erzielt, ist stets Kaufmann nach HGB. ☐

d Für alle Gewerbetreibenden gilt das Handelsgesetzbuch in vollem Umfang. ☐

e Hans Dampf ist alleiniger Gesellschafter der Dampf GmbH. Er erzielt 20.000,– € Jahresumsatz. Die Dampf GmbH ist Kaufmann nach HGB. ☐

f Die Firma muss stets Auskunft geben über den Gegenstand des Unternehmens. ☐

g Die Firma ist der Name des Kaufmanns, unter dem er seine Geschäfte betreibt. ☐

SB → S. 95 ff. | Lernfeld 1, Kapitel 8

Rechtsformen von Unternehmen

Im Gesellschaftervertrag der Fly Bike Werke GmbH ist die Rechtsform einer GmbH festgelegt. Der Gesellschafter Jan Ullmann ist der Meinung, dass die Fly Bike Werke GmbH in eine Aktiengesellschaft umgewandelt werden sollte. Björn Ries als zweiter Gesellschafter ist für die Beibehaltung der Rechtsform einer GmbH.

Der Geschäftsführer, Herr Hans Peters, schlägt vor, eine Diskussionsrunde zu einem möglichen Rechtsformwechsel durchzuführen. Auch der Betriebsrat, der in dieser wirtschaftlichen Angelegenheit ein Anhörungsrecht hat, wird dazu eingeladen.

1 Gestalten Sie in der Klasse die Diskussionsrunde zum Rechtsformwechsel nach. Bilden Sie dazu drei Gruppen. Jede Gruppe erarbeitet Pro- und Contra-Argumente für ihre Position. Bestimmen Sie einen Schüler zum Moderator, der die Diskussion leitet. Führen Sie die Diskussion durch.

2 Notieren Sie die verschiedenen Positionen in der Tabelle auf der nächsten Seite.

Rollenkarte Herr Ullmann

„Ein Rechtsformwechsel zur AG ist der Weg zu weiterem Wachstum der Fly Bike Werke GmbH!"

Rollenkarte Herr Ries

„Die Rechtsform der GmbH hat sich traditionell bewährt und ist auch weiterhin zukunftssicher!"

Rollenkarte Herr Preis als Betriebsratsmitglied

„Jede Veränderung der wirtschaftlichen Verhältnisse betrifft auch die Beschäftigten. Wir fordern, dass auch unsere Interessen optimal berücksichtigt werden!"

Argumente pro AG	Argumente kontra AG	Argumente pro GmbH	Argumente kontra GmbH	Argumente Betriebsrat

Aufgaben

Aufgabe 1
Benennen Sie die Rechtsform Ihres Ausbildungsbetriebs.

Aufgabe 2
Beschreiben Sie die wesentlichen Merkmale dieser Rechtsform.

Aufgabe 3
Recherchieren Sie, welche allgemeinen und betriebsindividuellen Gründe Ihren Ausbildungsbetrieb zur Wahl dieser Rechtsform veranlassten.

Aufgabe 4
Vergleichen Sie OHG und GmbH hinsichtlich Haftung, Anzahl der Gründer und Mindestkapital.

Aufgabe 5
Prüfen Sie in den folgenden Fällen, um welche Rechtsform es sich handelt:

a Vierzehn selbstständige Biobauern haben sich zusammengeschlossen. Durch einen gemeinsamen Verkauf ihrer Produkte und gemeinsame Werbung erhoffen sie sich bessere Absatzmöglichkeiten. Andere Biobauern aus der Region sind aufgerufen, sich ebenfalls zu beteiligen.

b Frau Werner beabsichtigt die Eröffnung einer Feinkosthandlung. Mit einem angesparten Kapital von 35.000,– € richtet sie ihr Geschäft ein. Als zusätzliche Hilfe stellt sie die Verkäuferin Frau Hoyer ein. Frau Werner haftet mit ihrem Geschäfts- und Privatvermögen und trifft alle Entscheidungen allein.

c Herr Maler und Herr Schader betreiben zehn Computerfachmärkte. Herr Schader haftet mit seinem Geschäfts- und Privatvermögen, Herr Maler nur mit seiner Einlage in Höhe von 900.000,– €.

d Fünf Hotelbesitzer im Thüringer Wald wollen eine Wellness-Badelandschaft bauen, um die Attraktivität des Feriengebietes zu erhöhen. Von den veranschlagten Kosten in Höhe von 4.000.000,– € können sie nur 2.000.000,– € aufbringen. Deshalb sollen sich auch andere Bewohner der Region sowie interessierte Touristen beteiligen. Der Mindestanteil beträgt 2,50 €.

e Herr Göttmann, Herr Schirmer und Herr Marlowski betreiben eine Vermögensberatungsgesellschaft. Die drei Gesellschafter haften aber nur mit ihren Geschäftsanteilen von 40.000,– €, 10.000,– € und 50.000,– €.

f Herr Blitz und Herr Licht vereinbaren die Gründung eines Fotogeschäftes. Herr Blitz übernimmt die Verwaltungsarbeiten, Herr Licht den Verkauf. Beide sind bereit, auch mit ihrem Privatvermögen zu haften.

Aufgabe 6
Was bedeuten in Bezug auf die Haftung in der OHG die Begriffe unbeschränkt, unmittelbar und solidarisch?

Aufgabe 7
Welche Vorteile bringt die Rechtsform des Einzelunternehmens?

Aufgabe 8
Welche Organe hat die Aktiengesellschaft und wofür sind diese jeweils verantwortlich?

Aufgabe 9
Welche Vorteile sprechen für die Unternehmensform der GmbH?

Aufgabe 10
Was ist eine GmbH & Co. KG?

Aufgabe 11
Welcher Grundgedanke liegt der Genossenschaft zugrunde?

Aufgabe 12
Wodurch unterscheiden sich Komplementäre und Kommanditisten?

Lernsituation 11

SB → S. 109 ff. | Lernfeld 1, Kapitel 9

Handlungsvollmacht und Prokura

Die Gesellschafter Jan Ullmann und Björn Ries können in der Fly Bike Werke GmbH als mittelständischem Unternehmen nicht mehr alle Rechtsgeschäfte selbst übernehmen. Es ist deshalb notwendig, Vertretungsbefugnisse auch an geeignete Mitarbeiter niedriger Betriebsebenen weiterzugeben, damit diese in der Lage sind, leitende Aufgaben zu übernehmen. Der kooperative Führungsstil und die Führungsmethoden sind genau durch diese Einbeziehung der Mitarbeiter und Übertragung von Führungsverantwortung gekennzeichnet.

1 Die rechtliche Regelung zu dieser Problematik findet man im HGB in Form der Handlungsvollmacht (§ 54) und Prokura (§§ 48 ff.) Klären Sie mithilfe der entsprechenden Rechtsnormen des HGB, um welche Art von Handlungsvollmacht es sich bei folgenden Rechtshandlungen in der Fly Bike Werke GmbH handelt:

Die Personalsachbearbeiterin der Fly Bike Werke GmbH, Frau Linden,
   a kündigt einem Arbeitnehmer aus wichtigem Grund.
   b unterzeichnet einen Kaufvertrag über einen Zuschnittroborter im Wert von 175.000,– € bei einer Maschinenfabrik.
   c schließt einen Arbeitsvertrag mit einem kaufmännischen Angestellten ab.

2 Herr Thüne ist Leiter Einkauf/Logistik der Fly Bike Werke GmbH. Seine Einkaufskompetenz ist vertraglich auf 175.000,00 € je Vertragsabschluss begrenzt. Diese Beschränkung wurde den Vertragspartnern nicht mitgeteilt. Herr Thüne unterzeichnet mit der Cycle-Tools-Import GmbH einen Kaufvertrag über 200.000,00 €. Bei der Lieferung der Ware verweigert der Geschäftsführer Herr Peters die Annahme der Ware mit der Begründung, dass Herr Thüne seine Kompetenzen überschritten habe.
Begründen Sie, ob der Lieferant einen Teil der Ware zurücknehmen muss.

3 Verwaltungsleiter Herr Steffes hat Prokura erteilt bekommen. Nennen Sie vier Handlungen, die er als Prokurist, auch mit Sondervollmacht, nicht durchführen darf.

4 Herr Adler möchte wissen, ob die Vollmachten auch wieder zurückgenommen werden können. Herr Steffes erklärt ihm, dass man auch in diesem Fall zwischen zwei Rechtshandlungen unterscheiden muss.
Ergänzen Sie folgende Übersicht mithilfe der Rechtsnormen des HGB und des BGB (§ 52 [1], § 52 [3] § 54 HGB sowie § 168 BGB).

	Handlungsvollmacht	Prokura
Widerruf		
Beendigung		

Arbeitsblatt 11.1: Vollmachten

	Prokura	Handlungsvollmacht
Wesen		
Erteilung		
Einschränkung		
Arten	Einzelprokura = Gesamtprokura = Filialprokura =	Allgemeine Handlungsvollmacht = Artvollmacht = Einzelvollmacht =

Aufgaben

Aufgabe 1
Erklären Sie, wer Handlungsvollmacht und wer Prokura erteilen darf.

Aufgabe 2
Erläutern Sie die Arten der Handlungsvollmacht.

Aufgabe 3
Bestimmen Sie die Art von Handlungsvollmacht, die in folgenden Fällen nötig ist:
a regelmäßiger Einkauf von Rohstoffen
b ein Kassierer soll einen Wechsel über 3.000,– € einlösen
c Leitung der Filiale „Flotte Biene" der Imker AG

Aufgabe 4
Kreuzen Sie an, welche der folgenden Rechtshandlungen nur dem Inhaber des Unternehmens erlaubt sind:

a Einstellung eines Arbeiters ☐

b Vermietung eines Bürogebäudes ☐

c Unterschreiben der Bilanz ☐

d Verkauf des Unternehmens ☐

e Wechsel des Produktionsprogramms ☐

f Aufnahme eines Gesellschafters ☐

Aufgabe 5
Erläutern Sie an einem Beispiel, wie sich Einschränkungen der Prokura im Innen- und Außenverhältnis einer Firma auswirken.

Aufgabe 6
Begründen Sie, warum Betriebsinhaber lieber Gesamtprokura als Einzelprokura erteilen.

Aufgabe 7
Die Prokura von Max Müller wird am 9. Februar widerrufen. Am 11. Februar wird diese Tatsache allen Geschäftspartnern mitgeteilt. Die Handelsregistereintragung zum Erlöschen der Prokura erfolgt am 12. März. Am 10. Februar unterschreibt Max Müller einen Kaufvertrag über 20.000,– €. Ist dieser Vertrag gültig? Begründen Sie Ihre Meinung.

Betriebliches Planungssystem

Am 1. April geht allen Abteilungsleitern der Fly Bike Werke GmbH folgende E-Mail zu:

```
Von: h.peters@flybike-werke.de
An: w.mueller@flybike-werke.de
Betreff: Plandaten neues Geschäftsjahr
Datum: 01.10.20XX
```

```
Liebe Planungsverantwortliche,

unser Controller, Herr Steffes, möchte wie jedes Jahr zunächst eine Grobplanung
der für Ihren Bereich maßgeblichen Vorgaben erstellen. An dieser Grobplanung
sind Sie wesentlich beteiligt. Sie werden in diesem Zusammenhang darum gebeten,
Ihre vorläufigen Plandaten bis spätestens zum 30. Mai einzureichen. Die für
Ihre Planungen notwendigen Ausgangsdaten erhalten Sie in den nächsten Tagen.

Aufgrund der Grobplanung werden Geschäftsleitung und Controlling in den
nächsten Wochen detailliertere Planvorgaben erarbeiten, die Ihnen dann gegen
Mitte des Jahres zur Verfügung stehen werden.

Mit freundlichen Grüßen

Geschäftsführung der Fly Bike Werke GmbH
Herr Hans Peters
```

Dies versetzt nun die angesprochenen Personen in lebhafte Aktivität, allerdings nicht unbedingt gleichzeitig. Zunächst wird Herr Sales tätig, der durch ein Marktforschungsinstitut die Absatzerwartungen für die Produktpalette zu gegebenen Listenverkaufspreisen untersuchen lässt. Drei Wochen später erhält er folgende Prognose:

	Artikel-Nr.	Modellbezeichnung	Erwartete Absatzmenge
Eigene Produkte	101–103	City-Räder	7 500
	201–203	Trekkingräder	5 500
	301–303	Mountain-Bikes	4 000
	401–402	Rennräder	2 500
	501–502	Kinderräder	2 000
Handelswaren	601–602	Anhänger	1 000

Herr Sales übernimmt diese Angaben **unverändert** in seinen Absatzplan. Danach schickt er den Absatzplan an den Controller.

1 Übertragen Sie die nach Produktgruppen verdichteten Marktforschungsergebnisse in den Absatzplan der Planungsübersicht auf S. 61.

2 Der Controller hat die Absatzplanungen zwischenzeitlich an Marco Rother, den Produktionsleiter, weitergeleitet. Diesen interessieren die Handelswaren nicht, dafür schaut er sich die ihm vom Lagerleiter zugestellte Lagerliste sehr genau an:

	Artikel-Nr.	Modellbezeichnung	Istbestand	Mindest-bestand
Eigene Produkte	101–103	City-Räder	600	200
	201–203	Trekkingräder	1 200	200
	301–303	Mountain-Bikes	200	300
	401–402	Rennräder	100	100
	501–502	Kinderräder	100	100
Handelswaren	601–602	Anhänger	200	100

Ermitteln Sie den verfügbaren Lagerbestand aus der folgenden Gleichung:

LB_V = Istbestand – Mindestbestand

Tragen Sie die verfügbaren Lagerbestände in den Lagerplan in der Planungsübersicht auf S. 61 ein. Auch negative Ergebnisse sind möglich.

3 Ermitteln Sie die benötigten Herstellmengen und tragen Sie diese in den Produktionsplan (Planungsübersicht) auf S. 61 ein. Beachten Sie dazu die folgende Information:

> Besteht ein (positiver) verfügbarer Lagerbestand, so kann der Verkauf zunächst aus dem verfügbaren Lagerbestand heraus erfolgen, die Herstellmenge kann entsprechend **verringert** werden. Ist der verfügbare Lagerbestand negativ, liegt also der Ist- unter dem Mindestbestand, so muss nicht nur die Absatzmenge, sondern auch die erforderliche Auffüllmenge produziert werden.

4 Auch Herr Rother hat nun seine geplanten Produktionsdaten an den Controller weitergereicht. Bereits am nächsten Tag erhalten drei weitere Verantwortliche, nämlich Herr Thüne (Einkaufsabteilung), Frau Linden (Personalwesen) und Herr Müller (Rechnungswesen/Investitionsmanagement), ihre Ausgangsdaten. Alle drei wissen genau, wie sie aus diesen ihren Bedarf ermitteln.

Erstellen Sie mit diesen Angaben die Pläne für die Beschaffung, den Personal- und den Investitionsbedarf. Tragen Sie die Werte in die Planungsübersicht auf S. 61 ein.

Zusatzinformationen für die Beschaffungsplanung:
- Für jedes produzierte Fahrrad (außer Renn- und Kinderräder) benötigen Sie 4 kg Stahl. Rennräder benötigen 3 kg Aluminium, Kinderräder nur 2 kg Stahl.
- Außerdem müssen Sie je Fahrrad zwei Kompletträder und einen Satz Anbauteile (Sattel, Bremsen, Beleuchtung, Klingel usw.) beziehen. Sie benötigen für die Montage ferner 40 kWh Energie je Fahrrad.
- Ferner müssen Sie die benötigten Handelswaren beschaffen.

Zusatzinformationen für die Personalplanung:
- Die effektive Bearbeitungszeit für jedes produzierte Fahrrad liegt bei durchschnittlich 180 Minuten.
- Die Jahresarbeitszeit jedes Mitarbeiters beträgt 91 200 Minuten.

Der quantitative Personalbedarf wird nach der folgenden Formel ermittelt:

$$PB = \frac{\text{Produktionsmenge} \cdot \text{effektive Bearbeitungszeit je Stück in Min.}}{\text{Jahresarbeitszeit jedes Mitarbeiters in Min.}}$$

Das Ergebnis ist immer auf ganze Mitarbeiter aufzurunden.

Zusatzinformation für die Investitionsplanung:
Da unsere Betriebsmittelausstattung schon älter ist, benötigen wir je angefangene 5 000 Stück Fahrradproduktion eine neue Produktionsmaschine und je angefangene 15 000 Stück eine neue Werkshalle.

5 Nun ist nur noch die Erfolgs- und Finanzplanung abzuschließen. Frau Taubert, eine Mitarbeiterin des Rechnungswesens, verantwortet beide Planungen und hat deshalb nun besonders viel zu tun. Um nicht den Überblick zu verlieren, geht sie Schritt für Schritt vor und schaut sich zunächst noch einmal den Absatzplan an. Diesen ergänzt sie um Preisinformationen aus der eigenen Absatzstatistik, die sie mit einem kleinen Inflationsaufschlag anpasst.

Modellbezeichnung	Erwartete Absatz-menge in Stück	Durchschnittlicher Nettoabsatzpreis* in €
City-Räder	7 500	173,00
Trekkingräder	5 500	248,00
Mountain-Bikes	4 000	336,00
Rennräder	2 500	1.175,00
Kinderräder	2 000	122,00
Anhänger	1 000	172,00

*Hinweis: Der durchschnittliche Nettoabsatzpreis ist der von den Händlern unter Abzug aller Nachlässe tatsächlich gezahlte Nettopreis. Er liegt erheblich unter der unverbindlichen Preisempfehlung inkl. Umsatzsteuer für den Endverbraucher.

Berechnen Sie den zu erwartenden Umsatz für eigene Erzeugnisse und für Handelswaren und tragen Sie ihn als Teil der Einnahmenplanung in die Planungsübersicht auf S. 61 ein.

6 Schließen Sie mit den folgenden Angaben die Einnahmenplanung ab und tragen Sie die Werte in die Planungsübersicht auf S. 61 ein.

> **Zusatzinformation für die Einnahmenplanung:**
> Neben den Umsatzerlösen für eigene Erzeugnisse und Handelswaren rechnen wir im kommenden Geschäftsjahr auch noch mit Mieterträgen über 80.000,00 € und Zinserträgen über 45.000,00 €.

7 Jetzt steht Frau Taubert vor der umfangreichsten Aufgabe, der Erfassung aller Ausgaben. Hierzu benötigt sie eine Reihe von Zusatzinformationen aus der betrieblichen Kostenrechnung (siehe unten). Erstellen Sie aufgrund dieser Angaben den Ausgabenplan und tragen Sie die ermittelten Daten in die Planungsübersicht auf S. 61 ein.

> **Zusatzinformationen zur Ausgabenplanung:**
> – Für die Materialien bestehen folgende Bezugskosten:
>   – 1 kg vorgeformter Stahl: 33,65 €
>   – 1 kg vorgeformtes Aluminium: 169,80 €
>   – 1 Rad: 18,50 €
>   – 1 Satz Anbauteile: 22,20 €
> – Bezugskosten für die Handelswaren: 1 Fahrradanhänger (modellunabhängig) kostet 104,00 €.
> – Für die Energie sind 0,25 € je kWh aufzuwenden.
> – Das Jahresentgelt eines Mitarbeiters inkl. Nebenkosten wird mit 50.000,00 € veranschlagt.
> – Eine Produktionsmaschine kostet 200.000,00 €, eine Werkshalle 1.200.000,00 €.

8 Nun können Sie die Gesamtsummen des Einnahmen- und des Ausgabenplans in den Finanzplan übertragen und dort ein mögliches Zahlungsmitteldefizit bzw. einen möglichen Zahlungsmittelüberschuss feststellen. Vervollständigen Sie den Finanzplan in der Planungsübersicht auf S. 61. Übertragen Sie das sich ergebende Zahlungsmitteldefizit oder den sich ergebenden Zahlungsmittelüberschuss als zusätzlichen Kredit bzw. als Kreditrückzahlung in den Kreditplan.

> **Zusatzinformationen zur Finanzplanung:**
> Der Anfangsbestand an Finanzmitteln beträgt 50.000,00 €. Dieser soll auch am Jahresende in genau dieser Höhe vorhanden sein. Abweichungen sind über den Kreditplan auszugleichen.
>
> Weil Anfangs- und Endbestand gleich sind, führt jeder Ausgabenüberschuss zu einer Kreditaufnahme, jeder Einnahmenüberschuss zu einer Kreditrückzahlung.

9 Der Controller, Herr Steffes, freut sich über die fast fertiggestellte Planungsübersicht, nur die Erfolgsplanung lässt noch auf sich warten. Gerade die ist jedoch für die Geschäftsführung und die Eigentümer der Fly Bike Werke GmbH von besonderem Interesse. Zwar sind viele Erträge auch Einnahmen und viele Kosten auch Ausgaben, aber diese Gleichsetzung ist nicht zu verallgemeinern. Frau Taubert hat zwei Positionen entdeckt, die unterschiedlich bewertet werden müssen:

> – Die Investitionsausgaben selbst sind keine Kosten, sondern nur der spätere Wertverlust der gekauften Anlagegüter. Dieser wird als jährliche Abschreibung in Höhe von 10 % des Anschaffungswertes erfasst.
> – Nicht als Einnahme, aber als Ertrag gelten die zwar bereits produzierten, einstweilen aber noch nicht abgesetzten betrieblichen Erzeugnisse. Diese führen zu einem Mehrbestand im Wert von 120.000,00 € im Fertigwarenlager.

Wandeln Sie den Einnahmenplan zum Ertragsplan und den Ausgabenplan zum Kostenplan ab. Ermitteln Sie daraus den Erfolgsplan. Stellen Sie mit diesen Daten die Planungsübersicht auf S. 61 fertig.

10 Berechnen Sie die Auswirkungen folgender Sachverhalte auf das betriebliche Planungssystem:
  a Anschaffung einer zusätzlichen Produktionsmaschine (Preis: 200.000,00 €), welche die effektive Bearbeitungszeit jedes Fahrrades um 20 Minuten verringert.
  b Alle Beschaffungspreise erhöhen sich um 10 %, ohne dass dies über erhöhte Verkaufspreise an die Kunden weitergegeben werden kann.

Planungsübersicht

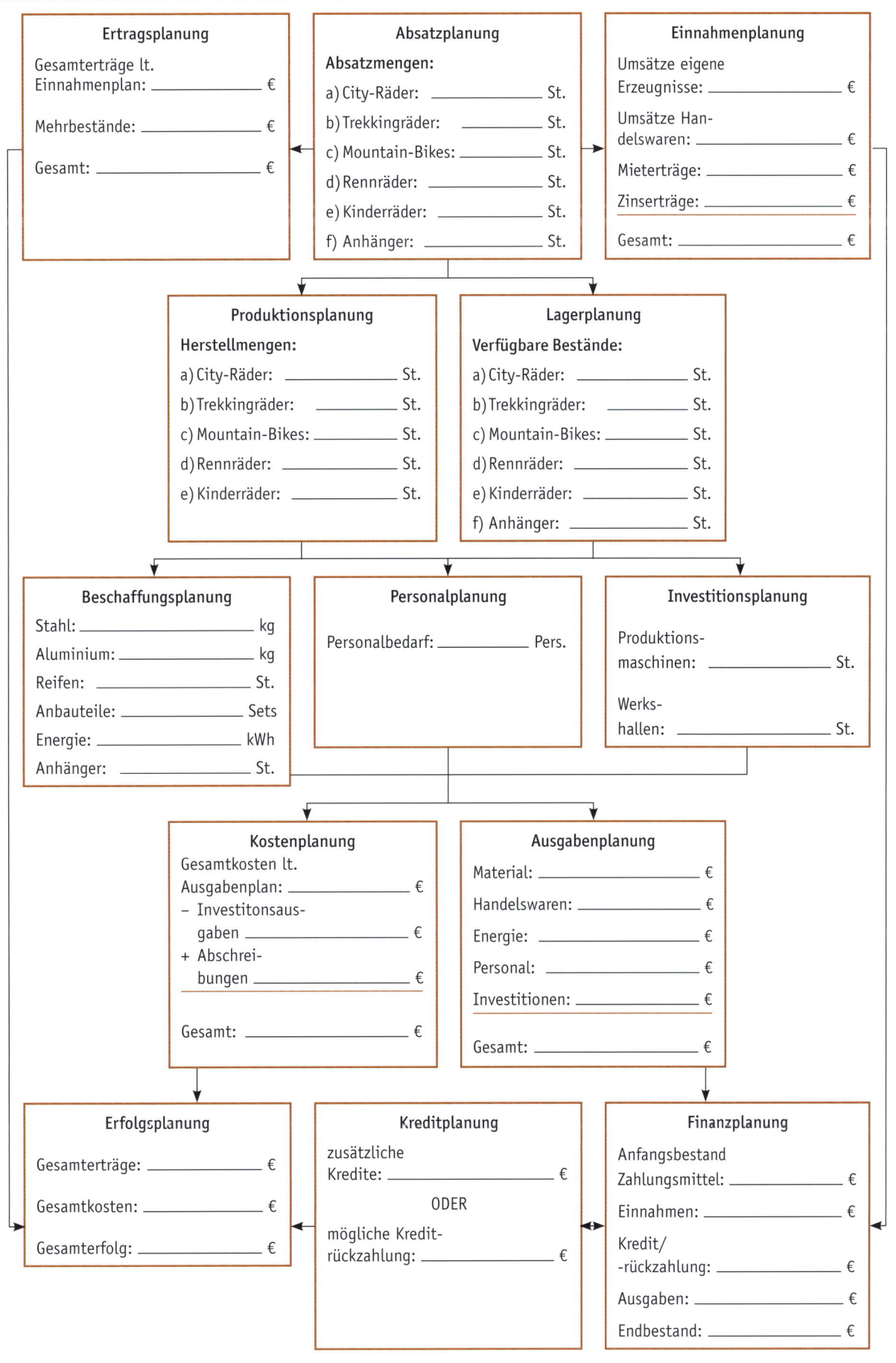

Ertragsplanung

Gesamterträge lt.
Einnahmenplan: _____ €

Mehrbestände: _____ €

Gesamt: _____ €

Absatzplanung

Absatzmengen:

a) City-Räder: _____ St.

b) Trekkingräder: _____ St.

c) Mountain-Bikes: _____ St.

d) Rennräder: _____ St.

e) Kinderräder: _____ St.

f) Anhänger: _____ St.

Einnahmenplanung

Umsätze eigene
Erzeugnisse: _____ €

Umsätze Han-
delswaren: _____ €

Mieterträge: _____ €

Zinserträge: _____ €

Gesamt: _____ €

Produktionsplanung

Herstellmengen:

a) City-Räder: _____ St.

b) Trekkingräder: _____ St.

c) Mountain-Bikes: _____ St.

d) Rennräder: _____ St.

e) Kinderräder: _____ St.

Lagerplanung

Verfügbare Bestände:

a) City-Räder: _____ St.

b) Trekkingräder: _____ St.

c) Mountain-Bikes: _____ St.

d) Rennräder: _____ St.

e) Kinderräder: _____ St.

f) Anhänger: _____ St.

Beschaffungsplanung

Stahl: _____ kg

Aluminium: _____ kg

Reifen: _____ St.

Anbauteile: _____ Sets

Energie: _____ kWh

Anhänger: _____ St.

Personalplanung

Personalbedarf: _____ Pers.

Investitionsplanung

Produktions-
maschinen: _____ St.

Werks-
hallen: _____ St.

Kostenplanung

Gesamtkosten lt.
Ausgabenplan: _____ €

– Investitonsaus-
   gaben _____ €

+ Abschrei-
   bungen _____ €

Gesamt: _____ €

Ausgabenplanung

Material: _____ €

Handelswaren: _____ €

Energie: _____ €

Personal: _____ €

Investitionen: _____ €

Gesamt: _____ €

Erfolgsplanung

Gesamterträge: _____ €

Gesamtkosten: _____ €

Gesamterfolg: _____ €

Kreditplanung

zusätzliche
Kredite: _____ €

ODER

mögliche Kredit-
rückzahlung: _____ €

Finanzplanung

Anfangsbestand
Zahlungsmittel: _____ €

Einnahmen: _____ €

Kredit/
-rückzahlung: _____ €

Ausgaben: _____ €

Endbestand: _____ €

Aufgaben

Aufgabe 1

Im Allgemeinen wird der Begriff „Planwirtschaft" mit kommunistischen Wirtschaftsverfassungen verbunden. Aber auch in einer Marktwirtschaft folgt in fast allen Unternehmen das wirtschaftliche Handeln langfristigen Planvorgaben. Halten Sie es für sinnvoll, in einer Wirtschaft mit sich ständig ändernden Rahmenbedingungen das unternehmerische Vorgehen langfristig zu planen? Sammeln Sie Pro- und Kontra-Argumente.

Aufgabe 2

Im Folgenden sind einige Zeitungsausschnitte abgebildet. Diese weisen auf Veränderungen in wichtigen Beschaffungs- und Absatzmärkten hin:

Energiepreise explodieren

Im dritten Jahr in Folge ist nun mit einem deutlichen Anstieg der Energiepreise zu rechnen. Die voraussichtliche Preissteigerung um mindestens 15 % hat ihre Ursache …

RADFAHREN ALS SENIORENHOBBY

Nach einer Studie des Sportgerätehersteller-Verbandes steigt entsprechend der allgemeinen demografischen Entwicklung der Anteil fahrradbegeisterter Senioren ständig an …

Bewerbermangel in technischen Berufen

Trotz Millionenarbeitslosigkeit haben Verarbeitungsbetriebe zunehmend Probleme, ihren Ersatzbedarf an technischen Fachkräften zu decken. Entsprechende Studienplätze und Lehrstellen bleiben unbesetzt …

Beschreiben Sie bei jedem Zeitungsartikel, welche betrieblichen Überlegungen und Planungsänderungen er auslösen könnte.

Aufgabe 3

Der Absatzplan enthält Menge und Art der abzusetzenden Erzeugnisse, der Produktionsplan enthält Menge und Art der herzustellenden Erzeugnisse.

a Produktions- und Absatzplan können sich mengenmäßig unterscheiden, dies würde zu entsprechenden Veränderungen in der Lagerhaltung (Lagerplan) führen. Berechnen Sie die unterschiedlichen Monatsendbestände im Lager bei folgenden Ausgangsdaten:

Monat	Produktionsmenge	Absatzmenge	Monatsendbestand
Mai	400	300	200
Juni	300	200	
Juli	300	300	
August	300	400	
September	400	600	

b Produktions- und Absatzmenge können sich aber auch sachlich unterscheiden.

Absatzplan	innerbetriebliche Leistungen
Handelswaren	Produktionsplan

Finden Sie im Absatzprogramm der Fly Bike Werke GmbH drei (mögliche) Beispiele für Handelswaren, die nicht produziert, aber dennoch verkauft werden.

c Finden Sie danach zwei (mögliche) Beispiele für Produktionen, die nie das Werksgelände verlassen. Überlegen Sie dabei, was die Fly Bike Werke GmbH „nur für sich" alles herstellen könnte.

Aufgabe 4

Strategische, taktische und operative Planungen gehen – wenn auch zeitlich verschoben – Hand in Hand.

a In der Fly Bike Werke GmbH ist nach langer Diskussion die Grundsatzentscheidung gefallen, die gesamte Produktion aus Kostengründen nach Osteuropa (Ukraine) zu verlagern. Beschreiben Sie die daraus resultierenden notwendigen Festlegungen für die nächsten Jahre.

Strategische Planung	Taktische Planung	Operative Planung
Festlegung für einen längeren Zeitraum	Festlegungen, die bis 1 Jahr vor dem Umzug zu treffen sind	Festlegungen, die im letzten Jahr vor dem Umzug zu treffen sind
Festlegung: Die Fly Bike Werke GmbH verlegt die Produktion in die Ukraine.	Festlegungen:	Festlegungen:

b Zeigen Sie anhand Ihres Planungskonzeptes, wo die getroffene taktische Festlegung die spätere operative Festlegung unmittelbar beeinflusst.

Obwohl die Fly Bike Werke GmbH schon seit Jahrzehnten wirtschaftlich erfolgreich auf dem Markt besteht, konnte sie nie eine bedeutende Marktposition erringen. Eine Expansion des Unternehmens wird neben eher geringen Investitionsmitteln vor allem dadurch behindert, dass das Unternehmen und seine Marken kein überzeugendes Image aufbauen konnten und deshalb auch von vielen Groß- und Einzelhändlern gar nicht im Verkaufsprogramm geführt werden.

Die Fly Bike Werke GmbH hat deshalb bei einem Marktforschungsinstitut eine Imagestudie in Auftrag gegeben. Das Marktforschungsinstitut befragte daraufhin sowohl potenzielle Wiederverkäufer wie auch repräsentativ ausgewählte Verbraucher mithilfe des folgenden Fragenkatalogs:

Imagestudie Fly Bike Werke GmbH
Befragungszeitraum 17.02.20XX bis 04.03.20XX

	trifft voll zu ++	trifft eher zu +	trifft eher nicht zu −	trifft gar nicht zu − −
Das Unternehmen ist mir bekannt.				
Ich kenne die Produkte des Unternehmens.				
Ich bin dem Unternehmen gegenüber positiv eingestellt.				
Sofern Unternehmen und Produkte bekannt ...				
Die Produkte sind qualitativ hochwertig.				
Die Produkte sind technisch innovativ.				
Das Preis-Leistungs-Verhältnis überzeugt mich.				
Die Auslieferung erfolgt fristgerecht.				
Die Ersatzteilversorgung ist gesichert.				
Das Unternehmen ist ökologisch orientiert.				
Das Unternehmen bietet gute Arbeitsbedingungen.				
Das Unternehmen engagiert sich sozial.				
Das Unternehmen fördert Frauen.				
Das Unternehmen informiert die Öffentlichkeit.				

1 Einige Wochen später sandte das Marktforschungsinstitut der Fly Bike Werke GmbH folgende Auswertungen kommentarlos zu:

Imagestudie Fly Bike Werke GmbH

Kundenauswertung

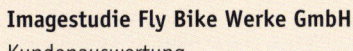

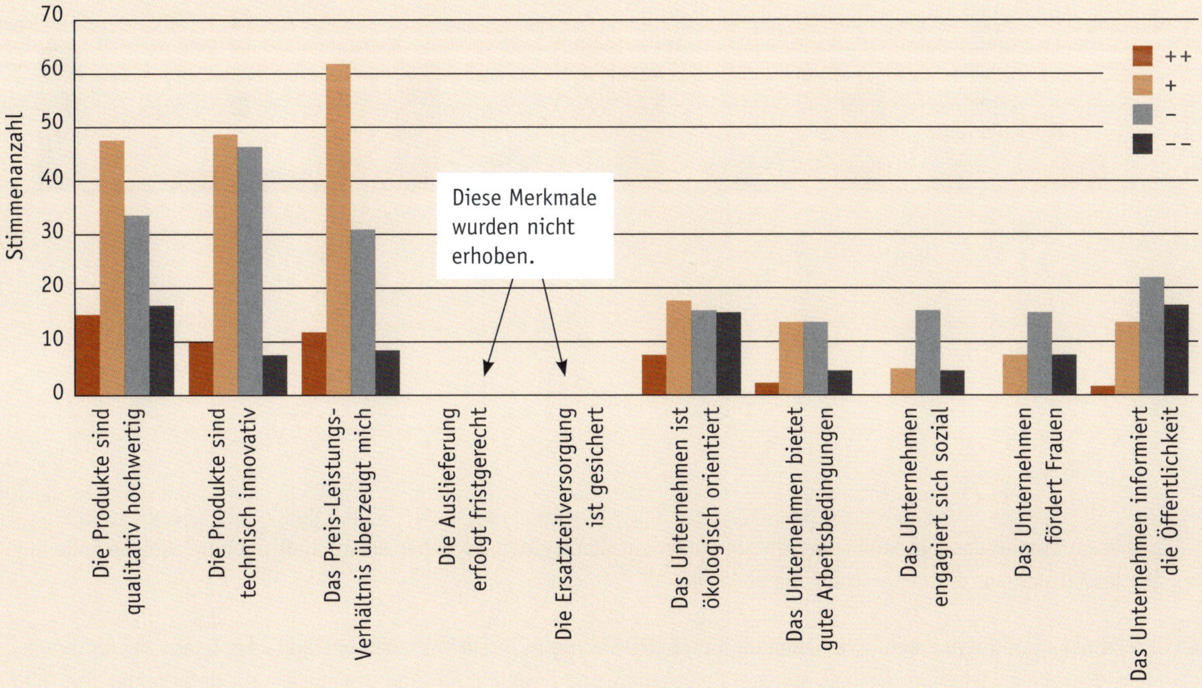

Diese Merkmale wurden nicht erhoben.

Händlerauswertung

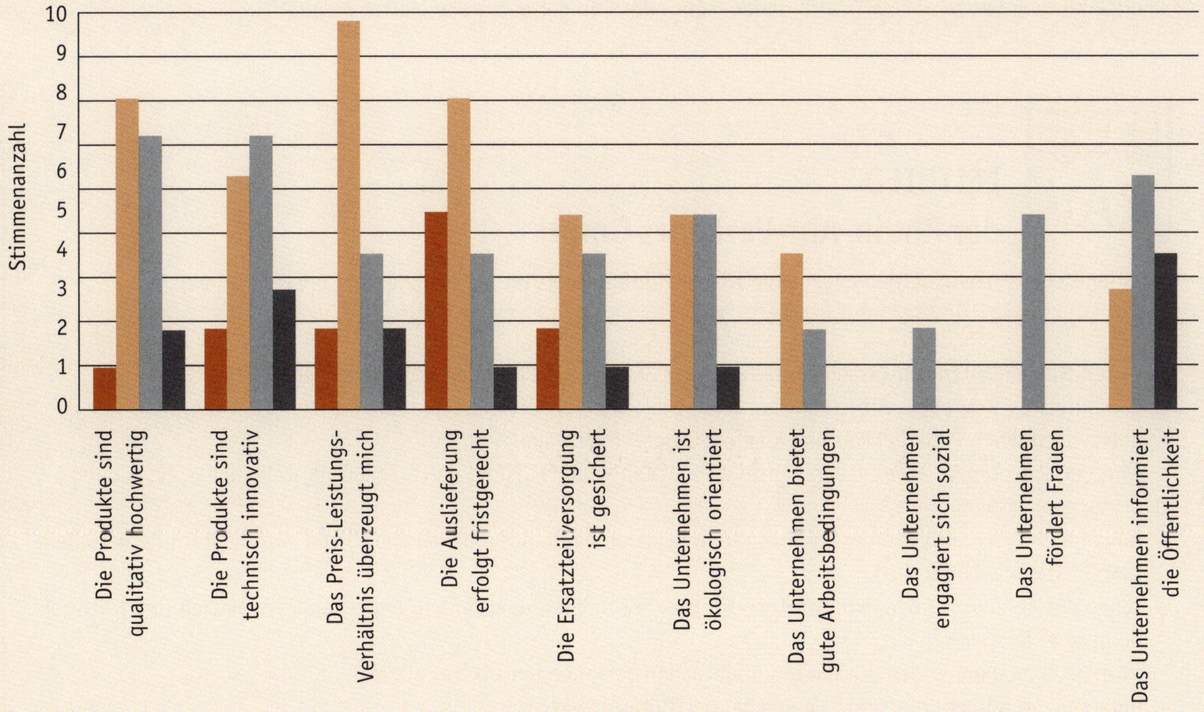

Was fällt Ihnen an den Untersuchungsergebnissen besonders auf? Achten Sie dabei auf die Verteilung der Antworten bei den einzelnen Fragen, auf die Anzahl der Antworten und die unterschiedlichen Reaktionen von Wiederverkäufern und Endverbrauchern.

2 Leiten Sie aus den Ergebnissen zu Auftrag 1 die Imagestärken und Imageschwächen der Fly Bike Werke GmbH ab.

3 Aufgrund einiger Aussageschwächen der vorhergehenden Befragung beschließt die Geschäftsführung, ergänzend auch die eigenen Mitarbeiter zum Unternehmen zu befragen. Produktbezogene Fragen werden hier ausgeklammert. Auch hierzu die Ergebnisse:

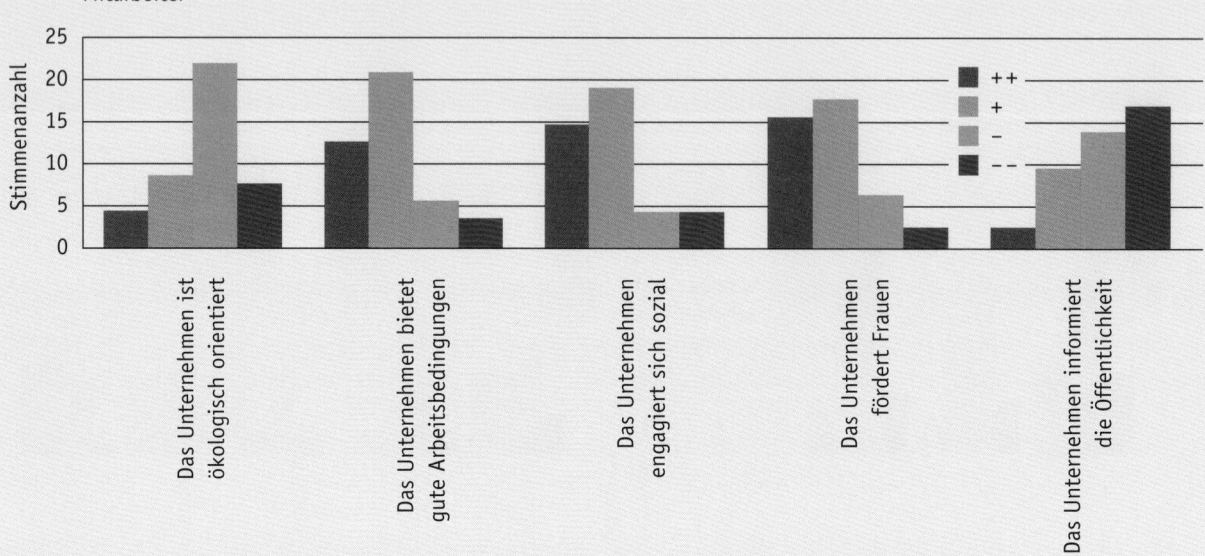

Imagestudie Fly Bike Werke GmbH
Mitarbeiter

Inwieweit stimmt das Außenbild vom Unternehmen mit dem Selbstbild seiner Belegschaft überein? Welche Folgerungen lassen sich aus dieser Einschätzung ableiten?

4 Die Erhebung und ihre Ergebnisse haben die Geschäftsführung in ihrem Vorhaben bestärkt, das Image des Unternehmens deutlich zu schärfen. Deshalb soll von Belegschaft und Geschäftsführung gemeinsam ein Unternehmensleitbild entwickelt und der interessierten Öffentlichkeit vorgestellt werden. Weil die Fly Bike Werke GmbH auf diesem Gebiet keine Erfahrung besitzt, hat man sich einige mehr oder weniger geeignete Muster beschafft:

LEITBILD
der Rhein-Ahr-Verkehrs GmbH

Als öffentlicher Verkehrsbetrieb engagieren wir uns für die Mobilität der Menschen in unserer Heimat.

Wir ...

– bieten Möglichkeiten des Zusammentreffens aller Bürger an fast jedem Ort unserer Region,
– gewährleisten Betrieben, Arbeitnehmern und Schülern einen zuverlässigen und sicheren Fahrweg,
– überzeugen durch Pünktlichkeit und Komfort unserer Fahrzeuge,
– sind ein bedeutender Arbeitgeber, der seiner sozialen Verantwortung durch Schaffung zahlreicher Ausbildungsplätze gerecht wird,
– fühlen uns der Erhaltung einer gesunden Umwelt durch emissionsarme Verkehrsmittel verpflichtet und betreiben fünf Solarstrom-Tankstellen,
– sehen uns als Team in der Verantwortung für unsere Fahrgäste und fördern eigenständiges Denken und Motivation unserer Mitarbeiter,
– investieren ständig in den Ausbau des öffentlichen Personennahverkehrs (ÖPNV),
– unterstützen Bürgerinitiativen und Vereine bei Kulturprojekten,
– sind Gründungsmitglied im „Verkehrsverbund Mittelrhein" und sorgen damit für eine attraktive Verknüpfung von Verkehrswegen in die umliegenden Ballungsgebiete.

ZEPPELIN UNTERNEHMENSLEITBILD

Das vorliegende, neue Unternehmensleitbild des Zeppelin Industriebereichs und seiner Tochterunternehmen ist ein Leitfaden, der das Selbstverständnis und die Ziele des Unternehmens beschreibt.

- Wir planen und liefern Anlagen für das Lagern, Fördern, Dosieren, Verwiegen und Mischen von hochwertigen Schüttgütern weltweit.
- Die herausragende Qualität und der Technologievorsprung unserer Produkte sichern unseren Markterfolg.
- Kernkompetenz ist das Engineering und die Fertigung von kundenspezifischen Komplettanlagen und Komponenten.

- Zum höchsten Nutzen unserer Kunden sichern wir unsere unabhängige Marktstellung durch Wertorientierung. Dazu streben wir eine Rendite über dem Branchendurchschnitt an.
- Wir setzen auf ein kontinuierliches Wachstum und eine stetige Entwicklung der Produkt- und Geschäftsfelder im Sinne maximaler Kundenorientierung. In unseren Geschäftsfeldern haben wir eine führende Marktposition.
- Wichtigste Erfolgsfaktoren sind hochqualifizierte, motivierte und leistungsorientierte Mitarbeiter.
- Gesundheit und Sicherheit sowie der Schutz der Umwelt sind integrale Bestandteile unserer Aktivitäten.

Quelle: http://www.zeppelin-industry.de/fileadmin/user_upload/pdf/company/DE/Unternehmensleitbild_D.pdf, S. 5; Stand: 14.05.2011

Nun geht man daran, die drei grundlegenden Aussagen eines Leitbildes zu erarbeiten. Achten Sie bei den Formulierungen, z. B. durch Vergleich mit den Leitbildmustern, genau darauf, dass sich die Aussagen **von denen anderer Unternehmen deutlich genug abheben**.

a   Beschreiben Sie die Mission der Fly Bike Werke GmbH. („Wozu gibt es uns?")

b   Notieren Sie die Visionen der Fly Bike Werke GmbH. („Was wollen wir erreichen?")

c   Wählen Sie die darzustellenden Werte aus. („Was sind die unverwechselbaren Kennzeichen unseres Handelns?")

5   Formulieren Sie nun für die Fly Bike Werke GmbH ein Unternehmensleitbild, das der Öffentlichkeit vorgestellt werden soll. Treffen Sie hierfür zwischen sechs und zehn Aussagen.

6   Sie können nun selbst die Effektivität der von Ihnen in Auftrag 5 getroffenen Leitbildsätze zumindest ansatzweise überprüfen. Hierzu sollten Sie bei jeder Aussage überlegen, wer sich von ihr angesprochen fühlen soll (Adressatenkreis) und welche psychologische Wirkung zu erwarten ist.

7   Beschreiben Sie die mögliche Imagewirkung Ihrer Leitaussagen, indem Sie jedem Satz zwei Kennbuchstaben zuordnen:

Adressatenkreis	H = Handel E = Endverbraucher M = Mitarbeiter L = Lieferanten und Kreditgeber Ö = Öffentlichkeit und Politik
Psychologische Wirkung	A = die Bedeutung des Unternehmens für die Gesellschaft verankern P = ein günstiges Meinungsbild über das Unternehmen erzeugen I = eine Identifikation mit dem Unternehmen herstellen

8   Prüfen Sie nach, ob alle Adressatenkreise entsprechend berücksichtigt wurden und auch höherwertige Imagewirkungen möglich sind. Überarbeiten Sie daraufhin ggf. noch einmal das Leitbild aus Auftrag 5.

9   Unternehmensleitbilder sind zunächst einmal nur bedrucktes Papier. Sie werden nur dann einen Imagewandel einleiten können, wenn die formulierten Werte auch sichtbar „gelebt" werden. Diese „Signale" der Unternehmensidentität werden auch als „Corporate Identity" bezeichnet. Die Geschäftsführung der Fly Bike Werke GmbH steht deshalb nach der Erstellung ihres Unternehmensleitbildes vor der Frage, mit welchen Maßnahmen sie die Verfolgung dieser Grundsätze symbolisieren kann.

Im Folgenden soll dies anhand von zwei möglichen Leitbildaussagen abgeklärt werden:

Unternehmensleitbild

(Auszug)

Wir gewährleisten durch unser Handeln den Erhalt natürlicher Ressourcen.
Wir benötigen kreative und eigenverantwortliche Mitarbeiter als Säule des Geschäftserfolgs.

Überlegen Sie, mit welchen Maßnahmen Sie in der Öffentlichkeit eine Harmonie zu diesen beiden Leitbildern herstellen können:

	Umweltbewusstsein	eigenverantwortliche Mitarbeiter
Maßnahmen im Bereich „Corporate Behaviour"		
Maßnahmen im Bereich „Corporate Design"		
Maßnahmen im Bereich „Corporate Communications"		

Aufgaben

Aufgabe 1

Betrachten Sie das Unternehmensleitbild der Stadtwerke Soltau:

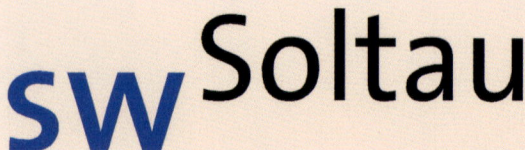

Das Leitbild des Unternehmens

Wir versorgen unsere Kunden mit Energie und Wasser. Darüber hinaus erbringen wir Dienstleistungen in der Energie- und Wasserversorgung, in der Abwasserentsorgung und in der Soltau-Therme.

Wirtschaftlichkeit

Jede unserer Dienstleistungen ist von dem Willen geprägt, diese mit höchstmöglicher Qualität bei hoher Wirtschaftlichkeit für das Unternehmen zu erbringen. Die Beziehungen zu unseren Geschäftspartnern werden geleitet von wirtschaftlichen Grundsätzen und Fairness.

Umwelt

Die Mitarbeiter aller Unternehmensbereiche achten darauf, alle zu ihrem Aufgabenbereich gehörenden Maßnahmen vorab auf Umweltverträglichkeit zu überprüfen. Außerdem beobachten und testen wir die Möglichkeiten der regenerativen Energieerzeugung als aktiven Beitrag zur Verbesserung der Umwelt. (...)

Zukunft

Die neuen Bedingungen des Wettbewerbs erfordern zur Sicherung der Arbeitsplätze ein hohes Maß an Flexibilität sowie die Nutzung moderner Arbeitsweisen und -mittel. Die Stadtwerke Soltau GmbH strebt an, den Herausforderungen der Zukunft, die sich aus regionalen oder globalen Wirtschaftsentwicklungen ergeben, auch weiterhin als eigenständiges Unternehmen gewachsen zu sein.

Neue, zu unserem Aufgabenbereich passende Geschäftsfelder bearbeiten wir mit Kreativität und Engagement.

Quelle: http://www.sw-soltau.de/index.php/Unternehmensleitbild.html

a Verfolgt das Unternehmen Ihrer Meinung nach die Grundausrichtung des Shareholder-Value oder den Stakeholder-Ansatz? Begründen Sie Ihre Meinung anhand von Leitbildaussagen.

b Welche Ziele lassen sich direkt aus dem Unternehmensleitbild ableiten? Sind hier alle Zielgruppen vertreten?

c In der vorherigen Lernsituation ist ein Leitbild eines anderen öffentlichen Versorgers, der Rhein-Ahr-Verkehrs GmbH, abgedruckt. Vergleichen Sie beide Texte, suchen Sie Gemeinsamkeiten und überlegen Sie, ob diese auf Zufall beruhen oder zwangsläufig sind. Begründen Sie Ihre Ansicht.

Aufgabe 2

Im Controlling werden u. a. folgende Kennzahlen verwendet:

Kennziffer	Aussage	Berechnung
Umsatz	Wie hoch ist der Wert der verkauften Erzeugnisse?	Absatzmenge · Absatzpreise
Marktanteil (absolut)	Welchen Anteil hat das Unternehmen an den Gesamtumsätzen mit dieser Produktart?	$\dfrac{\text{eigener Umsatz} \cdot 100\,\%}{\text{Gesamtumsatz}}$
Ausbildungsquote	Wie hoch ist der Anteil der Auszubildenden an den Mitarbeitern?	$\dfrac{\text{Anzahl Azubis} \cdot 100\,\%}{\text{Mitarbeiterzahl}}$
Fluktuationsquote	Welcher Anteil an Mitarbeitern scheidet im Laufe des Jahres aus?	$\dfrac{\text{Personalabgänge} \cdot 100\,\%}{\text{Personalbestand}}$
Arbeitsproduktivität	Welche Arbeitsleistung erbringt ein Arbeiter?	$\dfrac{\text{Produktionsmenge}}{\text{produktiv Beschäftigte}}$ ODER $\dfrac{\text{Produktionsmenge}}{\text{produktive Arbeitsstunden}}$
Neukundenanteil	Welcher Anteil der Kunden konnte neu gewonnen werden?	$\dfrac{\text{neue Kunden} \cdot 100\,\%}{\text{Gesamtkundenzahl}}$
durchschnittliches Produktalter	Wie lange sind unsere Produkte im Durchschnitt schon auf dem Markt?	$\dfrac{\text{Summe der Jahre aller Produkte}}{\text{Anzahl der Produkte}}$

a Überlegen Sie nun für jede dieser Kennzahlen, ob ein hoher oder ein niedriger Wert vorteilhaft ist, und begründen Sie diese Meinung.

Kennzahl	Vorteilhaft: niedriger Wert/hoher Wert	Begründung
Umsatz		
Marktanteil (absolut)		
Ausbildungsquote		
Fluktuationsquote		
Arbeitsproduktivität		
Neukundenanteil		
durchschnittliches Produktalter		

b Ihre Aufgabe ist es nun, für den Umsatz des folgenden Jahres die Planvorgabe zu erstellen. Dazu liegen Ihnen die folgenden Unterlagen vor. Begründen Sie den von Ihnen festgelegten Planwert.

Umsatzstatistik	Soll in €	Ist in €
Jahr 1	2,4 Mio.	2,5 Mio.
Jahr 2	2,6 Mio.	2,8 Mio.
Jahr 3	2,9 Mio.	2,9 Mio.
Jahr 4	2,9 Mio.	2,7 Mio.

Marktprognose IFI-Testinstitut

"... und so muss auch im kommenden Jahr aufgrund der anhaltenden Wirtschaftsschwäche mit einer deutlichen Kaufzurückhaltung gerechnet werden ..."

Werbebudget	Betrag in €
Jahr 2	25.000,00
Jahr 3	20.000,00
Jahr 4	20.000,00
nächstes Jahr	40.000,00

Interner Forschungsbericht

"... werden wir erst im übernächsten Jahr unsere neue Produktgeneration auf den Markt bringen können ..."

c Zum Ende des Geschäftsjahres liefert Ihnen die Betriebsstatistik u. a. folgende Daten:
 – Neukunden des Geschäftsjahres: 120
 – Gesamtkundenzahl: 670
 – Anzahl Azubis am Geschäftsjahresende: 1
 – Anzahl Mitarbeiter (inkl. Azubis) am Geschäftsjahresende: 16
 – geleistete **produktive** Arbeitsstunden: 12 000
 – Produktionsmenge: 815 Stück
 – im Laufe des Geschäftsjahres ausgeschiedene und ersetzte Mitarbeiter: 1
 – im Laufe des Geschäftsjahres ausgeschiedene und **nicht** ersetzte Mitarbeiter: 1
Berechnen Sie den Neukundenanteil, die Ausbildungs- und Fluktuationsquote sowie die Arbeitsproduktivität.

Aufgabe 3
Im Rahmen des Soll-Ist-Vergleichs ist es Ihre Aufgabe, Abweichungen festzustellen und ihre Ursache zu analysieren. Dazu liegen Ihnen folgende Daten vor:

Kennziffer	Planvorgabe (Soll)	Ergebnis (Ist)
Umsatz	3.100.000,00 €	2.800.000,00 €
Marktanteil absolut	14,6 %	13,9 %
Ausbildungsquote	5,9 %	6,3 %
Fluktuationsquote	6,3 %	12,6 %
Arbeitsproduktivität	0,8 Produkte je Arbeitsstunde	0,75 Produkte je Arbeitsstunde
durchschnittliches Produktalter	4,2 Jahre	4,9 Jahre
Neukundenanteil	15,0 %	16,4 %

a Beschreiben Sie zu jeder Abweichung zwei mögliche Ursachen.
b Bei negativen Abweichungen entsteht zwischen den Beteiligten oft ein Streit darüber, ob es sich um Planungsfehler („Diese Planwerte sind unerreichbar!") oder Umsetzungsschwierigkeiten („Sie hätten sich eben mehr anstrengen müssen!") handelt. Beschreiben Sie einen Weg, wie sich solche Konflikte lösen/ausgleichen ließen. Beachten Sie dabei typische Aussagen im Unternehmensleitbild.

Bei der Fly Bike Werke GmbH häuft sich die Kritik an der Durchführung der Jahresinventur: „Zu langwierig, zu ungenau, zu kostenintensiv", ist die weit verbreitete Meinung.

Laut HGB ist auch bei der von der Fly Bike Werke GmbH angewandten permanenten Inventur eine jährliche körperliche Bestandsaufnahme vorgeschrieben. Deren Ablauf wurde von einer Mitarbeiterin im Rechnungswesen, Frau Taubert, wie folgt festgelegt:

Ablauf Jahresinventur

– Etwa einen Monat vor der Jahresinventur, die immer am 2. Januar stattfindet, bemüht sich das Rechnungswesen, z.B. durch Aushänge am Schwarzen Brett, Mitarbeiter aus allen Abteilungen als freiwillige Inventurhelfer zu finden.
– Gelingt dies nicht, so müssen entsprechend Inventurhelfer zwangsverpflichtet werden. Dies geschieht durch Auslosung. Dabei soll sichergestellt werden, dass bei der Verlosung alle Mitarbeiter erfasst werden.
– Nachdem die Helfer benannt sind, händigt die Lagerverwaltung ihnen ein Inventurmerkblatt aus. Am Erhebungstag werden die Helfer von der Lagerverwaltung nach Alphabet in Gruppen eingeteilt und erhalten die zu erhebenden Warengruppen zugewiesen. Sind die entsprechenden Listen mit den Soll-Beständen verteilt, kann die Inventur beginnen.
– Alle Helfer zählen die Warenbestände jeder Warenart und vergleichen sie mit dem Sollbestand auf der Bestandsliste. Bei Abweichungen wird die Zählung wiederholt. Stimmen Soll- und Inventurbestand überein, wird die nächste Warengruppe erfasst. Sind alle Artikel erfasst, werden die tatsächlichen Bestandswerte als Inventurdaten an das Rechnungswesen gemeldet.
– Damit ist die Inventur abgeschlossen.

Aufgrund einer neuen Organisationsanweisung ist das Rechnungswesen verpflichtet, den organisatorischen Ablauf (auch) durch eine ereignisgesteuerte Prozesskette (EPK) zu beschreiben. Da der mit der Aufgabe betraute Herr Müller dies vorher noch nie gemacht hat, ist er sich nicht sicher, ob ihm dies auch wirklich gut gelungen ist. Analysieren Sie die Darstellung des Ablaufes und machen Sie gegebenenfalls Verbesserungsvorschläge.

Hier nun zunächst die Darstellung des Abteilungsleiters:

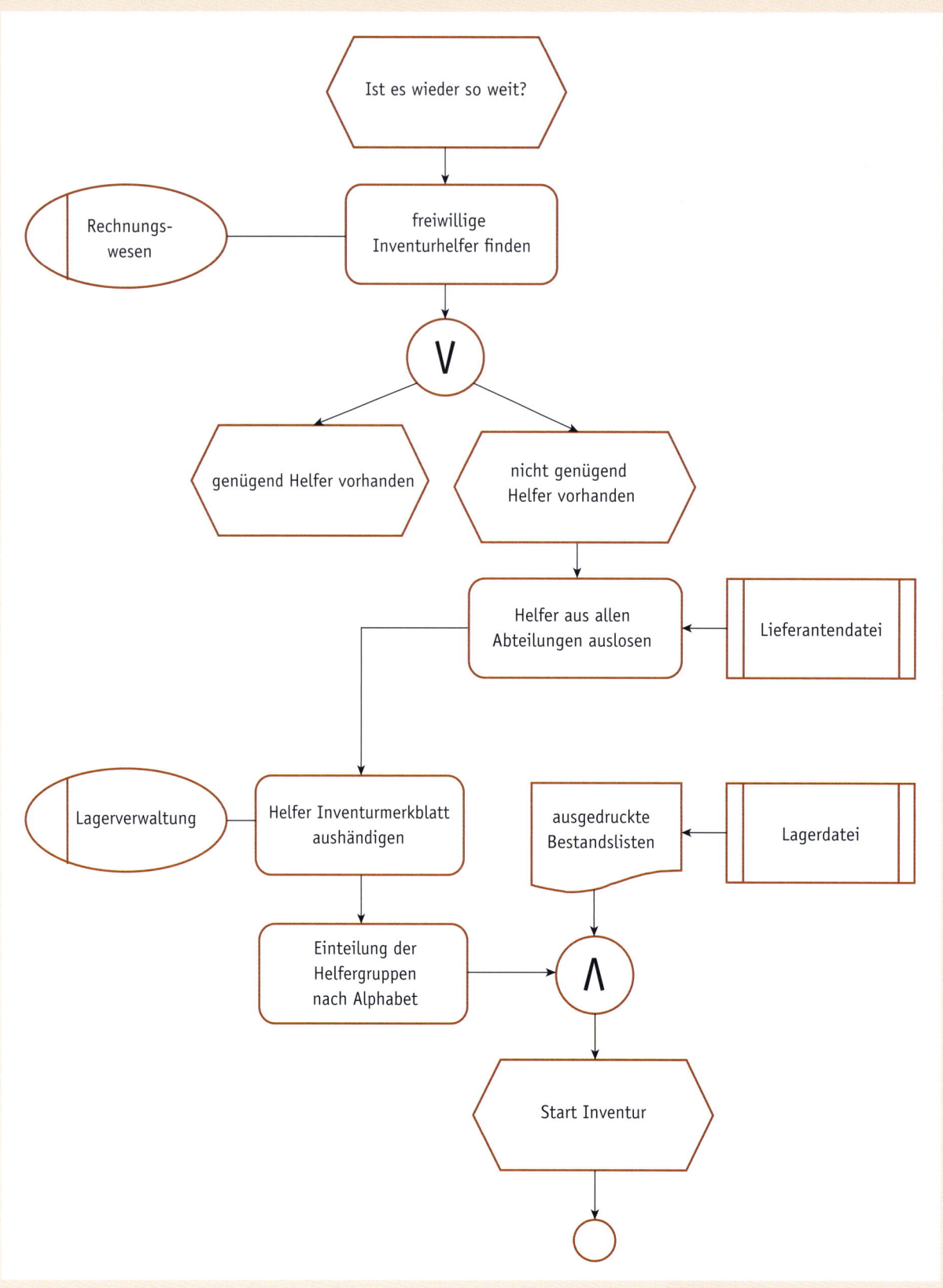

(Die Fortsetzung der EPK folgt auf der nächsten Seite.)

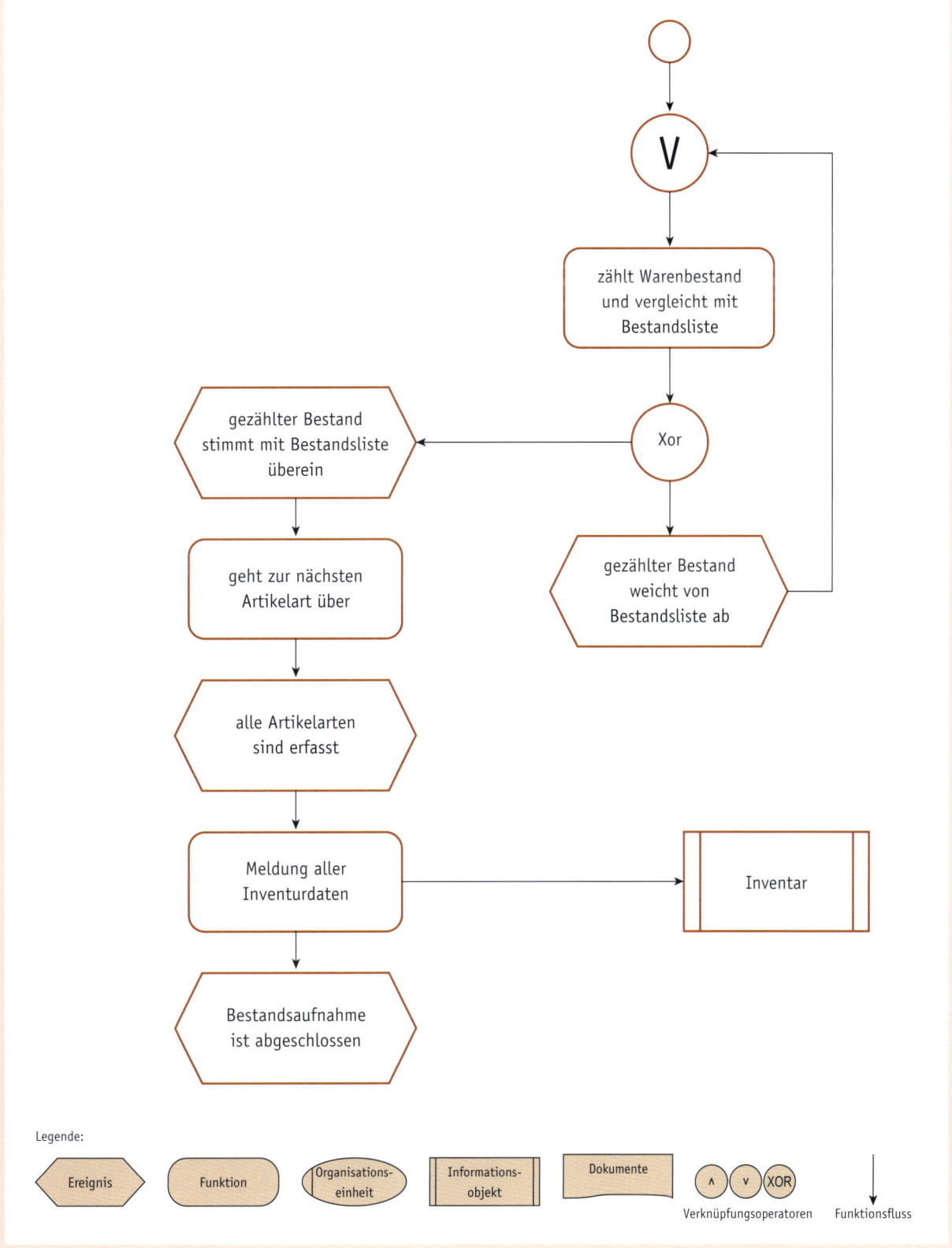

Legende:

Ereignis   Funktion   Organisations-einheit   Informations-objekt   Dokumente   ∧ ∨ XOR   ↓

Verknüpfungsoperatoren   Funktionsfluss

1 Warum ist es zweckmäßig, einen Arbeitsablauf in Form einer EPK zu beschreiben? Sammeln Sie mindestens drei stichhaltige Argumente.

2 Handelt es sich beim oben gezeigten Ablauf um einen Kernprozess? Bitte begründen Sie Ihre Meinung.

3 Eine EPK beginnt immer mit einem Startereignis. Bitte prüfen Sie, ob in der folgenden Abbildung das richtige Symbol und die richtige Beschreibung gewählt wurden.

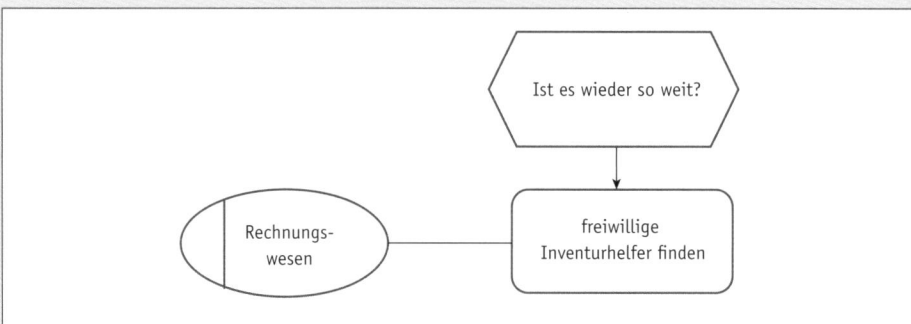

4 Beurteilen Sie, ob der Operator in der folgenden Abbildung richtig gewählt wurde. Falls nein, machen Sie einen Korrekturvorschlag.

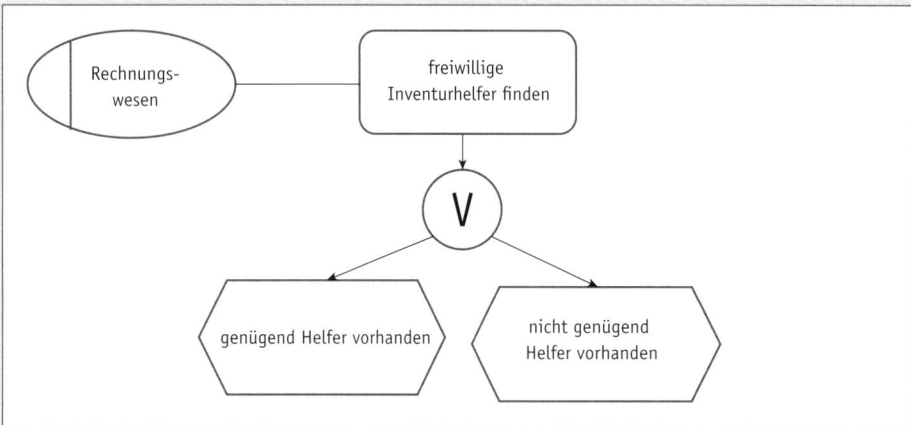

5 Im folgenden Abschnitt wurde offenbar ziemlich unachtsam gearbeitet.
  a Entdecken Sie einen inhaltlichen und einen logischen Fehler.
  b Halten Sie das vom Leiter des Rechnungswesens angedachte Auswahlverfahren für zweckmäßig?

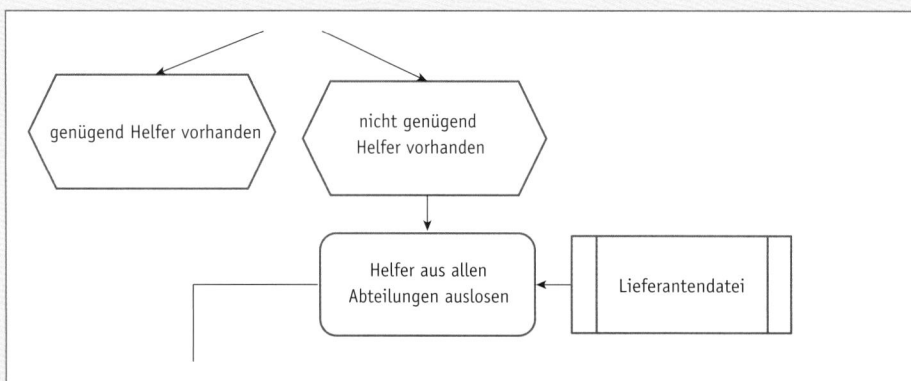

6 Betrachten Sie im folgenden Ausschnitt insbesondere die Reihung von Prozesselementen. Was wurde hier nicht beachtet?

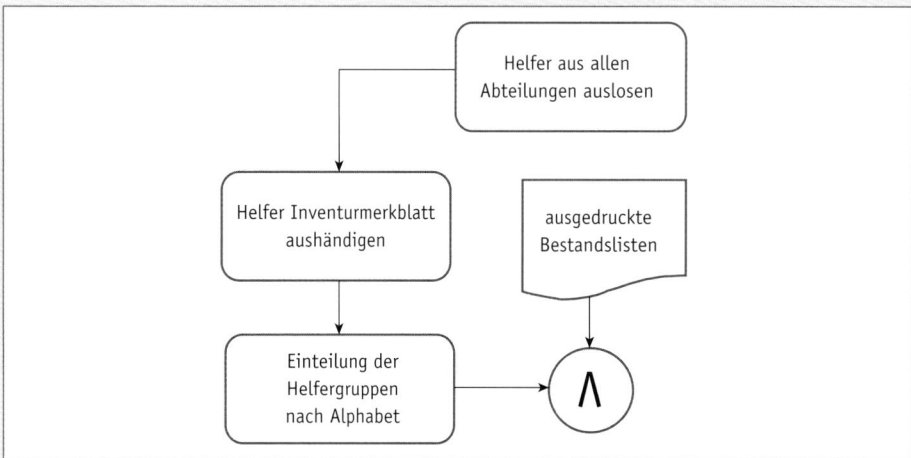

7 Das linke Symbol in der Abbildung unten weist auf ein Dokument hin. Dokumentensymbole lassen sich meist problemlos auch als Funktionen beschreiben. Wandeln Sie das Dokument durch entsprechende Neuformulierung in eine Funktion um.

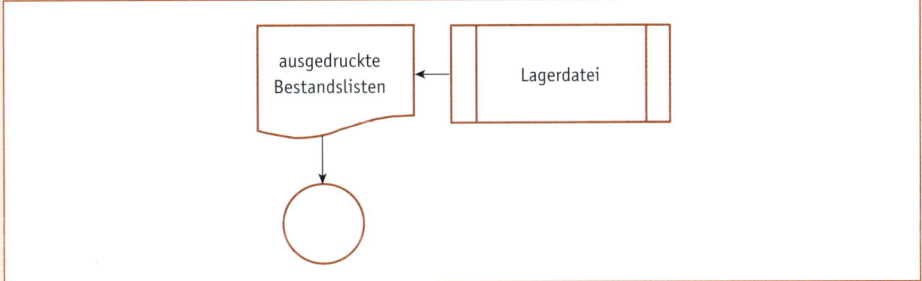

8 Vermutlich ist die Verzweigung am Ende der folgenden Abbildung auch nicht ganz gelungen. Prüfen Sie bitte den verwendeten Operator und die Ablauflogik. Können Sie eine Alternative skizzieren?

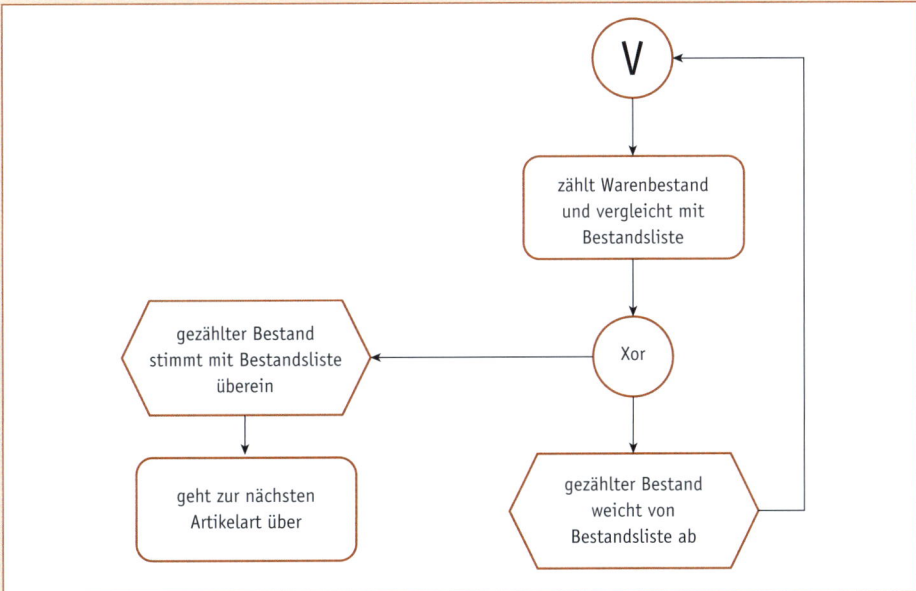

9 Eigentlich würde auch an diese Stelle eine Verzweigung gehören, tragen Sie sie nach.

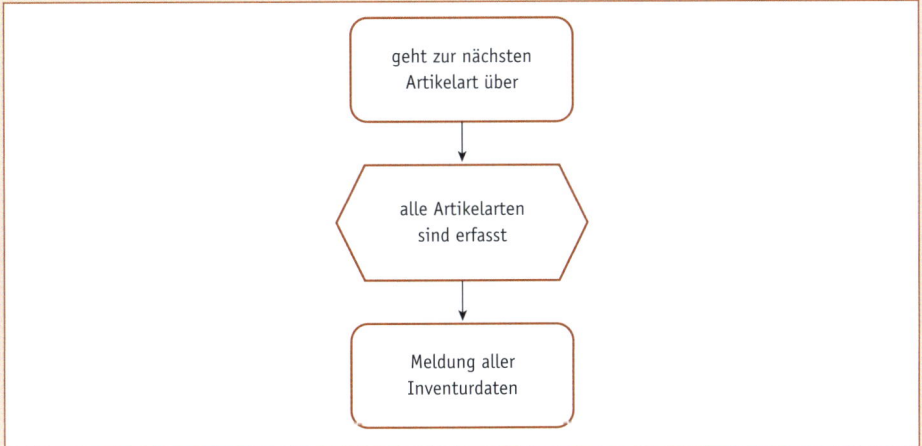

10 Eine längere und bisweilen auch heftige interne Diskussion hat dazu geführt, dass das Verfahren zur Durchführung der körperlichen Bestandsaufnahme in einigen Punkten deutlich überarbeitet wurde. Hier nun die neue Organisationsanweisung:

NEU
ARBEITSANWEISUNG INVENTUR
NEU

- Ab diesem Geschäftsjahr wird die körperliche Bestandsaufnahme immer an den beiden ersten Werktagen des Monats Februar durchgeführt.
- Das gesamte Lagerpersonal einschließlich der Lagerverwaltung führt die Erhebung durch, neue Mitarbeiter erhalten hierzu einen Tag vor Beginn der Bestandsaufnahme im Schulungszentrum eine halbtägige Schulung.
- Am Erhebungstag legt der Lagerleiter die Gruppeneinteilung fest. Die Mitarbeiter erhalten die Anweisung, welche Warenarten zu erfassen sind, sowie die Bestandslisten. Mitarbeitern der Lagerverwaltung wird zudem noch Sicherheitskleidung ausgehändigt, die die Lagerarbeiter bereits besitzen. Ist alles vorhanden, kann die Zählung starten.
- Wie auch in den letzten Jahren ist der gezählte Bestand mit der Bestandsliste zu vergleichen, bei Abweichungen ist die Zählung einmal zu wiederholen. Ergibt auch die Wiederholungszählung eine Differenz, so ist der tatsächliche Bestand direkt in der Bestandsliste zu korrigieren.
- Die Erfassung endet erst, nachdem alle Warenarten kontrolliert wurden. Die Bestandslisten sind beim Lagerleiter abzugeben, der die tatsächlichen Bestände zwecks Erstellung des Inventars an die Buchhaltung meldet.

Fly Bike Werke GmbH

Die Geschäftsleitung

Es wurde schon damit begonnen, eine der neuen Arbeitsanweisung angepasste EPK (siehe Abbildung auf S. 79 f.) zu entwerfen. Sie blieb in einigen Passagen aber noch unvollendet.

a Ergänzen Sie zunächst die leeren Funktionsfelder durch eine der folgenden Beschreibungen.

Gruppeneinteilung und Anweisung	Korrektur der Bestandsliste
Durchführung einer halbtägigen Schulung	Inventurhelfer prüft, ob alle Warenarten erfasst wurden

b Versuchen Sie dann, anhand der Beschreibung die noch fehlenden Prozessglieder zu bestimmen und freihändig (Symbole, Inhalte, Verbindungen) einzuzeichnen. Dabei sollen Ihnen die Markierungen (gestrichelte Linie) helfen.

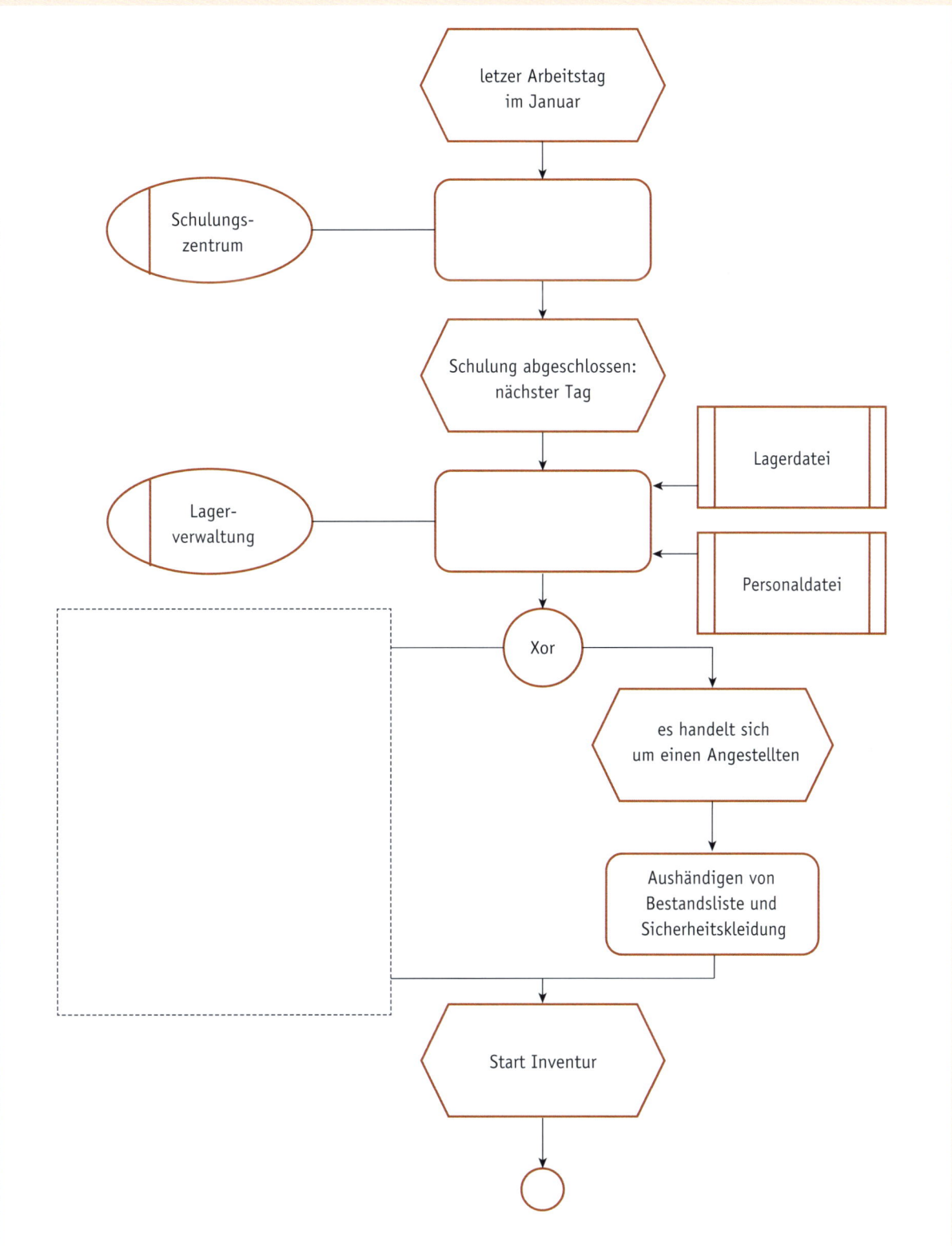

letzer Arbeitstag
im Januar

Schulungs-
zentrum

Schulung abgeschlossen:
nächster Tag

Lagerdatei

Lager-
verwaltung

Personaldatei

Xor

es handelt sich
um einen Angestellten

Aushändigen von
Bestandsliste und
Sicherheitskleidung

Start Inventur

(Die Fortsetzung folgt auf der nächsten Seite.)

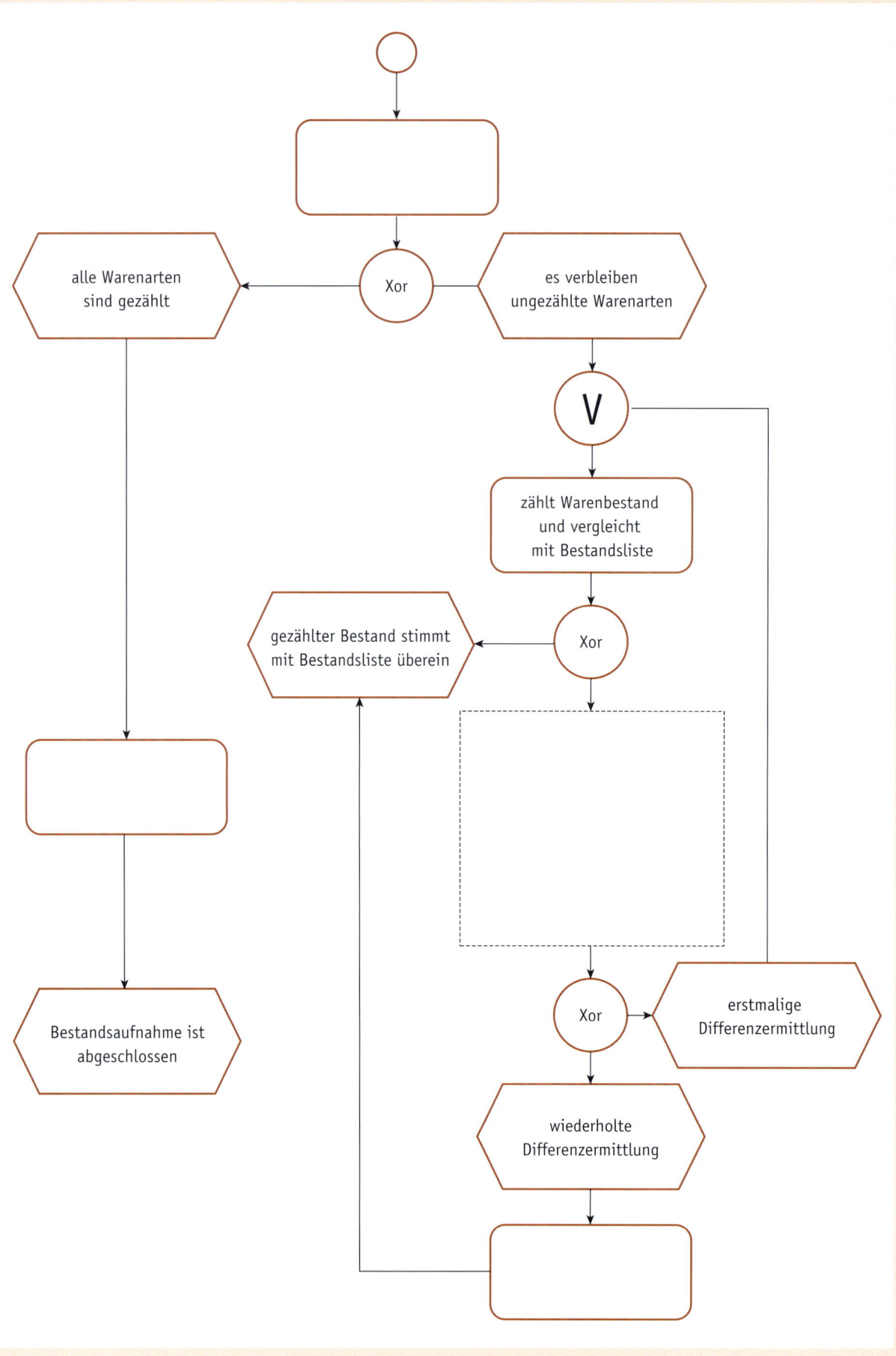

(Fortsetzung von S. 79)

Aufgaben

Aufgabe 1

Ordnen Sie den sechs Kernprozessen die entsprechenden Teilprozesse zu.

Leistungsange-bot definieren	Leistung entwickeln	Leistung herstellen	Leistung kommunizieren	Auftrag abwickeln	Leistung komplettieren

Primärbedarfs-planung

Kommunikations-politik

Änderungs-management

Produkt-/Sortimentspolitik

Distributions-politik

Auftrags-realisierung

Absatz-marktforschung

Kapazitäts-planung

Auftragsplanung

Preis-/Kondi-tionenpolitik

Kaufvertrags-störungen beheben

Teilebedarfs-planung

Produkt-entwicklung

Maschinen-belegung

Qualitäts-sicherung

Terminplanung

Auftrags-abrechnung

Produktplanung

Machbarkeits-prüfung

Betriebs-datenerfassung

Kontrolle

Auftragsfreigabe

Produkt-entstehung

After-Sales-Prozesse

Leistungsangebot definieren	Leistung entwickeln	Leistung herstellen	Leistung kommunizieren	Auftrag abwickeln	Leistung komplettieren

Aufgabe 2

Die Radbauer GmH in München, ein langjähriger Kunde der Fly Bike Werke GmbH aus dem Fachhandel, bestellt für die Frühjahrssaison Mountain-Bikes, Modell Constitution. Bei der Abwicklung des Kundenauftrages fallen folgende Teilprozesse an:

a   Da im Lager der Meldebestand erreicht ist, wird eine Bestellung über Räder und Schaltungen bei dem Zulieferanten, der Tamino Deutschland GmbH in Düsseldorf, ausgelöst.

b   Die Fly Bike Werke GmbH bestätigt den Auftragseingang.

c   Die bestellten Räder und Schaltungen gehen bei der Fly Bike Werke GmbH ein.

d   Die Mountain-Bikes werden an einen Spediteur übergeben, der den Versand übernimmt.

e   Räder und Schaltungen für die Mountain-Bikes werden mit den übrigen Komponenten montiert.

f   Die Rechnung der Tamino GmbH wird unter Ausnutzung von 2 % Skonto beglichen.

g   Die bestellten Räder und Schaltungen werden zwischengelagert.

h   Die Radbauer GmbH überweist den Rechnungsbetrag unter Ausnutzung eines Händlerrabattes von 29 %.

i   Die einzelnen Komponenten, einschließlich Räder und Schaltungen, werden für die Montage der Mountain-Bikes zusammengestellt.

j   Die Fly Bike Werke GmbH überprüft den Kundenauftrag hinsichtlich seiner Machbarkeit.

Bringen Sie die Teilprozesse in eine chronologische Reihenfolge und unterteilen Sie den Schritt e) in möglichst viele Subprozesse.

Aufgabe 3

In einem Industrieunternehmen sind im Rahmen der Anfragenbearbeitung die folgenden Teilaufgaben auszuführen:

–   Ist eine Anfrage eingetroffen, müssen unter Zuhilfenahme der Kundenstammdaten und der Produktstammdaten von der Verkaufsabteilung mittels des Vertriebsinformationssystems alle Anfragedaten erfasst werden.

–   Stellt sich aufgrund der Produktstammdaten heraus, dass es sich bei der Anfrage um eine Sonderanfertigung handelt, so ist eine Konstruktion der Sonderanfertigung notwendig.

–   Die Konstruktion wird mittels der Anfragedaten von der Konstruktionsabteilung unter Zuhilfenahme eines CAD-Programms durchgeführt. Ergebnisse sind eine CAD-Zeichnung und eine Stückliste des Produkts (Produktspezifikation).

–   Handelt es sich um ein Standardprodukt, ist das Produkt vollständig spezifiziert.

–   Danach muss die Einhaltung des Wunschtermins geprüft werden. Dies geschieht in der Abteilung Produktionsplanung mittels der bestehenden Auftragsdaten im ERP-System.

–   Dann muss die Einhaltung des Wunschtermins geprüft werden. Dies geschieht in der Abteilung Produktionsplanung mittels der bestehenden Auftragsdaten im ERP-System.

–   Gleichzeitig erfolgt die Preiskalkulation des Produkts in der Verkaufsabteilung mittels des Vertriebsinformationssystems. Datenbasen sind die Produktspezifikation und der Materialstamm.

–   Die Preiskalkulation erfolgt bei Standardprodukten mittels einer im Vertriebsinformationssystem hinterlegten Preisliste aufgrund der Auftragsdaten. Bei einer Sonderanfertigung erfolgt die Kalkulation in Excel unter Zuhilfenahme der Stückliste und der CAD-Zeichnung durch einen Mitarbeiter der Kalkulationsabteilung.

–   Nachdem alle bisher aufgeführten Teilaufgaben ausgeführt worden sind, muss die Anfrage in ein Angebot umgewandelt werden (Verkauf, Vertriebsinformationssystem). Die Auftragsbearbeitung ist damit abgeschlossen.

Erstellen Sie das Geschäftsmodell mithilfe der ereignisgesteuerten Prozesskette (EPK).

Aufgabe 4

Alle im Folgenden beschriebenen Subprozesse betreffen den Einkauf. Zeichnen Sie für jeden Subprozess jeweils die Ereignisse, die richtige Art der Verknüpfung (Operator) und die entsprechenden Funktionen:

a   Nachdem die Bedarfsmeldung eingeht, wird diese entweder sofort in eine Bestellung umgewandelt (Bestellwert bis 500,00 €) oder noch einmal der Geschäftsführung zur Genehmigung vorgelegt (Bestellungen über 500,00 €).

b   Je nach Verfügbarkeit der Rohstoffe greifen wir auf unseren Stammlieferanten zurück oder bestellen bei einem anderen lieferfähigen Anbieter. Reichen die angebotenen Mengen bei einem Einzellieferanten nicht, bedienen wir uns aller verfügbaren Quellen.

c   Sobald die Eingangsrechnung und der Lieferschein vorliegen, wird die Verbindlichkeit gebucht.

d   Beim Wareneingang wird die Ware auf offene Mängel geprüft. Sind solche erkennbar, wird eine Mängelrüge geschrieben. Ist die Sendung aber äußerlich einwandfrei, wird sie einer Funktionsprüfung unterzogen.

e   Mittels Angebotsvergleich wird das günstigste Angebot ermittelt. Nun wird ein Bestellvordruck mit der Adresse dieses Lieferanten erstellt. Gleichzeitig telefoniert der Einkaufssachbearbeiter noch mit dem Lieferanten, um ihn zu weiteren Zugeständnissen zu bewegen. Erst danach geht die Bestellung mit den nachverhandelten Konditionen hinaus.

Die Inhaber der Fly Bike Werke GmbH, Herr Jan Ullmann und Herr Björn Ries, möchten die Zukunft des Unternehmens durch Erschließung neuer Märkte absichern. Anstelle der langwierigen und risikobehafteten Entwicklung eigener Produkte und Vertriebskonzepte möchten sie die Expansion durch den Zukauf anderer Unternehmen vorantreiben. Über eine Beratungsfirma lässt Jan Ullmann nach geeigneten Übernahmekandidaten Ausschau halten, die Beratungsfirma präsentiert schließlich zwei Investitionsmöglichkeiten, die „Hexler Medical Systems GmbH" aus Österreich und die „Red Velo Corporation" aus China.

Die Beratungsfirma kann folgende Informationen über die beiden Kandidaten zur Verfügung stellen:

Hexler Medical Systems GmbH

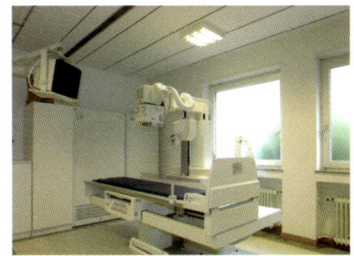

Es handelt sich um einen 1988 gegründeten und seitdem rasch expandierten Hersteller medizinischer Diagnosegeräte. Mittlerweile hat der Umsatz der 72 Mitarbeiter nahezu die Hundertmillionen-Euro-Schwelle erreicht. Die Firma hat den Hauptsitz und das Werk in Graz (Österreich) und besitzt noch eine kleinere Betriebsstätte in Bregenz (Österreich).

Das Absatzgebiet der Apparaturen liegt fast ausschließlich in Österreich und Süddeutschland. Während bei der Fly Bike Werke GmbH die Groß- und Einzelhändler als Abnehmer auftreten, liefert die Hexler Medical Systems GmbH an drei Abnehmergruppen: Gesundheitsämter, Arztpraxen und Krankenhäuser. Bedingt durch die hohe technische Komplexität und die hohen Anschaffungskosten sind sachkundige Beratung und Finanzierungshilfen von den Kunden besonders geschätzte Verkaufsargumente.

Dementsprechend hat sich das Verkaufspersonal, welches überwiegend aus Ingenieuren besteht, intern auf eine bestimmte Art der Diagnosemedizin (also Ultraschall, Röntgen oder Magnetfeld) spezialisiert. Dadurch wird auch sichergestellt, dass auf neue Kundenwünsche und Konkurrenzentwicklungen besonders rasch reagiert werden kann.

Red Velo Corporation

Der Hersteller von Lastenrädern (Rikschas und Cargobikes) war einst ein regional sehr bedeutender Staatsbetrieb mit Hunderten von Beschäftigten. Durch die zunehmende Motorisierung in China hat er allerdings innerhalb der letzten zehn Jahre einen Großteil seines Absatzes verloren, viele Betriebsteile mussten stillgelegt werden. Im Rahmen eines staatlichen Privatisierungsprogramms wird für die Red Velo Corp. mit ihren noch verbliebenen 59 Arbeitern und zwölf Verwaltungsangestellten ein Investor gesucht. Diesem fließen für eine längere Übergangzeit auch beträchtliche Förderungsmittel zu, die in neue technische Ausstattung und Produktentwicklung investiert werden können.

Aufgrund des riesigen Staatsgebietes (die Fläche Chinas ist 30-mal größer als die Deutschlands) hat sich der in Chengdu ansässige Betrieb auf den Verkauf in den nächstgelegenen Provinzen (Guizhou, Sichuan und Yunnan) beschränkt. Diese relativ armen Provinzen zeichnen sich dadurch aus, dass in allen drei Han-Chinesisch gesprochen wird, eine der drei Hauptsprachen. Chengdu liegt aber auch in relativer Nähe zu den aufstrebenden Küstenprovinzen, die einen jährlichen Anstieg des Wirtschaftswachstums von bis zu 15 % erzielen. In dieser reicheren Nachbarregion wird zukünftig ein möglicherweise enormer Bedarf an Sport- und Lifestyle-Fahrrädern entstehen, der durch die chinesischen Staatsbetriebe nicht gedeckt werden kann.

1   Beschreiben Sie zunächst die Bedingungen sowie mögliche Ziele (Chancen) und Risiken eines Zusammenschlusses der Fly Bike Werke GmbH mit einem der beiden Übernahmekandidaten. Nutzen Sie dazu auch die Unternehmensbeschreibung der Fly Bike Werke GmbH hier im Arbeitsbuch (S. 5 – 13):

Zusammenschluss von …	Fly Bike Werke GmbH mit Hexler Medical	Fly Bike Werke GmbH mit Red Velo
Erzeugnisgruppen		
Verkaufsgebiete		
Ziele des Zusammenschlusses		

2 Da beide Kombinationen Chancen und Risiken bieten, ist Herr Ullmann immer noch unentschieden. Er prüft deshalb, welche Unternehmen sich organisatorisch leichter integrieren lassen. Dazu sind drei Organigramme vorhanden:

A Organigramm der Fly Bike Werke GmbH

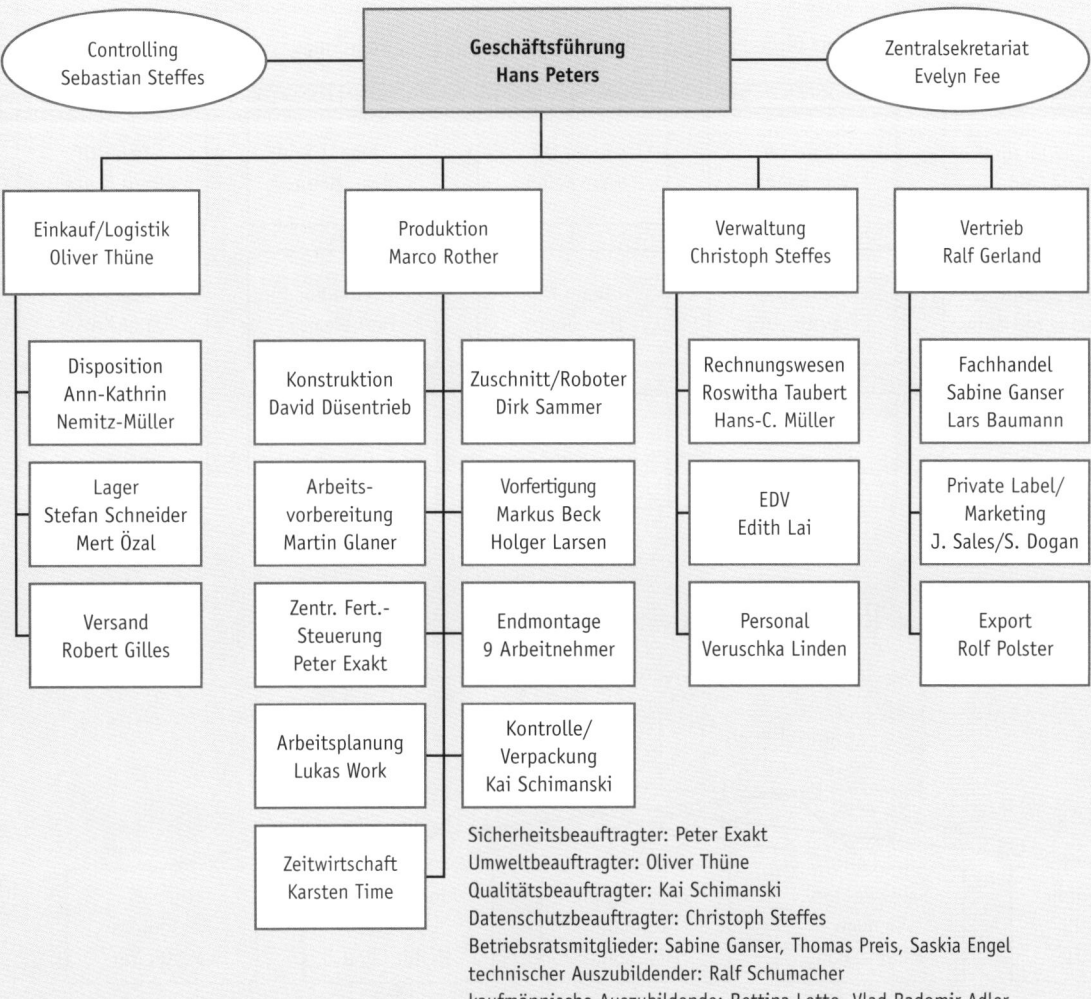

Sicherheitsbeauftragter: Peter Exakt
Umweltbeauftragter: Oliver Thüne
Qualitätsbeauftragter: Kai Schimanski
Datenschutzbeauftragter: Christoph Steffes
Betriebsratsmitglieder: Sabine Ganser, Thomas Preis, Saskia Engel
technischer Auszubildender: Ralf Schumacher
kaufmännische Auszubildende: Bettina Lotto, Vlad Radomir Adler

B Organigramm der Hexler Medical Systems GmbH

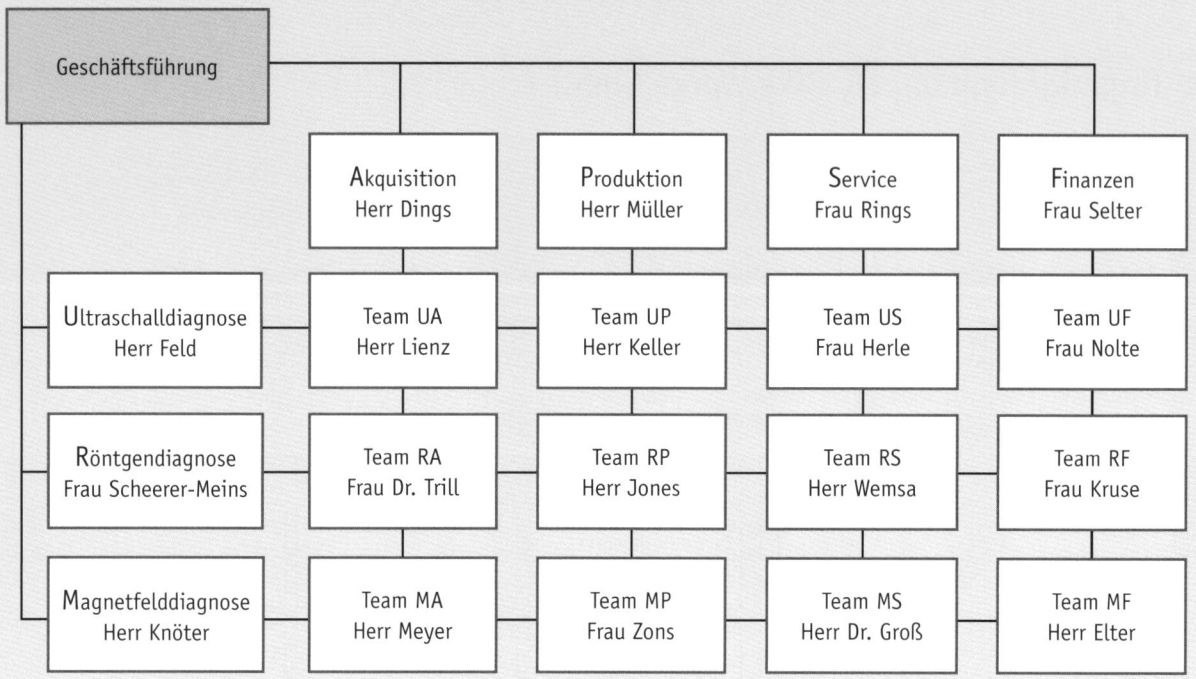

C Organigramm der Red Velo Corp.

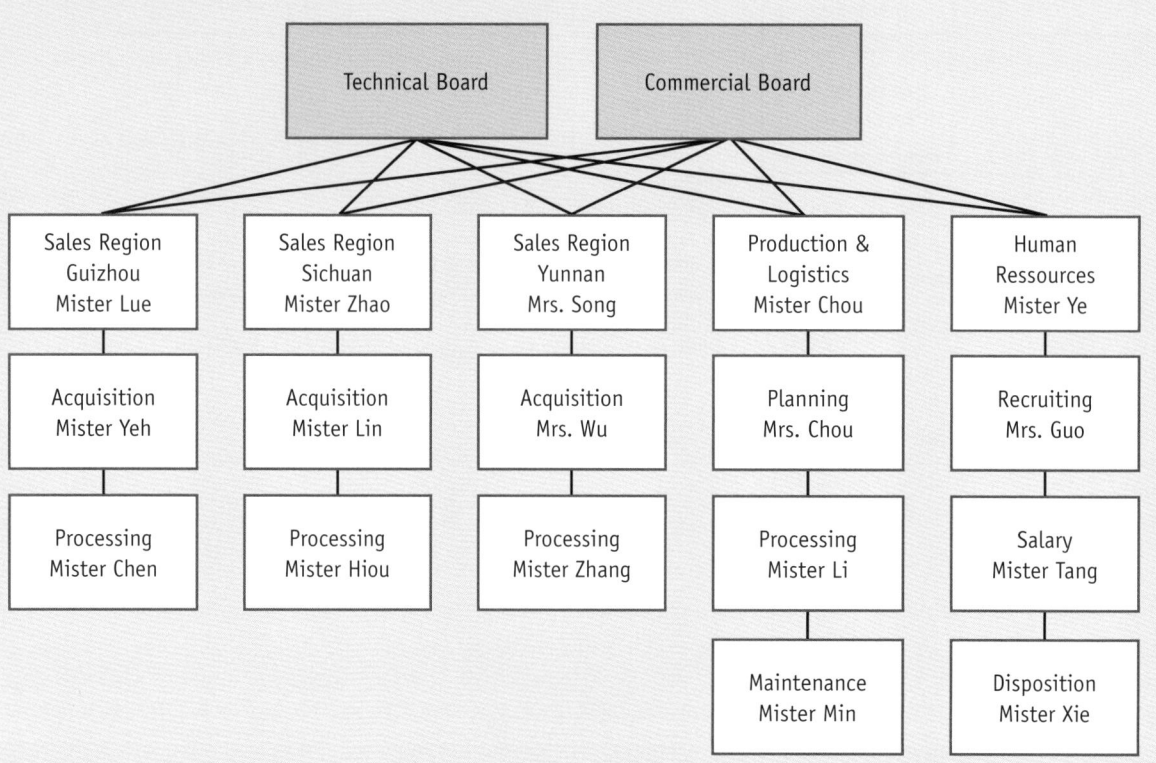

Analysieren Sie die vorhandene Aufbauorganisation aller drei Unternehmen nach folgendem Schema:

Unternehmen	Fly Bike Werke GmbH
Prinzip der Stellenbildung	nach Funktionen
Organisationsmodell	Stabliniensystem
Vorteile	– Übersichtlichkeit – eindeutige Anweisungswege und Zuständigkeiten – verbesserte Informationsbasis der Vorgesetzten
Häufige Anwendung	kleine/mittlere Unternehmen mit engem Produktionsprogramm

Unternehmen	Hexler Medical Systems GmbH
Prinzip der Stellenbildung	
Organisationsmodell	
Vorteile	
Häufige Anwendung	

Unternehmen	Red Velo Corp.
Prinzip der Stellenbildung	
Organisationsmodell	
Vorteile	
Häufige Anwendung	

3 Prüfen Sie die Möglichkeit einer Fusion zwischen der Red Velo Corp. und der Fly Bike Werke GmbH. Erstellen Sie mithilfe der Vorlage unten einen Organisationsvorschlag (Organigramm) für ein vereinigtes Unternehmen. Begründen Sie sowohl das gewählte Prinzip der Stellenbildung als auch das Weisungssystem. Zeigen Sie auch auf, wie die gewählte Organisationsform die in Auftrag 1 erarbeiteten Ziele unterstützen kann.

> **Hinweise:**
> - Es ist nur eine Bezeichnung der Abteilungen und Stellen erforderlich. Die Namen möglicher Stelleninhaber stehen zu diesem Zeitpunkt noch nicht fest.
> - Die folgende Grafik gibt nur den Kern des Organigramms wider. Mögliche Leitungs-, Stabs- oder Matrixfunktionen sind noch hinzuzufügen. Dafür lassen sich die schraffierten Felder als Schablonen verwenden. Je nach Organisationstyp werden jedoch nur einige dieser Formen benötigt!

4 Erstellen Sie in gleicher Weise wie in Auftrag 3 einen Organisationsvorschlag für die Fusion zwischen der Fly Bike Werke GmbH und der Hexler Medical Systems GmbH und begründen Sie ihn.

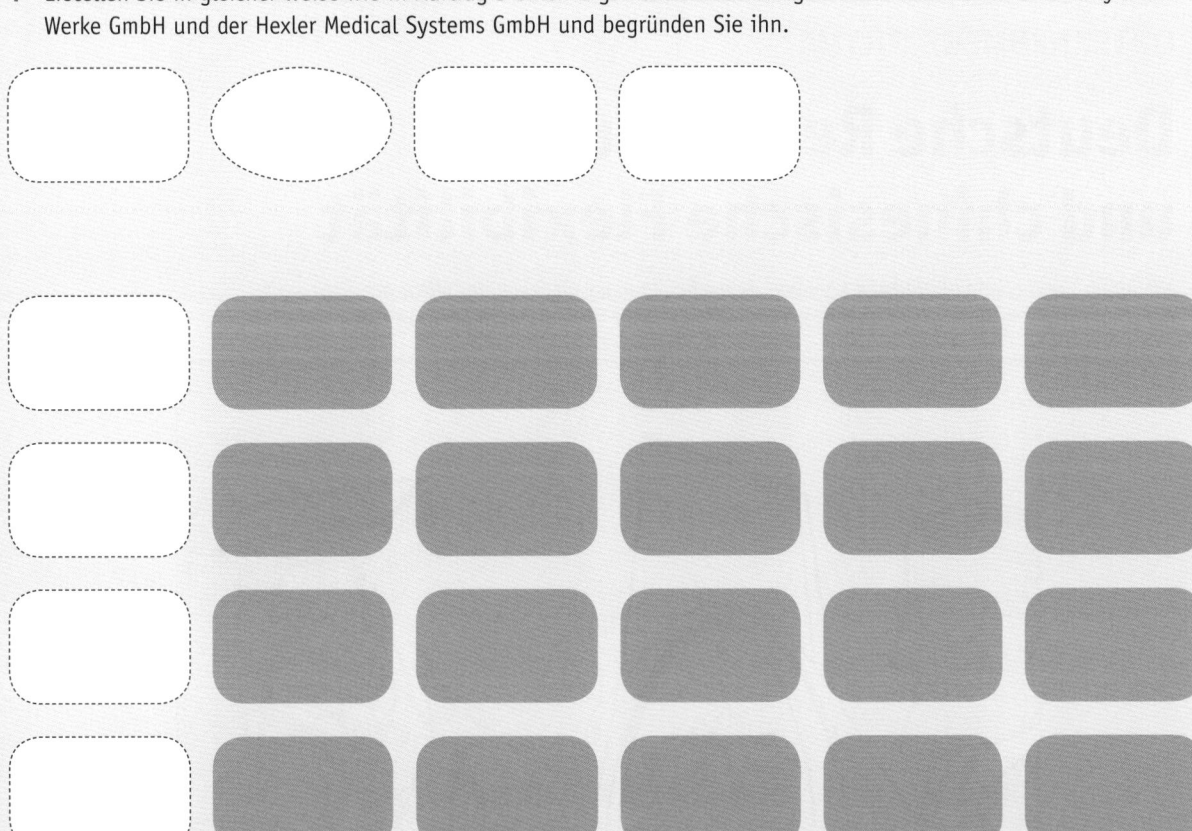

5 Herr Ullmann neigt nach Prüfung der bisherigen Sachverhalte nun zu der Meinung, dass ein Zusammenschluss der beiden Fahrradhersteller das größere Erfolgspotenzial besitzt und sich organisatorisch leichter realisieren lässt. Allerdings zeigt die Erfahrung, dass eine „Firmenehe" oft an schlechten Kommunikationsbeziehungen und unvereinbaren Unternehmenskulturen scheitert. Bei dem Zusammenschluss mit einem chinesischen Fahrradhersteller ist so möglicherweise die Entfernung zwischen Deutschland und China noch das geringste Problem.

Über die Führungs- und Unternehmenskultur der Hexler Medical Systems ist bekannt, dass sich auch nach dem Ausscheiden der beiden Firmengründer die von ihnen geprägte, sehr offene und kommunikationsfreudige Arbeitsweise innerhalb und zwischen den vielen Arbeitsteams erhalten hat. Der erste Satz des Unternehmensleitbildes lautet: „Nicht der Titel, sondern der Sachverstand bestimmt die beste Lösung. Jeder Mitarbeiter hat das Recht und die Pflicht, seine besten Ideen einzubringen."

Zu der Red Velo Corp. gibt es hier keine speziellen Informationen, Herr Ullmann hat jedoch im Zeitungsarchiv einen Artikel über chinesische Unternehmenskultur gefunden (siehe nächste Seite).

Erstellen Sie einen Maßnahmenkatalog nach dem folgenden Muster, mit dessen Hilfe eine reibungslose Zusammenarbeit, idealerweise eine einheitliche Führungskultur, geschaffen werden könnte. Berücksichtigen Sie dabei neben den kulturellen auch eventuelle sprachliche Barrieren.

Maßnahmenkatalog	
Begleitende Maßnahmen FBW/Red Velo Corp.	Begleitende Maßnahmen FBW/Hexler Medical Systems

UNTERNEHMENSKULTUR

Deutsche Regeltreue und chinesische Flexibilität

Mit ihrem westlichen Führungsstil kommen deutsche Manager im Reich der Mitte oft nicht weit.
Die wichtigsten Normen in chinesischen Unternehmen sind: „Hierarchie beachten" und „Gesicht wahren".

Carsten Aschoff bringt so schnell nichts aus der Ruhe. Selbst wenn alles schiefzugehen droht – der Ingenieur aus Karlsruhe bleibt gelassen. Seit gut zweieinhalb Jahren ist er Geschäftsführer des chinesisch-deutschen Joint-ventures Linuo Paradigma, das eine Flugstunde südlich von Peking in Jinan Solarthermie-Anlagen produziert. Mit Ruhe und Gelassenheit ist viel gewonnen in China. Vor einigen Monaten aber ist Aschoff doch der Kragen geplatzt.

Sehr kurzfristig hatte der Inhaber der chinesischen Holding eine Sitzung einberufen, auf der wichtige Fragen zu klären waren. Zeit zur Vorbereitung blieb keine, die Teilnehmer telefonierten nötige Informationen während der Sitzung per Handy zusammen. Wie immer im chinesischen Geschäftsalltag war die Runde sehr groß. Kurz: Ein produktives Arbeiten war nicht möglich. Carsten Aschoff schimpfte: Eine solch wichtige Sitzung müsse vorbereitet werden, das dauernde Telefonieren und Gerede um den heißen Brei sei unerträglich, und künftig sollten doch bitte nur Mitarbeiter mit Entscheidungs- oder Fachkompetenz an Meetings teilnehmen.

So still wie in jenen Minuten hatte Aschoff seine Kollegen selten erlebt. Seine Sätze waren ein klarer Affront gegen den Konzernchef, der das Meeting anberaumt hatte. „Bist du verrückt?" murmelte sein Sitznachbar. Aschoff hatte gegen eine sehr wichtige Regel verstoßen: „In China sind direkte Kritik und offen ausgetragene Konflikte tabu", sagt Eberhard Schenk, der Manager in Seminaren der Carl-Duisberg-Centren auf ihren China-Aufenthalt vorbereitet. „Immer muss der Gesprächspartner die Chance haben, sein Gesicht zu wahren."

Mit ihrem westlichen Managementstil kommen Führungskräfte oft nicht weit. Sie müssen stets höflich bleiben, die Etikette wahren und auf Hierarchien achten, die im Arbeitsalltag eine wesentlich größere Rolle spielen als im Westen. Gewöhnen müssen sich deutsche Manager außerdem an die Bedeutung persönlicher Beziehungen: In Deutschland mögen Kontakte wichtig sein, in China sind sie oftmals geschäftsentscheidend.

Die richtige Sitzordnung

„Bei Paradigma in Deutschland sind die Hierarchien sehr flach. Vorgesetzte und Mitarbeiter diskutieren auf einer Augenhöhe", sagt Aschoff. „Hier in China würde mir ein solcher Führungsstil als Schwäche ausgelegt." Die Hierarchie spielt im Geschäftsalltag auch bei profanen Dingen wie dem Essen eine wichtige Rolle. Die Sitzordnung bleibt nicht dem Zufall überlassen, sondern ist eine diffizile Angelegenheit. „Ob sich beim Geschäftsessen gute Gespräche entwickeln, ist eher nebensächlich", sagt Trainer Schenk. „Wichtiger ist, wer neben wem sitzt." Ein hochgestellter Gast nämlich „gibt" seinem Nebenmann „Gesicht", also Ansehen. Hier ergänzen sich die beiden chinesischen Prinzipien „Hierarchie beachten" und „Gesicht wahren".

Quelle: Frankfurter Allgemeine Zeitung, 30.07.04, Nr. 176, S. 49

Aufgaben

Aufgabe 1
Wir unternehmen eine Reise in die Zukunft – die Fly Bike Werke GmbH ist zum größten europäischen Fahrradproduzenten aufgestiegen und beschäftigt nun über 12 000 Mitarbeiter. Neben einer breiten Palette an Fahrrädern werden auch Fitnessgeräte für den Heim- und Studiobereich hergestellt. Eine Neuorganisation ist deshalb überfällig. Folgender, erst halbfertiger Vorschlag soll als Zukunftskonzept dienen:

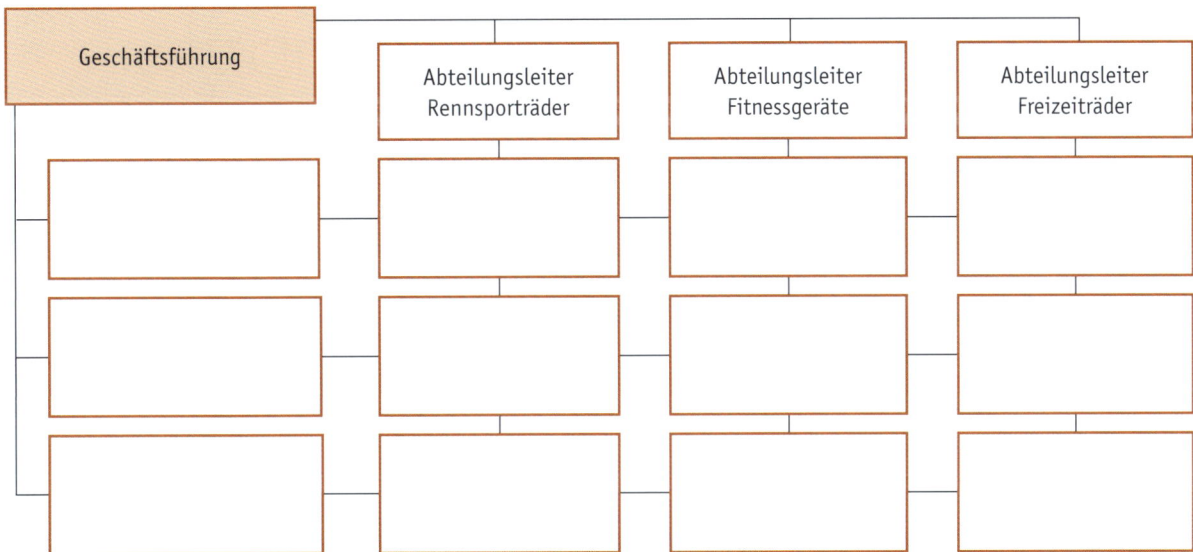

a Nach welchem Organisationsprinzip wurden die Abteilungen gebildet?
b Nach welchem Weisungssystem soll die Unternehmung zukünftig organisiert sein?
c Machen Sie drei Vorschläge für mögliche „Querfunktionen" (2. Zuordnungsprinzip).
d Bewerten Sie mögliche Vor- und Nachteile der neuen Organisation im Vergleich zum bisherigen Organisationsaufbau.

Aufgabe 2
Durch die nachstehende Beschreibung soll der organisatorische Aufbau eines Unternehmens zum Ausdruck kommen:
– Verkaufsleiter ist *Herr Brandt*, die zwei anderen Bereiche werden von *Herrn Fritz* und *Herrn Lehmann* geleitet.
– Der Verwaltungsbereich gliedert sich in die Abteilungen Rechnungswesen, Personalwesen und Anlagenverwaltung.
– *Herr Dr. Schneider* ist der Syndicus (Rechtsanwalt im Angestelltenverhältnis).
– *Meister Lange* verwaltet das Lager, er untersteht dem Einkaufsleiter.
– Der Verkaufsbereich gliedert sich in die Abteilungen Inland und Ausland.
– Am 1. Januar nächsten Jahres tritt *Herr Ed Vaupel* in das Unternehmen ein. Er soll als Berater der Geschäftsleitung eine Organisationsabteilung aufbauen.
– Der Einkauf gliedert sich in die Gruppe Textil und Hartwaren.
– *Herr Krause* und *Herr Schultze* sind die beiden Gruppenleiter im Textileinkauf (*Herr Krause*: Meterware; *Herr Schultze*: Konfektion).
– *Herr Bossert* ist Geschäftsführer.

Entwerfen Sie ein Schaubild, aus dem die Leitungszusammenhänge und der Aufbau des Unternehmens hervorgehen. Nur bei Stabsstellen und Bereichsleitern sind die Namen der leitenden Personen einzusetzen.

Aufgabe 3
Sie sollen für das Organisationshandbuch den Ablauf der Prüfung einer Eingangsrechnung beschreiben.
a Bitte füllen Sie dazu die auf der nächsten Seite folgende Arbeitsablaufkarte (Muster siehe Schülerbuch 1, S. 165) aus. Gehen Sie dabei in Einzelschritten vor:
– Beschreiben Sie zunächst die einzelnen Tätigkeiten des Arbeitsablaufes und tragen Sie diese als „Arbeitsschritte" in der richtigen Reihenfolge ein.
– Entscheiden Sie danach, um welche Art von Tätigkeit es sich handelt. Malen Sie die Fläche des entsprechenden Symbols aus.
– Schätzen Sie den Zeitaufwand des Arbeitsschrittes und tragen Sie ihn auf der Arbeitsablaufkarte ein (auf die Angabe der Wegstrecke wurde hier verzichtet).
– Verbinden Sie nach Fertigstellung aller Arbeitsschritte die markierten Symbole mit Linien.

b Untersuchen Sie abschließend den von Ihnen gestalteten Arbeitsablauf daraufhin, welche Art von Tätigkeit überwiegt. Versuchen Sie, durch Wegfall von Transport-, Kontroll- und Verzögerungszeiten eine Beschleunigung zu erreichen.

Arbeitsablaufkarte		Blatt:
Arbeitsablauf: Rechnungsprüfung Abteilung: Beschaffung		

Lfd. Nr.	Arbeitsschritte	Symbole	Zeit (Min.)
1.		○ ⇨ □ D ▽	
2.		○ ⇨ □ D ▽	
3.		○ ⇨ □ D ▽	
4.		○ ⇨ □ D ▽	
5.		○ ⇨ □ D ▽	
6.		○ ⇨ □ D ▽	
7.		○ ⇨ □ D ▽	
8.		○ ⇨ □ D ▽	
9.		○ ⇨ □ D ▽	
10.		○ ⇨ □ D ▽	
11.		○ ⇨ □ D ▽	
12.		○ ⇨ □ D ▽	
13.		○ ⇨ □ D ▽	
14.		○ ⇨ □ D ▽	
	Summen:		

● Bearbeitung, Tätigkeit   ⇨ Transport, Weiterleitung   ■ Kontrolle, Prüfung   ◗ Verzögerung   ▼ Lagerung, Ablage

Vorgangsbeschreibung zu Aufgabe 3:

Geht die Rechnung ein, wird sie zunächst als Eingang erfasst, ggf. eingescannt und dann an die zuständige Rechnungsprüfungsstelle weitergeleitet. Hier folgt zunächst anhand von Bestellung und Lieferschein eine Prüfung auf sachliche Korrektheit, danach wird die Faktura rechnerisch überprüft. Enthält sie rechnerische Fehler zum Nachteil des Rechnungsempfängers, wird der Rechnungsbetrag entsprechend korrigiert. Die Bestellung wird dann als „erledigt" aus der Bestellliste gelöscht. Die Rechnung selbst wird mit einem Prüfstempel versehen („Sachlich und rechnerisch geprüft") und abgelegt. Der Rechnungsprüfer erstellt ein Zahlungsfreigabeformular mit Angabe des korrekten Zahlungsbeitrags. Dieses muss allerdings noch vor seiner Versendung an die Lieferantenbuchhaltung vom Abteilungsleiter gegengezeichnet werden. Die Freigabeformulare werden gesammelt und 2-mal wöchentlich vom Abteilungsleiter weitergegeben.

Aufgabe 4

Im Folgenden finden Sie ein Organigramm des Konzerns „Deutsche Lufthansa AG".

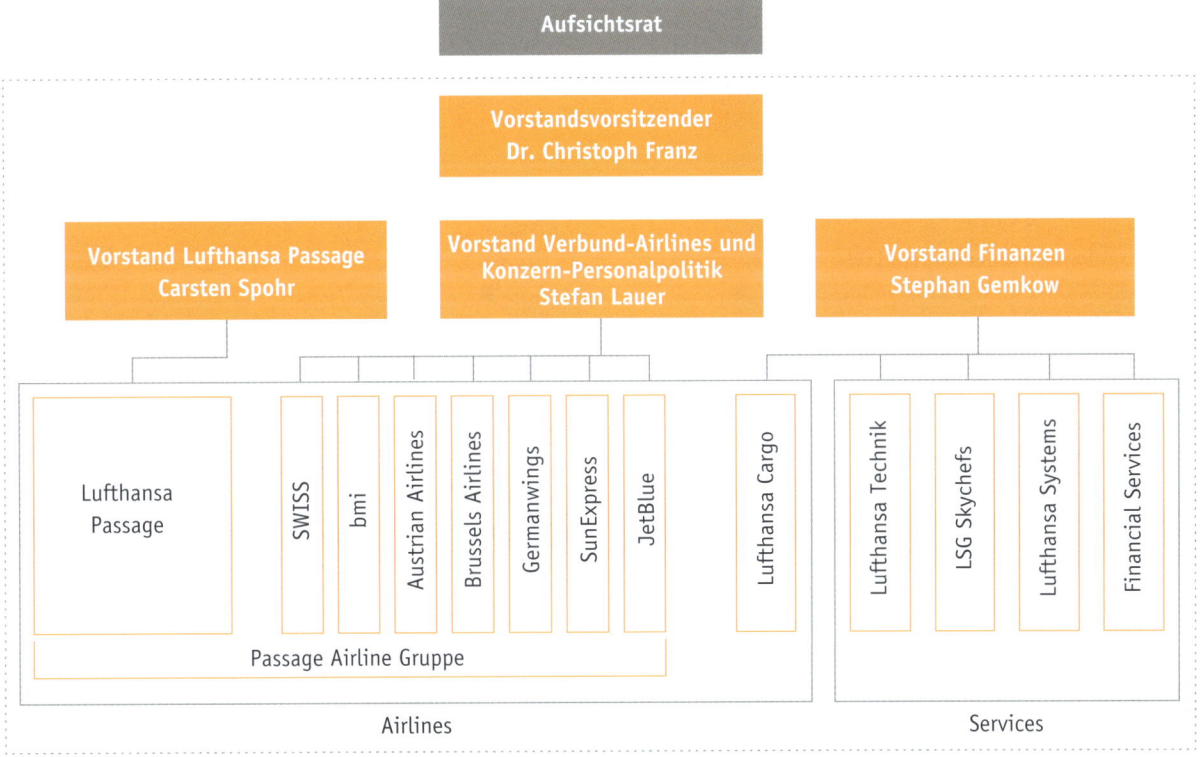

Quelle: http://investor-relations.lufthansa.com/de/fakten-zum-unternehmen/konzernstruktur.html

Hinweise:

– Das Kerngeschäft der „Deutsche Lufthansa AG" ist die Personenbeförderung. Sie wird als strategisches Geschäftsfeld unter der Bezeichnung „Passage" betrieben.

– Ansonsten finden Sie unterhalb der Vorstandsebene der „Deutsche Lufthansa AG" in der Regel selbstständige Tochtergesellschaften (z. B. ist die Fluggesellschaft Germanwings eine GmbH). Dies sind zum einen Fluggesellschaften (Airlines), die zum größeren Teil im Ausland angesiedelt sind, oder meist selbstständige Servicebereiche, die Dienstleistungen für den Konzern und seine Airlines (interne Kunden), aber auch für externe Kunden erbringen.

a Beschreiben Sie das Organigramm der „Deutsche Lufthansa AG". Gehen Sie dabei auch auf die spezifische Regelung der Zuständigkeiten der vier AG-Vorstände ein.

b Welche Art der aufbauorganisatorischen Gliederung liegt unterhalb der Vorstandsebene vor?

c Was meinen Sie, in welchen Bereichen die Tochtergesellschaften selbstständig entscheiden können? Versuchen Sie, diese Bereiche abstrakt zu beschreiben, aber nennen Sie auch einige Beispiele.

Rechtliche Grundlagen des Rechnungswesens

Werner Freitag hat sich selbstständig gemacht. Durch gute Kontakte zu verschiedenen Lebensmitteldiscountern und deren Lieferanten ist es ihm gelungen, preisgünstig an Sonderposten aller Art von verschiedenen Filialunternehmen zu gelangen. Diese in Werbeaktionen der Filialisten nicht vollständig abgesetzten Waren übernimmt er in großen Mengen und mit einem kräftigen Preisnachlass zur Weiterveräußerung. Zuerst hat er diese Waren auf Trödelmärkten an Wochenenden angeboten – nebenberuflich. Als weiterer Absatzweg ist dann das Internet hinzugekommen. Ebay-Powerseller mit fast ausschließlich sehr guten Bewertungen, das lohnt sich – macht aber auch viel Arbeit. Seinen Hauptjob hat er deshalb aufgeben müssen. Für den ganzen „Bürokram" hat er jetzt eine Mitarbeiterin eingestellt. Sein Steuerberater hat ihm erfreut mitgeteilt, dass er in diesem Jahr 420.000,00 € Umsatz erzielt hat und der Gewinn 64.000,00 € betrug.

Stellen Sie fest, ob Herr Freitag nach den folgenden Gesetzen buchführungspflichtig ist.

Handelsgesetzbuch

§ 1 HGB
(1) Kaufmann im Sinne dieses Gesetzbuchs ist, wer ein Handelsgewerbe betreibt.
(2) Handelsgewerbe ist jeder Gewerbebetrieb, es sei denn, dass das Unternehmen nach Art oder Umfang einen in kaufmännischer Weise eingerichteten Geschäftsbetrieb nicht erfordert.

§ 238 HGB Buchführungspflicht
(1) Jeder Kaufmann ist verpflichtet, Bücher zu führen [...]

§ 241a HGB Befreiung von der Pflicht zur Buchführung und Erstellung eines Inventars
Einzelkaufleute, die an den Abschlussstichtagen von zwei aufeinander folgenden Geschäftsjahren nicht mehr als 600.000 € Umsatzerlöse und 60.000 € Jahresüberschuss aufweisen, brauchen die §§ 238 bis 241 nicht anzuwenden. Im Fall der Neugründung treten die Rechtsfolgen schon ein, wenn die Werte des Satzes 1 am ersten Abschlussstichtag nach der Neugründung nicht überschritten werden.

Abgabenordnung

§ 140 AO Buchführungs- und Aufzeichnungspflichten nach anderen Gesetzen
Wer nach anderen Gesetzen als den Steuergesetzen Bücher und Aufzeichnungen zu führen hat, die für die Besteuerung von Bedeutung sind, hat die Verpflichtungen, die ihm nach den anderen Gesetzen obliegen, auch für die Besteuerung zu erfüllen.

§ 141 AO Buchführungspflicht bestimmter Steuerpflichtiger
(1) Gewerbliche Unternehmer sowie Land- und Forstwirte, die nach den Feststellungen der Finanzbehörde für den einzelnen Betrieb
1. Umsätze einschließlich der steuerfreien Umsätze [...] von mehr als 600.000 € im Kalenderjahr oder [...]
4. einen Gewinn aus Gewerbebetrieb von mehr als 60.000 € im Wirtschaftsjahr [...] gehabt haben, sind auch dann verpflichtet, für diesen Betrieb Bücher zu führen und aufgrund jährlicher Bestandsaufnahmen Abschlüsse zu machen, wenn sich eine Buchführungspflicht nicht aus § 140 ergibt.
[...]

Arbeitsblatt 16.1: Buchführungspflicht und GoB

Ein gewerblicher Unternehmer[1] ist gesetzlich buchführungspflichtig nach:

[   ]   und/oder   [   ]

wenn er   wenn

[   ]   und | sein Jahresumsatz ›   oder |
                               | sein Gewinn ›   sind. |

[1] Für Einzelkaufleute gelten zusätzlich die Umsatz- und die Gewinngrenze der Abgabenordnung (AO).

Die Buchführung muss so beschaffen sein, dass

ein _____

in _____

einen _____

und einen _____ .

Ist die Buchführung eines Unternehmens nicht ordnungsgemäß, dann drohen nach § 283 StGB

_____ oder _____ .

Grundsätze ordnungsmäßiger Buchführung (GoB)

Die Gebote der _____ und _____ besagen, dass kein

Geschäftsvorfall in der Buchführung unberücksichtigt bleiben darf oder falsch erfasst wird. Dabei muss die

Buchführung _____ erfolgen. Kasseneinnahmen und -ausgaben sollen

_____ erfasst werden. Für jede Buchung muss ein _____

vorhanden sein. Eine _____ der Belege ist notwendig. Handelsbücher und

Aufzeichnungen müssen in einer _____ geführt werden.

Die _____ der Buchführung in Deutschland ist der _____ .

Eintragungen oder Aufzeichnungen dürfen nicht in einer Weise verändert werden, dass der

_____ nicht mehr feststellbar ist. Verboten sind z. B. _____ ,

_____ oder Überschreiben. Alle Buchführungsunterlagen müssen nach

gesetzlichen Zeitvorgaben _____ werden; im Original oder

auf _____ .

Begriffe: aufbewahrt, Beleg, Bild- oder Datenträger, Bleistifteintragungen, €, geordnete Ablage, lebenden Sprache, Radieren, Richtigkeit, täglich, ursprünglicher Inhalt, Vollständigkeit, Währung, zeitgerecht.

Arbeitsblatt 16.2: Funktionsmodell eines Industriebetriebs

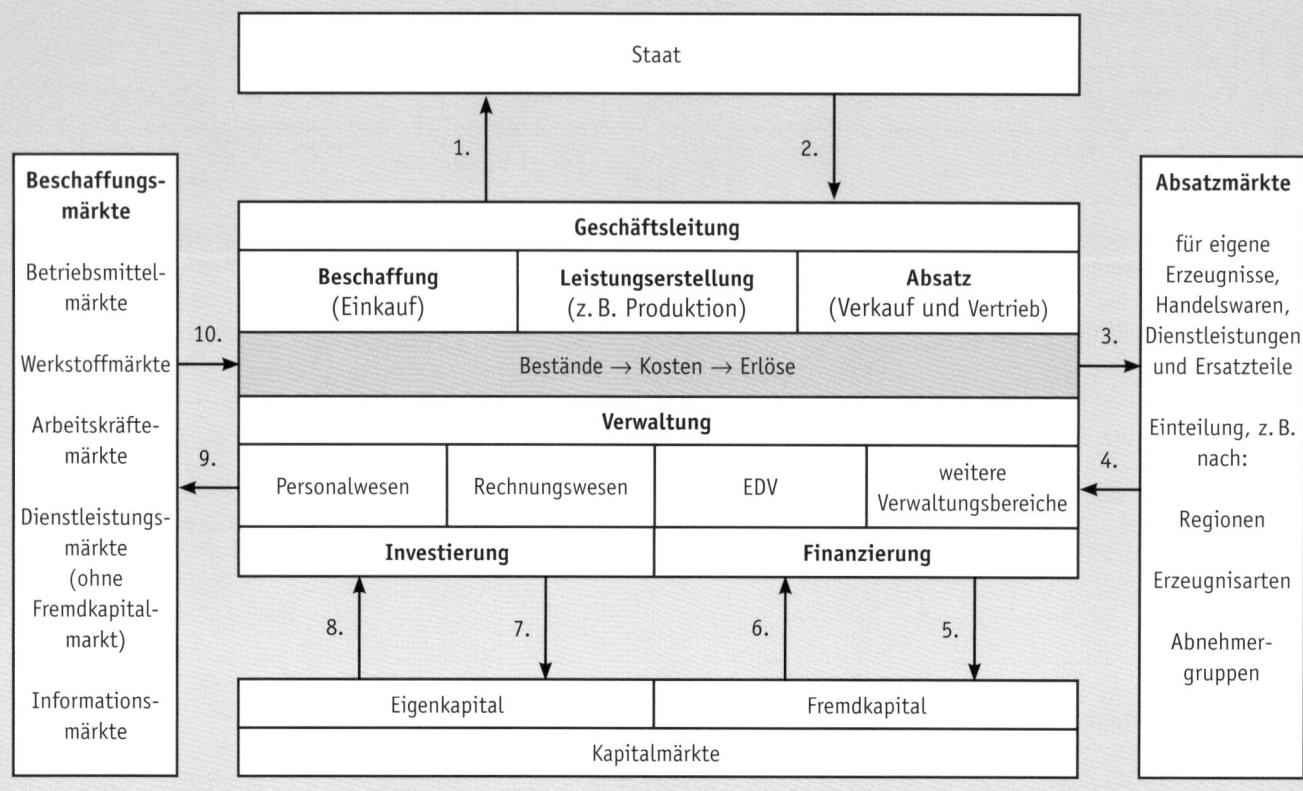

Ordnen Sie die nachfolgenden Aktivitäten mit Hilfe der entsprechenden Ziffer den Pfeilen der obigen Abbildung zu:

☐ Verkauf von Erzeugnissen	☐ Tilgung einer Hypothek
☐ Überweisung von Gewerbesteuern	☐ Subventionszahlung für Forschungsprojekt
☐ Dividendenzahlung an die Aktionäre	☐ Internetrecherche zur Abfallentsorgung
☐ Überziehung des Kontokorrentkredits	☐ Banküberweisung eines Kunden
☐ Transportauftrag an eine Spedition	☐ Kauf einer Verpackungsmaschine
☐ Zinszahlung an einen Darlehensgeber	☐ Kapitalerhöhung durch Aktienausgabe
☐ Einstellung eines Lagerarbeiters	☐ Erwerb einer Lizenz
☐ Darlehensaufnahme bei der Hausbank	☐ Abgabe einer Steuererklärung
☐ Banküberweisung an Rohstofflieferer	☐ Montage einer Maschine beim Kunden

Aufgaben

Aufgabe 1
Wann dürfen nachfolgende Unterlagen der Buchführung
vernichtet werden?

Unterlage	Entstehungsdatum	frühestes Vernichtungsdatum	Aufbewahrungsfrist in Jahren
Bilanz zum 31.12.2020	05.03.2021		
Bestellung einer Warenlieferung	17.04.2021		
Ausgangsrechnung an einen Kunden	22.09.2018		
Angebot an einen Kunden (Kopie)	22.09.2019		
Kontoauszug der Bank	22.07.2020		

Aufgabe 2
Beachten Sie den nachfolgend abgebildeten Beleg und
beantworten Sie die anschließenden Fragen.

a Wie lange muss die Fly Bike Werke GmbH diesen Beleg aufbewahren?

b Wann kann dieser Beleg frühestens (Datum angeben!) vernichtet werden?

c Wie kann die Fly Bike Werke GmbH diesen Beleg aufbewahren?

d Wie könnte der Beleg am Ende der Aufbewahrungsfrist vernichtet werden?

Posteingang: *29.06.2011*

Color GmbH
Ludwigshafen

Color GmbH, Hafenstr. 125, 67061 Ludwigshafen

Fly Bike Werke GmbH
Rostocker Straße 334
26121 Oldenburg

Kunden-Nr.: 424
Ansprechpartner: Frau Reineke
Telefon: 0621 582664
Lieferschein-Nr.: 4292
Lieferdatum: 24.06.2011
Rechnungsdatum: 27.06.2011

Rechnungsprüfung	
Sachlich richtig	Rechnerisch richtig
Datum: *29.06.2011*	Datum: *29.06.2011*
Nz: *Ta*	Nz: *Ta*

Rechnung Nr.: 4292

Pos.	Artikel-Nr.	Artikelbezeichnung	Menge	Preis je Einheit	Gesamtpreis
1	900100	Klarlack	200 Liter	3,45 €	690,00 €
2	800200	Spezialgrundierung für Edelstähle	200 Liter	2,45 €	490,00 €
3	700100	Standardfarbe „gelb"	20 Liter	4,30 €	86,00 €
4	700821	Sonderfarbe „morror-polish"	120 Liter	6,00 €	720,00 €
5	702400	Sonderfarbe „lemon squash"	120 Liter	6,00 €	720,00 €

Warenwert	Verpackungs- kosten	Transport- kosten	Nettorechnungs- betrag	Umsatzsteuer 19 %	Bruttorechnungs- betrag
2.706,00 €	–	–	2.706,00 €	514,14 €	3.220,14 €

Zahlungsziel 30 Tage, bei Zahlung innerhalb von 8 Tagen 2 % Skonto (= 64,40 €).

SB → S. 176 ff. | Lernfeld 3, Kapitel 2.1   ## Wertermittlung bei der Inventur

Die Auszubildende Bettina Lotto hat im Rahmen der Inventur die Aufgabe bekommen, den Bestand an GoreTex-Shirts „körperlich" zu überprüfen. Sie hat getrennt nach Artikelnummern gezählt und die Inventurmengen in die Inventurliste eingetragen. Dabei fielen ihr Abweichungen von den Mengen der Lagerbuchführung auf. Einen Wasserschaden hat sie auch auf der Inventurliste vermerkt. Jetzt sitzt sie wieder im Büro und hat eine Liste mit Einstandspreisen der Einkaufsabteilung vor sich. Sie soll einen Gesamtwert für alle Shirts berechnen und kommt damit nicht so richtig klar.

Inventurliste Handelswaren

Fly Bike Werke GmbH

Warengruppe 701 Shirts Steff, GoreTex

Aufnahmetag: *03.01.20X1*
Jahr 20XX

Artikel Nr.	Artikelbezeichnung	Lagermenge gem. Lagerbuch-haltung	Inventur-menge	Einstands-preise der Bestände	Einkaufswert der Inventur-menge je Artikel	Wertminde-rungen je Artikel	Gesamt-inventur-wert
		Sollwert/ Stück	Istwert/ Stück	€/ Stück	in €	in €	in €
701L	Shirt STEFF superfast Größe L	122	120				
701M	Shirt STEFF superfast Größe M	146	145				
701S	Shirt STEFF superfast Größe S	59	60				
701XL	Shirt STEFF superfast Größe XL	212	211				
701XXL	Shirt STEFF superfast Größe XXL	22	22				
					Gesamtinventurwert Warengruppe		

Wertminderungen (ohne Daten der Einkaufsabteilung):
Wasserschaden Artikel 701XL, 20 Stück durchnässt und verschmutzt — Ware unverkäuflich!

Daten der Einkaufsabteilung am 31.12.20XX (Inventurstichtag): Einstandspreise pro Stück

Artikel-Nr.	Bezeichnung	Einstandspreise der vorhandenen Shirts in €	Einstandspreise gem. aktuellen Preislisten in €
701L	Shirt STEFF superfast Größe L	16,95	14,95
701M	Shirt STEFF superfast Größe M	14,95	15,45
701S	Shirt STEFF superfast Größe S	14,95	14,95
701XL	Shirt STEFF superfast Größe XL	16,95	14,95
701XXL	Shirt STEFF superfast Größe XXL	17,95	16,95

1 Ermitteln Sie den Gesamtwert der tatsächlich vorhandenen einwandfreien GoreTex-Shirts unter Berücksichtung der aktuellen Einstandspreise.
2 Begründen Sie Ihre Bewertungsentscheidungen.

Arbeitsblatt 17.1: Inventur

Inventur ist

Unterscheidung der Inventur hinsichtlich der Art ihrer Durchführung

Inventurart	Inventurtätigkeiten	Beispiele
körperliche Gegenstände		
Buchinventur		

Unterscheidung der Inventur hinsichtlich des Zeitpunkts der Durchführung

Stichtagsinventur	Inventur	Inventur
Aufnahmezeiten:	Aufnahmezeiten:	Aufnahmezeiten:
Voraussetzungen:	Voraussetzungen:	Voraussetzungen:

Nachteile der Stichtagsinventur:

Ziele der Inventur am Geschäftsjahresende:

Aufgaben

Aufgabe 1

In einem Industrieunternehmen wurden folgende Inventurwerte für Fahrradanhänger aufgenommen. Ermitteln Sie den Gesamtinventurwert der Fahrradanhänger.

Inventurliste Fahrradanhängerprogramm					Aufnahmetag: 30.12.20XX	
					Jahr: 20XX	Seite: 1
Artikel Nr.	**Bezeichnung**	**Menge**	**Einstandspreis in €**	**Wert in €**	**Wertminderung**	**Gesamtwert in €**
60100	Modell Kelly	6	60,00		keine	
60200	Modell Mini	1	70,00		keine	
60300	Modell Max	20	80,00		5 %[1]	
60400	Modell Kids	14	110,00		keine	
60500	Modell Sven	2	130,00		50 %[2]	
					Gesamtinventurwert Fahrradanhänger	

Wertminderungen: [1] gesunkener Marktpreis [2] Beschädigungen

Aufgenommen: *Meier*　　　　　Geprüft: *Gilles*

Aufgabe 2

Bei der Inventur am 31.12. wird im Lager eines Industrieunternehmens ein Bestand von 12 Kartons Kopierpapier zu je 2 500 Blatt aufgenommen. Folgende Lieferungen sind im Geschäftsjahr eingegangen:

Datum	Anzahl	Einstandspreis in €	Gesamtwert
02.02.	40 Kartons	5,00	
15.04.	20 Kartons	5,60	
02.06.	30 Kartons	5,25	
12.08.	45 Kartons	5,50	
14.10.	32 Kartons	5,60	
04.12.	16 Kartons	5,80	
Summe		Ø	
31.12. Endbestand	12 Kartons		

Berechnen Sie den Wert des Inventurbestandes (gewogener Durchschnitt).

Aufgabe 3

Ermitteln Sie den Wert des Inventurbestandes für einen Hilfsstoff nach dem gewogenen Durchschnittsverfahren (keine Wertminderungen!).

Bestände Einkäufe	Menge in Stück	Einstandspreis je Stück in €	Einstandspreis in € (Bestände/ Lieferungen)
01.01.20XX Anfangsbestand	760	16,80	
02.02.20XX	340	17,40	
16.05.20XX	358	16,90	
01.08.20XX	732	16,92	
30.11.20XX	670	17,10	
Summe		Ø	
31.12.20XX Endbestand	380		

Aufgabe 4

Beantworten Sie die nachfolgenden Fragen.

a Warum werden aufbewahrungspflichtige Unterlagen nach Ablauf der Aufbewahrungsfrist immer erst zu Beginn eines neuen Geschäftsjahres vernichtet?

b Welche Auswirkungen kann eine vorzeitige Vernichtung von aufbewahrungspflichtigen Buchführungsunterlagen für das Unternehmen haben?

c In welchen Gesetzen wird die Aufbewahrungspflicht festgelegt?

d Welche Aufbewahrungsfristen werden unterschieden?

e Nennen Sie für jede Aufbewahrungsfrist zwei Beispiele.

Aufgabe 5

Das Geschäftsjahr eines Industriebetriebes endet am 30.06.

a In welchem Zeitraum kann die verlegte Inventur durchgeführt werden? (Jeweils das Datum für den Beginn und das Ende des Inventurzeitraumes angeben!)

b Am 07.07. wird durch körperliche Bestandsaufnahme ein Wert von 16.250,00 € für City-Räder Surf festgestellt.

Im Zeitraum vom 01.07. bis zum 06.07. sind City-Räder Surf im Wert von 25.000,00 € (200 Räder) produziert (alle Wertangaben = Herstellungskosten) und für 15.625,00 € (125 Räder) verkauft worden. Ermitteln Sie den Wert dieses Erzeugnisses zum Stichtag (30.06.) und nennen Sie die Vorteile der verlegten Inventur.

Aufgabe 6

Beantworten Sie schriftlich die nachfolgenden Fragen zur Inventur.

a Nennen Sie die Anlässe, bei denen eine Inventur erfolgen muss.

b Wie erfolgt die Bestandsfortschreibung per EDV für ein fertiges Erzeugnis?

c Nennen Sie drei Gründe, warum die Bestandsfortschreibung per EDV (Stückzahl) für ein fertiges Erzeugnis von der Inventurmenge der körperlichen Inventur abweichen könnte.

d Welche Vermögenswerte können im Rahmen der Buchinventur erfasst und bewertet werden?

e Was versteht man unter Inventurdifferenzen?

f Warum kann in der Inventur für Handelswaren nicht immer der bezahlte Einstandspreis der alleinige Bewertungsmaßstab sein?

g Mit welchem Wert müssen selbst erstellte Erzeugnisse in der Inventur erfasst werden?

h Was versteht man unter Saldenbestätigungen und wer kann Saldenbestätigungen ausstellen?

i Welche Güter müssen stets in einer Stichtagsinventur erfasst werden?

j Nennen Sie die Voraussetzungen und die Vor- und Nachteile der permanenten Inventur.

Aufgabe 7

In der Inventur werden 214 Komponenten des Typs MTB LX (Räder und Schaltungen) gezählt. In der Lagerbuchführung sind ebenfalls diese 214 Komponenten mit einem Einstandspreis von 60,78 € je Komponente verzeichnet. Die Wiederbeschaffungskosten gemäß aktueller Preisliste des Lieferers Tamino betragen auf Grund einer Preissenkung wegen eines zukünftigen Modellwechsels zurzeit noch 51,66 €. Berechnen Sie die Wertminderung bei dieser Komponente.

Aufgabe 8

Ermitteln Sie den Inventurwert für folgende Rohstoffgruppe.

Rohstoff-nummer	Sollbestand in kg	Istbestand in kg	bezahlte Einstands-preise/kg	aktuelle Einstands-preise/kg	Hinweise der Aufnahmeteams	Inventurwerte
50411	5200	5150	2,13 €	2,10 €	keine	
50413	402	404	3,26 €	3,60 €	52 kg mit Wasserschaden[1]	
50514	12412	12410	7,60 €	6,80 €	keine	
50516	340	290	12,40 €	14,20 €	10 kg mit Farbmängeln[1]	

Gesamtinventurwert der Rohstoffgruppe 50XXX

[1] Wasserschäden und Farbmängel machen den Rohstoff unbrauchbar: Wert = 0,00 €!

Lernsituation 18

SB → S. 181 ff. | Lernfeld 3, Kapitel 2.2 und 2.3

Inventar und Bilanz erstellen und vergleichen

In der Möbelfabrik Walter Rolles e. K. sind die Inventurarbeiten schon abgeschlossen. Das Inventar und die Bilanz für das Geschäftsjahr müssen erstellt werden. Dabei sollen in einem Arbeitsgang die aktuellen Werte denen des Vorjahres gegenübergestellt werden. Herr Rolles wartet gespannt auf die Daten. Welche Werte haben sich geändert? Welche Gründe gab es für wichtige Änderungen? Ist sein Eigenkapital gestiegen?

Inventar	Vorjahr	Berichtsjahr
Grundstücke und Bauten	€	€
Westweg 12, Würzburg	140.000,00	140.000,00
Waldstr. 14, Würzburg	92.000,00	92.000,00
Verwaltungsgebäude Westweg 12, Würzburg	285.000,00	265.000,00
Produktions- und Lagerhallen Waldstr. 14, Würzburg	112.000,00	106.000,00
Technische Anlagen und Maschinen lt. Verzeichnis 1	238.000,00	190.000,00
Betriebs- und Geschäftsausstattung lt. Verzeichnis 2	370.000,00	168.000,00
Roh-, Hilfs- und Betriebsstoffe lt. Verzeichnis 3	86.000,00	92.000,00
Unfertige Erzeugnisse lt. Verzeichnis 4	46.000,00	38.000,00
Fertige Erzeugnisse lt. Verzeichnis 5	124.000,00	144.000,00
Forderungen a. L. L.		
Küchenstudio Gerd Roose, Würzburg	34.300,00	25.100,00
Küchen Karl Sommer, Frankfurt	8.100,00	21.100,00
Kasse	12.400,00	3.200,00
Bankguthaben Kreissparkasse Würzburg, Würzburg	22.000,00	32.500,00
Bankguthaben Dresdner Bank, Würzburg	14.500,00	2.100,00
Langfristige Bankverbindlichkeiten		
Hypothek: Dresdner Bank, Würzburg	190.000,00	185.000,00
Darlehen: Dresdner Bank, Würzburg	263.500,00	252.200,00
Verbindlichkeiten a. L. L.		
Spanplattenwerk Weser AG, Bremen	52.800,00	29.600,00
Holzimport Teibel, Emden	48.600,00	42.400,00

Beantworten Sie die Fragen von Herrn Rolles. Verwenden Sie hierfür die Arbeitsblätter 18.1 und 18.2.

1 Erstellen Sie für beide Geschäftsjahre ein Inventar.

2 Erstellen Sie für beide Geschäftsjahre die Bilanz.

3 Ermitteln Sie für beide Geschäftsjahre das Eigenkapital.

4 Ermitteln Sie die Veränderungen zwischen den beiden Geschäftsjahren in € für
   a das Anlagevermögen,
   b das Umlaufvermögen,
   c die lang- und kurzfristigen Schulden,
   d das Eigenkapital.

5 Nennen Sie für die Inventarposten Grundstücke und Bauten, TA und Maschinen, fertige Erzeugnisse und langfristige Bankverbindlichkeiten mögliche Gründe für die Werteveränderungen.

Arbeitsblatt 18.1: Inventar der Möbelfabrik Walter Rolles e. K.

Inventar der				
Vermögens- und Schuldenarten, Eigenkapital	Vorjahr 20X1 in €		Berichtsjahr 20X2 in €	
	Einzelwerte	Gesamtwerte	Einzelwerte	Gesamtwerte
A. Vermögen				
I. Anlagevermögen				
1.				
II.				
1.				
Summe des Vermögens				
B.				
I.				
II.				
Summe der Schulden				
C.				
Summe des				
– Summe der				
=				

Arbeitsblatt 18.2: Bilanz der Möbelfabrik Walter Rolles e. K.

Aktiva	Bilanzwerte der		Passiva	Bilanzwerte der	
	Vorjahr	Berichtsjahr		Vorjahr	Berichtsjahr
A.			A.		
1.			B.		
2.			1.		
3.			2.		
B.					
1.					
2.					
3.					
4.					
5.					
6.					

Werteveränderungen	Vorjahr	Berichtsjahr	Veränderung	Mögliche Gründe
Anlagevermögen				
Umlaufvermögen				
Langfristige Schulden				
Kurzfristige Schulden				
Eigenkapital				

Arbeitsblatt 18.3: Vermögen und Schulden

Tragen Sie in die zweite Spalte ein **V** ein, wenn der angegebene Wert **Vermögen** darstellt. Tragen Sie in die zweite Spalte ein **S** ein, wenn der angegebene Wert **Schulden** darstellt.

Vermögen und Schulden	V = Vermögen S = Schulden	Vorjahr €	Berichtsjahr €
Bankguthaben		22.000,00	32.000,00
Bargeld		2.300,00	2.500,00
Büromöbel		54.000,00	50.000,00
Darlehensschulden (Restlaufzeit 6 Monate)		50.000,00	70.000,00
Roh-, Hilfs- und Betriebsstoffe		20.000,00	30.000,00
Geschäftsgrundstück		120.000,00	120.000,00
Hypothekenschulden (Restlaufzeit 15 Jahre)		80.000,00	79.000,00
Fremdbauteile		24.000,00	22.000,00
Lagerhalle		120.000,00	118.000,00
Lastkraftwagen		60.000,00	40.000,00
Produktionsmaschinen		20.000,00	110.000,00
Maschinen der Energieerzeugung		14.000,00	32.000,00
Personalcomputer		6.000,00	9.000,00
Personenkraftwagen		40.000,00	30.000,00
Fertige und unfertige Erzeugnisse		6.000,00	8.000,00
Schulden bei Materiallieferern (Verbindlichkeiten)		14.000,00	16.000,00
Verpackungsmaschinen		25.000,00	20.000,00
Verwaltungsgebäude		200.000,00	195.000,00
Forderungen gegenüber Kunden		20.000,00	20.000,00

Ordnen Sie die Werte der Aufgabe 1 den nachfolgenden Vermögens- und Schuldenposten zu.

Vermögen	Vorjahr	Berichtsjahr
1. Grundstücke		
2. Gebäude		
3. Technische Anlagen und Maschinen		
4. Fuhrpark		
5. Betriebs- und Geschäftsausstattung (ohne Fuhrpark)		
6. Vorräte		
7. Forderungen aus Lieferungen und Leistungen		
8. Kasse		
9. Bankguthaben		
Summe des Vermögens		

Schulden	Vorjahr	Berichtsjahr
1. Langfristige Bankverbindlichkeiten		
2. Kurzfristige Bankverbindlichkeiten		
3. Verbindlichkeiten aus Lieferungen und Leistungen		
Summe der Schulden		

Arbeitsblatt 18.4: Inventar

Das Inventar ist ein	
Überschrift	

		_____spalte	_____spalte	
A. Vermögen **I. Anlagevermögen** (Beispiele siehe unten)		Einzelwerte in €	Gesamtwerte in €	
	1. _____ _____	240.000,00 420.000,00	660.000,00	Vermögenswerte, die
	2. _____		80.000,00	
	3. _____		278.000,00	
II. _____				Vermögenswerte, die
	1. _____		72.000,00	
	2. _____		112.000,00	
	3. _____		46.600,00	
	4. _____		52.000,00	
	5. _____		34.000,00	
	6. _____		7.250,00	
	7. _____		80.400,00	
	Summe des _____		══════	
B. _____				
I. _____				Schulden mit einer Restlaufzeit von über
	1. _____ _____	600.000,00 180.000,00	780.000,00	
II. _____				Schulden mit einer Restlaufzeit bis zu
	1. _____		64.600,00	
	2. _____		23.900,00	
	Summe der _____		══════	
C. _____				
	Summe des _____			
	− Summe der _____			
	=		══════	

Das Inventar muss _____ Jahre aufbewahrt werden.

Beispiele für Inventarposten (1., 2. usw) in alphabetischer Reihenfolge:

Bankdarlehen
Bankguthaben
Betriebs- und Geschäftsausstattung (BGA)
Fertige Erzeugnisse
Forderungen aus Lieferungen und Leistungen (a. L. L.)
Gebäude

Grundstück
Grundstücke und Bauten
Handelswaren
Hypothekendarlehen
Kassenbestand
Langfristige Bankverbindlichkeiten

Roh-, Hilfs- und Betriebsstoffe
Sonstige Verbindlichkeiten
Technische Anlagen (TA) und Maschinen
Unfertige Erzeugnisse
Verbindlichkeiten aus Lieferungen und Leistungen (a. L. L.)

Arbeitsblatt 18.5: Bilanz

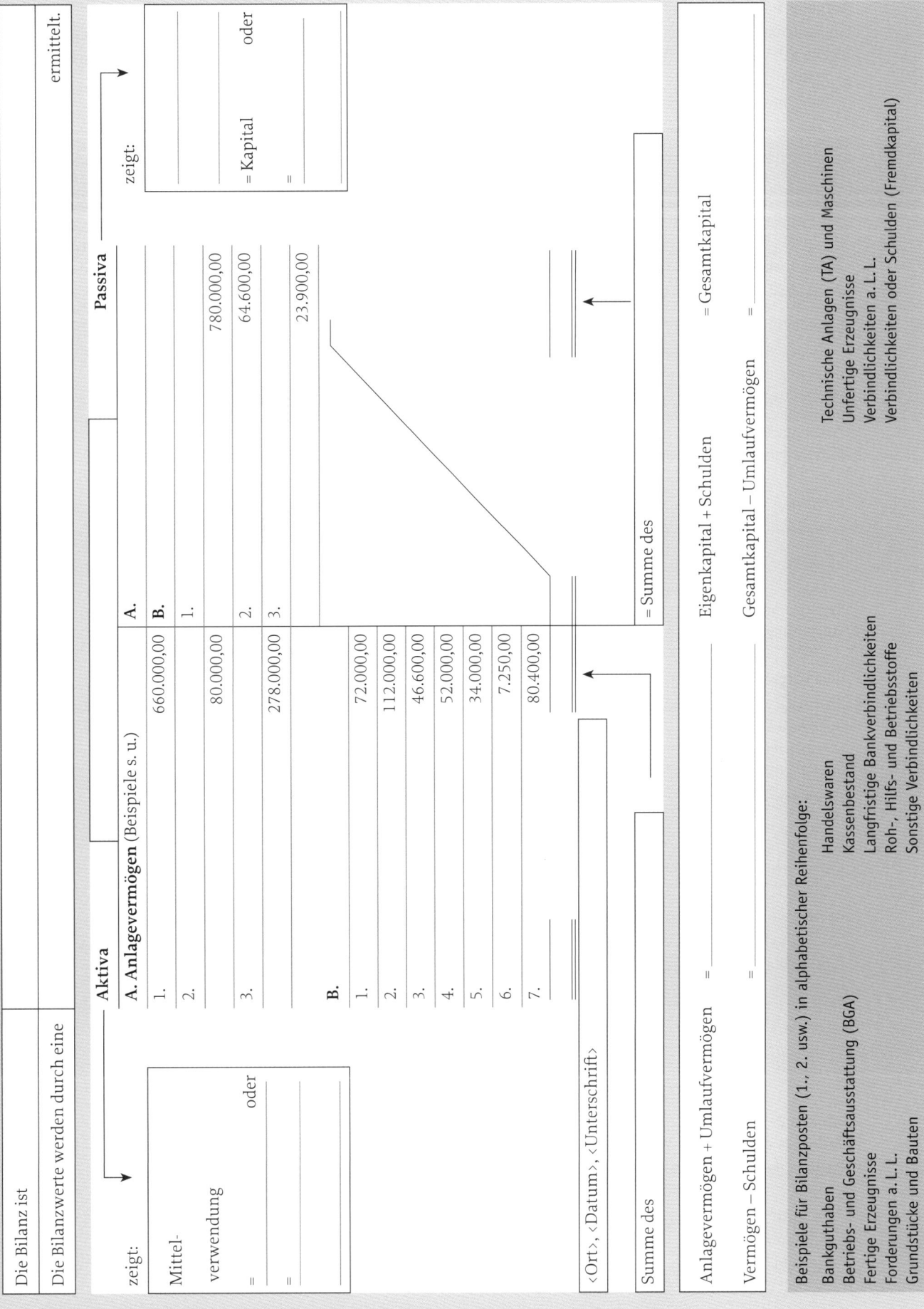

Die Bilanz ist

Die Bilanzwerte werden durch eine _____ ermittelt.

zeigt:

— Aktiva		— Passiva	
A. Anlagevermögen (Beispiele s. u.)		**A.**	
1.	660.000,00	**B.**	
2.	80.000,00	1.	780.000,00
3.	278.000,00	2.	64.600,00
		3.	23.900,00
B.			
1.	72.000,00		
2.	112.000,00		
3.	46.600,00		
4.	52.000,00		
5.	34.000,00		
6.	7.250,00		
7.	80.400,00		
= Summe des		= Summe des	

Mittel-
verwendung
= _____ oder
= _____

zeigt:
= Kapital oder
= _____

<Ort>, <Datum>, <Unterschrift>

Anlagevermögen + Umlaufvermögen = _____
Vermögen – Schulden = _____

Eigenkapital + Schulden = Gesamtkapital
Gesamtkapital – Umlaufvermögen = _____

Beispiele für Bilanzposten (1., 2. usw.) in alphabetischer Reihenfolge:

Bankguthaben
Betriebs- und Geschäftsausstattung (BGA)
Fertige Erzeugnisse
Forderungen a. L. L.
Grundstücke und Bauten
Handelswaren
Kassenbestand
Langfristige Bankverbindlichkeiten
Roh-, Hilfs- und Betriebsstoffe
Sonstige Verbindlichkeiten
Technische Anlagen (TA) und Maschinen
Unfertige Erzeugnisse
Verbindlichkeiten a. L. L.
Verbindlichkeiten oder Schulden (Fremdkapital)

Aufgaben

Aufgabe 1

Ein Maschinenbauunternehmen ermittelt folgende Werte für seine Inventarposten (ungeordnete Reihenfolge).
a   Ordnen Sie die Beträge der Inventarposten den Spalten 1 bis 4 der nachfolgenden Übersicht zu.

b   Ermitteln Sie für jede Spalte (1–4) den Gesamtwert.
c   Ermitteln Sie das Gesamtvermögen, die Gesamtschulden und das Eigenkapital in €.

Inventarposten in €		A. Vermögen		B. Schulden	
		I. Anlage-vermögen	II. Umlauf-vermögen	I. Langfristige Schulden	II. Kurzfristige Schulden
		1	2	3	4
Bankguthaben	14.600,00		14.600,00		
Kassenbestand	2.000,00				
Darlehensschulden (Restlaufzeit 8 Jahre)	180.000,00				
Forderungen aus Lieferungen und Leistungen	40.000,00				
Fuhrpark	40.000,00				
Gebäude	360.000,00				
Betriebs- und Geschäfts-ausstattung	110.000,00				
Grundstücke	200.000,00				
Hypothekendarlehen (Restlaufzeit 16 Jahre)	280.000,00				
Maschinen	96.500,00				
Verbindlichkeiten aus Lieferungen und Leistungen	32.000,00				
Rohstoffe	62.000,00				
Wertpapiere als kurzfristige Geldanlage	24.500,00				
Summe					

Aufgabe 2

Ordnen Sie die folgenden Vermögensgegenstände bzw. Schulden den in der Aufgabe 1 genannten Inventarposten zu.
a   Lastkraftwagen
b   Stahlrohre
c   Bargeld
d   Schreibtische

e   Lagerhalle
f   Verpackungsmaschine
g   Unbezahlte Liefererrechnung
h   Unbezahlte Rechnung an einen Kunden
i   Aktien der Müller AG
j   Gutschrift auf dem Bankkonto

Aufgabe 3

Stellen Sie fest, ob nachfolgende Aussagen für die Inventur und/oder das Inventar und/oder die Bilanz eines Unternehmens zutreffend sind.

	Inventur		Inventar		Bilanz	
	zutreffend	nicht zutreffend	zutreffend	nicht zutreffend	zutreffend	nicht zutreffend
a Aufnahme aller Vermögenswerte und Schulden, z. B. durch Messen, Zählen, Wiegen, Schätzen mit anschließender Bewertung						
b Muss zehn Jahre aufbewahrt werden						
c Das Eigenkapital des Unternehmens wird ausgewiesen.						
d Darstellung in Kontoform						
e Gliederung der Vermögenswerte in Anlage- und Umlaufvermögen						
f Jeder Vermögenswert wird nach Art, Menge und Wert beschrieben.						
g Die Staffelform wird zur Wertedarstellung genutzt.						
h Auch ohne Unterschrift(en) des/der Inhaber(s) gültig						
i Die Werte sind für einen bestimmten Tag (Datum) anzugeben.						
j Ist bei einer GmbH von allen Geschäftsführern zu unterschreiben.						

Aufgabe 4

Tragen Sie die gesuchten Begriffe ein.

a Die Seiten der Bilanz heißen _____ und _____ .

b Die Vermögenswerte stehen auf der _____ der Bilanz.

c Die Passiva-Seite beginnt mit der Position _____ .

d Die Mittelherkunft zeigt die _____ der Bilanz.

e Die Aktiva-Seite der Bilanz zeigt die _____ .

f Summe des Vermögens – Summe der Schulden = _____ .

g Anlagevermögen + Umlaufvermögen – Eigenkapital = _____ .

h Eigenkapital + Fremdkapital – Anlagevermögen = _____ .

i Immaterielle Wirtschaftsgüter + Sachanlagen + Finanzanlagen = _____ .

j Vorräte + Forderungen + Wertpapiere + flüssige Mittel = _____ .

k Andere Begriffe für Schulden: _____ oder _____ .

Aufgabe 5

Die Maschinenfabrik Wolfgang Huber e. K., Köln, hat für zwei aufeinander folgende Geschäftsjahre folgende Inventurwerte ermittelt.

Inventar	20X1	20X2
Grundstücke und Bauten:	€	€
Unbebautes Grundstück, Porzer Str. 211	200.000,00	0,00
Bebautes Grundstück, Porzer Str. 218	325.000,00	325.000,00
Fabrik- und Verwaltungsgebäude, Porzer Str. 218	650.000,00	610.000,00
Lagerhalle, Porzer Str. 218	350.000,00	330.000,00
Technische Anlagen und Maschinen lt. Anlagenverzeichnis, Anlage Nr. 1	614.000,00	780.000,00
Betriebs- und Geschäftsausstattung lt. Ausstattungsverzeichnissen (AV) gemäß Anlagen:		
Werkzeuge, AV Nr. 1, Anlage Nr. 2	60.000,00	40.000,00
Lager- und Transporteinrichtungen, AV Nr. 2, Anlage Nr. 3	120.000,00	80.000,00
Fuhrpark, AV Nr. 3, Anlage Nr. 4	45.000,00	180.000,00
Betriebsausstattung, AV Nr. 4, Anlage Nr. 5	82.000,00	143.000,00
Geschäftsausstattung, AV Nr. 5, Anlage Nr. 6	240.000,00	230.000,00
Roh-, Hilfs- und Betriebsstoffe, VV Nr. 1, Anlage Nr. 7	220.000,00	235.000,00
Unfertige Erzeugnisse, VV Nr. 2, Anlage Nr. 8	26.000,00	32.000,00
Fertige Erzeugnisse, VV Nr. 3, Anlage Nr. 9	64.000,00	134.000,00
Handelswaren, VV Nr. 4, Anlage Nr. 10	12.600,00	8.500,00
Forderungen a. L. L. lt. Forderungsverzeichnis, Anlage Nr. 11	265.000,00	396.000,00
Kasse	22.000,00	18.400,00
Bankguthaben Deutsche Bank AG, Köln	84.000,00	32.000,00
Bankguthaben Sparkasse KölnBonn	24.800,00	42.300,00
Postbankguthaben Postbank AG, Köln	12.600,00	18.800,00
Langfristige Bankverbindlichkeiten: Hypothek: Deutsche Bank AG, Köln	400.000,00	380.000,00
Darlehen: Sparkasse KölnBonn	200.000,00	100.000,00
Verbindlichkeiten a. L. L. lt. Verbindlichkeitenverzeichnis, Anlage Nr. 12	356.000,00	372.000,00
Sonstige Verbindlichkeiten gegenüber Finanzbehörden	36.000,00	42.000,00

a Erstellen Sie für jedes Geschäftsjahr ein Inventar und eine Bilanz.

b Ermitteln Sie die Veränderungen zwischen den beiden Geschäftsjahren in € für das Anlagevermögen, das Umlaufvermögen, die lang- und kurzfristigen Schulden sowie für das Eigenkapital.

c Nennen Sie für die Inventarposten Grundstücke und Bauten, technische Anlagen und Maschinen, Forderungen aus Lieferungen und Leistungen und langfristige Bankverbindlichkeiten mögliche Gründe für die jeweilige Werteveränderung.

SB → S. 189 ff. | Lernfeld 3,
Kapitel 3.1 und 3.2

Die ersten Geschäftsvorfälle der Fly Bike Werke GmbH

Werteveränderungen von Bilanzposten: Hier sollen Sie erste Geschäftsvorfälle der Fly Bike Werke GmbH kennen lernen und feststellen, welche Auswirkungen sie auf einzelne Bilanzposten haben.

Aktiva	Bilanzposten (vor Werteveränderung)		Passiva
Betriebs- und Geschäftsausstattung (BGA)	70.000,00	Eigenkapital	108.000,00
Rohstoffe	40.000,00	Langfr. Bankverbindlichkeiten	17.000,00
Forderungen a. L. L.	5.000,00	Verbindlichkeiten a. L. L.	15.000,00
Bankguthaben	25.000,00		
	140.000,00		140.000,00

1. Geschäftsvorfall der Fly Bike Werke GmbH

Die Fly Bike Werke GmbH kauft für 5.000,00 € Rohstoffe ein und bezahlt die Lieferung per Bankscheck.

1 Wie verändert sich die Bilanz durch diesen Geschäftsvorfall? Tragen Sie Ihr Ergebnis in die nachfolgende Bilanz ein.

Aktiva	Bilanzposten (nach 1. Geschäftsvorfall)		Passiva
BGA		Eigenkapital	
Rohstoffe		Langfr. Bankverbindlichkeiten	
Forderungen a. L. L.		Verbindlichkeiten a. L. L.	
Bankguthaben			

2 Überlegen Sie bitte, wie Sie einem Freund, der keine Ahnung von Buchführung hat, erklären könnten, wie Sie auf diese Lösung gekommen sind. Versuchen Sie, Ihren Lösungsweg Schritt für Schritt zu formulieren.

Lösungsweg

Zuerst muss ich mir anschauen, welche _____ der Bilanz durch den Geschäftsvorfall betroffen sind.

Dann überlege ich mir, welche _____ der Bilanz durch den Geschäftsvorfall berührt werden.

Wenn ich das geklärt habe, schaue ich mir den Geschäftsvorfall nochmals an und überlege, wie sich der

Wert der einzelnen Posten der Bilanz ändert. Er wird entweder _____

oder _____ .

Begriffe: größer, Seiten, kleiner, Posten

Das, was Sie gerade richtig erklärt haben, kann Ihnen helfen, alle Auswirkungen von Geschäftsvorfällen der Fly Bike Werke GmbH auf ihre Bilanzposten darzustellen. Um die ganze Sache einfacher zu machen, formulieren Sie nun drei Leitfragen, deren Antworten Ihnen bei allen Aufgaben zu diesem Thema helfen werden.

Leitfragen
1.
2.
3.

2. Geschäftsvorfall der Fly Bike Werke GmbH

Die Fly Bike Werke GmbH wandelt eine kurzfristige Verbindlichkeit in Höhe von 10.000,00 € in eine Darlehensschuld um.

3 Beantworten Sie zunächst die aufgestellten Leitfragen und tragen Sie erst dann die Veränderungen der einzelnen Posten in die Bilanz ein, die Sie nach dem ersten Geschäftsvorfall aufgestellt haben.

Antwort 1. Leitfrage:
Antwort 2. Leitfrage:
Antwort 3. Leitfrage:

Aktiva	Bilanzposten (nach 2. Geschäftsvorfall)	Passiva
BGA	Eigenkapital	
Rohstoffe	Langfr. Bankverbindlichkeiten	
Forderungen a. L. L.	Verbindlichkeiten a. L. L.	
Bankguthaben		

Geschäftsvorfälle 3–5 der Fly Bike Werke GmbH

- Kauf eines Schreibtisches gegen Bankscheck für 2.000,00 €.
- Ein Kunde bezahlt eine offene Rechnung durch eine Banküberweisung in Höhe von 1.500,00 €.
- Die Fly Bike Werke GmbH bezahlt eine Verbindlichkeit in Höhe von 4.000,00 € per Banküberweisung.

4 Beantworten Sie für sich erneut die obigen Leitfragen und erstellen Sie die Bilanz nach allen fünf Geschäftsvorfällen.

Aktiva	Bilanzposten (nach 5 Geschäftsvorfällen)	Passiva
BGA	Eigenkapital	
Rohstoffe	Langfr. Bankverbindlichkeiten	
Forderungen a. L. L.	Verbindlichkeiten a. L. L.	
Bankguthaben		

Arbeitsblatt 19.1: Die vier Werteveränderungen

Jeder Geschäftsvorfall verändert mindestens 2 Bilanzposten.

Geschäftsvorfall	Geschäftsvorfall
Kauf von Bürostühlen gegen Barzahlung, 900,00 €	Umwandlung einer kurzfristigen Verbindlichkeit in ein langfristiges Darlehen, 50.000,00 €

Aktiva	Bilanz	Passiva	Aktiva	Bilanz	Passiva
BGA _____				Langfr. Bankvbk. _____	
Kasse _____				Verbindl. a. L. L. _____	

= _____   = _____

Bilanzsumme bleibt _____

_____ tausch

_____ tausch

Geschäftsvorfall	Geschäftsvorfall
Ausgleich einer Lieferantenrechnung durch Banküberweisung, 9.500,00 €	Kauf eines Lieferwagens auf Ziel, 48.000,00 €

Aktiva	Bilanz	Passiva	Aktiva	Bilanz	Passiva
Bankguthaben _____	Verbindl. a. L. L. _____		Fuhrpark _____	Verbindl. a. L. L. _____	

= _____   = _____

Bilanzsumme _____ oder _____

Vermögens- und Kapital _____

Vermögens- und Kapital _____

Arbeitsblatt 19.2: Werteveränderungen – ein Beispiel

Geschäftsvorfälle in €	Grundstücke u. Gebäude	Maschinen	BGA	Rohstoffe	Forderungen	Kasse	Bankguthaben	Bilanzwaage Summe Aktiva	Summe Passiva	Eigenkapital	Langfr. Bankverbindlichk.	Verbindlichkeiten
Bilanz 1	650.000,00	20.000,00	120.000,00	380.000,00	160.000,00	24.000,00	82.000,00	1.436.000,00	1.436.000,00	382.000,00	800.000,00	254.000,00
1.				+ 20.000,00		– 20.000,00						
2.												
3.								+ 40.000,00	+ 40.000,00			
4.												
5.												
6.												
7.												
8.												
Bilanz 2	700.000,00											

Geschäftsvorfälle	€	Art der Werteveränderung
1. Rohstoffeinkauf gegen Barzahlung	20.000,00	Aktivtausch
2. Kauf einer Maschine gegen Banküberweisung	14.000,00	
3. Rohstoffeinkauf auf Ziel	40.000,00	
4. Barkauf eines Schreibtisches	2.000,00	
5. Banküberweisungen von Kunden	60.000,00	
6. Banküberweisungen an Lieferer	30.000,00	
7. Darlehensaufnahme gegen Bankgutschrift	50.000,00	
8. Kauf eines Grundstücks gegen Banklastschrift	50.000,00	

Arbeitsaufträge

1 Tragen Sie die Werteveränderung der Bilanzposten aufgrund der nebenstehenden Geschäftsvorfälle in die jeweilige Spalte mit Vorzeichen (+ oder –) ein.

2 Geben Sie für jeden Geschäftsvorfall die Art der Werteveränderung in der Bilanz an.

3 Berechnen Sie für jeden Bilanzposten die Summe der Spalte (Bilanz 2).

4 Erstellen Sie aus den Summen der Bilanzposten eine Bilanz in Kontoform.

Arbeitsblatt 19.3: Buchen auf Bestandskonten

Buchungsregeln für Bestandskonten:

Anfangsbestand:	wird aus der Eröffnungsbilanz übernommen
Mehrungen:	erhöhen den Wert des Bestandskontos
Minderungen:	verringern den Wert des Bestandskontos
Schlussbestand:	wird in die Schlussbilanz übernommen, wenn er den Inventurwerten entspricht

Soll	Aktivkonto	Haben	Soll	Passivkonto	Haben
Anfangsbestand					
				Schlussbestand	

Geschäftsvorfall: Rohstoffeinkauf auf Ziel, 5.000,00 €

Um einen Geschäftsfall richtig zu buchen, helfen folgende vier Vorüberlegungen:

1.

2.

3.

4.

Grundbuch:

an

Nr.	Soll	€	Haben	€
1.				

Hauptbuch:

Soll		Haben	Soll		Haben
AB	42.000,00		AB		14.200,00

Arbeitsblatt 19.4: Buchen im Grund- und Hauptbuch

Geschäftsvorfall	Welche Konten werden berührt?	Aktiv- (A) oder Passivkonto (P)?	Mehrung (Me) oder Minderung (Mi)?	Auf welcher Kontoseite ist zu buchen?
1. Barkauf eines neuen Schreibtisches, 900,00 €				
2. Umwandlung einer kurzfristigen Verbindlichkeit in ein langfristiges Darlehen, 2.000,00 €				
3. Kauf von Rohstoffen auf Ziel, 3.000,00 €				
4. Rückzahlung eines Darlehens durch Barzahlung, 1.000,00 €				

Bilanz

Aktiva		Passiva	
BGA	12.000,00	Eigenkapital	9.000,00
Rohstoffe	8.000,00	Darlehenssch.	10.000,00
Kasse	4.000,00	Verbindl. a. L. L.	5.000,00
	24.000,00		24.000,00

Bilanz

Aktiva		Passiva	
BGA		Eigenkapital	
Rohstoffe		Darlehenssch.	
Kasse		Verbindl. a. L. L.	

Soll — Eigenkapital — Haben

Soll — Haben

Soll — Haben

Soll — Haben

Soll — Kasse — Haben

Aufgaben

Aufgabe 1

Aktiva	Bilanz (vor Werteveränderungen)		Passiva
Grundstücke und Bauten	600.000,00	Eigenkapital	
TA und Maschinen	50.000,00	langfr. Bankvbk.	500.000,00
Betriebs- und Geschäftsausstattung	150.000,00	Verbindlichkeiten a. L. L.	216.000,00
Rohstoffe	420.000,00		
Forderungen a. L. L.	120.000,00		
Kasse	12.000,00		
Bankguthaben	64.000,00		

Geschäftsvorfälle: €

1. Verkauf eines ungenutzten Grundstücks gegen Banküberweisung		40.000,00
2. Umwandlung einer kurzfristigen Verbindlichkeit in ein langfristiges Darlehen		66.000,00
3. Banküberweisungen an verschiedene Rohstofflieferer		16.000,00
4. Kauf einer Verpackungsmaschine auf Ziel		25.000,00
5. Darlehensaufnahme per Bankgutschrift		100.000,00
6. Kauf einer Lagerhalle auf Ziel		100.000,00
7. Banküberweisung an den Verkäufer der Lagerhalle		100.000,00
8. Verkauf einer gebrauchten Maschine auf Ziel		10.000,00

a Berechnen Sie für die Bilanz die Bilanzsumme und das Eigenkapital.

b Stellen Sie fest, welche Auswirkungen die Geschäftsvorfälle auf die oben genannten Bilanzposten haben. Nutzen Sie dazu die folgende Tabelle.

Nr.	Bilanzposten	Aktiva (A) oder Passiva (P)	Mehrung (Me) oder Minderung (Mi)	Buchung Soll/Haben	Werteveränderung in der Bilanz
1.	Grundstücke und Bauten	A	Mi		Aktivtausch
	Bankguthaben	A	Me		
2.					
3.					
4.					
5.					
6.					
7.					
8.					

c Erstellen Sie einen vollständigen Geschäftsgang mit Eröffnungs- und Schlussbilanz.

Aufgabe 2

a Erstellen Sie eine Eröffnungsbilanz gemäß den nachfolgenden Angaben.

b Übertragen Sie die Anfangsbestände auf die Konten.

c Geben Sie für jeden Geschäftsvorfall die Konten, die Werteveränderung und die Buchung in der nachstehenden Tabelle an.

d Übertragen Sie die Buchungen auf Konten und schließen Sie alle Konten ab.

e Erstellen Sie die Schlussbilanz.

Verwenden Sie auch das Arbeitsblatt 19.5.

Vermögenswerte	€	Kapitalwerte	€
Grundstücke und Gebäude	400.000,00	Eigenkapital	?
Maschinen	120.000,00	langfristige Bankverbindlichkeiten	150.000,00
Geschäftsausstattung	80.000,00		
Rohstoffe	60.000,00	Verbindlichkeiten a. L. L.	40.000,00
Forderungen a. L. L.	45.000,00		
Bankguthaben	32.000,00		

Geschäftsvorfälle	Konten Aktiva (A) Passiva (P)	Werteveränderung Mehrung (Me) Minderung (Mi)	Buchung S (Soll) H (Haben)
1. Rohstoffeinkauf auf Ziel 22.000,00 €			
2. Verkauf einer gebrauchten Maschine auf Ziel 5.000,00 €			
3. Banküberweisung an einen Lieferanten 12.000,00 €			
4. Ein Kunde überweist auf unser Bankkonto 30.000,00 €			
5. Kauf eines Computers gegen Banküberweisung für 5.000,00 €			
6. Verkauf einer gebrauchten Büroeinrichtung auf Ziel 36.000,00 €			
7. Tilgung einer langfristigen Bankverbindlichkeit gegen Banküberweisung 20.000,00 €			

Grundbuch:

Nr.	Soll	€	Haben	€
1.				
2.				
3.				
4.				
5.				
6.				
7.				

Arbeitsblatt 19.5: Hauptbuch (zu Aufgabe 2 auf S. 118)

Aktiva	Eröffnungsbilanz	Passiva

Soll	Grundstücke, Gebäude (GG)	Haben		Soll	Maschinen (Ma)	Haben

Soll	BGA	Haben

Soll	Rohstoffe (Ro)	Haben

Soll	Forderungen a. L. L. (Fo)	Haben

Soll	Bankguthaben (Ba)	Haben

Soll	Eigenkapital (Ek)	Haben

Soll	Langfr. Bankverb. (LB)	Haben		Soll	Verbindlichk. a. L. L. (Ve)	Haben

Aktiva	Schlussbilanz	Passiva

Aufgabe 3

Geben Sie die Art der Werteveränderung von Bilanzposten der Fly Bike Werke GmbH für nachfolgende Geschäftsvorfälle an.

Geschäftsvorfälle:

	€
1. Einkauf von Handelswaren auf Ziel	20.000,00
2. Zielkauf einer Schweißmaschine	40.000,00
3. Verkauf eines gebrauchten Dienstwagens auf Ziel	14.000,00
4. Kauf einer PC-Einheit auf Ziel	6.000,00
5. Teilweise Tilgung eines Grundschulddarlehens per Banküberweisung	10.000,00
6. Barabhebung vom Bankkonto für die Portokasse	200,00
7. Banküberweisung an einen Lieferer	20.000,00
8. Kundenüberweisung auf das Postbankkonto	6.000,00
9. Kauf eines Lkw auf Ziel	60.000,00
10. Verkauf eines ungenutzten Grundstückes gegen Banküberweisung	12.500,00

Aufgabe 4

Folgende Eröffnungsbilanz ist vorgegeben.

Aktiva	Eröffnungsbilanz		Passiva
Maschinen	30.000,00	Eigenkapital	140.000,00
Rohstoffe	150.000,00	Langfr. Bankverbindl.	40.000,00
Postbankguthaben	22.000,00	Verbindlichkeiten a. L. L.	22.000,00
	202.000,00		202.000,00

Beachten Sie die Reihenfolge der Arbeitsschritte auf Seite 193 im Schülerbuch (Erfassung eines Geschäftsganges von der Eröffnungs- bis zur Schlussbilanz in sieben Arbeitsschritten, Kapitel 3.2.2).

	Aufgabe **a**	Aufgabe **b**
Geschäftsvorfälle:	€	€
1. Einkauf von Rohstoffen auf Ziel	4.500,00	3.200,00
2. Verkauf einer gebrauchten Maschine gegen Postbanküberweisung	900,00	1.200,00
3. Teilrückzahlung eines Bankdarlehens mit Postbanküberweisung	5.000,00	6.000,00
4. Postbanküberweisung an einen Lieferer zum Ausgleich einer Verbindlichkeit	3.200,00	1.900,00

Aufgabe 5

Folgende Anfangsbestände liegen vor; beginnen Sie mit der Erstellung der Eröffnungsbilanz.

Aktive Bestandskonten	€	Passive Bestandskonten	€
Grundstücke u. Bauten	380.000,00	Eigenkapital	359.700,00
Maschinen	145.000,00	Langfristige Bankverbindlichkeiten	
Rohstoffe	162.500,00		310.000,00
Forderungen a. L. L.	23.800,00	Verbindlichkeiten a. L. L.	56.800,00
Kasse	2.500,00		
Bankguthaben	12.700,00		

	Aufgabe **a**	Aufgabe **b**
Geschäftsvorfälle:	€	€
1. Verkauf einer gebrauchten Maschine auf Ziel	34.500,00	22.700,00
2. Banküberweisung eines Kunden zum Forderungsausgleich	3.800,00	7.200,00
3. Verkauf eines Grundstückes gegen Banküberweisung	30.000,00	12.500,00
4. Einkauf von Rohstoffen auf Ziel	11.500,00	9.700,00
5. Banküberweisung an einen Lieferer zum Ausgleich einer Verbindlichkeit	5.700,00	3.800,00
6. Einkauf einer Maschine auf Ziel	24.500,00	16.300,00
7. Teilrückzahlung einer Hypothek per Banküberweisung	6.000,00	8.000,00

Aufgabe 6

Erstellen Sie einen Geschäftsgang von der Eröffnungs- bis zur Schlussbilanz.

Aktive Bestandskonten	€	Passive Bestandskonten	€
Grundstücke u. Bauten	200.000,00	Eigenkapital	?
Maschinen	100.000,00	Langfristige Bankverbindlichkeiten	210.000,00
Fuhrpark	80.000,00		
Geschäftsausstattung	45.000,00	Verbindlichkeiten a. L. L.	69.500,00
Rohstoffe	90.000,00		
Forderungen a. L. L.	65.000,00		
Bankguthaben	25.000,00		
Kasse	5.500,00		

Geschäftsvorfälle:	€
1. Aufnahme eines Darlehens gegen Banküberweisung	250.000,00
2. Kauf eines Grundstücks gegen Banküberweisung	200.000,00
3. Kauf einer mobilen Lagerhalle mit Aufstellung gegen Banküberweisung	50.000,00
4. Kauf eines neuen Lkw auf Ziel	120.000,00
5. Einkauf von Rohstoffen auf Ziel	45.000,00
6. Verkauf eines gebrauchten Lkw gegen Banküberweisung	20.000,00
7. Verkauf gebrauchter PC-Einheiten auf Ziel	10.000,00
8. Banküberweisung von Kunden	65.000,00
9. Banküberweisung an Lieferer	45.000,00
10. Barkauf eines Büroschreibtisches	2.500,00

Aufgabe 7

Bilden Sie die einfachen Buchungssätze für nachfolgende Geschäftsvorfälle.

Geschäftsvorfälle:	€
1. Zielkauf eines Kopiergerätes	6.000,00
2. Ausgleich einer Verbindlichkeit durch Banküberweisung	12.000,00
3. Darlehenstilgung per Postbanküberweisung	30.000,00
4. Verkauf einer gebrauchten Maschine auf Ziel	4.000,00
5. Bankgutschriften für Überweisungen von Kunden	8.800,00
6. Handelswareneinkauf auf Ziel	6.200,00
7. Kauf einer Sitzgruppe für das Geschäftsführerzimmer auf Ziel	14.200,00
8. Darlehensaufnahme gegen Bankgutschrift	80.000,00
9. Umwandlung einer kurzfristigen Bankverbindlichkeit in ein langfristiges Darlehen	20.000,00
10. Überweisung vom Bankkonto auf das Postbankkonto	10.000,00
11. Barkauf einer Telefonanlage	1.200,00
12. Barabhebung vom Postbankkonto	500,00

Aufgabe 8

Geben Sie für die Geschäftsvorfälle der Aufgabe 6 jeweils die Art der Werteveränderung von Bilanzposten an.

Aufgabe 9

Bilden Sie die zusammengesetzten Buchungssätze:

Geschäftsvorfälle:	€
1. Kauf eines Pkw, Kaufpreis 30.000,00 €	
Barzahlung bei Übernahme	2.500,00
Restbetrag zahlbar innerhalb von 30 Tagen	27.500,00
2. Darlehenstilgung 20.000,00 €	
durch Banküberweisung	14.000,00
und durch Postbanküberweisung	6.000,00
3. Rechnungsausgleich durch Kundenzahlungen 11.600,00 €	
Barzahlung	1.600,00
Bankgutschrift	10.000,00

Lernsituation 20

SB → S. 197 ff. | Lernfeld 3, Kapitel 3.3

Buchen nach Belegen

Eines Morgens findet Bettina Lotto, Auzubildende bei der Fly Bike Werke GmbH, verschiedene Belege auf ihrem Schreibtisch, die sie buchen soll. „Belege buchen?", fragt sie Frau Taubert. „Na klar, Belege sind die Grundlage jeder Buchung, den Geschäftsvorfall müssen Sie daraus ableiten!", antwortet Frau Taubert.

Beleg Nr. 1

			Landessparkasse Oldenburg	
IBAN		Kontoauszug	Auszug	Blatt
DE86 2805 0100 0112 3264 44		Landessparkasse Oldenburg	30	1
Buchungstag	Wert	Vorgang/Erläuterungen	Beträge in €	
		Kontostand am 02.07.20XX	12.200,00 +	
03.07.20XX	03.07.20XX	S-Geldautomat	200,00 –	
03.07.20XX	03.07.20XX	Tilgungsrate für Darlehen Nr. 863377	1.000,00 –	
03.07.20XX	03.07.20XX	Hans Köller e.K., Rostock Re.-Nr. 124 vom 30.06.20XX	4.640,00 –	
		Kontostand am 03.07.20XX	6.360,00 +	

Fly Bike Werke GmbH, Oldenburg

Beleg Nr. 2

AWB Aluminiumwerke AG, Bonn

AWB Aluminiumwerke · Sankt-Augustiner-Straße 30 · 53225 Bonn

Sankt-Augustiner-Straße 30
53225 Bonn

Tel.:   0228-46477-0
Fax: 0228-46477-11
E-Mail:
awb-mail@aluminiumwerke.de

Fly Bike Werke GmbH
Rostocker Straße 334
26121 Oldenburg

Rechnung-Nr.: 511   Rechnungs-Datum: 19.08.20XX

Artikel Nr.	Artikelbezeichnung für Aluminiumrohre	Menge in Metern	Einzelpreis in €	Gesamtpreis in €
40045225	Rundrohr 45 x 2,25	500	10,11	5.055,00
40025200	Rundrohr 25 x 2,00	500	4,49	2.245,00
		Rechnungsbetrag[1]:		7.300,00

Bankverbindung: SEB, IBAN DE87380101110077998246
Lieferung frei Lager Oldenburg, Zahlung innerhalb von 30 Tagen ohne Abzug.

Beleg Nr. 3

Werner Lippert · Buchenstr. 3 · 40221 Düsseldorf

Posteingang: 03.07.20XX

Fly Bike Werke GmbH
Rostocker Str. 334
26121 Oldenburg

RECHNUNG-NR.: 12
Rechnungs-Datum: 01.07.20XX
Bankverbindung: Postbank Essen
IBAN DE23360100103709789910

Artikel- Nr.:	Menge	Artikelbezeichnung	Einzel- preis/€	Gesamt- preis/€
1256	10	PC-Office-Tische, grau	750,00	7.500,00
1259	10	Erweiterungen für PC-Office- tische für Drucker, grau	60,00	600,00
		Rechnungsbetrag[1]		8.100,00

Zahlungsbedingungen: Zahlung sofort ohne Abzug. Die Lieferung und Aufstellung erfolgt durch die Spedition Herget gegen gesonderte Rechnung.

[1] Der Rechnungsbetrag ist umsatzsteuerpflichtig – siehe Schülerbuch, Kap. 5, und Lernsituation 25.

1 Schauen Sie sich die Belege genau an. Welche Art von Belegen erkennen Sie? Welche Geschäftsvorfälle der Fly Bike Werke GmbH können Sie daraus ableiten?

2 Tragen Sie die notwendigen Buchungen in das Grundbuch ein.

Nr.	Soll	€	Haben	€
1.	Kasse	200,00	Bankguthaben	200,00
2.				
3.				
4.				
5.				

Arbeitsblatt 20.1: Buchen nach Belegen

Vervollständigen Sie die unten stehende Übersicht mit den folgenden Belegarten, Geschäftsvorfällen und Konten. (Mehrfachverwendungen bei Belegarten und Konten sind zulässig.)

Rohstoffe, TA und Maschinen, Verkauf von gebrauchten Büromöbeln gegen Barzahlung, Kasse, Langfristige Bankverbindlichkeiten, Kontoauszug, Bankguthaben, Fremdbauteile, Barabhebung vom Bankkonto, Handelswaren, Kassenbeleg, Betriebsstoffe, Verkauf einer gebrauchten PC-Einheit auf Ziel, Ausgangsrechnung, Forderungen a. L. L., Ein Kunde der Fly Bike Werke GmbH überweist auf das Bankkonto, Eingangsrechnung, Hilfsstoffe, Verbindlichkeiten a. L. L., Verkauf von gebrauchten Maschinen auf Ziel

Nr.	Belegart	Geschäftsvorfall	Konto der Sollbuchung	Konto der Habenbuchung
1		Einkauf von Lacken auf Ziel		
2	Ausgangsrechnung			TA und Maschinen
3		Barkauf von Schmierfetten für die Stanzmaschine		Kasse
4			Forderungen a. L. L.	Betriebs- und Geschäftsausstattung
5	Kontoauszug		Bankguthaben	
6		Kauf von Stahlrohren auf Ziel		Verbindlichkeiten a. L. L.
7		Kauf einer Rohrtrennanlage auf Ziel		
8	Kassenbeleg			Betriebs- und Geschäftsausstattung
9		Tilgung einer Darlehensschuld durch Banküberweisung		
10		Überweisung an den Rohstofflieferer Mannes AG		Bankguthaben
11	Eingangsrechnung	Kauf von Brems- und Schaltungskomponenten auf Ziel		Verbindlichkeiten a. L. L.
12	Kontoauszug		Kasse	Bankguthaben
13		Kauf von Fahrradbekleidung auf Ziel		

Aufgaben

Aufgabe 1

Bringen Sie die nachfolgenden Tätigkeiten der Belegbearbeitung in eine sinnvolle Reihenfolge (1–9).

☐ Buchung in chronologischer (zeitlicher) Reihenfolge (Grundbuch)

☐ Belege sortieren

☐ Vernichtung der Belege

☐ Kontierung des Beleges

☐ Buchung in sachlicher Ordnung auf Konten (Hauptbuch)

☐ Posteingangsstempel auf den Beleg

☐ Ablage der Belege

☐ Belegprüfung (ggf. sachliche und rechnerische Prüfung)

☐ Vergabe einer internen Belegnummer, ggf. Kunden- oder Lieferantennummer vermerken

Aufgabe 2

Die Fly Bike Werke GmbH erhält am 13.07.20XX nachfolgend abgebildeten Kontoauszug. Der Kontoauszug (Buchungsbeleg) ist die Grundlage für die Kontierung und die Buchung von drei Geschäftsvorfällen.

a Formulieren Sie für die drei Geschäftsvorfälle einen eindeutigen Text. Beachten Sie dabei, dass die Hofkauf AG ein Kunde und die AWB Aluminiumwerke AG ein Rohstofflieferer der Fly Bike Werke GmbH ist.

b Geben Sie für die drei Geschäftsvorfälle die jeweilige Kontierung und den Buchungssatz an.

			Landessparkasse Oldenburg	
IBAN		**Kontoauszug**	Auszug	Blatt
DE86 2805 0100 0112 3264 44		Landessparkasse Oldenburg	126	1
Buchungstag	Wert	Vorgang/Erläuterungen	Beträge in €	
		Kontostand am 12.07.20XX	32.430,00 +	
13.07.20XX	13.07.20XX	Barauszahlung	1.000,00 −	
13.07.20XX	13.07.20XX	Hofkauf AG, Köln		
		Rechnung 312 vom 01.07.20XX	23.800,00 +	
13.07.20XX	13.07.20XX	AWB Aluminiumwerke AG, Bonn		
		Rechnung 398 vom 20.06.20XX	11.900,00 −	
		Kontostand am 13.07.20XX	43.330,00 +	
Fly Bike Werke GmbH, Oldenburg				

Aufgabe 3

Geben Sie für nachfolgende Kontierungen jeweils den zutreffenden Beleg und den jeweiligen Buchungssatz an.

Kontierung Nr. 1

Konto	Soll	Haben
Bankguthaben	23.800,00	
Forderungen a.L.L.		23.800,00
Gebucht: 01.08.20XX G120 Ta/La		

Kontierung Nr. 2

Konto	Soll	Haben
Fuhrpark	59.500,00	
Verbindlichkeiten a.L.L.		59.500,00
Gebucht: 01.08.20XX G121 Ta/La		

Kontierung Nr. 3

Konto	Soll	Haben
Kasse	1.785,00	
Geschäftsausstattung		1.785,00
Gebucht: 01.08.20XX G121 Ta/La		

Aufgabe 4

Erstellen Sie einen Geschäftsgang im Grund- und Hauptbuch.

Anfangsbestände der Bestandskonten	€
Grundstücke und Gebäude	400.000,00
technische Anlagen und Maschinen	150.000,00
Fuhrpark	30.000,00
Geschäftsausstattung	900.000,00
Rohstoffe	60.000,00
Hilfsstoffe	20.000,00
Forderungen a. L. L.	35.000,00
Kasse	5.000,00
Bankguthaben	52.000,00
Eigenkapital	?
langfristige Bankverbindlichkeiten	500.000,00
Verbindlichkeiten a. L. L.	252.000,00

Nr.	Belegart	Geschäftsvorfälle	€
1.	Grundbuchauszug, Kontoauszug	Bankgutschrift für den Verkauf eines ungenutzten Grundstücks	50.000,00
2.	Kontoauszug	Bankgutschriften für Kundenüberweisungen	25.000,00
3.	Eingangsrechnung	Kauf eines Pkw für den Geschäftsführer auf Ziel	60.000,00
4.	Eingangsrechnungen	Zielkauf von Rohstoffen und	25.000,00
		Hilfsstoffen	10.000,00
5.	Ausgangsrechnung	Verkauf einer gebrauchten Maschine auf Ziel	22.000,00
6.	Kontoauszug	Banklastschrift für die Überweisung einer Darlehensrate	20.000,00
7.	Eingangsrechnung	Zielkauf einer Büroeinrichtung für den Geschäftsführer	32.000,00
8.	Kontoauszug	Banklastschriften für Überweisungen an Lieferer	45.000,00
9.	Quittung	Kauf eines Mobiltelefons gegen Barzahlung	900,00
10.	Quittung	Verkauf eines gebrauchten Büroschreibtisches (Barzahlung)	700,00

Aufgabe 5

Bilden Sie die Buchungssätze für die folgenden Geschäftsvorfälle:

Nr.	Belegart	Geschäftsvorfälle	Beiträge in €
1.	Eingangsrechnung	Hilfsstoffeinkauf auf Ziel	2.000,00
2.	Ausgangsrechnung	Verkauf eines gebrauchten Handys (Barzahlung)	50,00
3.	Kontoauszug	Bankgutschrift: Kundenüberweisung	2.700,00
4.	Eingangsrechnung	Kauf einer Telefonanlage auf Ziel	3.400,00
5.	Quittung	Barkauf eines Handys	900,00
6.	Quittung	Barkauf von Werkzeugen	2.500,00
7.	Kontoauszug	Banklastschrift: Überweisung an einen Lieferer	2.700,00
8.	Kassenbeleg	Barkauf eines gebrauchten Lkws	48.000,00
9.	Vertrag, Kontoauszug	Aufnahme eines Darlehens bei einer Bank mit Gutschrift auf dem Bankkonto	60.000,00
10.	Eingangsrechnung	Kauf einer Verpackungsmaschine für das Lager auf Ziel	14.500,00
11.	Ausgangsrechnung	Verkauf gebrauchter Büromöbel auf Ziel	6.000,00

Lernsituation 21

SB → S. 200 ff. | Lernfeld 3, Kapitel 3.4

Bilanzen und Bilanzkonten

Herr Stein, Geschäftsführer der Stein GmbH in Bonn, hat für das Geschäftsjahresende 20X1 die nachfolgende Bilanz aufgestellt. Für den Beginn des Geschäftsjahres 20X2 müssen die Anfangsbestände auf die Bestandskonten übertragen und das Eröffnungsbilanzkonto erstellt werden.

Aktiva	Bilanz der Stein GmbH zum 31.12.20X1		Passiva
A. Anlagevermögen		**A. Eigenkapital**	661.550,00
1. Grundstücke und Bauten	520.000,00	**B. Verbindlichkeiten**	
2. TA und Maschinen	125.000,00	1. Langfristige Bankverbindlichkeiten	780.000,00
3. Betriebs- und Geschäftsausstattung	337.000,00	2. Verbindlichkeiten a. L. L.	64.600,00
B. Umlaufvermögen			
1. Rohstoffe	312.000,00		
2. Forderungen a. L. L.	124.000,00		
3. Kassenbestände	5.260,00		
4. Bankguthaben	82.890,00		
	1.506.150,00		1.506.150,00

Bonn, 04.03.20X2 *Klaus Stein*

Grundbuch: Eröffnungsbuchungen

Nr.	Soll	€	Haben	€
1.				
2.				
3.				
4.				
5.				
6.				
7.				
8.				
9.				
10.				

Hauptbuch:

Eröffnungsbilanzkonto

Arbeitsblatt 21.1: Bilanzen und Bilanzkonten

Ende des vorigen Geschäftsjahres: _____

```
                    ┌──────────────┐
                    │   Inventur   │
                    └──────┬───────┘
                           ↓
                    ┌──────────────┐
                    │   Inventar   │
                    └──────┬───────┘
                           ↓
```

_____   **Schlussbilanz**   _____

_____ Bestandskonten │ _____ Bestandskonten

Beginn des Berichtsjahres: _____

_____   **Eröffnungsbilanz**   _____

_____ Bestandskonten │ _____ Bestandskonten

_____   **Eröffnungsbilanzkonto (EBK)**   _____

_____ Bestandskonten │ _____ Bestandskonten

Grundbuch: Eröffnungsbuchungen

_____ Bestandskonten	an	EBK
EBK	an	_____ Bestandskonten

Grundbuch: alle Geschäftsvorfälle des Berichtsjahres

Grundbuch: Abschlussbuchungen

SBK	an	_____ Bestandskonten
_____ Bestandskonten	an	SBK

Ende des Berichtsjahres: _____

Vorläufiger Abschluss im Hauptbuch; Abgleich der Sollwerte (Buchhaltung) mit den Istwerten (Inventur); ggf. Korrekturbuchungen im Grund- und Hauptbuch

_____   **Schlussbilanzkonto (SBK)**   _____

_____ Bestandskonten │ _____ Bestandskonten

```
                    ┌──────────────┐
                    │   Inventur   │
                    └──────┬───────┘
                           ↓
                    ┌──────────────┐
                    │   Inventar   │
                    └──────┬───────┘
                           ↓
```

_____   **Schlussbilanz**   _____

_____ Bestandskonten │ _____ Bestandskonten

Aufgaben

Aufgabe 1
Beschreiben Sie mögliche Geschäftsvorfälle, die zu den nachfolgenden Buchungen auf dem Konto Kasse geführt haben.

S	Kasse		H
EBK	4.560,00	2) Verbindlichkeiten a.L.L.	2.300,00
1) Bankguthaben	24.500,00	3) TA und Maschinen	5.000,00
5) Fuhrpark	3.000,00	4) Rohstoffe	7.200,00
6) BGA	1.200,00	7) Postbankguthaben	2.000,00
8) Forderungen a.L.L.	5.000,00	SBK	21.760,00
	38.260,00		38.260,00

Aufgabe 2
Bilden Sie die Buchungssätze:

a Eröffnung Konto Kasse mit einem Anfangsbestand von 6.000,00 €

b Eröffnung Konto Darlehen mit einem Anfangsbestand von 200.000,00 €

c Abschluss Konto Verbindlichkeiten a.L.L. mit Endbestand von 64.000,00 €

d Abschluss Konto Fuhrpark mit einem Endbestand von 34.000,00 €

e Einkauf eines neuen Lastkraftwagens auf Ziel 75.000,00 €

f Verkauf eines gebrauchten Lastkraftwagens auf Ziel 12.000,00 €

Aufgabe 3
Vervollständigen Sie die nachfolgenden Aussagen durch Zuordnung der richtigen Begriffe.

a Sollbuchungen bewirken eine Mehrung des Wertes auf _____ .

b Die Eröffnungsbuchungen lauten immer EBK an _____ .

c Schlussbilanzwerte werden immer durch eine _____ ermittelt.

d Das Eröffnungsbilanzkonto enthält dieselben Posten und Werte wie die _____ .

e Minderungen auf einem passiven Bestandskonto werden als _____ erfasst.

f Verluste bewirken in der Bilanz eine _____ .

g Die Endbestände des Kontos Eigenkapital stehen im SBK im _____ .

h Die Anfangsbestände des Kontos Forderungen stehen im _____ .

i Die Aktiva einer Eröffnungsbilanz stehen im EBK im _____ .

j Die Passiva einer Schlussbilanz stehen im SBK im _____ .

k Die erste Angabe in einem Buchungssatz ist die _____ .

l Aktiva und Passiva sind Bezeichnungen für eine _____ .

m Inventurwerte des letzten Geschäftsjahres finden wir in der _____ .

Begriffe: Eigenkapitalminderung, Sollbuchung, Eröffnungsbilanz, Soll, Haben, Inventur, passive Bestandskonten, aktive Bestandskonten (Mehrfachnennungen sind möglich!)

Aufgabe 4

Folgendes Eröffnungsbilanzkonto ist vorgegeben.

Soll	Eröffnungsbilanzkonto		Haben
Eigenkapital	300.000,00	Grundstücke und Bauten	290.000,00
Langfristige Bankverbindlichkeiten	160.000,00	Technische Anlagen und Maschinen	60.000,00
Verbindlichkeiten a. L. L.	120.500,00	Betriebs- und Geschäftsausstattung	45.000,00
		Rohstoffe	90.000,00
		Forderungen a. L. L.	65.000,00
		Kasse	5.500,00
		Bankguthaben	25.000,00
	580.500,00		580.500,00

Nr.	Belegart	Geschäftsvorfälle	€
1.	Eingangsrechnung	Einkauf von Rohstoffen auf Ziel	85.000,00
2.	Vertrag, Kontoauszug	Aufnahme eines Darlehens gegen Banküberweisung	300.000,00
3.	Vertrag, Kontoauszug	Kauf eines Grundstückes gegen Banküberweisung	200.000,00
4.	Eingangsrechnung, Kontoauszug	Kauf einer Maschine gegen Banküberweisung	50.000,00
5.	Eingangsrechnung	Kauf von Büroeinrichtungen auf Ziel	20.000,00
6.	Ausgangsrechnung	Verkauf einer gebrauchten Maschine auf Ziel	20.000,00
7.	Kassenbeleg, Kontoauszug	Barabhebung vom Bankkonto	5.000,00
8.	Kontoauszug	Banküberweisung von Kunden	65.000,00
9.	Kontoauszug	Banküberweisung an Lieferer	55.000,00
10.	Quittung	Barkauf eines Bürodrehstuhls	1.500,00
11.	Eingangsrechnung, Kontoauszug	Banküberweisung nach Fertigstellung einer neuen Lagerhalle	50.000,00

Erstellen Sie das Grundbuch mit allen Eröffnungsbuchungen (über EBK), Buchungen der Geschäftsvorfälle und allen Abschlussbuchungen (über SBK). Erstellen Sie anschließend das Hauptbuch (EBK bis SBK).

SB → S. 203 ff. | Lernfeld 3,
Kapitel 3.5 – 3.8

Erfolge ermitteln

Die Fly Bike Werke GmbH hat im Rahmen eines Streckengeschäftes 150 Fahrradanhänger an die Matro AG in Essen liefern lassen. Der Verkäufer, die Fahrradteile International GmbH, hat die Transport- und Verpackungskosten übernommen.

Beleg Nr. 1

Fahrradteile International GmbH

Posteingang: *21.08.20XX*

Fahrradteile International GmbH, Borgwardstr. 16 28309 Bremen

Fly Bike Werke GmbH
Rostocker Str. 334
26121 Oldenburg

Kundennummer:	10112
Ihre Bestellung Nr.:	76
Ihr Bestell-Datum:	09.07.20XX
Unsere Lieferschein-Nr.:	102
Unser Lieferdatum:	20.08.20XX

Rechnungsprüfung	
Sachlich richtig	Rechnerisch richtig
Datum *21.08.20XX*	Datum *21.08.20XX*
Nz. *Taubert*	Nz. *Taubert*

Ihr Ansprechpartner: Herr Itze
Tel. 0421 8309 - 1

Rechnung-Nr.: 102					Rechnungs-Datum: 20.08.20XX
Artikel-Nr.	Artikelbezeichnung	Stückzahl	Einzelpreis €	Rabatt %	Gesamtpreis €
10100	Fahrradanhänger WXP-100 Ihre Modellbezeichnung „Kelly"	100	45,00	0,00	4.500,00
10300	Fahrradanhänger WXO-300 Ihre Modellbezeichnung „Max"	50	75,00	0,00	3.750,00
			Rechnungsbetrag [1]		8.250,00

Versandart: Lieferung frei Lager Mühlheim per LKW
Wir liefern direkt in Ihrem Auftrag an die Matro AG
Zwischenlager Mühlheim, Kruppstr. 60, 45472
Mühlheima.d.R.

Beleg Nr. 2

Fly Bike Werke GmbH

FBW GmbH • Rostocker Str. 334 • 26121 Oldenburg

Matro AG
Zentraleinkauf
Altenessener Straße 661
45472 Essen

Kundennummer:	40022
Ihre Bestellung Nr.	5982
Ihr Bestelldatum:	07.07.20XX
Unsere Lieferschein-Nr.:	612
Unser Lieferdatum:	22.08.20XX
Ihr FBW-Ansprechpartner:	Frau Dogan
Tel.:	0441 885-22

Rechnung-Nr.: 612					Rechnungsdatum: 22.08.20XX
Artikel-Nr.	Artikelbezeichnung	Stück	Einzelpreis in €	Rabatt in %	Gesamtpreis in €
601	Fahrradanhänger *Kelly*	100	110,00	20,00	8.800,00
603	Fahrradanhänger *Max*	50	270,00	20,00	10.800,00
			Rechnungsbetrag [1]		19.600,00

Versandart/ Freivermerk: Lieferung frei Lager Mühlheim

Die Lieferung erfolgte im Auftrag an Ihr Zwischenlager in Mühlheim, Kruppstr. 60.

[1] Der Rechnungsbetrag ist umsatzsteuerpflichtig – siehe Schülerbuch, Kap. 5, und Lernsituation 25.

Arbeitsaufträge

1 Buchen Sie den Ein- und Verkauf dieser Handelswaren.
2 Ermitteln Sie den Rohgewinn aus diesem Geschäft.

Nr.	Soll	€	Haben	€
1.				
2.				

Arbeitsblatt 22.1: Materialverbrauch 1: Inventurmethode (Bestandsvergleich)

Ablauf:

1 Der Anfangsbestand des Materialkontos wird auf das Bestandskonto übertragen.
2 Alle Einkäufe werden auf dem Bestandskonto im Soll gebucht.
   Hinweis: Während der Abrechnungsperiode wird kein Materialverbrauch gebucht.
3 Der Endbestand für die Bestandskonten wird als Inventurwert vorgegeben.
4 Die Materialverbräuche werden rechnerisch als Differenz zwischen Anfangsbestand + Einkäufe – Endbestand auf den Bestandskonten ermittelt und auf die Aufwandskonten umgebucht.
5 Die Aufwandskonten werden abgeschlossen.

Grundbuch:

		€			€
1a)	Eröffnung Rohstoffe (AB)	5.000,00	1b)	Eröffnung Hilfsstoffe (AB)	2.000,00
2a)	Einkauf Rohstoffe auf Ziel	10.000,00	2b)	Einkauf Hilfsstoffe auf Ziel	5.000,00
3a)	Inventurbestand Rohstoffe	2.000,00	3b)	Inventurbestand Hilfsstoffe	2.500,00

Nr.	Soll	€	Haben	€
1a) 1b)				
2a) 2b)				
3a) 3b)				

Hauptbuch:

Bestandskonten

Aufwandskonten

S	Rohstoffe	H	S	Aufw. f. Rohstoffe	H

S	Hilfsstoffe	H	S	Aufw. f. Hilfsstoffe	H

Zu 4) Ermitteln Sie auf den Bestandskonten den jeweiligen Materialverbrauch und buchen Sie diesen um.
Zu 5) Schließen Sie die Aufwandskonten ab.

Grundbuch:
4a) Umbuchung Materialverbrauch Rohstoffe   4b) Umbuchung Materialverbrauch Hilfsstoffe
5a) Abschluss Aufwendungen für Rohstoffe   5b) Abschluss Aufwendungen für Hilfsstoffe

Nr.	Soll	€	Haben	€
4a) 4b)				
5a) 5b)				

Hauptbuch:

S	SBK	H	S	GuV-Konto	H

Arbeitsblatt 22.2: Materialverbrauch 2: Skontrationsmethode (Bestandsfortschreibung)

Ablauf:

1. Der Anfangsbestand des Materialkontos wird auf das Bestandskonto übertragen.
2. Alle Einkäufe werden auf dem Bestandskonto im Soll gebucht.
3. Materialverbräuche werden durch Materialentnahmescheine (MES) erfasst.
   Buchung: Aufwandskonto an Bestandskonto
4. Der Endbestand wird auf dem Bestandskonto rechnerisch ermittelt (und in der Inventur überprüft).
5. Der Materialverbrauch ergibt sich als Saldo auf dem Aufwandskonto.

Grundbuch:

		€			€
1a)	Eröffnung Rohstoffe (AB)	50.000,00	1b)	Eröffnung Hilfsstoffe (AB)	20.000,00
2a)	Einkauf Rohstoffe auf Ziel	100.000,00	2b)	Einkauf Hilfsstoffe auf Ziel	100.000,00
3a)	MES Rohstoffe	130.000,00	3b)	MES Hilfsstoffe	40.000,00

Nr.	Soll	€	Haben	€
1a) 1b)				
2a) 2b)				
3a) 3b)				

Hauptbuch:

Bestandskonten   Aufwandskonten

S	Rohstoffe	H	S	Aufw. f. Rohstoffe	H

S	Hilfsstoffe	H	S	Aufw. f. Hilfsstoffe	H

Zu 4) Ermitteln Sie auf den Bestandskonten die Endbestände und schließen Sie die Konten ab.

Zu 5) Ermitteln Sie auf den Erfolgskonten den Materialverbrauch und schließen Sie die Konten ab.

Grundbuch:

4a) Abschluss Rohstoffe   4b) Abschluss Hilfsstoffe

5a) Abschluss Aufwendungen für Rohstoffe   5b) Abschluss Aufwendungen für Hilfsstoffe

Nr.	Soll	€	Haben	€
4a) 4b)				
5a) 5b)				

Hauptbuch:

S	SBK	H	S	GuV-Konto	H

Arbeitsblatt 22.3: Materialverbrauch 3: aufwandsorientierte Buchungstechnik (Just-in-time-Verfahren)

Ablauf:

1 Der Anfangsbestand des Materialkontos wird auf das Bestandskonto übertragen.

2 Alle Einkäufe werden auf dem Aufwandskonto im Soll gebucht.
Hinweis: Während der Abrechnungsperiode werden Einkäufe als Aufwand erfasst.

3 Der Endbestand für die Bestandskonten wird als Inventurwert vorgegeben.

4 Die Materialbestandsveränderungen werden rechnerisch als Differenz zwischen
Anfangsbestand – Endbestand auf den Bestandskonten ermittelt und auf die Aufwandskonten umgebucht.
AB > EB = Aufwandsmehrung; AB < EB = Aufwandsminderung

5 Die Aufwandskonten werden abgeschlossen.

Grundbuch:

		€			€
1a)	Eröffnung Rohstoffe (AB)	2.000,00	1b)	Eröffnung Hilfsstoffe (AB)	1.000,00
2a)	Einkauf Rohstoffe auf Ziel	15.000,00	2b)	Einkauf Hilfsstoffe auf Ziel	7.500,00
3a)	Inventurbestand Rohstoffe	1.200,00	3b)	Inventurbestand Hilfsstoffe	500,00

Nr.	Soll	€	Haben	€
1a) 1b)				
2a) 2b)				
3a) 3b)				

Hauptbuch:

Bestandskonten   Aufwandskonten

S   **Rohstoffe**   H   S   **Aufw. f. Rohstoffe**   H

S   **Hilfsstoffe**   H   S   **Aufw. f. Hilfsstoffe**   H

Zu 4) Ermitteln Sie auf den Bestandskonten die Bestandsveränderungen und buchen Sie diese um.

Zu 5) Schließen Sie die Aufwandskonten ab.

Grundbuch:

4a) Umbuchung Bestandsveränderung Rohstoffe   4b) Umbuchung Bestandsveränderung Hilfsstoffe

5a) Abschluss Aufwendungen für Rohstoffe   5b) Abschluss Aufwendungen für Hilfsstoffe

Nr.	Soll	€	Haben	€
4a) 4b)				
5a) 5b)				

Hauptbuch:

S   **SBK**   H   S   **GuV-Konto**   H

Arbeitsblatt 22.4: Abschluss von Erfolgs- und Bestandskonten

Ertragskonten	an	_____
_____	an	Aufwandskonten
GuV-Konto (bei Gewinn)	an	_____
SBK	an	_____
_____	an	SBK

Schließen Sie die Konten ab: GuV-Konto oder SBK?

S	BGA	H		S	Eigenkapital (EK)	H
EBK	50.000,00				EBK	44.000,00
5) Ba	6.000,00					

S	Rohstoffe (Ro)	H		S	Langfr. Bankverbindlichkeiten (LB)	H
EBK	7.000,00	SBK	6.000,00	4) Ba	10.000,00	EBK	30.000,00

S	Bankguthaben (Ba)	H		S	Verbindlichkeiten a. L. L. (Ve)	H
EBK	23.000,00	2) AfR	2.000,00		EBK	6.000,00
3) UfE	52.000,00	4) LB	10.000,00		1) AfR	30.000,00
7) ZE	500,00	5) BGA	6.000,00			
8) UfE	6.000,00	6) Ge	20.000,00			

S	Aufwendungen f. Rohstoffe (AfR)	H		S	Umsatzerlöse f. eigene Erzeugnisse (UfE)	H
1) Ve	30.000,00				3) Ba	52.000,00
2) Ba	2.000,00				8) Ba	6.000,00

S	Gehälter (Ge)	H		S	Zinserträge (ZE)	H
6) Ba	20.000,00				7) Ba	500,00

S	SBK	H		S	GuV-Konto	H

Arbeitsblatt 22.5: Das Bestandsveränderungskonto BVÄ – „das etwas andere Konto"

Buchungstechnik:

- Die Bestandskonten „Unfertige Erzeugnisse" und „Fertige Erzeugnisse" werden nur am Anfang und am Ende eines Geschäftsjahres gebucht (Gegenbuchung EBK bzw. SBK).
- Die Differenzen zwischen Anfangs- und Endbeständen sind die hier relevanten Bestandsveränderungen.
- Diese Bestandsveränderungen werden am Ende eines Geschäftsjahres auf das Erfolgskonto BVÄ umgebucht.

Aufwands- oder Ertragskonto?

- Die Bestandsmehrungen überwiegen → Ertragskonto
- Die Bestandsminderungen überwiegen → Aufwandskonto

Steckbrief BVÄ	
Kontenart:	Erfolgskonto
Abschluss:	über das GuV-Konto
Besonderheit:	Aufwands- ODER Ertragskonto

Beispiel: Bestandsmehrungen überwiegen

S	Unfertige Erzeugnisse (UE)		H	S	Fertige Erzeugnisse (FE)		H
EBK	50.000,00	SBK	40.000,00	EBK	20.000,00	SBK	60.000,00

Grundbuch:

1. Bestandsminderung Unfertige Erzeugnisse: _____

2. Bestandsmehrung Fertige Erzeugnisse: _____

Nr.	Soll	€	Haben	€
1.				
2.				

Hauptbuch:

S	Bestandsveränderungen (BVÄ)	H

Grundbuch:

3. Abschluss BVÄ über GuV: _____

Nr.	Soll	€	Haben	€
3.				

Hauptbuch:

S	GuV-Konto (GuV)	H

Das Bestandsveränderungskonto verändert in diesem Beispiel den Gewinn um _____ €.

Aufgaben

Aufgabe 1

Bilden Sie die Buchungssätze für die nachfolgenden erfolgswirksamen Geschäftsvorfälle unter Beachtung der folgenden Erfolgskonten: Aufwendungen für Fremdbauteile, Aufwendungen für Rohstoffe, Büromaterial, Fremdinstandhaltung, Gehälter, Kfz-Steuer, Löhne, Mieten/Pachten, Mieterträge, Postgebühren/Telefon, Provisionserträge, Umsatzerlöse für eigene Erzeugnisse, Versicherungsbeiträge, Werbung, Zinsaufwendungen, Zinserträge

		€
1.	Gehaltszahlung per Banküberweisung	6.200,00
2.	Banklastschrift für Zinsen	510,00
3.	Barkauf von Büromaterial	120,00
4.	Banküberweisung an das Finanzamt für Kfz-Steuer	245,00
5.	Eingangsrechnung für die Gestaltung einer Werbeanzeige für eine Fachzeitschrift	1.900,00
6.	Reparatur eines Personalcomputers gegen Barzahlung	460,00
7.	Banküberweisung der Kfz-Haftpflichtversicherung	650,00
8.	Banküberweisung eines Lagerhallenmieters	2.000,00
9.	Barkauf von Briefmarken	50,00
10.	Bankgutschrift für Provisionen	2.300,00
11.	Banklastschrift für Telefongebühren	430,00
12.	Lohnzahlung, bar	14.200,00
13.	Kfz-Reparatur gegen Barzahlung	600,00
14.	Zinsgutschrift der Bank	500,00
15.	Banküberweisung an Vermieter	3.000,00
16.	Verbrauch von Fremdbauteilen in der Produktion	26.000,00
17.	Verkauf von eigenen Erzeugnissen gegen Banküberweisung	52.000,00
18.	Entnahme von Rohstoffen für die Produktion aus dem Lager	16.000,00

Aufgabe 2

Buchen Sie die Eröffnung, die Geschäftsvorfälle, die Ermittlung des Werkstoffverbrauchs sowie den Einsatz von Handelswaren und die Abschlussbuchungen im Grund- und Hauptbuch. Alle Ein- und Verkäufe werden über das Bankkonto (Anfangsbestand 600.000,00 €) bezahlt. Der Anfangsbestand für das Eigenkapital beträgt 762.800,00 €.

Bestandskonten: Rohstoffe, Hilfsstoffe, Betriebsstoffe, Handelswaren, Bankguthaben, Eigenkapital

Erfolgskonten: Aufwendungen für Rohstoffe (Fertigungsmaterial), Aufwendungen für Hilfsstoffe, Aufwendungen für Betriebsstoffe, Aufwendungen für Handelswaren, Umsatzerlöse für eigene Erzeugnisse, Umsatzerlöse für Handelswaren

Abschlusskonten: GuV-Konto, SBK

Werkstoffe und Handelswaren	Anfangsbestände	Einkäufe	Endbestände
Rohstoffe	86.000,00 €	240.000,00 €	64.000,00 €
Hilfsstoffe	48.000,00 €	122.000,00 €	52.000,00 €
Betriebsstoffe	9.600,00 €	92.000,00 €	6.200,00 €
Handelswaren	19.200,00 €	62.000,00 €	16.800,00 €

Der Verkaufswert aller produzierten und verkauften Erzeugnisse beträgt 700.000,00 €. Der Verkaufswert der Handelsware beträgt 74.000,00 €.

Aufgabe 3

Erstellen Sie einen vollständigen Geschäftsgang. Anfangsbestände der Bestandskonten:

Aktive Bestandskonten	€	Passive Bestandskonten	€
Grundstücke und Bauten	360.000,00	Eigenkapital	600.000,00
Maschinen	250.000,00	Langfristige	
Geschäftsausstattung	85.000,00	Bankverbindlichkeiten	250.000,00
Rohstoffe	35.000,00	Verbindlichkeiten a. L. L.	56.000,00
Hilfsstoffe	25.000,00		
Betriebsstoffe	12.500,00		
Forderungen a. L. L.	42.000,00		
Kasse	8.500,00		
Bankguthaben	88.000,00		

Hinweis: bestandsorientierter Materialeinkauf für das Lager.

Erfolgskonten: Aufwendungen für Rohstoffe (Fertigungsmaterial), Aufwendungen für Hilfsstoffe, Aufwendungen für Betriebsstoffe, Fremdinstandhaltung, Mieten, Löhne und Gehälter, Umsatzerlöse für eigene Erzeugnisse, Provisionserträge
Eröffnungs- und Abschlusskonten: EBK, GuV-Konto, SBK

Nr.	Belegart	Geschäftsvorfälle	€
1.	Eingangsrechnungen	Zieleinkauf von Rohstoffen,	92.000,00
		Hilfsstoffen	34.500,00
		und Betriebsstoffen	12.600,00
2.	Kontoauszug mit Lastschrift	Tilgung eines Darlehens durch Banküberweisung	10.000,00
3.	Kontoauszug mit Gutschrift	Banküberweisungen von Kunden	38.000,00
4.	Eingangsrechnung	Reparatur einer Verpackungsmaschine auf Ziel	14.000,00
5.	Kontoauszug mit Lastschrift	Lohn- und Gehaltsauszahlungen	65.000,00
6.	Kontoauszug mit Lastschriften	Überweisungen an Lieferer	26.500,00
		Überweisung an Lagerhallenvermieter	12.000,00
7.	Ausgangsrechnungen	Verkauf aller produzierten Erzeugnisse auf Ziel	252.000.00
8.	Kassenbeleg	Verkauf eines gebrauchten Schreibtisches gegen Barzahlung	200,00
9.	Kassenbeleg	Für die Vermittlung eines Warengeschäftes erhalten wir eine Provision bar.	2.500,00

Inventurbestände:
Rohstoffe: 15.000,00 €; Hilfsstoffe: 37.000,00 €; Betriebsstoffe: 8.400 €

Aufgabe 4

a Ermitteln Sie den Materialverbrauch und den Wert des Wareneinsatzes (WE).

	Anfangsbestände in €	Endbestände in €	Einkäufe in €	Verbräuche (WE) in €
1. Rohstoffe	40.000,00	60.000,00	120.000,00	
2. Hilfsstoffe	2.000,00	1.500,00	40.000,00	
3. Betriebsstoffe	1.200,00	1.000,00	16.000,00	
4. Fremdbauteile	8.000,00	12.500,00	240.000,00	
5. Handelswaren	4.200,00	6.000,00	41.800,00	

b Ermitteln Sie den Reingewinn, wenn weitere Aufwendungen in Höhe von 86.000,00 € gebucht worden sind. Die Umsatzerlöse für eigene Erzeugnisse betragen 612.500,00 €, die für Handelswaren 60.000,00 €.

c Berechnen Sie den Rohgewinn für Handelswaren in € und in Prozent.

Aufgabe 5

Erstellen Sie einen vollständigen Geschäftsgang im Grund- und Hauptbuch für ein Einzelunternehmen. Der Materialverbrauch von Roh- und Hilfsstoffen wird durch Materialentnahmescheine ermittelt. Die Verbrauchsermittlung der Betriebsstoffe erfolgt nach der Inventurmethode.

Anfangsbestände der Bestandskonten:

Aktive Bestandskonten	€	Passive Bestandskonten	€
Grundstücke und Bauten	360.000,00	Eigenkapital	604.000,00
Maschinen	250.000,00	langfristige Bankverbindlichkeiten	250.000,00
Betriebs- und Geschäftsausstattung	81.000,00	Verbindlichkeiten a. L. L.	56.000,00
Rohstoffe	35.000,00		
Hilfsstoffe	25.000,00		
Betriebsstoffe	12.500,00		
Forderungen a. L. L.	42.000,00		
Bankguthaben	88.000,00		
Kasse	16.500,00		

Erfolgskonten: Aufwendungen für Rohstoffe (Fertigungsmaterial), Aufwendungen für Hilfsstoffe, Aufwendungen für Betriebsstoffe, Fremdinstandhaltung, Mieten/Pachten, Löhne, Umsatzerlöse für eigene Erzeugnisse, Provisionserträge
Eröffnungs- und Abschlusskonten: EBK, GuV-Konto, SBK

Nr.	Belegart	Geschäftsvorfälle	€
1.	Eingangsrechnungen	Einkauf von Rohstoffen	84.000,00
		Hilfsstoffen	36.500,00
		und Betriebsstoffen auf Ziel	14.600,00
2.	Kontoauszug mit Lastschrift	Tilgung eines Darlehens durch Banküberweisung	15.000,00
3.	Kontoauszug mit Gutschrift	Banküberweisungen von Kunden	36.000,00
4.	Materialentnahmescheine	Verbrauch von Rohstoffen	92.000,00
		und Verbrauch von Hilfsstoffen	28.500,00
5.	Eingangsrechnung	Reparatur einer Verpackungsmaschine auf Ziel	6.000,00
6.	Kontoauszug mit Lastschriften	Überweisungen an Lieferer	34.500,00
		Überweisung an Lagerhallenvermieter	5.000,00
7.	Ausgangsrechnungen	Verkauf aller Erzeugnisse auf Ziel	246.000,00
8.	Kassenbeleg	Verkauf eines gebrauchten Schreibtisches gegen Barzahlung	800,00
9.	Kassenbeleg	Für die Vermittlung eines Warengeschäftes erhalten wir eine Provision in Höhe von	6.500,00
10.	Kontoauszug mit Lastschrift	Lohnauszahlungen	48.000,00

Abschlussangaben:
A 1   Inventurbestand der Betriebsstoffe: 8.400,00 €
A 2   Die Buchbestände der Roh- und Hilfsstoffe stimmen mit den entsprechenden Inventurbeständen überein.

Aufgabe 6

Ermitteln Sie den Erfolg:
Absatzleistung: 2000 Erzeugnisse zu je 200,00 €
Lagerleistung: 500 Erzeugnisse zu je 120,00 €
Gesamtaufwand: 2500 Erzeugnisse zu je 120,00 €

Aufgabe 7
Erstellen Sie einen Geschäftsgang im Grund- und Hauptbuch.

Hinweise:
Der Rohstoffeinkauf wird aufwandsorientiert gebucht.
- Hilfs- und Betriebsstoffeinkäufe werden bestandsorientiert erfasst.
- Der Hilfsstoffverbrauch wird durch Materialentnahmescheine ermittelt.
- Der Betriebsstoffverbrauch wird im Rahmen der Inventur errechnet und gebucht.

Anfangsbestände der Bestandskonten:

Aktive Bestandskonten	€	Passive Bestandskonten	€
Maschinen	120.000,00	Eigenkapital	200.000,00
Geschäftsausstattung	60.000,00	langfristige	
Rohstoffe	1.000,00	Bankverbindlichkeiten	100.000,00
Hilfsstoffe	12.000,00	Verbindlichkeiten a. L. L.	18.000,00
Betriebsstoffe	2.000,00		
Forderungen	44.000,00		
Bankguthaben	65.000,00		
Kasse	14.000,00		

Weitere einzurichtende Konten: EBK, Aufwendungen für Rohstoffe (Fertigungsmaterial), Aufwendungen für Hilfsstoffe, Aufwendungen für Betriebsstoffe, Löhne, Gehälter, Umsatzerlöse für eigene Erzeugnisse, Zinserträge, GuV-Konto, SBK

Nr.	Belegart	Geschäftsvorfälle	€
1.	Eingangsrechnung	Einkauf von Rohstoffen auf Ziel	60.000,00
2.	Ausgangsrechnung, Kassenbeleg	Verkauf einer gebrauchten Maschine gegen Barzahlung	20.000,00
3.	Eingangsrechnung, Kontoauszug	Einkauf von Hilfsstoffen gegen Banküberweisung	24.000,00
4.	Materialentnahmescheine	Hilfsstoffverbrauch	28.000,00
5.	Kontoauszug	Banküberweisungen für Löhne	14.000,00
		und Gehälter	8.500,00
6.	Kontoauszug	Bankgutschrift für Zinsen	2.500,00
7.	Eingangsrechnung	Zielkauf von Betriebsstoffen	6.000,00
8.	Ausgangsrechnung	Verkauf von eigenen Erzeugnissen auf Ziel	124.000,00
9.	Vertrag, Kontoauszug	Aufnahme eines Darlehens gegen Bankgutschrift	52.000,00
10.	Eingangsrechnung, Kontoauszug	Kauf einer neuen Büroeinrichtung gegen Banküberweisung	48.000,00

Abschlussangaben: Inventurbestand Rohstoffe 2.500,00 €; der Buchwert des Hilfsstoffbestandes stimmt mit dem Inventurwert überein; der Inventurwert der Betriebsstoffe beträgt 1.200,00 €.

Aufgabe 8

Erstellen Sie einen Geschäftsgang im Grund- und Hauptbuch. Der Materialeinkauf soll bestandsorientiert erfasst werden.

Anfangsbestände der Bestandskonten in €:

Maschinen	55.000,00	Unfertige Erzeugnisse	2.000,00
Betriebs- und Geschäftsausstattung	62.000,00	Fertige Erzeugnisse	4.000,00
Forderungen a. L. L.	24.000,00	Bankguthaben	62.000,00
Rohstoffe	4.000,00	Kasse	2.300,00
Hilfsstoffe	3.500,00	Eigenkapital	?
Betriebsstoffe	4.200,00	lgfr. Bankverbindlichkeiten	45.000,00
		Verbindlichkeiten a. L. L.	87.000,00

Weitere einzurichtende Konten: Aufwendungen für Rohstoffe, Aufwendungen für Hilfsstoffe, Aufwendungen für Betriebsstoffe, Löhne und Gehälter, Mietaufwendungen, Bestandsveränderungen (BVÄ), Zinsaufwendungen, Umsatzerlöse für eigene Erzeugnisse, EBK, GuV-Konto, SBK

Nr.	Geschäftsvorfälle	€
1.	Rohstoffeinkauf auf Ziel	44.000,00
2.	Banküberweisung an den Vermieter der Produktionsstätte	16.000,00
3.	Hilfsstoffeinkauf gegen Banküberweisung	8.700,00
4.	Kauf einer neuen Maschine auf Ziel	14.600,00
5.	Materialentnahmeschein für Hilfsstoffe	9.800,00
6.	Betriebsstoffeinkauf auf Ziel	4.600,00
7.	Verkauf eigener Erzeugnisse gegen Banküberweisung	162.000,00
8.	Verkauf einer gebrauchten Büroeinrichtung gegen Banküberweisung	2.500,00
9.	Banküberweisung für Löhne und Gehälter	42.000,00
10.	Banküberweisung an Lieferer	38.000,00
11.	Banküberweisung: – Zinszahlungen und	500,00
	– Tilgungszahlungen für ein Bankdarlehen	1.500,00
12.	Bankgutschrift für Kundenüberweisungen	12.500,00
13.	Verkauf einer gebrauchten Maschine auf Ziel	6.000,00
14.	Barabhebung vom Bankkonto	700,00

Abschlussangaben: Inventurbestand Rohstoffe 4.600,00 €; Inventurbestand Betriebsstoffe 2.800,00 €; Inventurbestand Unfertige Erzeugnisse 650,00 €; Inventurbestand Fertige Erzeugnisse 5.200,00 €.

Aufgabe 9

Bilden Sie die Buchungssätze:

		€
1.	Bestandsminderung: Konto unfertige Erzeugnisse	22.000,00
2.	Bestandsmehrung: Konto fertige Erzeugnisse	32.000,00
3.	Auf dem Konto Bestandsveränderungen überwiegen die Bestandsminderungen.	114.000,00
4.	Auf dem Konto Bestandsveränderungen überwiegen die Bestandsmehrungen.	62.000,00
5.	Buchung der Bestandsveränderung: unfertige Erzeugnisse:	
	– Anfangsbestand	6.000,00
	– Endbestand	20.000,00
6.	Buchung der Bestandsveränderung: fertige Erzeugnisse:	
	– Anfangsbestand	36.000,00
	– Endbestand	18.000,00

Aufgabe 10

In der Gewinn- und Verlustrechnung eines Industriebetriebs wurden Umsatzerlöse in Höhe von 870.000,00 € ausgewiesen. Die Aufwendungen betrugen 650.000,00 €. Ermitteln Sie den Erfolg, wenn nachfolgende Bestandsveränderungen noch zu berücksichtigen sind:

a unfertige Erzeugnisse: Anfangsbestand   20.000,00 €
                             Endbestand   30.000,00 €
    fertige Erzeugnisse: Anfangsbestand 270.000,00 €
                             Endbestand   360.000,00 €

b unfertige Erzeugnisse: Anfangsbestand   42.000,00 €
                             Endbestand   32.000,00 €
    fertige Erzeugnisse: Anfangsbestand 170.000,00 €
                             Endbestand   120.000,00 €

c unfertige Erzeugnisse: Anfangsbestand   62.000,00 €
                             Endbestand: 31.000,00 €
    fertige Erzeugnisse: Anfangsbestand 180.000,00 €
                             Endbestand   270.000,00 €

Aufgabe 11

In einem Unternehmen, das nur ein Erzeugnis herstellt, betragen die Herstellungskosten je produziertes Erzeugnis 50,00 €. Die Nettoverkaufserlöse je verkauftes Erzeugnis betragen 80,00 €. Ermitteln Sie den Erfolg des Unternehmens unter Berücksichtigung der nachfolgenden Angaben:

Anfangsbestände:	50 Stück	fertige Erzeugnisse
	100 Stück	unfertige Erzeugnisse, der Fertigungsgrad beträgt 50 %
Produktion:	1 100 Stück	fertige Erzeugnisse
	200 Stück	unfertige Erzeugnisse, der Fertigungsgrad beträgt 50 %
Absatz:	950 Stück	fertige Erzeugnisse
Endbestände:	200 Stück	fertige Erzeugnisse
	300 Stück	unfertige Erzeugnisse, der Fertigungsgrad beträgt 50 %

Ermitteln Sie
a den Wert der Bestandsveränderungen für fertige und unfertige Erzeugnisse,
b den Erfolg in der Gewinn- und Verlustrechnung.

Aufgabe 12

Ermitteln Sie die Unternehmensdaten eines kleinen Fahrradherstellers:

a die gesamten Aufwendungen (= Kosten) der Produktion,
b die Kosten je Stück,
c den Gewinnzuschlag in €, bezogen auf die Kosten,
d den Umsatzerlös (Verkaufspreis) je Stück,
e die gesamten Umsatzlöse für die verkauften Fahrräder,
f die Bestandsminderung in Stück,
g die Bestandsminderung in €,
h den Gesamtgewinn der verkauften Fahrräder.

Berücksichtigen Sie die folgenden Angaben:
– gesamte Produktionsmenge: 2 400 Fahrräder,
– gesamte Absatzmenge: 2 450 Fahrräder (keine unfertigen Erzeugnisse),
– Gewinnzuschlag auf die Kosten = 30 %,
– Kosten des Lagerbestandes: 450,00 € je Stück

Soll	Gewinn- und Verlustkonto		Haben
Aufw. für Rohstoffe	92.600,00	Umsatzerlöse für eigene Erzeugnisse	
Aufw. für Fremdbauteile	186.000,00		
Aufw. für Hilfsstoffe	53.600,00		
Aufw. für Betriebsstoffe	51.200,00		
Löhne	348.600,00		
Gehälter	124.000,00		
weitere Aufwendungen	224.000,00		
Bestandsveränderungen			
Eigenkapital (Gewinn)			

Aufgabe 13

Bei der Inventur im Handelswarenlager wurden nachfolgende – als üblich zu betrachtende – Inventurdifferenzen bei Fahrradanhängern festgestellt. Wertminderungen durch Beschädigungen oder Preisminderungen der Lieferanten sind nicht festgestellt worden.

Fahrradanhänger/Einstandspreise		Lagerbestandsliste	Inventurliste
601 Modell *Kelly*	60,00 €	4 Stück	4 Stück
602 Modell *Mini*	70,00 €	12 Stück	13 Stück
603 Modell *Max*	80,00 €	6 Stück	5 Stück
604 Modell *Kids*	110,00 €	16 Stück	15 Stück
605 Modell *Sven*	130,00 €	24 Stück	22 Stück

Ermitteln Sie für diese Handelswaren

a   den Wert gemäß Lagerbuchführung,
b   den Wert gemäß Inventur,
c   den Wert der Inventurdifferenz.

Buchen Sie

d   die Inventurdifferenz,
e   den Abschluss des Kontos Handelswaren, wenn keine weiteren Handelswaren vorrätig sind.

Aufgabe 14

Bei der Inventur im Materiallager wurden nachfolgende – als üblich zu betrachtende – Inventurdifferenzen bei Fremdbauteilen festgestellt. Wertminderungen sind nicht festgestellt worden.

Fremdbauteile/Einstandspreise (Bremsen) je Stück		Lagerbestandsliste	Inventurliste
2500 City-SX	6,81 €	124 Stück	120 Stück
2520 Trek-TR	9,60 €	216 Stück	213 Stück
2540 Ma-TRX	17,40 €	60 Stück	65 Stück
2560 MTB XT	13,75 €	116 Stück	115 Stück
2570 MTB LX	15,05 €	240 Stück	232 Stück

Ermitteln Sie

a   den Wert gemäß Lagerbuchführung,
b   den Wert gemäß Inventur,
c   den Wert der Inventurdifferenz.

Buchen Sie

d   die Inventurdifferenz,
e   den Abschluss des Kontos Fremdbauteile, wenn keine weiteren Fremdbauteile vorrätig sind.

Aufgabe 15

In der Inventur werden 214 Komponenten des Typs MTB LX (Räder und Schaltungen) gezählt. In der Lagerbuchführung sind ebenfalls diese 214 Komponenten mit einem Einstandspreis von 60,78 € je Komponente verzeichnet. Die Wiederbeschaffungskosten gemäß aktueller Preisliste des Lieferers *Tamino* betragen auf Grund einer Preissenkung wegen eines zukünftigen Modellwechsels zurzeit noch 51,66 €.

a   Berechnen Sie die Wertminderung bei dieser Komponente.
b   Buchen Sie diese übliche Wertminderung.

SB → S. 228 f. | Lernfeld 3, Kapitel 4.2

Kontenplan

Herr Freitag ist zurzeit sehr zufrieden – sein Unternehmen wächst ständig (siehe Lernsituation 18). Sehr hilfreich dabei war seine eigene Webseite, über die er jetzt Sonderposten nur an Gewerbetreibende vertreibt. Darüber hinaus ist er auch Produzent geworden. Die Preise auf dem Weltmarkt für Computer-Bauteile sind so stark gesunken, dass es sich für ihn lohnt, Desktop-PCs zu produzieren. Natürlich „schrauben" seine neuen Mitarbeiter nur Fremdbauteile zusammen. Er beschäftigt jetzt drei Angestellte und drei Arbeiter – alle in Vollzeit und unbefristet!

Außer einem Firmenwagen, vier PC-Einheiten (selbst hergestellt!), einigen Büromöbeln und einer kleinen Werkstatteinrichtung (Tische, Werkzeuge, Testgeräte) besitzt er immer noch kein „hochwertiges" Anlagevermögen – die Lagerhalle mit Werkstatt und Bürotrakt ist nur gemietet. Natürlich hat Herr Freitag ein Bankkonto und kauft Handelswaren, Fremdbauteile, Hilfsstoffe und Betriebsstoffe „auf Rechnung". Verkäufe auf Ziel macht er zwar nicht gerne, das ist jetzt aber nicht mehr zu vermeiden. Da die Expansion viel Geld gekostet hat, ist er jetzt auch Kunde bei der ortsansässigen Sparkasse in deren Darlehensgeschäft.

Erstellen Sie für Herrn Freitag einen Kontenplan, der für seine derzeitige Unternehmenssituation die wahrscheinlich notwendigen Konten auflistet. Es genügt die Angabe der Kontennummer.

Kontenplan Werner Freitag e. K.

Kontenklasse		Wahrscheinlich notwendige Konten
0	Sachanlagen	
1	Finanzanlagen	
2	Umlaufvermögen	
3	Eigenkapital	
4	Verbindlichkeiten	
5	Erträge	
6	Betriebliche Aufwendungen	
7	Weitere Aufwendungen	
8	Ergebnisrechnungen	

Arbeitsblatt 23.1: Wichtige Konten im Überblick

Erste Stelle = Kontenklasse   Dritte Stelle = _____

Zweite Stelle = _____   Vierte Stelle = _____

Konto-Nr.				Kontenbezeichnung
0	5	1	0	Bebaute Grundstücke
0	7	2	0	
0	8	2	0	
0	8	4	0	
0	8	6	0	
0	8	7	0	
2	0	0	0	
2	0	1	0	
2	0	2	0	
2	0	3	0	
2	1	0	0	
2	2	0	0	
2	4	0	0	
				Bankguthaben
				Kasse
3	0	0	0	
				Langfristige Bankverbindlichkeiten (Darlehen, Hypotheken)
4	4	0	0	
5	0	0	0	
				Bestandsveränderungen
				Nebenerlöse (z. B. Mieterträge)
5	7	1	0	
6	0	0	0	
6	0	1	0	
6	0	2	0	
6	0	3	0	
6	2	0	0	
6	3	0	0	
				Mieten, Pachten
6	8	0	0	
7	5	1	0	
8	0	0	0	Eröffnungsbilanzkonto
8	0	1	0	
8	0	2	0	

Aufgaben

Aufgabe 1
Erläutern Sie die Geschäftsvorfälle, deren Buchungen Sie auf dem nachfolgenden Konto verfolgen können.

S		2800		H
1) 8000	24.000,00	3) 4400		4.600,00
2) 2400	2.300,00	4) 2880		500,00
6) 5100	6.900,00	5) 6880		200,00
		7) 8010		27.900,00
	33.200,00			33.200,00

Aufgabe 2
Folgendes Eröffnungsbilanzkonto ist vorgegeben:

S		8000		H
3000	116.500,00	0720		114.000,00
4250	84.000,00	0860		42.000,00
4400	25.700,00	0870		22.300,00
		2000		10.000,00
		2400		11.500,00
		2800		25.500,00
		2880		900,00
	226.200,00			226.200,00

Tragen Sie die Gegenbuchungen auf den Bestandskonten ein und buchen Sie die folgenden Geschäftsvorfälle unter Berücksichtigung des nachfolgenden Kontenplans mit Kontennummern: 0720, 0860, 0870, 2000, 2400, 2800, 2880, 3000, 4250, 4400, 5000, 5410, 6000, 6160, 6300, 6700, 8000, 8010, 8020.

Hinweis: bestandsorientierte Buchung des Rohstoffeinkaufs.

Nr.	Belegart	Geschäftsvorfälle	€
1.	Ausgangsrechnungen	Zielverkauf von eigenen Erzeugnissen	86.250,00
2.	Kontoauszug der Bank mit Lastschriften	Mietzahlung Gehaltsauszahlung	5.400,00 12.500,00
3.	Quittung	Reparatur einer Hebebühne gegen Barzahlung	690,00
4.	Eingangsrechnungen	Rohstoffeinkäufe auf Ziel	39.675,00
5.	Kontoauszug mit Gutschriften	Überweisungen von Kunden Provisionszahlungen	53.000,00 14.375,00
6.	Kontoauszug mit Lastschrift	Tilgung eines langfristigen Darlehens	10.000,00
7.	Eingangsrechnung	Kauf eines Personalcomputers auf Ziel	3.680,00

Abschlussangabe: Endbestand (Inventurbestand) Rohstoffe beträgt 8.000,00.
Alle produzierten Erzeugnisse werden in dieser Abrechnungsperiode verkauft (keine Bestandsveränderungen).

a Bilden Sie die Buchungssätze mit Kontennummern.
b Buchen Sie die Geschäftsvorfälle auf den Konten.
c Schließen Sie alle Konten ab und erstellen Sie das GuV-Konto und das SBK.

Aufgabe 3

Erstellen Sie einen Geschäftsgang im Grund- und Hauptbuch.

Anfangsbestände der Bestandskonten	€
0800 Betriebs- u. Geschäftsausstattung[1]	100.000,00
2000 Rohstoffe[2]	50.000,00
2400 Forderungen a. L. L.	40.000,00
2800 Bankguthaben	60.000,00
3000 Eigenkapital	105.000,00
4250 langfristige Bankverbindlichkeiten	120.000,00
4400 Verbindlichkeiten a. L. L.	25.000,00

Weitere einzurichtende Konten: 5000 Umsatzerlöse für eigene Erzeugnisse, 6000 Aufwendungen für Rohstoffe, 6200 Löhne, 6300 Gehälter, 6800 Büromaterial, 6870 Werbung, 7510 Zinsaufwendungen, 8020 GuV-Konto, 8010 Schlussbilanzkonto.

[1] Sammelkonto [2] Der Rohstoffeinkauf wird bestandsorientiert erfasst.

Nr.	Belegart	Geschäftsvorfälle	€
1.	Eingangsrechnung	Rohstoffeinkauf auf Ziel	120.000,00
2.	Ausgangsrechnung, Kontoauszug	Erzeugnisverkauf gegen Banküberweisung	230.000,00
3.	Kontoauszug	Banklastschrift für Büromaterialeinkauf	500,00
4.	Eingangsrechnung	Kauf neuer Büromöbel auf Ziel	4.500,00
5.	Kontoauszug	Banklastschrift für Überweisungen an Lieferer	20.000,00
6.	Kontoauszug	Banklastschrift für Gehaltzahlungen 40.000,00 Banklastschrift für Lohnzahlungen 20.000,00	60.000,00
7.	Eingangsrechnung	Werbeanzeige in einer Fachzeitschrift	1.000,00
8.	Kontoauszug	Lastschrift für Darlehenstilgungsrate 5.000,00 Lastschrift für Darlehenszinsen 500,00	5.500,00
9.	Kontoauszug	Gutschrift für Überweisungen von Kunden	15.000,00

Abschlussangaben: Der Inventurbestand der Rohstoffe beträgt 40.000,00 €.

Aufgabe 4

Bilden Sie die Buchungssätze mit Kontennummern.

Nr.	Belegart	Geschäftsvorfälle	€
1.	Kontoauszug der Bank mit Lastschriften	Lagerhallenmiete Zinszahlungen Telefongebühren der Deutschen Telekom Löhne Gehälter Gesamtlastschrift	6.000,00 1.100,00 600,00 24.000,00 32.000,00 63.700,00
2.	Kontoauszug der Bank mit Gutschriften	Überweisungen von Kunden Zinsgutschrift der Bank Provisionszahlungen Gesamtgutschrift	34.000,00 600,00 12.600,00 47.200,00
3.	Abschluss der Konten	Rohstoffe Umsatzerlöse für eigene Erzeugnisse Zinsaufwendungen Provisionserträge GuV-Konto (bei Gewinn) GuV-Konto (bei Verlust) Fuhrpark Verbindlichkeiten a. L. L. Eigenkapital	134.000,00 262.000,00 3.600,00 9.600,00 66.000,00 12.300,00 122.000,00 98.000,00 334.000,00
4.	Eingangsrechnung	Wareneinkauf auf Ziel	44.000,00
5.	Ausgangsrechnung	Warenverkauf auf Ziel	86.000,00

Während Ihrer Ausbildung in der Verwaltung der Fly Bike Werke GmbH erhalten Sie folgenden Brief zur Bearbeitung.

Frikawerke
GmbH & Co. KG

Frikawerke, Gertenstr. 19, 58739 Wickede/Ruhr

Kunden-Nr.: 2211
Ansprechpartner: Herr Stoll
Tel.: 0237 7577563

Fly Bike Werke GmbH
Rostocker Str. 334
426121 Oldenburg

Ihre Bestellung Nr. 234
Bestellungsdatum: 19.11.20X1
Lieferschein-Nr.: 1611
Lieferdatum: 28.12.20X1
Rechnungsdatum: 28.12.20X1

Sehr geehrte Damen und Herren,

bitte lassen Sie uns schnellstmöglich eine Saldenliste Ihrer Verbindlichkeiten gegenüber unserem Hause zukommen, da wir diese zur Vervollständigung unserer Jahresabschlussunterlagen benötigen.

Mit freundlichen Grüßen

Konto-Nr.					Bezeichnung des Kreditorenkontos				Seite
4	4	0	1	5	Kreditor: Frikawerke GmbH & Co.KG				1

Nr.	Buchungs-datum	Beleg	Buchungstext	Betrag in €		Saldo in €	
				Soll	Haben	Soll	Haben
1.	20.10.20XX	ER 723	Fremdbauteileeinkauf		10.710,00		10.710,00
2.	25.10.20XX	GS 27	Gutschrift	220,15			10.489,85
3.	16.11.20XX	ER 815	Fremdbauteileeinkauf		15.660,40		
4.	25.11.20XX	BA 615	Zahlungsausgang	10.489,85			
5.	10.12.20XX	ER 908	Fremdbauteileeinkauf		12.524,75		
6.	15.12.20XX	GS 31	Gutschrift	321,30			
7.	16.12.20XX	BA 688	Zahlungsausgang	15.660,40			

1 Vervollständigen Sie das vorliegende Kreditorenkonto. Welche Bedeutung hat der Saldo am 16.12.20XX
  a für die Fly Bike Werke GmbH,
  b für die Frikawerke GmbH & Co. KG, wenn im Jahr 20XX keine Buchungen mehr erfolgen?
2 Begründen Sie, warum auf diesem Konto Fremdbauteileeingänge im Haben und Gutschriften sowie Zahlungsausgänge im Soll gebucht werden.
3 Unterscheiden Sie Kreditoren- und Debitorenkonten. Warum werden diese Konten geführt?
4 Aus welchem Grund könnte die Frikawerke GmbH & Co. KG die Bestätigung der Saldenliste von der Fly Bike Werke GmbH benötigen?

Arbeitsblatt 24.1: Grundbuch, Hauptbuch und Kontokorrentbuch

Geschäftsvorfall 1

Die Fly Bike Werke GmbH kauft Rohstoffe im Wert von 17.500,00 € bei der Mannes AG; Rechnungseingang (Buchungsdatum) am 17.09.20XX, Rechnungsnummer 412.

Grundbuch (bestandsorientierte Buchung):

Nr.	Soll	€	Haben	€
1.				

Hauptbuch:

S	2000 Rohstoffe	H	S	4400 Verbindlichkeiten a. L. L.	H

Buchung im Kreditorenkonto

Konto-Nr.					Bezeichnung des Kreditorenkontos				Seite
4	4	0	0	2	Kreditor: Mannes AG				1
Nr.	Buchungs-datum		Beleg	Buchungstext	Betrag in €		Saldo in €	
					Soll	Haben	Soll	Haben
1.								

Geschäftsvorfall 2

Die Fly Bike Werke GmbH liefert der Sachsenrad GmbH Handelswaren im Warenwert von 3.000,00 €; Rechnungsausgang (Buchungsdatum) am 17.05.20XX, Rechnungsnummer 12319.

Grundbuch:

Nr.	Soll	€	Haben	€
2.				

Hauptbuch:

S	2400 Forderungen a. L. L.	H	S	5100 Umsatzerlöse für Waren	H

Buchung im Debitorenkonto

Konto-Nr.					Bezeichnung des Debitorenkontos				Seite
2	4	0	0	9	Debitor: Sachsenrad GmbH				1
Nr.	Buchungs-datum		Beleg	Buchungstext	Betrag in €		Saldo in €	
					Soll	Haben	Soll	Haben
1.								

Aufgaben

Aufgabe 1
Erstellen Sie einen Geschäftsgang im Grund- und Hauptbuch.

Hinweise:
- Der Rohstoffeinkauf soll aufwandsorientiert erfasst werden.
- Der Hilfsstoffeinkauf soll bestandsorientiert erfasst werden.

Anfangsbestände in €:

0700 Maschinen	100.000,00	3000 Eigenkapital	195.000,00
2000 Rohstoffe	5.000,00	4400 Verbindlichkeiten a. L. L. (siehe Kreditorenkonten)	23.000,00
2020 Hilfsstoffe	12.000,00		
2100 Unfertige Erzeugnisse	1.000,00		
2200 Fertige Erzeugnisse	2.000,00		
2400 Forderungen a. L. L. (siehe Debitorenkonto)	48.000,00		
2800 Bank	50.000,00		
	218.000,00		218.000,00

Debitoren- und Kreditorenkonten:	Offene Posten in €
Erzeugniskäufer: Debitor 24006, Bike GmbH	48.000,00
Rohstofflieferer: Kreditor 44001, Stahlwerke AG	11.000,00
Hilfsstofflieferer: Kreditor 44005, Farben International AG	12.000,00

Weitere einzurichtende Konten:
5000 Umsatzerlöse f. e. E., 5200 Bestandsveränderungskonto, 6000 Aufwendungen für Rohstoffe, 6020 Aufwendungen für Hilfsstoffe, 6200 Löhne, 8010 SBK, 8020 GuV-Konto

Geschäftsvorfälle:

		€
1.	Eingangsrechnung: Rohstoffeinkauf auf Ziel bei der Stahlwerke AG	43.000,00
2.	Eingangsrechnung: Hilfsstoffeinkauf auf Ziel bei der Farben International AG	20.000,00
3.	Hilfsstoffverbrauch gemäß Materialentnahmescheinen	28.000,00
4.	Ausgangsrechnung: Verkauf von Erzeugnissen auf Ziel an die Bike GmbH	116.000,00
5.	Kontoauszug: Lohnzahlung an Arbeitnehmer	22.000,00
6.	Kontoauszug: Die Bike GmbH überweist auf unser Bankkonto	98.000,00
7.	Kontoauszug: Banküberweisungen an die Stahlwerke AG für ER 35	11.000,00
	und an die Farben International AG	30.000,00

Abschlussangaben:
Inventurbestände: Rohstoffe 2.500,00 €, Unfertige Erzeugnisse 500,00 €,
Fertige Erzeugnisse 3.500,00 €

Aufgabe 2
Ermitteln Sie für obigen Geschäftsgang die noch offenen Posten am Jahresende:

Debitoren- und Kreditorenkonten	Offene Posten in €
Erzeugniskäufer: Debitor 24006, Bike GmbH	
Rohstofflieferer: Kreditor 44001, Stahlwerke AG	
Hilfsstofflieferer: Kreditor 44005, Farben International AG	

Das System der Umsatzsteuer

Sie arbeiten zurzeit im Funktionsbereich Rechnungswesen der Fly Bike Werke GmbH und haben die Aufgabe erhalten, für den internen Gebrauch die Umsatzsteuerzahllast auf Grundlage der vorliegenden Belege zu ermitteln.

Beleg Nr. 1

Tamino Deutschland GmbH

Tamino Deutschland GmbH, Immermannstraße 24, 40210 Düsseldorf

Posteingang: 28.12.20X1

Fly Bike Werke GmbH
Rostocker Straße 334
26121 Oldenburg

Rechnungsprüfung	
Sachlich richtig	Rechnerisch richtig
Datum 28.12.20X1	Datum 28.12.20X1
Nz. Ta	Nz. Ta

Rechnung-Nr. 416

Bearbeiter	Kunden-Nr.	Ihre Bestellung Nr.	vom	Rechnungsdatum
Herr Freundlich	44001	216	04.11.20X1	27.12.20X1

Versandart/Freivermerk	Verpackungsart	geliefert am
per Lkw frei Haus	Kartons/Palette	27.12.20X1

Artikel-Nr.	Warenbezeichnung	Menge	Preis	Einheit	Gesamtpreis
2060	MTB XT Räder und Schaltungen	50	55,56 €	Set	2.778,00 €
2260	MTB XT Antrieb	50	17,05 €	Set	852,50 €
			Nettorechnungsbetrag		3.630,50 €
			+ 19 % Mehrwertsteuer		689,80 €
			Rechnungssumme		4.320,30 €

Bitte überweisen Sie unter Angabe der Rechnungsnummer auf das unten angegebene Konto

EUR 4.320,30 bis: 26.01.20X2 oder EUR 4.190,69 bis: 04.01.20X2

Beleg Nr. 2

Color GmbH
Ludwigshafen

Posteingang: 29.12.20X1

Color GmbH, Hafenstr. 125, 67061 Ludwigshafen

Fly Bike Werke GmbH
Rostocker Straße 334
26121 Oldenburg

Kunden-Nr.: 424
Ansprechpartner: Frau Reineke
Telefon: 0621 582664
Lieferschein-Nr.: 4292
Lieferdatum: 25.12.20X1
Rechnungsdatum: 28.12.20X1

Rechnungsprüfung	
Sachlich richtig	Rechnerisch richtig
Datum 29.12.20X1	Datum 29.12.20X1
Nz. Ta	Nz. Ta

Rechnung Nr.: 4292

Pos.	Artikel-Nr.	Artikelbezeichnung	Menge	Preis je Einheit	Gesamtpreis
1	900100	Klarlack	200 Liter	3,45 €	690,00 €
2	800200	Spezialgrundierung für Edelstähle	200 Liter	2,45 €	490,00 €
3	700100	Standardfarbe „gelb"	20 Liter	4,30 €	86,00 €
4	700821	Sonderfarbe „morror-polish"	120 Liter	6,00 €	720,00 €
5	702400	Sonderfarbe „lemon squash"	120 Liter	6,00 €	720,00 €

Warenwert	Verpackungskosten	Transportkosten	Nettorechnungsbetrag	Umsatzsteuer 19 %	Bruttorechnungsbetrag
2.706,00 €	–	–	2.706,00 €	514,14 €	3.220,14 €

Zahlungsziel 30 Tage, bei Zahlung innerhalb von 8 Tagen 2 % Skonto.

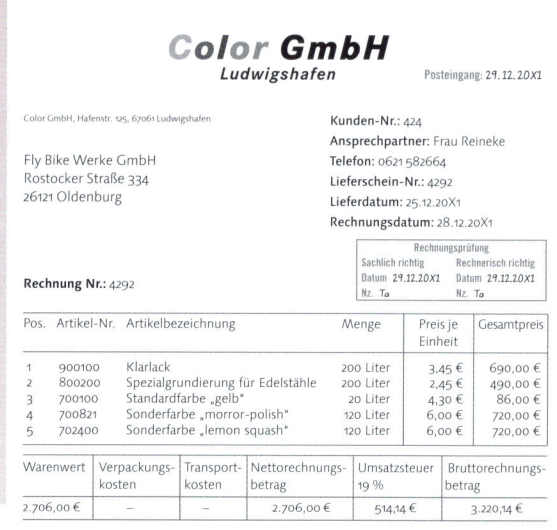

Beleg Nr. 3

FBW GmbH • Rostocker Str. 334 • 26121 Oldenburg

Sachsenrad GmbH
Bayreuther Str. 20
01277 Dresden

Kundennummer:	1009
Ihre Bestellung Nr.	13
Ihr Bestelldatum:	15.12.20X1
Unsere Lieferschein-Nr.:	958
Unser Lieferdatum:	27.12.20X1
Ihr FBW-Ansprechpartner:	Herr Baumann
Tel.:	0441 885-11

Rechnung-Nr.: 958 **Rechnungsdatum: 27.12.20X1**

Artikel-Nr.	Artikelbezeichnung	Stück	Einzelpreis in €	Rabatt in %	Gesamtpreis in €
201	Trekking *Light*	50	299,25	29,00	10.623,38
202	Trekking *Free*	10	350,00	27,50	2.537,50

Versandart/Freivermerk:	Nettorechnungsbetrag in €	13.160,88
Lkw ab Werk	+19% Umsatzsteuer in €	2.500,57
	Bruttorechnungsbetrag in €	15.661,45

Bitte überweisen Sie:	Datum:	Skonto in %	Skonto in €	Betrag in €
Innerhalb der Skontofrist bis:	04.01.X2	2	313,23	15.348,22
Innerhalb des Zahlungsziels bis:	26.01.X2			15.661,45

Beleg Nr. 4

FBW GmbH • Rostocker Str. 334 • 26121 Oldenburg

Fahrrad & Motorrad GmbH
Alter Hellweg 46
44379 Dortmund

Kundennummer:	10005
Ihre Bestellung Nr.	134
Ihr Bestelldatum:	15.12.20X1
Unsere Lieferschein-Nr.:	595
Unser Lieferdatum:	29.12.20X1
Ihr FBW-Ansprechpartner:	Herr Ganser
Tel.:	0441 885-01

Rechnung-Nr.: 959 **Rechnungsdatum: 29.12.20X1**

Artikel-Nr.	Artikelbezeichnung	Stück	Einzelpreis in €	Rabatt in %	Gesamtpreis in €
401	Renn *Fast*	12	1.260,00	29,00	10.735,20
402	Renn *Superfast*	5	2.205,00	27,50	7.993,13

Versandart/Freivermerk:	Nettorechnungsbetrag in €	18.728,33
Lkw ab Werk	+19% Umsatzsteuer in €	3.558,38
	Bruttorechnungsbetrag in €	22.286,71

Bitte überweisen Sie:	Datum:	Skonto in %	Skonto in €	Betrag in €
Innerhalb der Skontofrist bis:	06.01.X2	2	445,73	21.840,98
Innerhalb des Zahlungsziels bis:	28.01.X2			22.286,71

Eingangsrechnungen		Ausgangsrechnungen	
Beleg	**gezahlte Vorsteuer**	**Beleg**	**erhaltene Umsatzsteuer**
Summe		Summe	

Ermittlung der Zahllast	
erhaltene Umsatzsteuer	
– gezahlte Vorsteuer	
= Zahllast	

Arbeitsblatt 25.1: Umsatzsteuer, Teil I

Arbeitsauftrag

1 Vervollständigen Sie die vorliegende Ausgangsrechnung der Fly Bike Werke GmbH.

2 Tragen Sie seitlich neben der Rechnung entsprechend den Pfeilen in die Kästchen ein

a den Nettorechnungsbetrag

b den Bruttorechnungsbetrag

c den Betrag, den die Fly Bike Werke GmbH an das Finanzamt weiterleiten muss

d den Skontobetrag (2 %)

e den Betrag, den der Kunde an die Fly Bike Werke GmbH bei Abzug von 2 % Skonto bezahlen muss

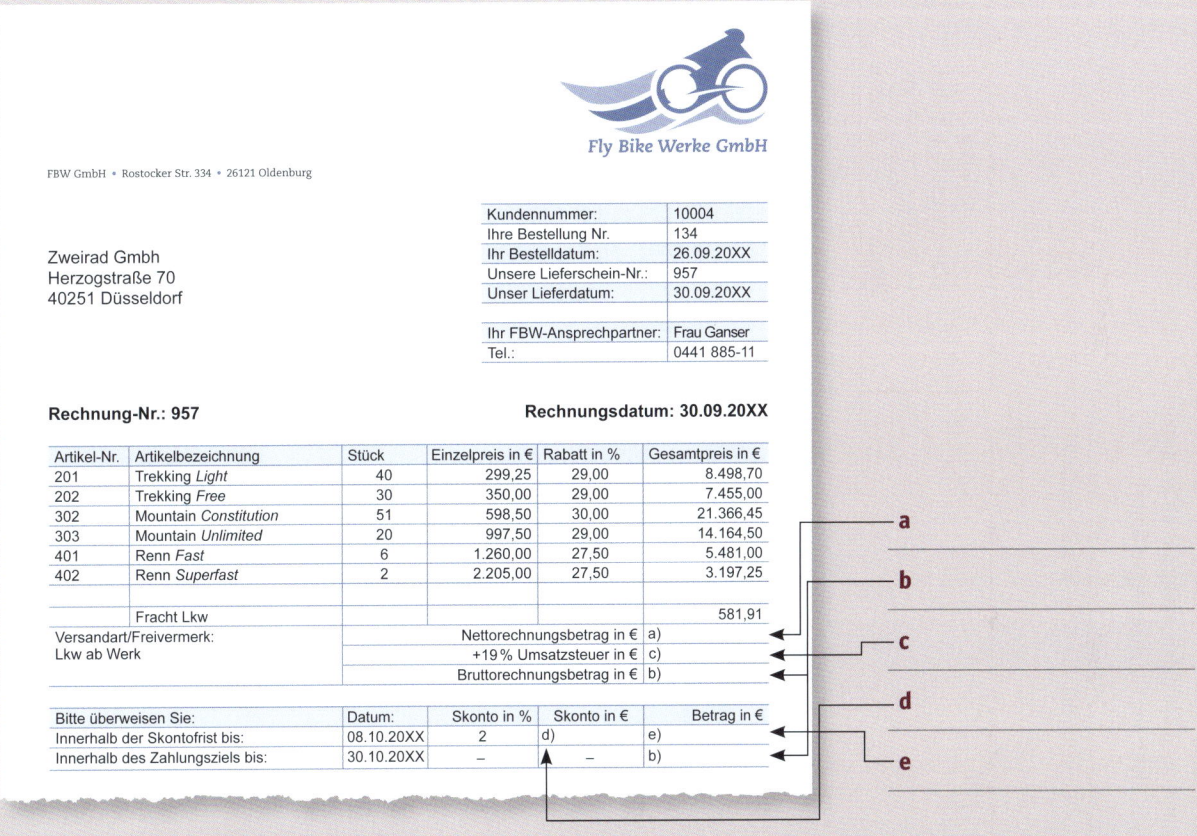

Fly Bike Werke GmbH

FBW GmbH • Rostocker Str. 334 • 26121 Oldenburg

Zweirad Gmbh
Herzogstraße 70
40251 Düsseldorf

Kundennummer:	10004
Ihre Bestellung Nr.	134
Ihr Bestelldatum:	26.09.20XX
Unsere Lieferschein-Nr.:	957
Unser Lieferdatum:	30.09.20XX
Ihr FBW-Ansprechpartner:	Frau Ganser
Tel.:	0441 885-11

Rechnung-Nr.: 957   **Rechnungsdatum: 30.09.20XX**

Artikel-Nr.	Artikelbezeichnung	Stück	Einzelpreis in €	Rabatt in %	Gesamtpreis in €
201	Trekking *Light*	40	299,25	29,00	8.498,70
202	Trekking *Free*	30	350,00	29,00	7.455,00
302	Mountain *Constitution*	51	598,50	30,00	21.366,45
303	Mountain *Unlimited*	20	997,50	29,00	14.164,50
401	Renn *Fast*	6	1.260,00	27,50	5.481,00
402	Renn *Superfast*	2	2.205,00	27,50	3.197,25
	Fracht Lkw				581,91

Versandart/Freivermerk:
Lkw ab Werk

Nettorechnungsbetrag in €	a)
+19 % Umsatzsteuer in €	c)
Bruttorechnungsbetrag in €	b)

Bitte überweisen Sie:	Datum:	Skonto in %	Skonto in €	Betrag in €
Innerhalb der Skontofrist bis:	08.10.20XX	2	d)	e)
Innerhalb des Zahlungsziels bis:	30.10.20XX	–	–	b)

a
b
c
d
e

Rechnungsbegriffe		Prozentzahlen im Verhältnis zueinander
Nettorechnungsbetrag	≙	
	≙	+ 19 % (bzw. + 7 %)
	≙	

3 Ermitteln Sie die Umsatzsteuerbeträge und die Brutto- bzw. Nettorechnungsbeträge in €.

Nettorechnungsbetrag in €	Umsatzsteuersatz	Umsatzsteuerbetrag in €	Bruttorechnungsbetrag in €
400,00	19 %		
5.000,00	19 %		
3.000,00	7 %		
6.300,00	7 %		

Bruttorechnungsbetrag in €	Umsatzsteuersatz	Umsatzsteuerbetrag in €	Nettorechnungsbetrag in €
5.950,00	19 %		
952,00	19 %		
4.280,00	7 %		
599,20	7 %		

Arbeitsblatt 25.2: Umsatzsteuer, Teil II

Die Fly Bike Werke GmbH kauft von einem Lieferanten Handelswaren ein und verkauft diese weiter an einen Kunden. Vervollständigen Sie die folgende Darstellung des Umsatzsteuersystems aus Sicht der Fly Bike Werke GmbH.

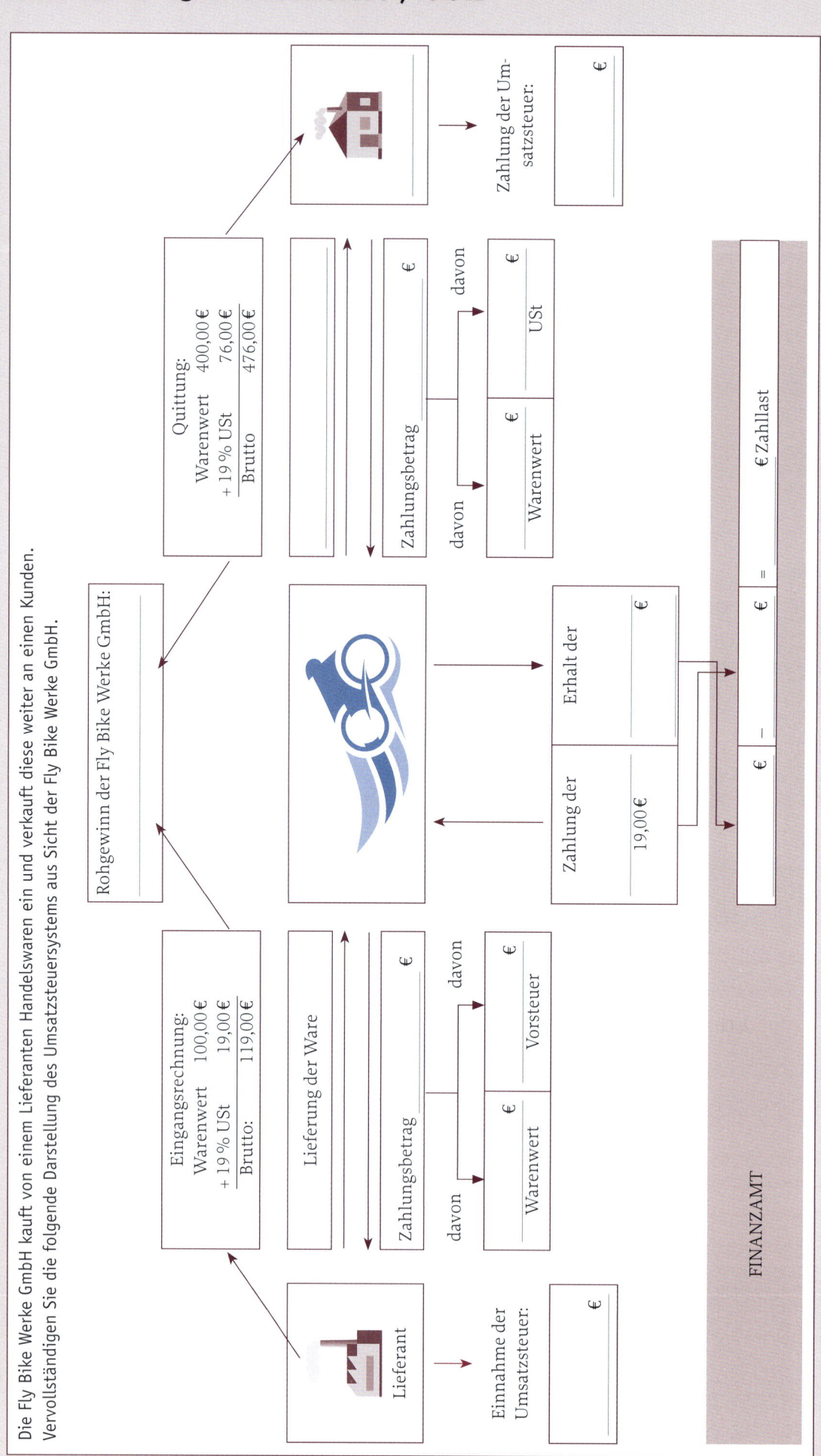

Arbeitsblatt 25.3: Abschluss der Umsatzsteuerkonten, Teil I
Umsatzsteuer > Vorsteuer

Größere Unternehmen müssen monatlich die gebuchten Beträge auf ihren Umsatzsteuerkonten ermitteln und verrechnen. Im Normalfall übersteigt die von Kunden gezahlte Umsatzsteuer wertmäßig die an Lieferanten gezahlte Vorsteuer. Es entsteht eine Zahllast, die an das Finanzamt abgeführt (überwiesen) werden muss. Im Ausnahmefall ist allerdings auch ein Vorsteuerüberhang zu buchen.

- Aktives Bestandskonto Vorsteuer = Forderung an das Finanzamt
- Passives Bestandskonto Umsatzsteuer = Verbindlichkeit gegenüber dem Finanzamt

Fall 1: Die in einem Monat erhaltene Umsatzsteuer ist größer als die gezahlte Vorsteuer.

Abschlussangabe: Die Zahllast ist an das Finanzamt zu überweisen.

Hinweis: Die Zahllast wird für die Monate Januar bis November immer am 10. des Folgemonats an das Finanzamt überwiesen.

S	2600 Vorsteuer	H		S	4800 Umsatzsteuer	H
2 800	12.500,00				2 800	21.500,00

S	2800 Bankguthaben	H
8 000	39.000,00	

Buchungen:
1. Verrechnung der Umsatzsteuerkonten
2. Banküberweisung der Zahllast

	Konto der Sollbuchung	€	an	Konto der Habenbuchung	€
1.					
2.					

Fall 2: Die im Monat Dezember erhaltene Umsatzsteuer ist größer die gezahlte Vorsteuer.

Abschlussangabe: Die Zahllast ist zu passivieren.

Hinweis: Die Zahllast des Monats Dezember wird erst am 10. Januar des Folgejahres an das Finanzamt überwiesen. Am 31.12. wird das passive Bestandskonto Umsatzsteuer (Verbindlichkeit gegenüber dem Finanzamt) in der Bilanz bei den Verbindlichkeiten ausgewiesen!

S	2600 Vorsteuer	H		S	4800 Umsatzsteuer	H
2 800	21.000,00				2 800	26.500,00

S	8010 SBK	H

Buchungen:
1. Verrechnung der Umsatzsteuerkonten
2. Passivierung der Zahllast

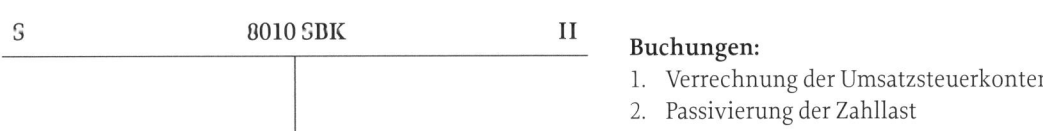

	Konto der Sollbuchung	€	an	Konto der Habenbuchung	€
1.					
2.					

Arbeitsblatt 25.4: Abschluss der Umsatzsteuerkonten, Teil II
Vorsteuer > Umsatzsteuer

Fall 3: Die Summe der Vorsteuer ist größer als die Summe der Umsatzsteuer.

Abschlussangabe: Der Vorsteuerüberhang wird vom Finanzamt überwiesen.

Hinweis: Ein Vorsteuerüberhang in den Monaten Januar bis November wird immer am 10. des Folgemonats vom Finanzamt auf das Bankkonto des Betriebes überwiesen.

S	2600 Vorsteuer	H
2 800	14.500,00	

S	4800 Umsatzsteuer	H
	2 800	9.500,00

S	2800 Bankguthaben	H
8 000	19.000,00	

Buchungen:
1. Verrechnung der Umsatzsteuerkonten
2. Banküberweisung des Vorsteuerüberhangs

	Konto der Sollbuchung	€	an	Konto der Habenbuchung	€
1.					
2.					

Fall 4: Die Summe der Vorsteuer ist größer als die Summe der Umsatzsteuer.

Abschlussangabe: Der Vorsteuerüberhang ist zu aktivieren.

Hinweis: Der Vorsteuerüberhang im Monat Dezember wird erst am 10. Januar vom Finanzamt überwiesen. Am 31.12. wird das aktive Bestandskonto Umsatzsteuer (Forderung gegenüber dem Finanzamt) in der Bilanz bei den Forderungen ausgewiesen.

S	2600 Vorsteuer	H
2 800	19.500,00	

S	4800 Umsatzsteuer	H
	2 800	16.500,00

S	8010 SBK	H

Buchungen:
1. Verrechnung der Umsatzsteuerkonten
2. Aktivierung des Vorsteuerüberhangs

	Konto der Sollbuchung	€	an	Konto der Habenbuchung	€
1.					
2.					

Nachfolgesituation: Vorsteuer abziehbar?

Situation: Als Auszubildende/-r sind Sie zurzeit neu in der Rechnungseingangsstelle im Materialeinkauf der Fly Bike Werke GmbH eingesetzt. Das folgende Merkblatt hat man Ihnen schon mal vorab „in die Hand gedrückt". Jetzt sollen Sie eine Rechnung nach den formalen Anforderungen des Umsatzsteuerrechts erstellen, aber auch rechnerisch überprüfen – die sachliche Prüfung hat die Rechnung schon bestanden.

Merkblatt: Rechnungen müssen folgende Angaben enthalten (§ 14 Abs. 4 Satz 1 UStG)

1. den vollständigen Namen und die vollständige Anschrift des leistenden Unternehmers, inklusive der im Handelsregister eingetragenen Rechtsform,
2. die Steuernummer oder die vom Bundeszentralamt für Steuern erteilte Umsatzsteuer-Identifikationsnummer des leistenden Unternehmers,
3. den vollständigen Namen und die vollständige Anschrift des Leistungsempfängers,
4. die fortlaufende Rechnungsnummer mit einer oder mehreren Zahlenreihen, die der Rechnungsaussteller zur Identifizierung der Rechnung einmalig vergibt,
5. das Ausstellungsdatum,
6. die Menge und Art (handelsübliche Bezeichnung) des Gegenstandes der Lieferung oder die Art und den Umfang der sonstigen Leistung,
7. den Zeitpunkt der Lieferung oder sonstigen Leistung; im Falle von Anzahlungen, die in der Endrechnung abgezogen werden, den Zeitpunkt der Vereinnahmung des Entgelts, sofern dieser feststeht und nicht mit dem Rechnungsdatum übereinstimmt,
8. das nach den Steuersätzen und einzelnen Steuerbefreiungen aufgeschlüsselte Entgelt für die Lieferung oder sonstige Leistung sowie jede im Voraus vereinbarte Minderung des Entgelts, sofern diese nicht bereits im Entgelt berücksichtigt ist,
9. den anzuwendenden Steuersatz sowie den auf das Entgelt entfallenden Steuerbetrag oder im Fall einer Steuerbefreiung einen Hinweis darauf ...

AWB Aluminiumwerke AG, Bonn

AWB Aluminiumwerke · Sankt-Augustiner-Straße 30 · 53225 Bonn

Sankt-Augustiner-Straße 30
53225 Bonn

Tel.: 0228 46477-0
Fax: 0228 46477-11
E-Mail:
awb-mail@aluminiumwerke.de
Ansprechparter: Herr Köllen

Fly Bike Werke GmbH
Rostocker Straße 334
26121 Oldenburg

Rechnung-Nr.: 444

Lieferdatum 12.08.20XX
Rechnungsdatum: 14.08.20XX

Artikel Nr.	Artikelbezeichnung für Aluminiumrohre	Menge in Metern	Einzelpreis in €	Gesamtpreis in €
40045225	Rundrohr 45 x 2,25	1 200	10,11	12.132,00
	– 12,5 % Rabatt			1.455,84
	= Nettowarenwert			10.676,16
	+ Umsatzsteuer			2.028,47
	= Bruttorechnungsbetrag			12.704,63

Lieferung ab Lager Bonn, Zahlung innerhalb von 30 Tagen ohne Abzug.
Skontofrist 8 Tage, Skontosatz 2 % auf den Nettowarenwert.

Bankverbindung: Bank für Gemeinwirtschaft,
IBAN: DE37 3801 0111 0077 9982 46, BIC: ESSEDE5F380

Hinweis zu Kleinbetragsrechnungen: Rechnungen über Kleinbeträge bis zu 250,00 € müssen nicht sämtliche Pflichtangaben für eine Rechnung enthalten. Der Name und die Adresse des Rechnungsausstellers, das Datum, die Auflistung der Ware oder Leistung sowie der Rechnungsbetrag mit Umsatzsteuersatz oder Steuerbetrag reichen auf Kleinbetragsrechnungen aus.

---

1 Prüfen Sie die oben abgebildete Eingangsrechnung rechnerisch, korrigieren Sie ggf. festgestellte Fehler und ermitteln Sie den richtigen Überweisungsbetrag.
2 Unterscheiden Sie die rechnerische von der sachlichen Rechnungs-Prüfung.
3 Prüfen Sie, ob diese Rechnung alle Erfordernisse des Umsatzsteuerrechts erfüllt, die zum Vorsteuerabzug berechtigen, und geben Sie ggf. an, welche Angabe/-n fehlt/fehlen.

Aufgaben

Aufgabe 1

Ein Forstbetrieb verkauft Holz für netto 100,00 € an eine Tischlerei. Diese stellt daraus einen Tisch her und verkauft diesen zum Nettowarenwert von 400,00 € an einen Möbelgroßhändler. Ein Einrichtungshaus erwirbt von diesem Händler den Tisch für netto 600,00 € und verkauft ihn für netto 1.000,00 € an einen Endverbraucher. Auf jeder Stufe ist mit Umsatzsteuer in Höhe von 19 % zu rechnen.

a   Berechnen Sie mit Hilfe der Tabellen für jede Wirtschaftsstufe die abzuführende Zahllast.

	Forstbetrieb	Tischlerei	Möbelgroß-händler	Fachgeschäft für Möbel	Endverbraucher
Nettoverkaufspreis (= Warenwert)					Bruttopreis
+ Umsatzsteuer					USt
= Bruttoverkaufspreis (= Ladenverkaufspreis)					Nettopreis
erhaltene Umsatzsteuer					
– gezahlte Umsatzsteuer (= Vorsteuer)					
= abzuführende Zahllast					summierte Zahllast aller Unternehmen

b   Warum heißt die Umsatzsteuer auch Mehrwertsteuer?

c   Berechnen Sie den Mehrwert und die Besteuerung des Mehrwerts.

	Forstbetrieb	Tischlerei	Möbelgroß-händler	Fachgeschäft für Möbel	Endverbraucher
erarbeiteter Mehrwert je Wirtschafts-stufe (= Nettoverkaufspreis – Nettoeinkaufspreis)					Summe
Besteuerung des Mehrwertes mit 19 % (= Zahllast)					Summe

Aufgabe 2

Erläutern Sie in eigenen Worten, wieso die Umsatzsteuer aus Unternehmersicht ein durchlaufender Posten ist und keinen Einfluss auf den Erfolg des Unternehmens hat.

Aufgabe 3

An der Kasse vieler Geschäfte sieht man eines der nebenstehenden Schilder.
Was bedeuten sie? Erläutern Sie den Hintergrund.

Auslaufendes Zeichen

Global Blue

Neues Zeichen

Aufgabe 4

Ein Industrieunternehmen hat im Monat Dezember eines Geschäftsjahres Vorsteuern in Höhe von 232.000,00 € gebucht. Auf dem Konto Umsatzsteuer sind 312.000,00 € erfasst worden. Geben Sie die Buchungssätze zum Abschluss beider Konten an.

Aufgabe 5

Füllen Sie den folgenden Lückentext aus.

a   Die Umsatzsteuer ist ausschließlich vom _____ zu tragen. Das Industrieunternehmen

muss die Umsatzsteuer seinen Kunden im Namen des _____ in Rechnung

stellen, vereinnahmen und an dasselbige abführen. Steuerschuldner ist das _____ .

Aus Sicht des Unternehmens ist die von den Kunden erhaltene Umsatzsteuer eine _____

gegenüber dem Finanzamt.

b   Beim Einkauf von Vorleistungen (Rohstoffen usw.) zahlt das Industrieunternehmen zunächst selbst auch

Umsatzsteuer. Diese beim Einkauf gezahlte USt wird aus Sicht des Unternehmers

als _____ bezeichnet. Die _____ ist

dem Charakter nach eine Vorauszahlung an das Finanzamt auf die später abzuführende Umsatzsteuerschuld.

Die Vorsteuer stellt eine _____ gegenüber dem Finanzamt dar.

c   Wenn das Industrieunternehmen insgesamt wertmäßig mehr Produkte verkauft als Vorleistungen eingekauft hat,

dann ist die erhaltene Umsatzsteuer _____ als die gezahlte Vorsteuer. Somit

schuldet das Unternehmen dem _____ noch Geld. Um die tatsächliche

Umsatzsteuerschuld (= Zahllast) des Unternehmens zu ermitteln, wird die beim Einkauf der Vorleistungen vorab

geleistete Vorsteuer mit der beim Verkauf der Produkte erhaltenen Umsatzsteuer verrechnet.

d   Da der Endverbraucher keinen Vorsteuerabzug geltend machen kann, zahlt er die gesamte Umsatzsteuer.

Für alle Unternehmen ist die Umsatzsteuer dagegen ein durchlaufender Posten ohne Auswirkung auf

den _____ des Unternehmens.

Aufgabe 6

Ermitteln Sie den Barzahlungsbetrag und geben Sie die Buchung für nachfolgenden Beleg an.

Quittung

Euro _____ Ct. _____

Nr. _____   einschl. **19** %MWSt/Euro   **38,00**

Cent wie oben
Euro in Worten

von   **Fly Bike Werke GmbH**

für   **Reparatur Personalcomputer**

dankend erhalten

Oldenburg, den   **28-12-20XX**

PC-Schnelldienst   **Wagner**

Unterschrift des Empfängers

Aufgabe 7

Ermitteln Sie die Höhe der Umsatzsteuer der Geschäftsvorfälle und buchen Sie die Geschäftsvorfälle im Grundbuch (Buchungssätze). Richten Sie außerdem im Hauptbuch (Ausschnitt) Konten für Vorsteuer und Umsatzsteuer ein, buchen Sie auf diesen Konten die Umsatzsteuer beim Ein- und Verkauf und schließen Sie diese Konten ab.

	€
1. **Eingangsrechnung:**	
Rohstoffeinkauf auf Ziel	42.000,00
+ 19 % Umsatzsteuer	
= Bruttorechnungsbetrag	

	€
2. **Kontoauszug mit Lastschriften:**	
Hilfsstoffeinkauf und	15.000,00
Betriebsstoffeinkauf	20.000,00
+ Umsatzsteuer	
= Bruttorechnungsbetrag (Überweisungsbetrag)	

Hinweis: Hilfsstoffe 19 % USt, Betriebsstoffe 7 % USt

	€
3. **Ausgangsrechnung:**	
Verkauf von Erzeugnissen auf Ziel	
+ 19 % Umsatzsteuer	
= Bruttorechnungsbetrag	142.800,00

Aufgabe 8

Bilden Sie die Buchungssätze für die nachfolgenden Geschäftsvorfälle:

	€
1. Eingangsrechnung: Zielkauf einer Maschine	
Nettowert	4.200,00
+ 19 % Umsatzsteuer	798,00
= Bruttowert	4.998,00
2. Eingangsrechnung: Druckkosten für die Erstellung eines Werbekataloges, Nettorechnungsbetrag	2.600,00
+ 19 % Umsatzsteuer	494,00
= Bruttorechnungsbetrag	3.094,00
3. Kontoauszug mit Lastschrift: Banküberweisung der Lagerhallenmiete	1.200,00
4. Kontoauszug mit Gutschrift: Gutschrift der Bank für Zinsen	840,00
5. Eingangsrechnung: Provisionsabrechnung eines Handelsvertreters, Nettovertriebsprovision	1.800,00
+ 19 % Umsatzsteuer	342,00
= Bruttovertriebsprovision	2.142,00

		€
6. Kontoauszug mit Lastschrift: Abbuchung der Telefonrechnung durch die Telekom		
Gesprächsgebühren	870,00 €	
Telefonanlage	80,00 €	950,00
+ 19 % Umsatzsteuer		180,50
= Abbuchungsbetrag		1.130,50

Aufgabe 9

Erstellen Sie einen vollständigen Geschäftsgang im Grund- und Hauptbuch:
- Der Rohstoffeinkauf wird aufwandsorientiert erfasst.
- Der Fremdbauteileeinkauf wird bestandsorientiert erfasst.
- Die Konten Maschinen und Betriebs- und Geschäftsausstattung werden als Sammelkonten geführt.

Anfangsbestände:

Aktive Bestandskonten	€	Passive Bestandskonten	€
0700 Maschinen	60.000,00	3000 Eigenkapital	243.200,00
0800 Betriebs- und Geschäftsausstattung	120.000,00	4250 langfristige Bankverbindlichkeiten	20.000,00
2000 Rohstoffe	4.600,00	4400 Verbindlichkeiten a. L. L.	26.000,00
2010 Fremdbauteile	43.400,00	4800 Umsatzsteuer	8.000,00
2400 Forderungen a. L. L.	32.000,00		
2800 Bankguthaben	34.000,00		
2880 Kasse	3.200,00		

Weitere einzurichtende Konten:

2600 Vorsteuer, 5000 Umsatzerlöse für eigene Erzeugnisse, 5400 Mieterträge, 5710 Zinserträge, 6000 Aufwendungen für Rohstoffe, 6010 Aufwendungen für Fremdbauteile, 6160 Fremdinstandhaltung, 6800 Büromaterial, 8010 SBK, 8020 GuV-Konto

Nr.	Belegart	Geschäftsvorfälle	€
1.	Kontoauszug mit Lastschrift	Überweisung der Zahllast des Vormonats	8.000,00
2.	Eingangsrechnung	Rohstoffeinkauf für die Produktion auf Ziel + 19 % Umsatzsteuer = Rechnungsbetrag	60.000,00 11.400,00 71.400,00
3.	Eingangsrechnung	Fremdbauteileeinkauf für das Lager auf Ziel + 19 % Umsatzsteuer = Rechnungsbetrag	20.000,00 3.800,00 23.800,00
4.	Materialentnahmescheine	Fremdbauteileverbrauch	36.000,00
5.	Ausgangsrechnung	Verkauf von Erzeugnissen auf Ziel, netto + 19 % Umsatzsteuer = Rechnungsbetrag	134.000,00 25.460,00 159.460,00
6.	Kontoauszug mit Bankgutschrift	Zinszahlung	500,00
7.	Eingangsrechnung	Reparatur einer Produktionsmaschine + 19 % Umsatzsteuer = Rechnungsbetrag	2.200,00 418,00 2.618,00
8.	Quittung	Barkauf von Büromaterial + 19 % Umsatzsteuer = Rechnungsbetrag	200,00 38,00 238,00
9.	Kontoauszug mit Bankgutschrift	Mietzahlung für die Untervermietung ungenutzter Büroräume	1.000,00
10.	Kontoauszug mit Banklastschrift	Darlehenstilgung	2.500,00

Abschlussangaben:
- Der Inventurbestand der Rohstoffe beträgt 2.500,00 €; alle anderen Bestände stimmen mit den Inventurwerten überein.
- Die Zahllast ist zu passivieren.

Werkstoffeinkauf mit Bezugskosten und Nachlässen

In der Buchhaltung der Fly Bike Werke GmbH liegen folgende Belege zur Bearbeitung vor.

Beleg Nr. 1

Color GmbH
Ludwigshafen

Color GmbH, Hafenstr. 125, 67061 Ludwigshafen

Fly Bike Werke GmbH
Rostocker Str. 334
26121 Oldenburg

Kunden-Nr.: 424
Ansprechpartner: Frau Reineke
Telefon: 0621-582664
Lieferschein-Nr. 4829
Lieferdatum: 24.06.20XX
Rechnungsdatum: 28.06.20XX

Rechnung Nr. 3615

Pos.	Artikel-Nr.	Artikelbezeichnung	Menge	Preis je Einheit	Gesamtpreis
1	900100	Klarlack	400 Liter	3,45 €	1.380,00 €
2	800200	Spezialgrundierung für Edeltstähle	400 Liter	2,45 €	980,00 €
3	700100	Standardfarbe „gelb"	75 Liter	4,30 €	322,50 €

Warenwert	Verpackungs-kosten	Transport-kosten	Nettorechnungs-betrag	Umsatzsteuer 19 %	Bruttorechnungs-betrag
2.682,50 €	50,00 €	200,00 €	2.932,50 €	557,18 €	3.489,68 €

Zahlungsziel 30 Tage, bei Zahlung innerhalb von 8 Tagen 2 % Skonto auf den Bruttorechnungsbetrag

Beleg Nr. 2

Ermittlung der Nettogutschriftsbeträge

Rücksendung	_____ €
Preisnachlass	_____ €
Kürzung Transport- und Verpackungskosten	_____ €
Summe	_____ €

Color GmbH
Ludwigshafen

Color GmbH, Hafenstr. 125, 67061 Ludwigshafen

Fly Bike Werke GmbH
Rostocker Str. 334
26121 Oldenburg

Kunden-Nr.: 424
Ansprechpartner: Frau Reineke
Telefon: 0621 582664
Lieferschein-Nr.: 4829
Lieferdatum: 24.06.20XX
Rechnungsdatum: 28.06.20XX
Gutschrifts-Datum: 01.07.20XX

Gutschrift zu Rechnung Nr. 3615

Sehr geehrter Herr Thüne,

aufgrund Ihrer Mängelrüge nehmen wir unseren Artikel 700100 Standardfarbe „gelb" vollständig zurück und werden Ihnen in den nächsten Tagen den Artikel nach Ihrem Farbmuster auf neue Rechnung zusenden. Auf unseren Artikel 900100 Klarlack gewähren wir Ihnen einen Preisnachlass in Höhe von 10 % (siehe angehängte Gutschrift). Unsere Transport- und Verpackungskosten können Sie ebenfalls um 10 % kürzen.

Beleg Nr. 3

Landessparkasse Oldenburg

IBAN	Kontoauszug	Auszug	Blatt
DE86 2805 0100 0112 3264 44	Landessparkasse Oldenburg	67	1

Buchungstag	Wert	Vorgang/Erläuterungen	Beträge in EUR	
		Kontostand am 12.01.20XX	32.430,00 +	
06.07.20XX	06.07.20XX	Color GmbH, Ludwigshafen Rechnung 3615 vom 28.06.20XX abzüglich Gutschrift vom 01.07.20XX und 2% Skonto	2.853,69 –	
		Kontostand am 06.07.20XX	29.576,31 +	

Fly Bike Werke GmbH, Oldenburg

1 Buchen Sie die Belege im Grund- und Hauptbuch. Verwenden Sie dafür Arbeitsblatt 26.1.

2 Ermitteln Sie den Nettowert dieser Hilfsstoffe nach Rechnungsausgleich.

3 Wie hoch ist der Vorsteuerabzug, den die Fly Bike Werke GmbH durch diesen Einkauf geltend machen kann?

Arbeitsblatt 26.1: Werkstoffeinkauf mit Bezugskosten und Nachlässen

Grundbuch:

1 Hilfsstoffeinkauf auf Ziel (aufwandsorientiert)
2 Gutschrift des Hilfsstofflieferanten
3 Banküberweisung an den Hilfsstofflieferanten unter Ausnutzung von 2 % Skonto
4 Umbuchung Bezugskosten
5 Umbuchung Nachlässe

Nr.	Soll	€	Haben	€
1.				
2.				
3.				
4.				
5.				

Hauptbuch:

S	6020 Aufwendungen für Hilfsstoffe	H		S	2600 Vorsteuer	H

S	6021 Bezugskosten für Hilfsstoffe	H		S	2800 Bankguthaben	H
				SV	32.430,00	

S	6022 Nachlässe für Hilfsstoffe	H		S	4400 Verbindlichkeiten a. L. L.	H

Berechnungen	Nettobetrag = 100 %	Umsatzsteuer = 19 %	Bruttobetrag = 119 %
Rechnungseingang			
– Gutschrift Hilfsstoffe			
= Rechnungsbetrag nach Gutschrift			
– 2 % Skonto			
= Zahlungsbetrag			

Arbeitsblatt 26.2: Bestandsorientierte Buchungstechnik

Grundbuch (bestandsorientierte Buchung) am Beispiel Rohstoffe:

	Sollbuchungen	an	Habenbuchungen
Anfangsbestand Rohstoffe			
Eingangsrechnungen:			
Einkauf von Rohstoffen auf Ziel (nach Abzug von Sofortrabatten)			
Einkauf von Rohstoffen mit Bezugskosten (Lieferant stellt Ware und Bezugskosten gleichzeitig in Rechnung)			
Bezugskosten beim Rohstoffeinkauf			
Gutschriften und Zahlungsausgänge:			
Rücksendung an den Lieferanten (Menge und Wert des Materials sinkt)			
Preisminderungen (Mängelrüge, Lieferantenboni: Menge konstant, Wert des Materials sinkt)			
Zahlung unter Abzug von Skonto an einen Rohstofflieferanten			
Umbuchungen und Abschlussbuchung:			
Umbuchung Konto 2001 Bezugskosten			
Umbuchung Konto 2002 Nachlässe			
Umbuchung Rohstoffverbrauch			
Abschlussbuchung Inventurbestand Rohstoffe			

Hauptbuch (bestandsorientierte Buchung) am Beispiel Rohstoffe:

S	2000 Rohstoffe	H	S	2001 Bezugskosten	H

S	6000 Aufwendungen für Rohstoffe	H	S	2002 Nachlässe	H

Arbeitsblatt 26.3: Aufwandsorientierte Buchungstechnik

Grundbuch (aufwandsorientierte Buchung) am Beispiel Rohstoffe:

	Sollbuchungen	an	Habenbuchungen
Anfangsbestand Rohstoffe			
Eingangsrechnungen:			
Einkauf von Rohstoffen auf Ziel (nach Abzug von Sofortrabatten)			
Einkauf von Rohstoffen mit Bezugskosten (Lieferant stellt Ware und Bezugskosten gleichzeitig in Rechnung)			
Bezugskosten beim Rohstoffeinkauf			
Gutschriften und Zahlungsausgänge:			
Rücksendung an den Lieferanten (Menge und Wert des Materials sinkt)			
Preisminderungen (Mängelrüge, Lieferantenboni: Menge konstant, Wert des Materials sinkt)			
Zahlung unter Abzug von Skonto an einen Rohstofflieferanten			
Umbuchungen und Abschlussbuchungen:			
Umbuchung Konto 6001 Bezugskosten			
Umbuchung Konto 6002 Nachlässe			
Abschlussbuchung Inventurbestand Rohstoffe			
Bestandsmehrung Rohstoffe			

Hauptbuch (aufwandsorientierte Buchung) am Beispiel Rohstoffe mit Bestandsmehrung:

S	6000 Aufwendungen für Rohstoffe	H		S	6001 Bezugskosten	H

S	2000 Rohstoffe	H		S	6002 Nachlässe	H

Aufgaben

Aufgabe 1

1   Buchen Sie nachfolgende Eingangsrechnungen für die Fly Bike Werke GmbH bestands- und aufwandsorientiert.

  a   Eingangsrechnung für Speziallacke von der Farbenfabrik Beyer AG, Kreditor 44007

Eingangsrechnung für Hilfstoffe

	€
Nettorechnungsbetrag	12.600,00
+ 19 % Umsatzsteuer	2.394,00
= Bruttorechnungsbetrag	14.994,00

  b   Eingangsrechnung für Aluminiumrohre von der AWB Aluminiumwerke AG, Kreditor 44003

Eingangsrechnung mit Sofortrabatt

	€
Listeneinkaufspreis	15.200,00
– 10 % Rabatt	1.520,00
= Nettorechnungsbetrag	13.680,00
+ 19 % Umsatzsteuer	2.599,20
= Bruttorechnungsbetrag	16.279,20

  c   Eingangsrechnung für Stülpkartons von der APV GmbH, Kreditor 44030

Eingangsrechnung mit Sofortrabatt und Bezugskosten

	€
Listeneinkaufspreis	5.600,00
– 5 % Rabatt	280,00
+ Transport- und Verpackungskosten	360,00
= Nettorechnungsbetrag	5.680,00
+ 19 % Umsatzsteuer	1.079,20
= Bruttorechnungsbetrag	6.759,20

Aufgabe 2

Buchen Sie die Eingangsrechnung der Stahlwerke Tissen AG, Kreditor 44001, für die Fly Bike Werke GmbH bestands- und aufwandsorientiert.

Eingangsrechnung mit Sofortrabatt und Bezugskosten

Rechnungsauszug (Rechnung Nr. 2124)

Artikel-Nr.	Artikelbezeichnung	Menge in Meter	Preis je lfm	Gesamtpreis
1034020	Stahlrohr 34 x 2 mm	1000	4,00 €	4.000,00 €
			– 15 % Rabatt	600,00 €
			+ Transportkostenanteil	300,00 €
			= Nettorechnungsbetrag	3.700,00 €
			+ 19 % Umsatzsteuer	703,00 €
			= Bruttorechnungsbetrag	4.403,00 €

Aufgabe 3

Einkauf von Hilfsstoffen, die auf Lager genommen werden, auf Ziel, Kreditor 44288, Nettowert 2.500,00 € zzgl. 19 % Umsatzsteuer. Bei der Hilfsstoffprüfung wird festgestellt, dass die Qualität der Hilfsstoffe nicht vollständig der vertraglich vereinbarten Qualität entspricht, jedoch noch innerhalb der von der Produktion geforderten Toleranzgrenzen liegt. Nach einer Mängelrüge gewährt der Hilfsstofflieferer 15 % Preisminderung und erstellt eine entsprechende Gutschrift. Der Restbetrag wird unter Abzug von 3 % Skonto per Bank überwiesen.

Hilfsstoffeinkauf mit Gutschrift nach Mängelrüge und Lieferantenskonto

Buchen Sie
a   den Hilfsstoffeinkauf auf Ziel,
b   die Gutschrift des Lieferers und
c   den Rechnungsausgleich per Banküberweisung.

Aufgabe 4

Einkauf von Rohstoffen auf Ziel mit Anlieferung in der Produktion, Kreditor 44122, Nettowert 4.600,00 € zzgl. 19 % Umsatzsteuer. Bei der Rohstoffprüfung wird festgestellt, dass 50 % der Rohstoffe unbrauchbar sind. Der Mangel wird unverzüglich gerügt und vom Lieferer anerkannt. Der Lieferer lässt die Rohstoffe sofort abholen und erstellt eine entsprechende Gutschrift. Der Restbetrag wird unter Abzug von 2 % Skonto an den Lieferer per Bank überwiesen.

Rohstoffeinkauf mit Rücksendung und Lieferantenskonto

Buchen Sie

a den Rohstoffeinkauf auf Ziel,

b die Gutschrift des Lieferers und

c den Rechnungsausgleich per Banküberweisung.

Aufgabe 5

Buchen Sie den Bonus des Kreditors 44366 für aufwandsorientiert gebuchte Betriebsstoffeinkäufe im 1. Quartal 20XX.

Liefererbonus

Bonusabrechnung (Auszug)

Bonus 1. Quartal 20XX
Nettoumsätze vom 01.01.20XX bis zum 31.03.20XX   22.600,00 €

Bonussatz 1,5 %	339,00 €
+ 19 % Umsatzsteuer	64,41 €
= Gutschriftsbetrag 1. Quartal 20XX	403,41 €

Aufgabe 6

Buchen Sie die nachfolgenden Geschäftsvorfälle bestandsorientiert.
Kreditoren-Nr. des Rohstofflieferers: 44117, Kreditoren-Nr. des Hilfsstofflieferers: 44312.

Geschäftsvorfälle	Nettowert (€)	19 % USt	Bruttowert (€)
1. Rohstoffeinkauf auf Ziel	22.000,00	4.180,00	26.180,00
2. Hilfsstoffeinkauf auf Ziel Listenpreis 20.000,00 € abzüglich 10 % Rabatt	18.000,00	3.420,00	21.420,00
3. Barzahlung der Frachtkosten für Hilfsstoffeinkauf	500,00	95,00	595,00
4. Gutschrift für Rücksendung an den Rohstofflieferer (Fall 1)	11.000,00	2.090,00	13.090,00
5. Bonusgutschrift des Rohstofflieferers	1.000,00	190,00	1.190,00
6. Preisnachlass: Gutschrift wegen Qualitätsmangels des Hilfsstofflieferers (Fall 2)	2.200,00	418,00	2.618,00
7. Kontoauszug: Überweisung an den Rohstofflieferer, Rechnungsbetrag 5.950,00 €, Skonto 3 %	Überweisungsbetrag inkl. USt 5.771,50 €		

Aufgabe 7

Ermitteln Sie den Rohstoffeinsatz auf den nachfolgenden Konten, wenn der Inventurstand der Rohstoffe bei bestandsorientierter Buchungstechnik am Jahresende 20.000,00 € beträgt.

Soll	2000 Rohstoffe	Haben
8000	40.000,00	
4400	60.000,00	
4400	180.000,00	

Soll	2001 Bezugskosten	Haben
4400	8.000,00	
2800	800,00	

Soll	2002 Nachlässe	Haben
2000	4400	600,00
	4400	1.200,00

Soll	6000 Aufwendungen für Rohstoffe	Haben

Verkauf von Erzeugnissen

In der Buchhaltung der Fly Bike Werke GmbH sind nachfolgende Belege zu buchen.

1 Buchen Sie die Belege im Grund- und Hauptbuch. Verwenden Sie dafür Arbeitsblatt 27.1.

2 Ermitteln Sie die Erhöhung der Nettoumsatzerlöse durch diesen Erzeugnisverkauf.

3 Wie hoch ist der Umsatzsteuerbetrag, den die Fly Bike Werke GmbH vom Käufer erhält?

Beleg Nr. 1

Fly Bike Werke GmbH

FBW GmbH • Rostocker Str. 334 • 26121 Oldenburg

Sachsenrad GmbH
Bayreuther Str. 20
01277 Dresden

Kundennummer:	10009
Ihre Bestellung Nr.	14
Ihr Bestelldatum:	17.09.20XX
Unsere Lieferschein-Nr.:	765
Unser Lieferdatum:	27.09.20XX
Ihr FBW-Ansprechpartner:	Herr Baumann
Tel.:	0441 885-01

Rechnung-Nr.: 765   **Rechnungsdatum: 27.09.20XX**

Artikel-Nr.	Artikelbezeichnung	Stück	Einzelpreis in €	Rabatt in %	Gesamtpreis in €
201	Trekking *Light*	25	299,25	29,00	5.311,69
202	Trekking *Free*	42	350,00	29,00	10.437,00
	Verpackungskosten				335,00
	Transportkostenpauschale				500,00

Versandart/Freivermerk:			
Lkw ab Werk	Nettorechnungsbetrag in €		16.583,69
	+19 % Umsatzsteuer in €		3.150,90
	Bruttorechnungsbetrag in €		19.734,59

Bitte überweisen Sie:	Datum:	Skonto in %	Skonto in €	Betrag in €
Innerhalb der Skontofrist bis:	05.10.XX	2,00	394,69	19.339,90
Innerhalb des Zahlungsziels bis:	30.10.XX			19.734,59

Beleg Nr. 2

			Landessparkasse Oldenburg	
IBAN		Kontoauszug	Auszug	Blatt
DE86 2805 0100 0112 3264 44		Landessparkasse Oldenburg	156	1
Buchungstag	Wert	Vorgang/Erläuterungen	Beträge in €	
		Kontostand am 05.10.20XX	34.670,00 +	
05.10.20XX	05.10.20XX	Sachsenrad GmbH, Rechnung 765		
		abzüglich 2 % Skonto	19.339,90 +	
		Kontostand am 05.10.20XX	54.009,90 +	

Fly Bike Werke GmbH, Oldenburg

Arbeitsblatt 27.1: Verkauf von Erzeugnissen

Grundbuch:

1 Erzeugnisverkauf mit Sofortrabatten und Vertriebskosten auf Ziel
2 Zahlungseingang unter Abzug von Skonto
3 Umbuchung Erlösberichtigungen

Nr.	Soll	€	Haben	€
1.				
2.				
3.				

Hauptbuch:

S   2400 Forderungen a. L. L.   H   S   5000 Umsatzerlöse f. e. Erz.   H

S   5001 Erlösberichtigungen   H   S   4800 Umsatzsteuer   H

S   2800 Bankguthaben   H
SV   34.670,00

Berechnungen	Nettobetrag = 100 %	Umsatzsteuer = 19 %	Bruttobetrag = 119 %
Ausgangsrechnung			
− 2 % Skonto			
= Zahlungseingang			

Arbeitsblatt 27.2: Verkauf von Erzeugnissen und Handelswaren

Grundbuch für Verkäufe auf Ziel, Gutschriften und Zahlungseingänge:

	Sollbuchungen	an	Habenbuchungen
Ausgangsrechnungen:			
Ausgangsrechnung für eigene Erzeugnisse			
Ausgangsrechnung für Waren			
Gutschriften:			
Gutschrift für Rücksendungen von Erzeugnissen			
Gutschrift für Rücksendungen von Waren			
Gutschrift für Mängelrügen und Boni bei eigenen Erzeugnissen			
Gutschrift für Mängelrügen und Boni bei Waren			
Zahlungseingänge:			
Kontoauszug: Zahlungseingang unter Abzug von Skonto für eigene Erzeugnisse			
Kontoauszug: Zahlungseingang unter Abzug von Skonto für Waren			
Umbuchungen:			
Umbuchung Konto Erlösberichtigungen für Erzeugnisse			
Umbuchung Konto Erlösberichtigungen für Waren			

Hauptbuch:

S	5001 Erlösberichtigungen	H	S	5000 Umsatzerlöse f. eigene Erz.	H

S	5101 Erlösberichtigungen	H	S	5100 Umsatzerlöse f. Waren	H

Aufgaben

Aufgabe 1

Buchen Sie nachfolgende Rechnungen für die Fly Bike Werke GmbH.

a Ausgangsrechnung für Fahrräder an die Interrad e.G., Debitor 24014

Erzeugnisverkauf

	€
Nettorechnungsbetrag	24.315,00
+ 19 % Umsatzsteuer	4.619,85
= Bruttorechnungsbetrag	28.934,85

b Ausgangsrechnung für Fahrradanhänger an die Radplus GmbH, Debitor 24012

Transport- und Verpackungskosten (Verkauf)

Warenwert	11.835,00
+ Transportkostenanteil	300,00
+ Verpackungskostenpauschale	250,00
= Nettorechnungsbetrag	12.385,00
+ 19 % Umsatzsteuer	2.353,15
= Bruttorechnungsbetrag	14.738,15

c Ausgangsrechnung für Fahrräder an die Südrad e.G., Debitor 24013

Sofortrabatt (Verkauf)

Listenverkaufspreis	86.200,00
– 31 % Wiederverkäuferrabatt	26.722,00
= Nettorechnungsbetrag	59.478,00
+ 19 % Umsatzsteuer	11.300,82
= Bruttorechnungsbetrag	70.778,82

d Eingangsrechnung für Stülpkartons von der APV GmbH, Kreditor 44030

Sofortrabatt, Transport- und Verpackungskosten (Einkauf)

Listeneinkaufspreis	5.600,00
– 5 % Rabatt	280,00
+ Transport- und Verpackungskosten	360,00
= Nettorechnungsbetrag	5.680,00
+ 19 % Umsatzsteuer	1.079,20
= Bruttorechnungsbetrag	6.759,20

e Eingangsrechnung einer Spedition für die Auslieferung von Fahrrädern an einen Kunden, Kreditor 44099 (Sonstige Kreditoren)

Einkauf von Transportdienstleistungen

Nettorechnungsbetrag	1.260,00
+ 19 % Umsatzsteuer	239,40
= Bruttorechnungsbetrag	1.499,40

Aufgabe 2

Berechnen und buchen Sie den Jahresbonus, die USt und den Bruttobonus für die EGZ Einkaufsgenossenschaft, Debitor 24011.

Kundenbonus

Jahresbonus für EGZ Einkaufsgenossenschaft

Absatzmenge: 5 606 Fahrräder

Nettoumsatz vor Skontoabzug	1.220.048,90 €
1 % Jahresbonus (netto)	? €
+ 19 % Umsatzsteuer	? €
Bruttobonus	? €

Arbeitsblatt 27.3: Korrekturbuchungen in der Beschaffungs- und Absatzwirtschaft: Berechnungen

Bei allen Geschäftsvorfällen ist ein Umsatzsteuersatz von 19 % zu berücksichtigen!

Korrekturen	Beschaffungswirtschaft Konto der Erfassung (aufwandsorientiert)	Absatzwirtschaft Konto der Erfassung
Sofortrabatte		
Rücksendungen		
Preisnachlässe ohne Rücksendungen		
Boni		
Skonti		

Fall 1 (Beschaffungswirtschaft): Rohstoffeinkauf und Korrekturbuchungen nach dem Rohstoffeinkauf
1   Rohstoffeinkauf auf Ziel, Rohstoffwert 400.000,00 € abzüglich 10 % Sofortrabatt 40.000,00 €
2   Rücksendung von Rohstoffen an den Lieferer, Lieferergutschrift: 10 % des Rechnungsbetrages aus Fall 1
3   Mängelrüge mit Preisnachlass ohne Rohstoffrücksendung, Lieferergutschrift: 10 % auf den Restbetrag nach Rücksendungsgutschrift
4   Banküberweisung der Restschuld an den Rohstofflieferer unter Abzug von 2 % Skonto
5   Bonusgutschrift des Rohstofflieferers: 1,0 % auf diesen Nettoumsatz, zzgl. 19 % Umsatzsteuer

Fall 2 (Absatzwirtschaft): Erzeugnisverkauf und Korrekturbuchungen nach dem Erzeugnisverkauf mit 19 % Umsatzsteuer
1   Erzeugnisverkauf auf Ziel, Erzeugniswert 400.000,00 € abzüglich 10 % Sofortrabatt 40.000,00 €
2   Rücksendung von Erzeugnissen vom Kunden, Gutschrift: 10 % des Rechnungsbetrages aus Fall 1
3   Mängelrüge des Kunden ohne Erzeugnisrücklieferung, Gutschrift: 10 % auf den Restbetrag nach Rücksendungsgutschrift
4   Banküberweisung der Restschuld vom Kunden unter Abzug von 2 % Skonto
5   Bonusgutschrift an den Kunden: 1,0 % auf den Nettoumsatz zzgl. 19 % Umsatzsteuer

Berechnungen	Nettowert	Umsatzsteuer 19 %	Bruttowert
Ursprungsrechnung nach Sofortrabatt			
– Rücksendung (10 %)			
= Wert nach Rücksendung			
– Preisnachlass (10 %)			
= Wert nach Preisnachlass			
– Skonto (2 %)			
= Wert nach Skonto			
– Bonus (1,0 %)			
= Wert nach Bonus			

Arbeitsblatt 27.4: Korrekturbuchungen in der Beschaffungs- und Absatzwirtschaft: Buchungen

Fall 1 (Beschaffungswirtschaft): Rohstoffeinkauf und Korrekturbuchungen nach dem Rohstoffeinkauf (aufwandsorientiert)

Grundbuch:

Buchung	Soll	€	Haben	€
Rohstoffeinkauf				
Rücksendung				
Preisnachlass				
Skonto bei Zahlung				
Bonus				

Fall 2 (Absatzwirtschaft): Erzeugnisverkauf und Korrekturbuchungen nach dem Erzeugnisverkauf

Grundbuch:

Buchung	Soll	€	Haben	€
Erzeugnisverkauf				
Rücksendung				
Preisnachlass				
Skonto bei Zahlung				
Bonus				

Aufgaben

Aufgabe 3

Geben Sie für nachfolgende Geschäftsvorfälle jeweils die Buchungssätze mit den Kontennummern des Industriekontenrahmens an. Umsatzsteuersatz in allen Fällen 19 %.

1 Ausgangsrechnung: Einem Käufer von Erzeugnissen wird nachträglich eine Spezialverpackung in Rechnung gestellt. Der Bruttorechnungsbetrag beträgt 595,00 €.

2 Kontoauszug mit Banklastschrift: Banküberweisung an einen Hilfsstofflieferer. Die just-in-time gelieferten Hilfsstoffe werden unter Abzug von 2 % Skonto bezahlt. Rechnungsbetrag 28.560,00 €.

3 Gutschrift an einen Kunden: Preisnachlass für mangelhaft gelieferte Erzeugnisse in Höhe von 25 %. Der Kunde behält die gesamte Lieferung; der Bruttorechnungsbetrag betrug 11.900,00 €.

4 Kontoauszug mit Bankgutschrift: Banküberweisung eines Kunden für eine Erzeugnislieferung unter Abzug von 2,5 % Skonto. Überweisungsbetrag 10.602,50 €.

5 Gutschrift eines Lieferanten: Bevorratete Handelswaren wurden an den Lieferer zurückgeschickt. Die Handelswaren entsprachen nicht der vereinbarten Qualität. Gutschriftsbetrag inkl. 19 % USt 2.380,00 €.

6 Eingangsrechnung: Zielkauf von Verpackungsmaterial für den sofortigen Verbrauch im Versandlager, Nettorechnungsbetrag 6.500,00 € inkl. Transportkosten in Höhe von 500,00 € zzgl. 19 % USt.

7 Bonusgutschrift an einen Kunden: Nettoumsatz im 1. Quartal = 145.000,00 €, Bonussatz 1,5 % zzgl. 19 % USt.

8 Eingangsrechnung: Einkauf von Rohstoffen zur Aufstockung des Rohstofflagers auf Ziel. Listenpreis des Lieferanten 24.000,00 €, Großkundenrabatt 15 %, Frachtkostenpauschale 1.400,00 € zzgl. 19 % Umsatzsteuer.

9 Eingangsrechnung: Frachtkostenabrechnung einer Spedition für die Anlieferung von Hilfsstoffen sofort für die Produktion. Bruttorechnungsbetrag 8.330,00 €.

10 Bonusgutschrift eines Lieferanten: Nettoumsatz für auf Lager gelieferte Rohstoffe im 2. Quartal = 225.000,00 €, Bonussatz 2,5 % zzgl. 19 % USt.

Aufgabe 4

Rohstoffeinkauf und Korrekturbuchungen nach dem Rohstoffeinkauf (bestandsorientiert) mit 19 % Umsatzsteuer

1 Rohstoffeinkauf auf Ziel, Rohstoffwert 300.000,00 € abzüglich 12 % Sofortrabatt zzgl. 19 % Umsatzsteuer

2 Rücksendung von Rohstoffen an den Lieferer, Lieferergutschrift: 25 % des Rechnungsbetrages aus Fall 1

3 Mängelrüge mit Preisnachlass ohne Rohstoffrücksendung, Lieferergutschrift: 5 % auf den Restbetrag nach Rücksendungsgutschrift

4 Banküberweisung der Restschuld unter Abzug von 3 % Skonto

5 Bonusgutschrift des Rohstofflieferers: 1,0 % auf den Nettoumsatz zzgl. 19 % Umsatzsteuer

Aufgabe 5

Erzeugnisverkauf und Korrekturbuchungen nach dem Erzeugnisverkauf mit 19 % Umsatzsteuer

1 Erzeugnisverkauf auf Ziel, Erzeugniswert 25.000,00 € abzüglich 12 % Sofortrabatt zzgl. 19 % Umsatzsteuer

2 Rücksendung von Erzeugnissen vom Kunden, Gutschrift: 35 % des Rechnungsbetrages aus Fall 1

3 Mängelrüge des Kunden ohne Erzeugnisrücklieferung, Gutschrift: 7 % auf den Restbetrag nach Rücksendungsgutschrift

4 Banküberweisung der Restschuld vom Kunden unter Abzug von 2,5 % Skonto

5 Bonusgutschrift an den Kunden: 1,2 % auf den Nettoumsatz zzgl. 19 % Umsatzsteuer

Aufgabe 6

Zum 30.06.20XX muss ein Unternehmen entscheiden, ob eine fällige Eingangsrechnung in Höhe von 17.850,00 € inkl. 19 % Umsatzsteuer unter Abzug von 3 % Skonto überwiesen werden soll. Das Kontokorrentkonto zeigt zu diesem Zeitpunkt eine Kontoüberziehung in Höhe von über 15.000,00 € (= Kreditlimit) aus. Die Bank wird erfahrungsgemäß die Überweisung trotzdem ausführen; der Überziehungszinssatz beträgt 16 %. Die Zahlungsfrist des Lieferanten beträgt 30 Tage, die Skontofrist 10 Tage.

Ermitteln Sie unter Angabe Ihrer Berechnungen:

a den Überweisungsbetrag,

b das Nettoskonto,

c die Lieferantenkreditfrist,

d die effektive Verzinsung des Lieferantenkredits,

e die zu zahlenden Bankzinsen und

f den Finanzierungserfolg.

Abschreibungen auf Sachanlagen

Fly Bike Werke GmbH

Hausmitteilung

Absender	Empfänger	mit der Bitte um
☐ Geschäftsführung	☐ Geschäftsführung	☐ Kenntnisnahme
☐ Zentralsekretariat	☐ Zentralsekretariat	☒ Erledigung
☐ Controlling	☐ Controlling	☐ Stellungnahme
☐ Einkauf/Logistik	☐ Einkauf/Logistik	
☐ Produktion	☐ Produktion	
☐ Verwaltung	☒ Verwaltung	
☐ Vertrieb	☐ Vertrieb	
☒ ~~Frau/Herr~~ Steffes	☐ Frau/Herr	

Liebe Mitarbeiter,

einige diesjährige Anschaffungen müssen gebucht werden (siehe beiliegende Belege Nr. 1 bis 3).

Für den Jahresabschluss sind vorab die Abschreibungsbeträge zu ermitteln. Vielen Dank!

S. Steffes

Auszug aus der amtlichen AfA-Tabelle für Anlagegüter		
Fundstelle	**Anlagegüter**	**Nutzungsdauer in Jahren**
3.5	Hochregallager	15
4.2.1	Personenkraftwagen und Kombiwagen	6
4.2.2	Motorräder, Motorroller, Fahrräder u. Ä.	7
4.2.3	Lastkraftwagen, Sattelschlepper, Kipper	9
5.23	Verpackungsmaschinen, Folienschweißgeräte	13
6.1	Wirtschaftsgüter der Werkstätten-, Labor- und Lagereinrichtungen	14
6.13.2.2	Mobilfunkendgeräte	5
6.14.3.1	Großrechner	7
6.14.3.2	Workstations, Personalcomputer, Notebooks und deren Peripheriegeräte (Drucker, Scanner, Bildschirme u. Ä.)	3[1]
6.14.4	Foto-, Film-, Video- und Audiogeräte (Fernseher, CD-Player, Recorder, Lautsprecher, Radios, Verstärker, Kameras, Monitore u. Ä.)	7
6.15	Büromöbel	13

[1] Mit BMF-Schreiben vom 26.02.2021 und vom 22.2.2022 wurde die Nutzungsdauer von Computerhardware und Betriebs- und Anwendersoftware auf 1 Jahr festgelegt, wenn diese nach dem 31.12.2020 angeschafft oder hergestellt wurden. Durch eine Nichtbeanstandungsregelung **kann** die Abschreibung bei diesen Wirtschaftsgütern sogar in voller Höhe im Anschaffungs- bzw. Herstellungsjahr erfolgen.

1 Ermitteln Sie für die nachfolgenden drei Belege die Abschreibungsbeträge und führen Sie die Buchungen durch. Alle Anlagegüter werden handels- und steuerrechtlich linear nach der AfA-Tabelle abgeschrieben.

Beleg Nr. 1

Bürowelt Blum GmbH

BB GmbH   Hochstraße 86   42327 Wuppertal

Fly Bike Werke GmbH
Rostocker Str. 334
26121 Oldenburg

Rechnung

	Kunden-Nr.	Rechnungs-Nr.	Datum
	49630	A+239	03.01.20XX

Bitte bei Zahlung angeben.

Anzahl	Artikel Nr.	Artikelbezeichnung	Stückpreis	Netto-Betrag
2	B-75/BS	Büroschreibtisch	1.420,00 €	2.840,00 €

Fällig am	Versandkosten	MWSt 19%	Skontoabzug	Rechnungsbetrag
25.01.20XX	200,00 €	577,60 €	ohne	3.617,60 €

Berechnung der Anschaffungskosten und des Abschreibungsbetrages

Anschaffungskosten:	Abschreibungsbetrag im Anschaffungsjahr:

Grundbuch:

1. Buchung bei Rechnungseingang
2. Buchung bei Rechnungsausgleich per Banküberweisung
3. Buchung der Abschreibung im Anschaffungsjahr

Nr.	Soll	€	Haben	€
1.				
2.				
3.				

Beleg Nr. 2

PC-AG Nordstr.86 39130 Magdeburg

Fly Bike Werke GmbH
Rostocker Str. 334
26121 Oldenburg

Rechnung	Kunden-Nr.	Rechnungs-Nr.	Datum
	4920	7465	08.02.20XX
	Bitte bei Zahlung angeben.		

Anzahl	Artikel Nr.	Artikelbezeichnung	Stückpreis	Netto-Betrag
1	4938	PC-System X100	980,00 €	980,00 €

Fällig am	Versandkosten	MWSt 19%	Skontoabzug	Rechnungsbetrag
08.03.20XX	24,00 €	190,76 €	ohne	1.194,76 €

Hinweis: Anschaffung vor dem 31.12.2020, keine Vollabschreibung im Anschaffungsjahr.

Berechnung der Anschaffungskosten und des Abschreibungsbetrages	
Anschaffungskosten:	Abschreibungsbetrag im Anschaffungsjahr:

Grundbuch:
1. Buchung bei Rechnungseingang
2. Buchung bei Rechnungsausgleich per Banküberweisung
3. Buchung der Abschreibung im Anschaffungsjahr

Nr.	Soll	€	Haben	€
1.				
2.				
3.				

Beleg Nr. 3

DATASYS AG

Datasys AG – Karlstraße 8 – 58134 Hagen

Fly Bike Werke GmbH
Rostocker Str. 334
26121 Oldenburg

Rechnung 2387/02	**Kunden-Nr.**	**Bestell-Nr.**	**Datum**
	211833	64711	10.04.20XX
	Bitte bei Zahlung angeben.		

1 Verpackungsmaschine MLD 21	15.850,00 €
abzüglich 5 % Rabatt	792,50 €
	15.057,50 €

Folgende Leistungen werden von uns wie folgt berechnet:

Fracht	495,00 €
Transportversicherung	180,00 €
Montage	520,00 €
	1.195,00 €
Gesetzliche Umsatzsteuer 19 %	3.087,98 €
Rechnungsbetrag	**19.340,48 €**

Bei Rechnungsausgleich innerhalb von 8 Tagen gewähren wir auf den Nettowert der Maschine ein Skonto in Höhe von 3 %.

Berechnung der Anschaffungskosten und des Abschreibungsbetrages bei Skontoausnutzung	
Anschaffungskosten:	Abschreibungsbetrag im Anschaffungsjahr:

Grundbuch:

1. Buchung bei Rechnungseingang
2. Buchung bei Rechnungsausgleich per Banküberweisung
3. Buchung der Abschreibung im Anschaffungsjahr

Nr.	Soll	€	Haben	€
1.				
2.				
3.				

Arbeitsblatt 28.1: Bestandteile der Anschaffungskosten

Ordnen Sie die nachfolgenden Begriffe den Bestandteilen der Anschaffungskosten für ausgewählte Anlagegüter zu (Mehrfachnennungen sind möglich).

1. Einbauteile und Einbaukosten (nachträglich)	12. Preisnachlässe nach Mängelrügen
2. Einbauten (nachträglich)	13. Rabatt
3. Fundamentierungskosten	14. Renovierungskosten
4. Grunderwerbsteuer	15. Skonto
5. Kosten der Anlieferung (z.B. Fracht, Be- und Entlade-kosten, Anfuhr, Abfuhr, Transportversicherung)	16. Überführungskosten
6. Kreditfinanzierungskosten	17. Umbauten (nach dem Erwerb)
7. Listenpreis	18. Gezahlte Vorsteuer
8. Maklergebühr	19. Zoll
9. Montagekosten	20. Zubehörteile (beim Kauf)
10. Notarieller Kaufpreis	21. Zulassungskosten
11. Notarkosten (Eigentumsübertragung)	22. Notarkosten (Grundschuldeintragung)

Bestandteile des Anschaffungspreises	Anschaffungs-nebenkosten	Anschaffungs-preisminderungen	Nachträgliche Anschaffungskosten
Ermittlung der Anschaffungskosten für ein Grundstück mit bestehendem Gebäude			
Ermittlung der Anschaffungskosten für eine importierte Maschine			
Ermittlung der Anschaffungskosten für ein Fahrzeug (kein Import)			
Ermittlung der Anschaffungskosten für einen Büroschrank (kein Import)			
Nicht zu den Anschaffungskosten gehören:			

Arbeitsblatt 28.2: Abschreibungsmethoden

1 Ermitteln Sie die Abschreibungsbeträge und die Buchwerte für einen Lkw manuell oder mit einem Tabellenkalkulationsprogramm (kein Erinnerungswert!) und schließen Sie diese Konten per Banküberweisung ab. Hinweis: bestandsorientierter Materialeinkauf.

2 Stellen Sie die Entwicklung der Abschreibungsbeträge des Lkw in Abhängigkeit von der jeweiligen Abschreibungsmethode in einem Diagramm dar.

Abschreibungsmethoden	lineare Abschreibung	degressive Abschreibung (25 %)	degressiv-lineare Abschreibung (25 %)	Leistungsabschreibung	km
Anschaffungskosten	112.500,00 €	112.500,00 €	112.500,00 €	112.500,00 €	300 000 km
– Abschreibung 1. Jahr					40 000 km
= Buchwert Ende 1. Jahr					
– Abschreibung 2. Jahr					50 000 km
= Buchwert Ende 2. Jahr					
– Abschreibung 3. Jahr					50 000 km
= Buchwert Ende 3. Jahr					
– Abschreibung 4. Jahr					40 000 km
= Buchwert Ende 4. Jahr					
– Abschreibung 5. Jahr					40 000 km
= Buchwert Ende 5. Jahr					
– Abschreibung 6. Jahr					30 000 km
= Buchwert Ende 6. Jahr					
– Abschreibung 7. Jahr					20 000 km
= Buchwert Ende 7. Jahr					
– Abschreibung 8. Jahr					15 000 km
= Buchwert Ende 8. Jahr					
– Abschreibung 9. Jahr					15 000 km
= Buchwert Ende 9. Jahr	0,00 €	0,00 €	0,00 €	0,00 €	

Hinweis: Die degressive Abschreibung ist für die Geschäftsjahre 2020 bis 2022 befristet für entsprechende Neuanschaffungen oder Herstellungen wieder erlaubt. Grenzen: höchstens das 2,5-fache der linearen Abschreibung, maximal 25 % (Corona-Steuerhilfegesetze).

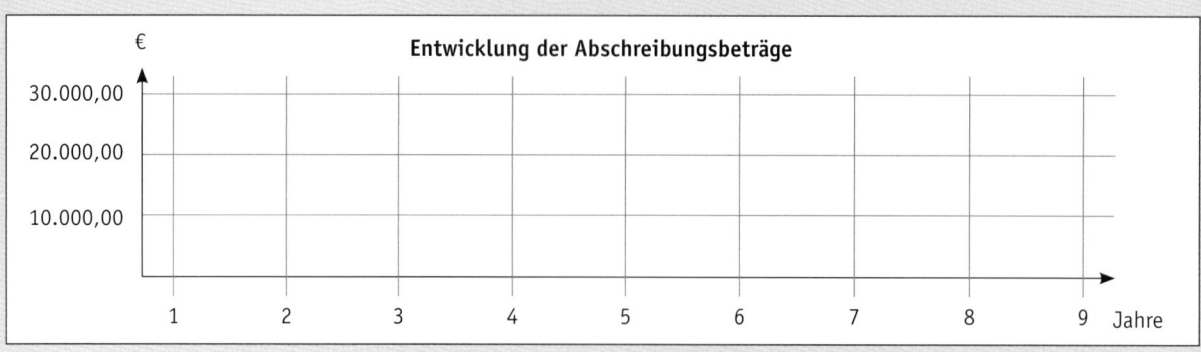

Aufgaben

Aufgabe 1
Einkauf einer Verpackungsmaschine gegen Banküberweisung. Die Anschaffungskosten betragen 26.000,00 € zzgl. 19 % Umsatzsteuer. Die betriebsgewöhnliche Nutzungsdauer wird mit 13 Jahren angegeben. Die Maschine wird linear abgeschrieben.

a Geben Sie den Buchungssatz für diese Anschaffung an.

b Berechnen Sie die Wertminderung der Anlage während der Nutzungsdauer und erstellen Sie eine Abschreibungstabelle für die lineare Abschreibung.

c Wie viel % der Anschaffungskosten sind nach 4 Nutzungsjahren bereits abgeschrieben?

d Wie hoch ist der Restbuchwert der Maschine zum Beginn des 6. Nutzungsjahres?

Aufgabe 2
Anschaffung eines Chefschreibtisches am 03.01.2007 zum Einkaufspreis von 3.900,00 € zzgl. 19 % Umsatzsteuer. Die betriebsgewöhnliche Nutzungsdauer beträgt 13 Jahre. Da das Unternehmen zurzeit hohe Gewinne erzielt, sollen alle neu angeschafften beweglichen Anlagengüter handelsüblich degressiv zum Höchstsatz abgeschrieben werden.

a Geben Sie den Buchungssatz für den Einkauf dieses Schreibtisches an, wenn der Rechnungsbetrag bar bezahlt wird.

b Berechnen Sie die Wertminderung des Tisches während der Nutzungsdauer und erstellen Sie eine Abschreibungstabelle für die degressive Abschreibung. Achtung: 2007 durfte der AfA-Satz für die degressive Abschreibung maximal das Dreifache des linearen Satzes betragen.

c Erstellen Sie eine Abschreibungstabelle mit dem optimalen Wechsel von der degressiven zur linearen Abschreibung.

d Wie viel % der Anschaffungskosten sind nach 11 Nutzungsjahren ohne den Wechsel und wie viel % mit dem Wechsel der Abschreibungsmethode bereits abgeschrieben?

Aufgabe 3
Anschaffung eines Gabelstaplers für das Auslieferungslager. Der Einkaufspreis beträgt 7.850,00 € zzgl. 19 % Umsatzsteuer. Die anliefernde Spedition berechnet 150,00 € zzgl. 19 % Umsatzsteuer. Beide Rechnungen werden per Banküberweisung bezahlt. Die Nutzungsdauer wird auf 16 000 Betriebsstunden geschätzt. Die Verteilung der Betriebsstunden innerhalb der achtjährigen Nutzungsdauer wird wie folgt geschätzt: 1. Jahr: 1 600, 2. Jahr: 1 800, 3. Jahr: 2 000, 4. Jahr: 2 600, 5. Jahr: 2 600, 6. Jahr: 2 000, 7. Jahr: 2 000, 8. Jahr: 1 400 Betriebsstunden. Die tatsächlich erbrachte Leistung des Gabelstaplers wird über einen Betriebsstundenzähler erfasst.

a Geben Sie die Buchungssätze für den Einkauf dieses Gabelstaplers an.

b Berechnen Sie die Wertminderung während der Nutzungsdauer und erstellen Sie eine Abschreibungstabelle für die Leistungsabschreibung.

c Wie viel % der Anschaffungskosten sind nach 2 Nutzungsjahren bereits abgeschrieben?

d Wie hoch ist der Restbuchwert des Gabelstaplers zum Beginn des 3. Nutzungsjahres?

e Welche Begründung könnte für die wechselnden Abschreibungsbeträge angeführt werden?

Aufgabe 4
Neuanschaffung eines Lkw. Der Nettorechnungsbetrag zzgl. 19 % Umsatzsteuer beträgt 90 000,00 €. Die betriebsgewöhnliche Nutzungsdauer wird auf 9 Jahre festgelegt. Die Gesamtleistung wird auf 300 000 Kilometer geschätzt. Die Verteilung der Kilometer auf die Nutzungsdauer ist wie folgt geplant: 1. Jahr: 50 000 km, 2. Jahr: 45 000 km, 3. Jahr: 42 000 km, 4. Jahr: 40 000 km, 5. Jahr: 38 000 km, 6. Jahr: 35 000 km, 7. Jahr: 20 000 km, 8. Jahr: 16 000 km und 9. Jahr: 14 000 km.

a Bilden Sie den Buchungssatz für den Einkauf des Lkw gegen Banküberweisung.

b Erstellen Sie die Abschreibungstabellen für
 – die lineare Abschreibung,
 – die degressive Abschreibung unter der Annahme eines Höchstsatzes von 25 %,
 – die degressive Abschreibung mit dem Wechsel zur linearen Abschreibung zum optimalen Zeitpunkt und
 – die Abschreibung nach Leistung.

c Berechnen Sie den gesamten Werteverlust in % der Anschaffungskosten nach dem sechsten Nutzungsjahr für alle Abschreibungsmethoden.

d Das Unternehmen macht im Jahr der Anschaffung des Lkw geringe Verluste. Es ist davon auszugehen, dass in den Folgejahren wieder ein stetig steigender Gewinn erzielt wird. Begründen Sie die Auswahl einer optimalen Abschreibungsmethode.

Aufgabe 5

Für folgende Anlagegüter sind im Jahr 20XX die Abschreibungsbeträge zu ermitteln und zu buchen.

Anlagegut/Abschreibungsmethode	Anschaffungsjahr 20XX	ND	Anschaffungskosten
Drehbank lineare Abschreibung	1.03.20XX	16 Jahre	20.000,00 €
Personalcomputer lineare Abschreibung	1.06.20XX	3 Jahre (oder 1 Jahr)[1]	3.000,00 €
Pkw degressive Abschreibung von 25 %	1.09.20XX	6 Jahre	30.000,00 €

[1] 1 Jahr bei Anschaffung nach dem 31.12.2020.

Aufgabe 6

Kauf eines Pkw am 01.09.20X1. Die Anschaffungskosten betrugen 34.000,00 €, die Anschaffungsnebenkosten 2.000,00 €, jeweils zzgl. 19 % Umsatzsteuer. Der Rechnungsbetrag wird an den Autohändler per Banküberweisung bezahlt. Die betriebsgewöhnliche Nutzungsdauer beträgt 6 Jahre.

a Buchen Sie den Rechnungseingang und den Rechnungsausgleich.

b Ermitteln Sie den Abschreibungsbetrag für das erste Nutzungsjahr bei linearer Abschreibung.

c Ermitteln Sie den Buchwert am Jahresende bei linearer Abschreibung.

d Buchen Sie die Abschreibung im ersten Nutzungsjahr bei linearer Abschreibung.

Aufgabe 7

Entwicklung der Abschreibungsbeträge ausgewählter Anlagegüter:

Anlagegut	Abschreibung 1. Jahr	Abschreibung 2. Jahr	Abschreibung 3. Jahr
Büromöbel	9.000,00 €	9.000,00 €	9.000,00 €
Fahrzeug	20.000,00 €	15.000,00 €	11.250,00 €
Maschine	8.000,00 €	12.000,00 €	10.000,00 €

a Nach welchen Abschreibungsmethoden werden die drei Anlagegüter abgeschrieben?

b Wie lang ist die Nutzungsdauer für die Büromöbel, wenn nach 6,5 Jahren die Hälfte abgeschrieben sein wird?

c Mit welchem Abschreibungssatz wird das Fahrzeug abgeschrieben?

d Wie hoch ist die Gesamtleistung der Maschine, wenn pro Produktionseinheit 0,50 € abgeschrieben werden muss (Anschaffungskosten 50.000,00 €).

Geringwertige Wirtschaftsgüter

Herr Baumann ist begeistert. Er hat ein Handy mit Navigationssystem für dienstliche Zwecke gekauft. Auch als Fußgänger wird er sich zukünftig nicht mehr verlaufen, wenn er Kunden in Innenstädten besucht – es gibt nie einen Parkplatz vor einem Kunden-Geschäft. Er legt den Beleg Frau Taubert vor. Sie muss ihn ja schließlich buchen und Herrn Baumann das Geld, das er vorgelegt hat, bar auszahlen. Frau Taubert hat für diese Zwecke einen Prüfbogen vorliegen.

```
        Mobil-Shop
       Rostocker Str. 22
       26121 Oldenburg

-------------------------------
15.12.20XX, 09:30 Uhr


239292 Noki C55
NAVI Edition          129,00€

KFZ-Halterung           0,00€
(Sonderaktion)

Endsumme in€          129,00€
-------------------------------
19% MwSt =             20,60€
Netto-Umsatz =        108,40€
-------------------------------
Bar                   130,00€
Rückgeld                1,00€

-------------------------------

VIELEN DANK
FÜR IHREN EINKAUF!

Beleg-Nr. KB332
```

Prüfung: geringwertiges Wirtschaftsgut?
(Prüfergebnisse ankreuzen!)

	Ja	Nein
1. Anlagevermögen?	☐	☐
2. abnutzbar?	☐	☐
3. beweglich?	☐	☐
4. selbstständig nutzbar?	☐	☐
5. Nutzungsdauer > 1 Jahr?	☐	☐
6. Anschaffungskosten bis 1.000,00 €?	☐	☐
Prüfungsergebnis: GWG	☐	☐

1 Entspricht der von Herrn Baumann vorgelegte Beleg einer vorsteuerabzugsberechtigten Eingangsrechnung nach dem Umsatzsteuerrecht?[1]

2 Handelt es sich bei dieser Anschaffung einkommensteuerrechtlich um ein geringwertiges Wirtschaftsgut? Nutzen Sie den oben abgebildeten Prüfbogen!

3 Wie ist der Beleg zu buchen, wenn keine Aufzeichnungspflichten für diesen „Kleinbetrag" erfüllt werden sollen?[2]

Nr.	Soll	€	Haben	€
1.				

Hinweise:

[1] Kleinbetragsrechnungen: Rechnungen über Kleinbeträge bis zu 250,00 € (ab 01.01.2017) müssen nicht sämtliche Pflichtangaben für eine Rechnung enthalten. Der Name und die Adresse des Rechnungsausstellers, das Datum, die Auflistung der Ware oder Leistung sowie der Rechnungsbetrag mit Umsatzsteuersatz oder Steuerbetrag reichen auf Kleinbetragsrechnungen aus.

[2] Geringwertige Wirtschaftsgüter (GWG): Die Sofortabzugsgrenze (Aufwandsbuchung) steigt ab 01.01.2018 von 150,00 € auf 250,00 €. **Bewertungsalternativen** für GWG, die in einem Geschäftsjahr angeschafft wurden: über 150,00 € (bis Ende 2017; 250,00 € ab 2018) bis 410,00 € (bis Ende 2017; 800,00 € ab 2018) Vollabschreibung am Jahresende **oder** Bildung eines Sammelpostens für GWG über 150,00 € (bis Ende 2017; 250,00 € ab 2018) bis 1.000,00 €, der innerhalb von 5 Jahren (20 % pro Jahr) abgeschrieben werden muss.

Aufgaben

Aufgabe 1

Prüfen Sie, ob es sich bei den nachfolgenden Beispielen um ein GWG handelt, und ermitteln Sie die Anschaffungskosten je Wirtschaftsgut.

Berücksichtigen Sie bei Ihrer Entscheidung, dass alle Prüfpunkte (siehe Vorseite) jeweils mit „ja" beantwortet werden müssen. Alle Wirtschaftsgüter haben eine betriebsgewöhnliche Nutzungsdauer von über einem Jahr.

a Einkauf einer Bohrmaschine für die Montageabteilung eines Küchenherstellers zum Einstandspreis von 487,90 € inkl. 19 % Umsatzsteuer

b Einkauf von zwei Schreibtischen für ein neu einzurichtendes Büro. Listenpreis (für beide Schreibtische) 1.200,00 € zzgl. 19 % Umsatzsteuer, 30 % Rabatt, 3 % (in Anspruch genommenes Skonto), Anlieferungs- und Montagekostenpauschale 120,00 € zzgl. 19 % Umsatzsteuer (nicht rabatt- und skontierfähig)

c Einkauf einer Sortiereinheit für ein vorhandenes Kopiergerät zu Anschaffungskosten von 260,00 €

d Kauf von Aktien (5000 Stück zu je 130,00 €) zur Erhöhung einer Beteiligung an einem Lieferanten

e Einkauf von 10 Bürodrehstühlen zum Brutto-Lieferpreis von 2.380,00 €

f Einkauf von 50 Glaskeramikkochfeldern durch einen Küchenhersteller für den Einbau in ein neues Küchenprogramm zum Preis von je 380,00 € netto bei Frei-Haus-Lieferung

g Einbau eines Handwaschbeckens in einem Büroraum zum Gesamtpreis (Nettopreis Waschbecken = 250,00 €, Montagekosten ohne Umsatzsteuer 150,00 €) von 400,00 € netto

Aufgabe 2

Ein Unternehmen hat folgende geringwertige Wirtschaftsgüter bis 1.000,00 € im Januar 20XX angeschafft (keine zeitanteilige Abschreibung bei Abschreibungen nach der betriebsgewöhnlichen Nutzungsdauer notwendig). Angegeben sind jeweils die Anschaffungskosten.

		Nutzungsdauer
Bohrhammer	140,00 €	7 Jahre
Fernseher	350,00 €	7 Jahre
Chefschreibtisch	897,00 €	13 Jahre
Bürodrehstuhl	390,00 €	13 Jahre
Handy	450,00 €	5 Jahre
Laptop[1]	600,00 €	3 Jahre
Faxgerät	240,00 €	6 Jahre

Ermitteln Sie den maximalen Jahres-Abschreibungsbetrag, wenn GWG bis 250,00 € immer sofort als Betriebsausgabe (Sofortaufwand) erfasst werden:

a nach Variante I mit der Wahl Sofortabzug für GWG bis 800,00 €

b nach Variante II mit der Wahl Sammelposten

Aufgabe 3

Welche Aufzeichnungspflichten sind zu erfüllen?

Anschaffung von Anlagegütern bis AK in Höhe von 1.000,00 €	Aufzeichnungspflichten
Kauf eines Notebooks mit AK in Höhe von 900,00 €, ausgewählte Bewertungsvariante: Sammelposten für GWG mit AK von >250,00 € bis 1.000,00 €	
Kauf eines Handys mit AK in Höhe von 122,00 €, ausgewählte Bewertungsvariante: Sofortabzug für GWG mit AK bis 250,00 €	
Kauf eines Schreibtisches mit AK in Höhe von 390,00 €, ausgewählte Bewertungsvariante: Sofortabzug für GWG mit AK bis 800,00 €	
Kauf eines Bürodrehstuhls mit AK in Höhe von 690,00 €, ausgewählte Bewertungsvariante: Sofortabzug für GWG mit AK bis 800,00 €	

Hinweis: Für GWG über 250,00 € bis 800,00 € kann das GWG-Verzeichnis entfallen, wenn die Angaben aus der Buchführung ersichtlich sind.

Aufgabe 4

Buchen Sie die Anschaffung und ggf. die Abschreibung folgender Wirtschaftsgüter für verschiedene Industrieunternehmen im Jahr 20XX.

a Kauf eines Besucherstuhls für das Büro am 19.09.20XX mit Anschaffungskosten in Höhe von 120,00 € zzgl. 19 % USt gegen Barzahlung, Nutzungsdauer 13 Jahre, ausgewählte Bewertungsvariante: Sofortabzug für GWG mit AK bis 250,00 €.

b Kauf eines Büroschrankes am 20.01.20XX auf Ziel: Nettowert 500,00 €, 25 % Rabatt, Lieferkosten = 20,00 €. Rechnungsbetrag 395,00 € zzgl. 19 % USt, Nutzungsdauer 13 Jahre, ausgewählte Bewertungsvariante: Sofortabzug für GWG mit AK bis 800,00 €.

c Kauf eines Schreibtisches am 14.09.20XX auf Ziel: Nettowert 970,00 € zzgl. 19 % USt, Nutzungsdauer 13 Jahre, ausgewählte Bewertungsvariante: Sammelposten für GWG mit AK über 250,00 € bis 1.000,00 € (Annahme: Sammelposten besteht nur aus dieser Anschaffung).

d Kauf eines Laptops[1] am 14.11.20XX zum Kaufpreis von 1.071,00 € inkl. 19 % USt gegen Banklastschrift, Nutzungsdauer 3 Jahre, ausgewählte Bewertungsvariante: Sofortabzug für GWG mit AK bis 800,00 €.

Hinweis: [1] Beide Laptops wurden vor dem 31.12.2020 angeschafft, keine Vollabschreibung im Anschaffungsjahr.

Arbeitsblatt 29.1: Abschreibungen auf Sachanlagen

Sachanlagen =

_____

_____

Bestandteile der Anschaffungskosten beim Kauf eines Büroschreibtisches:

Anschaffungspreis	Beispiele:
+ _____	_____
– _____	_____
+ _____	_____
= Anschaffungskosten	

Abschreibungen:

| _____

 nur für Wirtschaftsgüter, deren Nutzung

 _____

 = _____ Anschaffungskosten | **außerplanmäßige Abschreibung**
 für alle Wirtschaftsgüter,

 _____ |

Ausgewählte Abschreibungsregeln für Sachanlagen:

linearer Abschreibungsbetrag	$\dfrac{\text{Anschaffungskosten}}{\quad}$
linearer Abschreibungssatz	$\dfrac{100\,\%}{\quad}$
zeitanteilige Abschreibungen	im Jahr der Anschaffung und im Jahr des _____ : $\dfrac{\text{Jahresabschreibung} \cdot \quad}{\quad}$
GWG mit Anschaffungskosten bis 250,00 €	sofortige _____ keine _____
GWG mit Anschaffungskosten von über 250,00 € bis 1.000,00 € (Sammelposten)	Summe der Anschaffungskosten der GWG für ein Geschäftsjahr

Auswirkungen von Abschreibungen:

in der Erfolgsrechnung:	in der Bilanz:
_____ erhöhung und	Vermögens _____ und
Gewinn _____	Eigenkapital _____

Das neue Geschäftsjahr hat gerade erst begonnen. Hans Peters, der Geschäftsführer der Fly Bike Werke GmbH, erwartet die Ergebnisse des vorangegangenen Jahres. Eine Saldenliste zum 26.12. liegt bereits für alle Konten vor. In der Buchhaltung sind aber noch einige noch nicht gebuchte Belege des alten Geschäftsjahres liegen geblieben. Viele Kontensalden werden sich also noch ändern! Der Materialeinkauf wird bestandsorientiert erfasst.

Fly Bike Werke GmbH

Kontenplan (Hauptbuchkonten) mit Saldenliste zum 26.12.20X1

Kto-Nr.	Kontenbezeichnungen	Saldo/ Soll €	Saldo/ Haben €	Kto-Nr.	Kontenbezeichnungen	Saldo/ Soll €
0500	Grundstücke u. Bauten	612.850,00		6000	Aufw. für Rohstoffe	718.260,00
0700	TA u. Maschinen	131.870,00		6010	Aufw. für Fremdbauteile	2.241.434,00
0800	Betriebs- und G.-Ausst.	95.807,50		6020	Aufw. für Hilfsstoffe	181.988,00
2000	Rohstoffe	32.000,00		6030	Aufw. für Betriebsstoffe	175.000,00
2010	Fremdbauteile	182.911,00		6050	Energie	24.744,45
2020	Hilfsstoffe	14.089,00		6080	Aufw. für Waren	188.000,00
2030	Betriebsstoffe	2.500,00		6160	Fremdinstandhaltung	40.112,00
2100	unfertige Erzeugnisse	40.000,00		6200	Löhne	688.900,00
2200	fertige Erzeugnisse	46.500,00		6300	Gehälter	1.561.100,00
2400	Forderungen a. L. L.	764.001,00		6520	Abschreibungen	565.412,35
2600	Vorsteuer	10.071,92		6700	Mieten/Pachten	82.400,00
2800	Bankguthaben	307.963,22		6800	Büromaterial	21.973,02
2880	Kasse	3.986,20		6820	Postgebühren	13.792,66
3000	Eigenkapital		700.000,00	6870	Werbung	215.450,00
4250	langfr. Bankvbk.		602.000,00	7000	Betriebliche Steuern	2.500,00
4400	Verbindlichkeiten a. L. L.		905.166,32	7510	Zinsaufwendungen	47.628,00
4800	Umsatzsteuer		36.508,25	7700	Steuern v. E. u. E.	82.115,50
5000	Umsatzerlöse f. e. E		6.844.085,26			
5200	Bestandsveränderungen		–			
5300	Aktivierte Eigenleistungen		3.600,00			
5700	Mieterträge		4.000,00			

Fly Bike Werke GmbH

Offene-Posten-Liste Debitoren 26.12.20X1

Konto	Debitoren	Belege	Soll €	Haben €
24001	Radbauer GmbH			
24005	Fahrrad & Motorrad GmbH			
24009	Sachsenrad GmbH			
24010	EGZ Einkaufsgenossenschaft	AR 973	85.891,00	
24021	Hofkauf AG	AR 972	16.980,00	
24099	Sonstige Debitoren [1]	div.	661.130,00	
Saldo Sachkonto Forderungen a. L. L.				764.001,00

[1] Für alle Debitorenkonten, die im Beleggeschäftsgang nicht gebucht werden

Fly Bike Werke GmbH

Offene-Posten-Liste Kreditoren 26.12.20X1

Konto	Kreditoren	Belege	Soll €	Haben €
44008	Color GmbH	ER 4211		2.460,00
44009	Tamino Dtld. GmbH			
44015	Frikawerke GmbH & Co. KG			
44024	Druckerei & Design W. Krause			14.640,00
44030	apv GmbH	ER 3211		34.316,49
44099	Sonstige Kreditoren [2]	div.		853.749,83
Saldo Sachkonto Verbindlichkeiten a. L. L.				905.166,32

[2] Für Kreditorenkonten, die im Beleggeschäftsgang nicht gebucht werden, oder für Einkäufe des Beleggeschäftsganges, denen kein Kreditorenkonto zugeordnet ist.

Buchen Sie die abgebildeten Belege im Grund- und Hauptbuch unter Beachtung der Saldenliste vom 26.12.20X1 und ermitteln Sie den vorläufigen Gewinn für die Fly Bike Werke GmbH.

Hinweis: Sie können den Beleggeschäftsgang manuell oder mit dem Finanzbuchhaltungsprogramm Ihrer Schule bearbeiten. Debitoren- und Kreditorenkonten können, müssen jedoch nicht geführt werden, falls Ihr Finanzbuchhaltungsprogramm dies zulässt.

Beleg Nr. 1

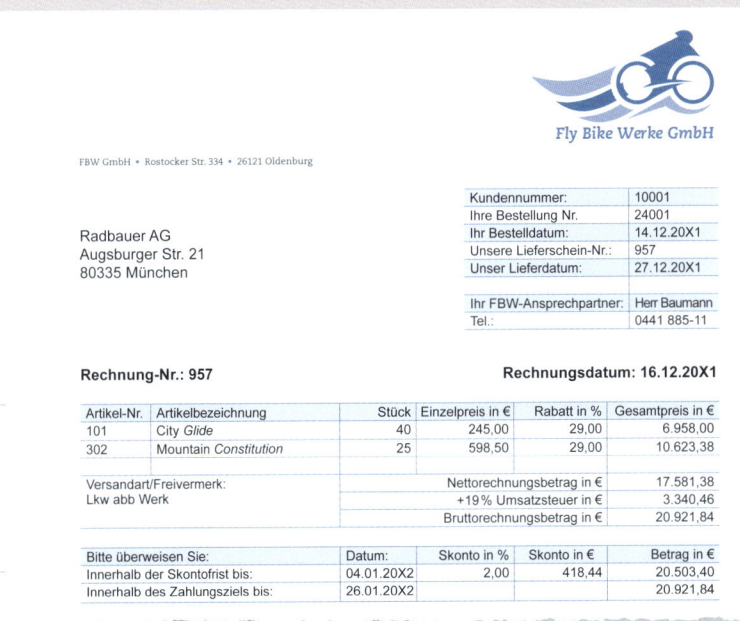

FBW GmbH • Rostocker Str. 334 • 26121 Oldenburg

Radbauer AG
Augsburger Str. 21
80335 München

Kundennummer:	10001
Ihre Bestellung Nr.	24001
Ihr Bestelldatum:	14.12.20X1
Unsere Lieferschein-Nr.:	957
Unser Lieferdatum:	27.12.20X1
Ihr FBW-Ansprechpartner:	Herr Baumann
Tel.:	0441 885-11

Rechnung-Nr.: 957   **Rechnungsdatum: 16.12.20X1**

Artikel-Nr.	Artikelbezeichnung	Stück	Einzelpreis in €	Rabatt in %	Gesamtpreis in €
101	City *Glide*	40	245,00	29,00	6.958,00
302	Mountain *Constitution*	25	598,50	29,00	10.623,38
Versandart/Freivermerk:			Nettorechnungsbetrag in €		17.581,38
Lkw abb Werk			+19% Umsatzsteuer in €		3.340,46
			Bruttorechnungsbetrag in €		20.921,84

Bitte überweisen Sie:	Datum:	Skonto in %	Skonto in €	Betrag in €
Innerhalb der Skontofrist bis:	04.01.20X2	2,00	418,44	20.503,40
Innerhalb des Zahlungsziels bis:	26.01.20X2			20.921,84

Beleg Nr. 2

Fly Bike Werke GmbH

FBW GmbH • Rostocker Str. 334 • 26121 Oldenburg

Sachsenrad GmbH
Bayreuther Str. 20
01277 Dresden

Kundennummer:	1009
Ihre Bestellung Nr.	13
Ihr Bestelldatum:	15.12.20X1
Unsere Lieferschein-Nr.:	958
Unser Lieferdatum:	27.12.20X1
Ihr FBW-Ansprechpartner:	Herr Baumann
Tel.:	0441 885-11

Rechnung-Nr.: 958   **Rechnungsdatum: 27.12.20X1**

Artikel-Nr.	Artikelbezeichnung	Stück	Einzelpreis in €	Rabatt in %	Gesamtpreis in €
201	Trekking *Light*	50	299,25	29,00	10.623,38
202	Trekking *Free*	10	350,00	27,50	2.537,50
Versandart/Freivermerk:			Nettorechnungsbetrag in €		13.160,88
Lkw ab Werk			+19% Umsatzsteuer in €		2.500,57
			Bruttorechnungsbetrag in €		15.661,45

Bitte überweisen Sie:	Datum:	Skonto in %	Skonto in €	Betrag in €
Innerhalb der Skontofrist bis:	04.01.20X2	2	313,23	15.348,22
Innerhalb des Zahlungsziels bis:	26.01.20X2			15.661,45

Beleg Nr. 3

FBW GmbH • Rostocker Str. 334 • 26121 Oldenburg

Fahrrad & Motorrad GmbH
Alter Hellweg 46
44379 Dortmund

Kundennummer:	10005
Ihre Bestellung Nr.	134
Ihr Bestelldatum:	15.12.20X1
Unsere Lieferschein-Nr.:	595
Unser Lieferdatum:	29.12.20X1
Ihr FBW-Ansprechpartner:	Herr Ganser
Tel.:	0441 885-01

Rechnung-Nr.: 959   **Rechnungsdatum: 29.12.20X1**

Artikel-Nr.	Artikelbezeichnung	Stück	Einzelpreis in €	Rabatt in %	Gesamtpreis in €
401	Renn *Fast*	12	1.260,00	29,00	10.735,20
402	Renn *Superfast*	5	2.205,00	27,50	7.993,13
Versandart/Freivermerk:			Nettorechnungsbetrag in €		18.728,33
Lkw ab Werk			+19% Umsatzsteuer in €		3.558,38
			Bruttorechnungsbetrag in €		22.286,71

Bitte überweisen Sie:	Datum:	Skonto in %	Skonto in €	Betrag in €
Innerhalb der Skontofrist bis:	06.01.20X2	2	445,73	21.840,98
Innerhalb des Zahlungsziels bis:	28.01.20X2			22.286,71

Beleg Nr. 4

Tamino Deutschland GmbH

Tamino Deutschland GmbH, Immermannstraße 24, 40210 Düsseldorf

Posteingang: 28.12.20X1

Fly Bike Werke GmbH
Rostocker Straße 334
26121 Oldenburg

Rechnungsprüfung	
Sachlich richtig	Rechnerisch richtig
Datum 28.12.20X1	Datum 28.12.20X1
Nz. Ta	Nz. Ta

Rechnung-Nr. 416

Bearbeiter	Kunden-Nr.	Ihre Bestellung Nr.	vom	Rechnungsdatum
Herr Freundlich	44001	216	04.11.20X1	27.12.20X1

Versandart/Freivermerk	Verpackungsart	geliefert am
per Lkw frei Haus	Kartons/Palette	27.12.20X1

Artikel-Nr.	Warenbezeichnung	Menge	Preis	Einheit	Gesamtpreis
2060	MTB XT Räder und Schaltungen	500	55,56 €	Set	27.780,00 €
2260	MTB XT Antrieb	500	17,05 €	Set	8.525,00 €
			Nettorechnungsbetrag		36.305,00 €
			+ 19 % Mehrwertsteuer		6.897,95 €
			Rechnungssumme		43.202,95 €

Bitte überweisen Sie unter Angabe der Rechnungsnummer auf das unten angegebene Konto

€   43.202,95   **bis:** 26.01.20X2   **oder** €   41.906,86   **bis:** 04.01.20X2

Beleg Nr. 5

Color GmbH
Ludwigshafen

Posteingang: 29.12.20X1

Color GmbH, Hafenstr. 125, 67061 Ludwigshafen

Fly Bike Werke GmbH
Rostocker Straße 334
26121 Oldenburg

Kunden-Nr.: 424
Ansprechpartner: Frau Reineke
Telefon: 0621 582664
Lieferschein-Nr.: 4292
Lieferdatum: 27.12.20X1
Rechnungsdatum: 27.12.20X1

Rechnungsprüfung	
Sachlich richtig	Rechnerisch richtig
Datum 29.12.20X1	Datum 29.12.20X1
Nz. Ta	Nz. Ta

Rechnung Nr.: 4292

Pos.	Artikel-Nr.	Artikelbezeichnung	Menge	Preis je Einheit	Gesamtpreis
1	900100	Klarlack	200 Liter	3,45 €	690,00 €
2	800200	Spezialgrundierung für Edelstähle	200 Liter	2,45 €	490,00 €
3	700100	Standardfarbe „gelb"	20 Liter	4,30 €	86,00 €
4	700821	Sonderfarbe „morror-polish"	120 Liter	6,00 €	720,00 €
5	702400	Sonderfarbe „lemon squash"	120 Liter	6,00 €	720,00 €

Warenwert	Verpackungs-kosten	Transport-kosten	Nettorechnungs-betrag	Umsatzsteuer 19 %	Bruttorechnungs-betrag
2.706,00 €	–	–	2.706,00 €	514,14 €	3.220,14 €

Zahlungsziel 30 Tage, bei Zahlung innerhalb von 8 Tagen 2 % Skonto.

Beleg Nr. 6

Postfiliale Shop in Shop
26121 Oldenburg
2977499 3899 28.12.20X1

* 150,00 €

Postwertzeichen ohne Zuschlag

Vielen Dank für Ihren Besuch.

Ihre Postfiliale Shop in Shop

Unsere Mitarbeiter
beraten Sie gern.

Beleg Nr. 7

Mandorf Tank GmbH
Reiner Mandorf
Rostocker Str. 102
Tel.: 0441 885359

*52,88 Liter SÄULE NR 10	
*Super Blfr. A	66,10 €
TOTAL	66,10 €
MWST 19,00 %	10,55 €
NETTO	55,55 €
Gegeben	70,00 €
Zurück	3,90 €

29.12.20XX * 12:03 * A10 * K 29

VIELEN DANK
GUTE FAHRT

Beleg Nr. 8

Frikawerke
GmbH & Co. KG

Frikawerke, Gertenstr. 19, 58739 Wickede / Ruhr

Fly Bike Werke GmbH
Rostocker Str. 334
26121 Oldenburg

Posteingang: 29.12.20X1

Kunden-Nr.: 2211
Ansprechpartner: Herr Stoll
Tel.: 0237 7577563

Ihre Bestellung Nr. 234
Bestellungsdatum: 19.11.20X1
Lieferschein-Nr.: 1611
Lieferdatum: 28.12.20X1
Rechnungsdatum: 28.12.20X1

Rechnungsprüfung	
Sachlich richtig	Rechnerisch richtig
Datum 29.12.20X1	Datum 29.12.20X1
Nz. Ta	Nz. Ta

Rechnung Nr.: 1611

Set-Nr. Fly Bke	Artikel-Nr.	Artikelbezeichnung	Menge	Preis je Set	Gesamtpreis
5060	50060	MTB XT Lenkung	500	11,09 €	5.545,00 €
5070	50070	MTB XT Lenkung	500	14,30 €	7.150,00 €

Warenwert	Verpackungs-kosten	Transport-kosten	Nettorechnungs-betrag	Umsatzsteuer 19 %	Bruttorechnungs-betrag
12.695,00 €	–	–	12.695,00 €	2.412,05 €	15.107,05 €

Zahlungsziel 14 Tage ohne Abzug

Beleg Nr. 9

W E R B E A G E N T U R **BBDOP** D Ü S S E L D O R F

Werbeagentur BBDOP, Rheinstr. 14, 40221 Düsseldorf

Fly Bike Werke GmbH
Rostocker Straße 334
26121 Oldenburg

Posteingang: *28.12.20X1*

RECHNUNG-NR.: 221   RECHNUNGSDATUM: 27.12.20X1

Sehr geehrter Herr Peters!

Für unsere Bemühungen bei der Gestaltung Ihres Verkaufskataloges berechnen wir Ihnen wie
vereinbart:

Beratungshonorar	7.500,00 €
+ 19 % Umsatzsteuer	1.425,00 €
Rechnungsbetrag	8.925,00 €

Wir erwarten die Überweisung auf unser Konto bei der Stadtsparkasse Düsseldorf,
IBAN DE53 3005 0110 0067 0706 86, BIC DUSSDEDDXXX, ohne jeden Abzug innerhalb
von 8 Tagen.

Mit freundlichen Grüßen

Werbeagentur BBDOP

i.A. Reisert
(Reisert)

Rechnungsprüfung	
Sachlich richtig	Rechnerisch richtig
Datum *29.12.20X1*	Datum *29.12.20X1*
Nz. *Ta*	Nz. *Ta*

Beleg Nr. 10

Wolfgang Kleist
Büromaterial Geschenkartikel

Elberfelder Str. 105
26121 Oldenburg
Tel.: 0441 / 126 44 01

Käufer: Fly Bike Werke GmbH   Datum: 28.12.02 X1

Anz.	Artikel	Preis	€	Cent
10	Schnellhefter	1,00	10	00
2	Heftklammern (100 Stück)	2,50	5	00
Nebenstehenden Betrag dankend erhalten			15	00

Im Betrag sind 19 % = 2,39 € USt enthalten.

Verk.		
KI	37547-17	Bei Irrtum oder Umtausch bitte diesen Kassenzettel vorlegen

Beleg Nr. 11

Role – ColorCopy und Printshop
Rostocker Str. 196
26121 Oldenburg – Tel.: 0441 738640

QUITTUNG für: Fly Bike Werke GmbH

Datum: 28.12.20X1   16:08

Pos	Menge	Bezeichnung	Vk-Preis	Ges.-Preis	USt
1	228	s/w Fotokopien	0,075	17,10	1

Endsumme	€	17,10
Gegeben (bar)	€	20,00
Zurück	€	2,90

Umsatzsteueranteil:
USt = 1 = 19,00 % = € 2,73

Betrag dankend erhalten

Rollmann

Beleg Nr. 12

Quittung   € ____ 238 ___ Ct 00

Nr. ____   einschl. 19 %USt/€ 38,00

____ zweihundertachtunddreißig ____   Cent wie oben

€ in Worten

von   *Fly Bike Werke*

für   *Reparatur Personalcomputer*

Peters
dankend erhalten

Oldenburg   den 28.12.20X1

PC Schnelldienst
Unterschrift des Empfängers *Wagner*

Beleg Nr. 13

Deutsche Telekom
Ihre Rechnung

T · · · · · · ·

Deutsche Telekom AG, Niederlassung
26121 Oldenburg
42 428561–112   12.20X1   0,56
044188510

Rechnungsdatum	28.12.20X1
Rechnungsmonat	DEZEMBER 20X1
Kundennummer	

FLY BIKE WERKE GMBH
ROSTOCKER STR. 334
26121 OLDENBURG

044113-4562

Bitte immer angeben	
Buchungskonto	044188510
Seite	
Bei Rückfragen Telefon	044113-222
Telefax	

Artikel oder Leistung	Menge bzw. Einheit	Nettoeinzelbetrag €	Nettogesamtbetrag €	USt- in %
Monatliche Beträge				
10110 Telefonanschluss ISDN	5	26,40	132,00	19
Beträge für Verbindungen				
vom 19.11.20X1 bis 18.12.20X1				
17315 City-Verbindungen	17 190	0,0264	453,82	19
17327 Fernverbindungen	2 103	0,0396	479,88	19
173 68 Verbindungen zum Mobilfunknetz	210	0,1983	41,64	19

Zusammenstellung der Beträge		
Nettobetrag		1.107,34
Umsatzsteuer 19 %		210,39
Rechnungsbetrag		1.317,73

Den Betrag von € 1.317,73 wird von Ihrem Konto bei der Landessparkasse
zu Oldenburg, IBAN DE86 2805 0100 0112 3264 44, BIC SLZ DDE22XXX

Haus-anschrift Bank-verbindung

Deutsche Telekom AG, Niederlassung   Rostocker Straße 2, 2612
Buchungssteller Telekom in 26121 Oldenburg, Postfach

Beleg Nr. 14

Fly Bike Werke GmbH

Materialentnahmeschein für Fremdbauteile

Lagerbuchhaltung
Kostenstelle: 23
Gebucht: Schneider
Datum: 28.12.20X1

Nr. 1212		Datum: 28.12.20X1		Montageband: 2	
Set-Nr.	Komponentenbezeichnung	Menge	Auftrags-Nr.	Kunde	Preis	Wert
2010	City SX-Räder, City SX-Kettenschaltung	100	123	Zweirad GmbH	40,71 €	4.071,00 €
2210	City SX-Antrieb	100	123	Zweirad GmbH	8,40 €	840,00 €
				Summe:		4.911,00 €

Beleg Nr. 15

Fly Bike Werke GmbH

Materialentnahmeschein für Lacke

Lagerbuchhaltung
Kostenstelle: 12
Gebucht: Schneider
Datum: 28.12.20X1

Nr. 512		Datum: 28.12.20X1		Lackierautomat	
Art-Nr.	Komponentenbezeichnung	Menge	Auftrags-Nr.	Kunde	Preis	Wert
900100	Klarlack	50			3,45 €	172,50 €
2210	Spezialgrundierung	50			2,45 €	122,50 €
Entnahme durch: *Larsen*				Summe:		295,00 €

Beleg Nr. 16

Computer GmbH Kahr-Str. 42 26121 Oldenburg

Fly Bike Werke GmbH
Rostocker Str. 334
26121 Oldenburg

Posteingang: *28.12.20X1*

	Rechnungsprüfung	
	Sachlich richtig	Rechnerisch richtig
	Datum *28.12.20X1*	Datum *28.12.20X1*
	Nz. *Ta*	Nz. *Ta*

Ihre Zeichen, Ihre Nachricht vom	Unser Zeichen, unsere Nachricht vom	Telefon, Name	Datum
th 20.12.20X1	pe-we	0441 8 65 43 Peter	27.12.20X1

Rechnung-Nr.: 233

Sehr geehrte Damen und Herren,

aufgrund Ihrer Bestellung Nr. 413 lieferten wir Ihnen am 23.12.20X1 folgende Artikel:

Artikel-Nr.:	Menge	Artikelbezeichnung	Einzelpreis in €	Gesamtpreis in €
1000	1	Proxon P-Ultra	1.200,00	1.200,00
2300	1	2. Festplatte, Aufpreis	200,00	200,00
4100	1	TFT Monitor Ultra	450,00	450,00
		Zwischensumme		1.850,00
		– 15 % Firmenrabatt		277,50
		Zwischensumme		1.572,50
0100		Lieferungs- und Aufstellungskosten		100,00
0200		Installation des Betriebssystems		25,00
		Nettopreis für das Gesamtsystem		1.697,50
		+ 19 % Umsatzsteuer		322,53
		Bruttopreis		2.020,03

Hinweis: Die Computer-Hardware wurde vor dem 31.12.2020 angeschafft, keine Vollabschreibung im Anschaffungsjahr.

Beleg Nr. 17

			Landessparkasse Oldenburg	
IBAN		Kontoauszug	Auszug	Blatt
DE86 2805 0100 0112 3264 44		Landessparkasse zu Oldenburg	211	1
Buchungstag	Wert	Vorgang/Erläuterungen	Beträge in €	
		Kontostand am 28.12.20X1	307.963,22 +	
29.12.20X1	29.12.20X1	Barauszahlung	1.000,00 –	
29.12.20X1	29.12.20X1	Hofkauf AG, Köln, Rechnung 972 vom 28.11.20X1	16.980,00 +	
29.12.20X1	29.12.20X1	Deutsche Telekom Rechnung 12.X1	1.317,73 –	
29.12.20X1	29.12.20X1	Color GmbH, Rechnung 4211 vom 30.11.20X1	2.460,00 –	
29.12.20X1	29.12.20X1	Lagerhallenmiete Dezember 20X1	1.600,00 –	
		Kontostand am 29.12.20X1	318.565,49 +	

Fly Bike Werke GmbH, Oldenburg

Beleg Nr. 18

			Landessparkasse Oldenburg	
IBAN		Kontoauszug	Auszug	Blatt
DE86 2805 0100 0112 3264 44		Landessparkasse zu Oldenburg	212	1
Buchungstag	Wert	Vorgang/Erläuterungen	Beträge in €	
		Kontostand am 29.12.20X1	318.565,49 +	
30.12.20X1	30.12.20X1	APV Augsburg, Rechnung 3211 vom 28.11.20X1	34.316,49 –	
30.12.20X1	30.12.20X1	Druckerei & Design Wolfgang Krause, Rechnung 412 vom 14.12.20X1	14.640,00 –	
30.12.20X1	30.12.20X1	EGZ Einkaufsgenossenschaft Rechnung 973 vom 30.11.20X1	85.891,00 +	
		Kontostand am 30.12.20X1	355.500,00 +	

Fly Bike Werke GmbH, Oldenburg

Beleg Nr. 19

Fly Bike Werke GmbH

Endbestände der Vorräte gemäß Lagerbuchhaltung

Vorratskonten		€
2000	Rohstoffe	56.000,00
2010	Vorprodukte Fremdbauteile	217.000,00
2020	Hilfsstoffe	12.500,00
2030	Betriebsstoffe	2.500,00
2100	unfertige Erzeugnisse	48.000,00
2200	fertige Erzeugnisse	144.000,00
	Summe Vorratskonten	480.000,00

Werte geprüft: *Schneider* 31.12.20X1

Beleg Nr. 20

Fly Bike Werke GmbH

Buchungsanweisung Nr. 22: Die Zahllast ist zu passivieren.

Wert geprüft: *Taubert* 31.12.20X1

Wenn man seine Kosten nicht kennt

Zwei Unternehmen, beide ohne „nennenswerte" Kenntnisse über ihre eigenen Kosten, haben in der letzten Zeit „Schlagzeilen" gemacht. Beide Unternehmen agieren am jeweiligen Markt ausschließlich über den Preis. Die übliche Vorgehensweise – Kosten ermitteln, Gewinn planen und erst dann Preise anbieten – gilt für diese Unternehmen nicht.

Unternehmen 1: Bau AG, Bauunternehmen für den Groß-Objekt-Bau (Einkaufszentren u. Ä.)

Interne Zielsetzung: Unterbietung von Konkurrenzunternehmen im Angebotspreis für den Erhalt von Anschluss-Aufträgen bei Großbauprojekten, die EU-weit ausgeschrieben werden

Schlagzeilen aus der Tagespresse (in zeitlicher Reihenfolge)

BAU AG GEWINNT BIETERSTREIT
Neuer Auftrag für das INWA-Einkaufszentrum in Bonn

Niemand baut so preiswert wie die Bau AG
Neuer Großauftrag aus Italien

Die Bau AG baut jetzt auch in Österreich

SCHADENERSATZKLAGEN GEGEN DIE BAU AG
Vorwurf der „schlampigen" Bauausführung

KEINE LOHNZAHLUNGEN: BAU AG AM ENDE?

Unternehmen 2: Moto-Import GmbH, alleiniger Importeur in Deutschland für MG-Motorräder und deren Ersatzteile aus italienischer Produktion

Interne Zielsetzung: moderate Motorradpreise bei gleichzeitiger Höchstpreispolitik bei allen Ersatzteilen

Schlagzeilen aus der Tagespresse (in zeitlicher Reihenfolge)

Moto-Import meldet: Zulassungszahlen für italienische MG-Motorräder erneut gestiegen

MOTO-IMPORT GMBH ÜBERNIMMT IMPORTEUR
für italienische MG-Motorräder in den BeNeLux-Ländern

MOTO IMPORT BAUT NEUES ZENTRALLAGER IN AACHEN

Moto Import vermeldet das erfolgreichste Jahr der Firmengeschichte

MOTORRAD-HÄNDLER SIND „SAUER"
Hohe Ersatzteilpreise für MG-Motorräder verärgern die Kundschaft

NEUER ANBIETER
Ersatzteile für italienische MG-Motorräder jetzt günstig online bestellen

---

1 Langfristig unternehmerisch erfolgreich ohne Kenntnisse über die eigenen Kosten? Überprüfen Sie diese Aussage anhand der obigen Schlagzeilen aus der Tagespresse aus Sicht der dargestellten Unternehmen.

2 Welche Zukunftsentwicklung ist für diese Unternehmen absehbar?

Arbeitsblatt 31.1: Grundbegriffe der Kosten- und Leistungsrechnung I

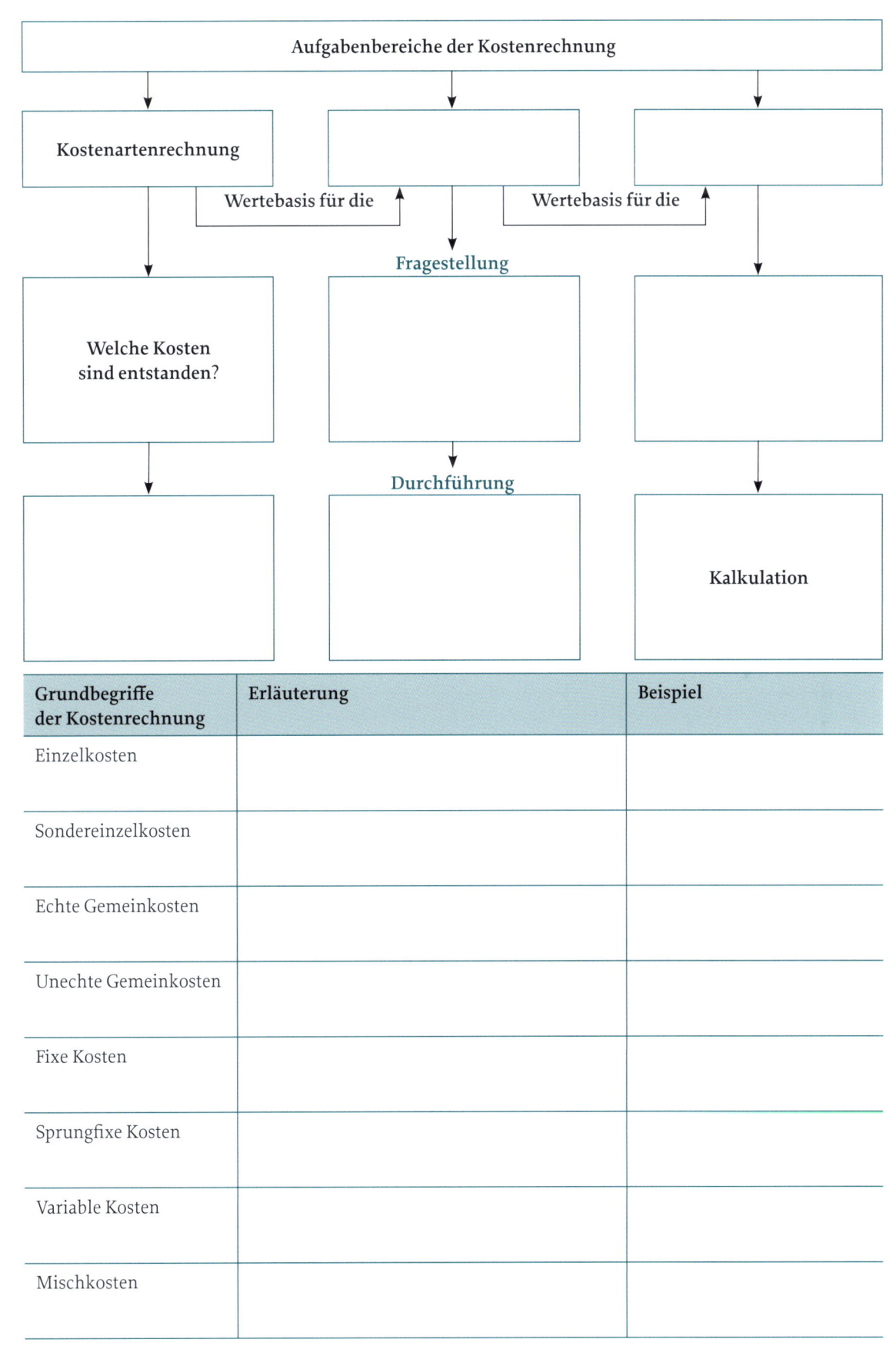

Grundbegriffe der Kostenrechnung	Erläuterung	Beispiel
Einzelkosten		
Sondereinzelkosten		
Echte Gemeinkosten		
Unechte Gemeinkosten		
Fixe Kosten		
Sprungfixe Kosten		
Variable Kosten		
Mischkosten		

Arbeitsblatt 31.2: Grundbegriffe der Kosten- und Leistungsrechnung II

Definition

Kosten sind _____ und _____ in einer _____ .	Leistungen sind _____ und _____ in einer _____ .

Abgrenzung

Aufwendungen sind		Erträge sind	
betrieblich und _____ und periodengerecht = _____	_____ oder außerordentlich oder _____ = neutrale _____	betrieblich und _____ und periodengerecht = _____	_____ oder außerordentlich oder _____ = neutrale _____

Zeitbezug der Kosten

Istkostenrechnung	Normalkostenrechnung	Plankostenrechnung
_____ _____ _____ vergangener Abrechnungsperioden	_____ _____ _____ vergangener Abrechnungsperioden	_____ _____ _____ für zukünftige Abrechnungsperioden

Zurechenbarkeit der Kosten auf die Kostenträger

Einzelkosten	Sondereinzelkosten	Echte Gemeinkosten	Unechte Gemeinkosten
sind den Kostenträgern _____ _____ _____	der _____ und/oder des _____ fallen nur für bestimmte Kostenträger an.	sind den Kostenträgern _____ _____ _____	sind den Kostenträgern _____ _____

Abhängigkeit der Kosten von der Beschäftigung

Fixe Kosten	Sprungfixe Kosten	Variable Kosten	Mischkosten
beschäftigungs- _____ Kosten	steigen oder _____	beschäftigungs- _____ Kosten	Kostenarten mit _____ _____ Bestandteilen

Arbeitsblatt 31.3: Fixe und variable Kosten

Die Fly Bike Werke GmbH nutzt einen eigenen Lkw für die Auslieferung von Fahrrädern und teilweise auch für die Abholung von Material bei Lieferanten.

1 Ermitteln Sie die fixen Kosten pro Jahr und die variablen Kosten je km:

Kostenart	Werte in €	fixe Kosten pro Jahr in €	variable Kosten je km in €
kalkulatorische Abschreibungen	11.900,00 €/Jahr		
kalkulatorische Zinsen	3.500,00 €/Jahr		
Versicherungsbeiträge	2.500,00 €/Jahr		
Kfz-Steuer	900,00 €/Jahr		
Miete für Stellplatz	100,00 €/Monat		
Dieselkraftstoff	20 Liter/100 km zu 1,40 € je Liter		
Inspektionen mit Material (Öl usw.)	1.050,00 €/15 000 km		
Ersatz von Verschleißteilen (Reifen usw.)	500,00 €/10 000 km		
Summe			

2 Ermitteln Sie die jeweiligen Kosten für die angegebene Km-Leistung:

km	Gesamtkosten in €			Kosten je km in €		
	KG	KF	KV	kg	kf	kv
0						
5 000						
10 000						
15 000						
20 000						
25 000						
30 000						
35 000						
40 000						
45 000						
50 000						

3 Stellen Sie die Entwicklung der Gesamtkosten und der Stückkosten grafisch dar.

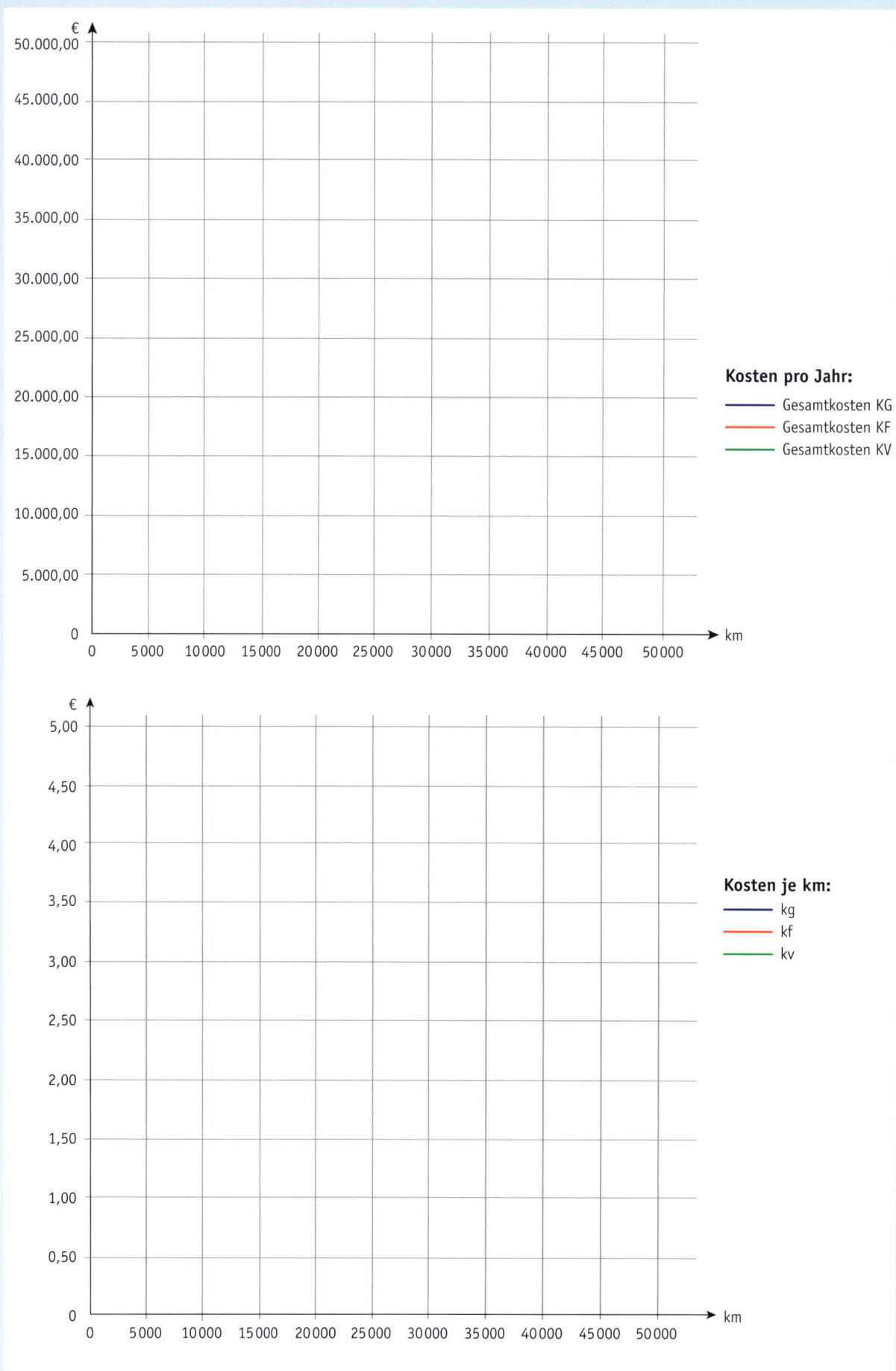

Kosten pro Jahr:

—— Gesamtkosten KG
—— Gesamtkosten KF
—— Gesamtkosten KV

Kosten je km:

—— kg
—— kf
—— kv

Arbeitsblatt 31.4: Sachzielbezogene (betriebliche) Aufwendungen und Erträge

1 Ein Fahrradhersteller mit dem Produktionsprogramm Fahrräder und dem Absatzprogramm Fahrräder, Fahrradanhänger, Fahrradbekleidung sowie der Vermittlung von Fahrradreisen erzielt durch verschiedene Aktivitäten Aufwendungen oder Erträge. Kreuzen Sie folgende Aktivitäten an, wenn sie den Sachzielen des Fahrradherstellers dienen.

	Verkauf von Fahrrädern		Vermietung von Wohnungen
	Vertrieb von Prospekten über Fahrradbekleidung und Fahrradreisen		Herstellung von Zwischenprodukten (Rahmen, Gabeln) für die eigene Erzeugnisherstellung
	Unterhalt eines Testzentrums für eingekaufte Fahrradteile		Kauf (Verkauf) von Aktien anderer Unternehmen zur kurzfristigen, möglichst rentablen Geldanlage
	Vergabe von Lizenzen für die Fahrradherstellung (nur für Auslandsmärkte)		Lagerhaltung von selbst hergestellten Fahrrädern und von Handelswaren
	Erstellung von selbst konstruierten Produktions- anlagen für neue Fahrradmodelle		Betrieb einer Sportanlage (hier Tenniszentrum)

2 Das oben beschriebene Unternehmen ermittelt für die laufende Rechnungsperiode folgende Arten von Aufwendungen (Güterverbräuche) und Erträge (Gütererstellungen). Stellen Sie fest, ob diese Güterverbräuche den Sachzielen des Fahrradherstellers dienen (= betrieblich) oder für die Erreichung der Sachziele nicht notwendig sind (= betriebs- fremd). Kreuzen Sie das richtige Lösungsfeld an.

Aufwendungen/Erträge	Sachzielbezogen (betrieblich)	Nicht sachzielbezo- gen (betriebsfremd)
Aufwendungen		
a) Wasserverbrauch für die Kühlung der Rohrtrennanlage		
b) Rohstoffverbrauch für die Rahmenproduktion		
c) Trikotwerbung bei einem ortsansässigen Fußballverein		
d) Renovierungsaufwand für Werkswohnungen		
e) Abschreibung eines Lackierautomaten		
f) Energieaufwand für die Beheizung des Tenniszentrums		
g) Verluste aus dem Verkauf von Aktien		
h) Löhne und Arbeitgeberanteile für die Sozialversicherung der Mitarbeiter/-innen		
i) Reisekosten des Geschäftsführers nach Mailand zum Besuch einer Fahrradmesse		
Erträge		
a) Umsatzerlöse aus dem Verkauf von Fahrrädern		
b) Erlöse aus dem Verkauf von Eintrittskarten für das firmeneigene Tenniszentrum		
c) Erlöse aus der Vermittlung von Fahrradreisen		
d) Mieterträge aus vermieteten Wohnungen		
e) Erlöse aus der Vergabe von Lizenzen für die Produktion von Spezialgabeln für den amerikanischen Markt		
f) Erlöse aus dem Verkauf von Fahrradanhängern		
g) Fertigstellung einer selbst erstellten Produktionsanlage (aktivier- te Eigenleistungen)		
h) Bestandserhöhung (Lageraufbau) von Fahrrädern		
i) Erlöse aus dem Verkauf von Aktien mit Gewinn		

Arbeitsblatt 31.5: Abgrenzung Aufwendungen/Kosten und Erträge/Leistungen

In der Finanzbuchhaltung eines Industriebetriebes wurden in einem Abrechnungsmonat folgende Erträge und Aufwendungen erfasst:

1 Ordnen Sie die Abkürzungen aus der unten stehenden Übersicht den jeweiligen Werten zu.

Konten-gruppen	Beschreibung	Werte in €	Zuordnung
50	Umsatzerlöse für eigene Erzeugnisse	620.000,00	
51	Umsatzerlöse für Handelswaren	40.000,00	
52	Bestandserhöhung fertige und unfertige Erzeugnisse	40.000,00	
53	aktivierte Eigenleistungen	20.000,00	
54	Erlöse aus Vermietung und Verpachtung	60.000,00	
	Erlöse aus Anlagenabgängen (Nettoverkaufserlöse gebrauchte Anlagen)	5.000,00	
	Zahlungseingang auf eine im Vorjahr abgeschriebene Forderung	12.000,00	
56	Erträge aus dem Verkauf von festverzinslichen Wertpapieren	6.000,00	
57	Zinserträge aus kurzfristigen Kapitalanlagen	2.000,00	
60	erfasster Materialaufwand für die Produktion	160.000,00	
	durch falsche Lagerhaltung unbrauchbares Material	4.000,00	
	Energieaufwand für betriebliche Zwecke	54.000,00	
	Energieaufwand für vermietetes Gebäude	2.900,00	
61	Reparaturkosten für Produktionsmaschinen (normaler Verschleiß)	13.000,00	
	Reparaturkosten einer Verpackungsanlage (Sachbeschädigung)	22.000,00	
	Reparaturkosten für vermietetes Gebäude	4.000,00	
62–64	Löhne und Gehälter einschließlich Sozialabgaben für Betriebsangehörige	270.000,00	
	Aushilfslöhne für Hausmeistertätigkeiten im vermieteten Gebäude	600,00	
65	planmäßige Abschreibungen auf Sachanlagen	75.000,00	
	Abschreibungen auf das vermietete Gebäude	6.000,00	
	außerplanmäßige Abschreibung: Totalschaden eines LKW	40.000,00	
67	Miet- und Pachtzahlungen für betriebsnotwendige Anlagen	24.000,00	
	Anwaltskosten für einen Rechtsstreit mit einem Rohstofflieferer	8.000,00	
68	Aufwendungen für Büromaterial usw.	9.000,00	
	Spende an ein Kinderheim	1.000,00	
69	Versicherungsbeiträge für betriebsnotwendige Sachanlagen	20.000,00	
	Anlagenabgänge (Buchwerte gebrauchter Anlagen beim Verkauf)	5.000,00	
70–77	Betriebliche Steuern	20.000,00	
	Gewerbesteuernachzahlung für das Vorjahr	1.500,00	
	Abschreibungen auf Wertpapiere des Umlaufvermögens	10.000,00	
	Zinsaufwendungen für das vermietete Gebäude	4.000,00	
	Erfolg		

2 Ermitteln Sie den Erfolg und die jeweiligen Werte (in €) in der folgenden Übersicht:

Leistungen (L)	Betriebsfremde Erträge (BE)	Außerordentliche Erträge (AE)	Periodenfremde Erträge (PE)
Kosten (K)	Betriebsfremde Aufwendungen (BA)	Außerordentliche Aufwendungen (AA)	Periodenfremde Aufwendungen (PA)

Aufgaben

Aufgabe 1

Ordnen Sie die Ziffern der folgenden Kosten der FBW GmbH dem richtigen Feld der Tabelle darunter zu.

① Verbrauch von Stahlrohren
② Verbrauch von Unterlegscheiben
③ Gehalt des Geschäftsführers
④ Telefonkosten der Verwaltung
⑤ Konstruktionszeichnung für ein neues Fahrradmodell
⑥ Vertriebsprovisionen für Reisende
⑦ Verbrauch von Kettenschaltungen
⑧ Verpackungskartons für Fahrräder
⑨ Akkordlöhne in der Fahrradmontage
⑩ Abschreibungen auf Produktionsmaschinen

Einzelkosten	Sondereinzelkosten	Echte Gemeinkosten	Unechte Gemeinkosten

Aufgabe 2

Ordnen Sie die Ziffern der folgenden Kosten der FBW GmbH dem richtigen Feld der Tabelle darunter zu.

① Mietzahlungen für ein Außenlager
② Abschreibungen auf die Geschäftsausstattung
③ Abschreibung auf einen neu angeschafften Lackierautomaten
④ Lohnzuschläge für Nachtarbeit (Montage)
⑤ Akkordlöhne in der Fahrradmontage
⑥ Verbrauch von Verpackungsmaterial (bei steigenden Absatzmengen)
⑦ Stilllegung und Verkauf einer Rohrtrennanlage (noch nicht abgeschrieben)
⑧ Energieverbrauch für Produktionsmaschinen
⑨ Verbrauch von Aluminiumrohren

Fixe Kosten	Sprungfixe Kosten	Proportional variable Kosten	Überproportional variable Kosten	Unterproportional variable Kosten

Aufgabe 3

Ordnen Sie die Ziffern der folgenden Geschäftsvorfälle der FBW GmbH dem richtigen Feld der Tabelle darunter zu.

① Reparatur eines Lackierautomaten (normaler Verschleiß)
② Erlöse aus Fahrradverkäufen
③ Gewerbesteuernachzahlung für das letzte Geschäftsjahr
④ Mieteinnahmen
⑤ Erheblicher Kassenfehlbetrag (Diebstahl?)
⑥ Wertverlust von Wertpapieren
⑦ Schadenersatzzahlung eines Lieferanten
⑧ Zahlungseingang auf eine bereits abgeschriebene Forderung aus dem Vorjahr

Kosten	Betriebsfremde Aufwendungen	Außerordentliche Aufwendungen	Periodenfremde Aufwendungen
Leistungen	Betriebsfremde Erträge	Außerordentliche Erträge	Periodenfremde Erträge

Aufgabe 4

Das betriebsnotwendige Anlagevermögen der Ralle OHG hat einen Wert von 700.000,00 €. Das durchschnittliche betriebsnotwendige Umlaufvermögen ist mit 600.000,00 € anzusetzen. Zu berücksichtigen ist allerdings ein zinsfreies Fremdkapital in Höhe von 310.000,00 €. Der Kapitalmarktzins liegt bei günstigen 6,0 %. Eine neue, erst zum Jahresbeginn angeschaffte Verpackungsmaschine hat Anschaffungskosten in Höhe von 80.000,00 € verursacht. Die betriebsgewöhnliche Nutzungsdauer beträgt zwölf Jahre. Die Forderungsausfälle der Ralle OHG nach Zielverkäufen haben sich wie folgt entwickelt:

	Umsätze auf Ziel in €	Forderungsausfall in €
20X1	6.300.000,00	77.000,00
20X2	5.900.000,00	68.000,00
20X3	5.700.000,00	69.800,00
20X4	5.600.000,00 (geplant)	

(Die Aufgabenstellung finden Sie auf S. 198.)

Ermitteln Sie für die Ralle OHG

a die kalkulatorischen Zinsen in €.

b die kalkulatorische Abschreibung für die Verpackungsmaschine, wenn eine betriebsindividuelle Nutzungsdauer von 10 Jahren unterstellt wird und für diese Maschine die lineare Abschreibung angewendet werden soll; die geplanten Wiederbeschaffungskosten betragen 90.000,00 €.

c das kalkulatorische Wagnis für Forderungsausfälle in % und in € für das Jahr 20X4 auf Basis der durchschnittlichen Forderungsausfälle der Jahre 20X1–20X3.

Aufgabe 5

Ordnen Sie die Ziffern der folgenden Kosten der FBW GmbH dem richtigen Feld der Tabelle darunter zu.

① Lohn- und Gehaltszahlungen   ② kalkulatorische Abschreibung
③ kalkulatorische Zinsen auf das betriebsnotwendige Eigenkapital   ④ Materialverbrauch zu Verrechnungspreisen
⑤ Energieverbrauch in der Produktion   ⑥ kalkulatorische Miete

Grundkosten (Zweckaufwand)	Anderskosten	Zusatzkosten

Aufgabe 6

Ein LKW mit Anschaffungskosten (AK) in Höhe von 180.000,00 € wird bilanziell innerhalb von 9 Jahren (betriebsgewöhnliche Nutzungsdauer gemäß AfA-Tabelle) linear abgeschrieben. Kalkulatorisch wird der LKW ebenfalls linear, aber innerhalb von 8 Jahren (betriebsindividuelle Nutzungsdauer) von den Wiederbeschaffungskosten abgeschrieben. Dabei wird von einer durchschnittlichen Preissteigerungsrate von 3 % pro Jahr ausgegangen.

a Berechnen Sie die bilanzielle Abschreibung im ersten Abschreibungsjahr.

b Ermitteln Sie die Wiederbeschaffungskosten am Ende der betriebsindividuellen Nutzungsdauer (Wert auf volle 100,00 € abrunden!).

> Formel zur Ermittlung der Wiederbeschaffungskosten = AK · $1{,}03^8$
>
> Preissteigerungsrate   betriebsindividuelle Nutzungsdauer

c Berechnen Sie die kalkulatorische Abschreibung im ersten Abschreibungsjahr.

Aufgabe 7

Die Kronos GmbH ermittelt in ihrer Finanzbuchhaltung folgende Werte zum Geschäftsjahresende:

- Anlagevermögen: Buchwerte 1.200.000,00 € (Buchwerte nach bilanzieller Abschreibung)
- Umlaufvermögen: Buchwerte 1.300.000,00 € (davon flüssige Mittel 600.000,00 €)
- Eigenkapital: 1.000.000,00 €
- Fremdkapital: 1.500.000,00 €

Der Betriebsbuchhaltung der Kronos GmbH liegen folgende Informationen vor:

Zum Anlagevermögen:	– Buchwert einer stillgelegten Anlage einschließlich Gebäude und Grundstücksanteil: 100.000,00 € – Buchwert eines ungenutzten Grundstückes 50.000,00 € – Die kalkulatorischen Abschreibungen auf das betriebsnotwendige Anlagevermögen sind um 50.000,00 € geringer als die bilanziellen Abschreibungen.
Zum Umlaufvermögen:	– Die flüssigen Mittel einschließlich des Postens „Wertpapiere des UV" sind um 100.000,00 € überhöht. – Die Jahresdurchschnittswerte des betriebsnotwendigen Umlaufvermögens (ohne die flüssigen Mittel) liegen um 20 % unter den Werten am Bilanzstichtag.
Zum Fremdkapital	– Verbindlichkeiten aus Lieferungen und Leistungen 500.000,00 € (kein Skontoabzug) – Anzahlungen von Kunden 50.000,00 €
Langfristiger Kapitalmarktzins	10,0 %

a Berechnen Sie die kalkulatorischen Restwerte für das betriebsnotwendige Anlagevermögen.

b Berechnen Sie das betriebsnotwendige Umlaufvermögen.

c Berechnen Sie das betriebsnotwendige Kapital.

d Berechnen Sie die kalkulatorischen Zinsen für ein Geschäftsjahr.

SB → S. 291 ff. | Lernfeld 4, Kapitel 2

Kosten, Leistungen und Betriebsergebnis

In der Finanzbuchhaltung ist der Monatsabschluss „gelaufen". Die Daten der Gewinn- und Verlustrechnung mit dem Gesamtergebnis des Unternehmens hat Herr Peters schon auf seinem Schreibtisch liegen – die waren nicht so gut. Für seine am Abend stattfindende Besprechung mit den Gesellschaftern benötigt er aber dringend noch das Betriebsergebnis. Die Gesellschafter interessieren sich ja mehr für die Kosten und Leistungen (Betriebsergebnis) und weniger für das „Drumherum" (neutrales Ergebnis). „Langfristig erfolgreich und damit ‚gesund' ist ein Unternehmen nur dann, wenn der eigentliche Betriebszweck zum Erfolg führt." Diesen Satz hat Herr Peters schon oft gehört. Eigentlich ist die Ergebnistabelle ja schon fast fertig – die Abgrenzungsfälle sind schon alle eingetragen – es fehlen nur noch die Kosten und Leistungen – und alle Ergebnisse.

1   Ermitteln Sie die Kosten und Leistungen mithilfe der Ergebnistabelle (Arbeitsblatt 32.1).

2   Ermitteln Sie anschließend alle Ergebnisse und werten Sie diese aus.

3   Versetzen Sie sich in die Lage von Herrn Peters. Wie kann er den Gesellschaftern die Zahlen möglichst positiv erläutern? Formulieren Sie drei positive Aussagen im Vergleich zur Ergebnistabelle vom Vormonat Mai (vgl. Schülerbuch 1, Seite 293).

	Geschäfts-buchhaltung		Unternehmensbezogene Abgrenzung		Betriebsbezogene Abgrenzung		Kosten- und Leistungsarten	
	1 Aufwendungen	2 Erträge	3 Aufwendungen	4 Erträge	5 Aufwendungen	6 Erträge	7 Kosten	8 Leistungen
Summen								
Salden (Gewinn oder Verlust)								
Ergebnisse	Gesamtergebnis		Ergebnis der unternehmensbezogenen Abgrenzung		Ergebnis der betriebsbezogenen Abgrenzung		Betriebsergebnis	
			Neutrales Ergebnis					

Ergebnisermittlung		Betrag in €	Gewinn oder Verlust?
	Ergebnis der unternehmensbezogenen Abgrenzung		
+	Ergebnis der betriebsbezogenen Abgrenzung		
=	Neutrales Ergebnis		
+	Betriebsergebnis		
=	Gesamtergebnis		

Kennziffern zur Auswertung	Berechnung		Ergebnis
Wirtschaftlichkeit des Unternehmens	$\dfrac{\text{Erträge}}{\text{Aufwendungen}}$		
Wirtschaftlichkeit des Betriebes	$\dfrac{\text{Leistungen}}{\text{Kosten}}$		
Eigenkapitalrentabilität des Betriebes	$\dfrac{\text{Betriebsergebnis} \cdot 100\,\%}{700.000,00^{1}}$		
Umsatzrentabilität des Betriebes	$\dfrac{\text{Betriebsergebnis} \cdot 100\,\%}{\text{Umsatzerlöse}}$		

[1] eingesetztes Kapital

Arbeitsblatt 32.1: Ergebnistabelle

Konto-Nr.	Kontenbezeichnungen	Geschäftsbuchhaltung in €		Unternehmensbezogene Abgrenzung in €		Betriebsbezogene Abgrenzung in €		Kosten- und Leistungsarten in €	
		1 Aufwendungen	2 Erträge	3 Aufwendungen	4 Erträge	5 Aufwendungen	6 Erträge	7 Kosten	8 Leistungen
5000	Umsatzerlöse für eigene Erzeugnisse		712.000,00						
5200	Bestandsminderungen unfertige und fertige Erzeugnisse	6.200,00							
5400	Nebenerlöse (Mieterträge)		2.000,00		2.000,00				
5410	Erlöse aus Anlagenabgängen		3.200,00				3.200,00		
5490	Periodenfremde Erträge		12.800,00				12.800,00		
5710	Zinserträge		1.800,00		1.800,00				
6000	Aufwendungen für Rohstoffe	42.000,00				42.000,00	44.500,00		
6010	Aufwendungen für Fremdbauteile	275.900,00							
6020	Aufwendungen für Hilfsstoffe	11.120,00							
6030	Aufwendungen für Betriebsstoffe	4.800,00							
6040	Verpackungsmaterial	2.400,00							
6050	Energie	13.100,00		220,00					
6150	Vertriebsprovisionen	11.200,00							
6160	Fremdinstandhaltung	12.400,00		180,00					
6200	Löhne	47.860,00							
6300	Gehälter	84.200,00							
6400	Soziale Abgaben	29.714,00							
	Zwischensummen								

Konto-Nr.	Kontenbezeichnungen	Geschäftsbuchhaltung in €		Unternehmensbezogene Abgrenzung in €		Betriebsbezogene Abgrenzung in €		Kosten- und Leistungsarten in €	
		1 Aufwendungen	2 Erträge	3 Aufwendungen	4 Erträge	5 Aufwendungen	6 Erträge	7 Kosten	8 Leistungen
	Zwischensummen (Übertrag von Vorseite):								
6520	Abschreibungen auf Sachanlagen	23.520,00				23.520,00			
6700	Mieten, Pachten	8.000,00							
6710	Leasing	5.454,00							
68xx	Aufwendungen für Kommunikation	24.280,00		90,00					
6900	Versicherungsbeiträge	3.350,00		20,00					
6930	Verluste aus Schadensfällen	10.800,00				10.800,00			
6979	Anlagenabgänge	4.300,00				4.300,00			
7510	Zinsaufwendungen	14.012,00				14.012,00			
7600	Außerordentliche Aufwendungen	12.200,00				12.200,00			
70/77	Steuern	8.590,00		7.731,00					
	Kalkulatorische Abschreibungen						25.000,00		
	Kalkulatorische Zinsen						22.500,00		
	Kalkulatorische Wagnisse						12.000,00		
	Summen								
	Salden (Gewinn oder Verlust)								
	Ergebnisse	Gesamtergebnis		Ergebnis der unternehmensbezogenen Abgrenzung		Ergebnis der betriebsbezogenen Abgrenzung		Betriebsergebnis	
					Neutrales Ergebnis				

Arbeitsblatt 32.2: Ergebnistabelle – Zuordnungen

Geben Sie für nachfolgende Aufwendungen und/oder Kosten bzw. Erträge und/oder Leistungen jeweils die Spaltennummer der Ergebnistabelle an, in der ein Eintrag erfolgen müsste:

Geschäftsbuchhaltung		Unternehmensbezogene Abgrenzung		Betriebsbezogene Abgrenzung		Kosten- und Leistungsarten	
1 Aufwendungen	2 Erträge	3 Aufwendungen	4 Erträge	5 Aufwendungen	6 Erträge	7 Kosten	8 Leistungen

Nr.	1. Spalte	2. Spalte	Aufwendungen, Kosten, Erträge, Leistungen
1.	2	8	Umsatzerlöse für eigene Erzeugnisse
2.			Reparaturzahlung für ein vermietetes Haus
3.			Kfz-Steuer für einen LKW im Werksverkehr
4.			bilanzielle Abschreibungen auf Sachanlagen (bei Ansatz von kalkulatorischen Abschreibungen)
5.			Gewerbeertragsteuernachzahlung für das Vorjahr
6.			Abfindungszahlungen für ausscheidende Mitarbeiter
7.			Rohstoffverbrauch zu Anschaffungskosten (bei Ansatz von Verrechnungspreisen)
8.			Rohstoffverbrauch zu Verrechnungspreisen
9.			Bestandsminderung von fertigen und unfertigen Erzeugnissen
10.			Gewerbeertragsteuerzahlung für das laufende Geschäftsjahr
11.			Miete für ein Rohstofflager
12.			Diebstahl von Erzeugnissen
13.			kalkulatorische Abschreibungen auf Sachanlagen
14.			Bestandserhöhung von fertigen und unfertigen Erzeugnissen
15.			aktivierte Eigenleistungen für die Herstellung von Lagereinrichtungen
16.			Erträge aus anderen Finanzanlagen
17.			Zinserträge
18.			außerordentliche Erträge
19.			gezahlte Fremdkapitalzinsen (bei Ansatz von kalkulatorischen Zinsen)
20.			kalkulatorische Zinsen auf das betriebsnotwendige Kapital
21.			Abschreibungen auf Forderungen wegen Konkurs eines Großkunden
22.			Abschreibungen auf Finanzanlagen
23.			außerordentliche Aufwendungen durch Überschwemmung der Produktionsanlagen
24.			kalkulatorische Wagnisse

Hinweis: Der Ansatz von Verrechnungspreisen und/oder kalkulatorischen Kosten in der Ergebnistabelle ist für Unternehmen keine Pflicht, ist aber in AkA-Prüfungsaufgaben üblich.

Aufgaben

Aufgabe 1

In einer Ergebnistabelle weisen die vorläufigen Spaltensummen die folgenden Werte auf:

	Geschäftsbuchhaltung in €		Unternehmensbezogene Abgrenzung in €		Betriebsbezogene Abgrenzung in €		Kosten- und Leistungsarten in €	
	1 Aufwen- dungen	2 Erträge	3 Aufwen- dungen	4 Erträge	5 Aufwen- dungen	6 Erträge	7 Kosten	8 Leistungen
	375.000,00	450.000,00	5.000,00	15.000,00	6.000,00	24.000,00	364.000,00	411.000,00
1)								
2)								
3)								

a Folgende drei Abgrenzungsfälle sind noch in der Tabelle zu erfassen:

   1 Von insgesamt 24.000,00 € Instandhaltungskosten entfallen 2.400,00 € auf ein vermietetes Gebäude.

   2 Die bilanziellen Abschreibungen betragen 30.000,00 €.

   3 Die kalkulatorischen Abschreibungen betragen 25.000,00 €.

b Ermitteln Sie

   ba das Gesamtergebnis,

   bb das neutrale Ergebnis,

   bc das Betriebsergebnis.

Aufgabe 2

Die Augsburger Papierveredelungs-GmbH hat laut Finanzbuchhaltung im abgelaufenen Geschäftsjahr folgende Werte in € ermittelt:

Soll			Gewinn- und Verlustkonto			Haben
6000	Aufwendungen für Rohstoffe	12.000.000,00	5000	Umsatzerlöse f. e. Erzeugnisse		24.000.000,00
6020	Aufwendungen für Hilfsstoffe	3.000.000,00	5200	Bestandsveränderungskonto		1.000.000,00
6030	Aufwendungen für Betriebsstoffe	305.000,00	5400	Mieterträge		480.000,00
6050	Energie	200.000,00	5410	Erlöse aus Anlagenabgängen		120.000,00
6150	Vertriebsprovisionen	480.000,00	5710	Zinserträge		36.000,00
6160	Fremdinstandhaltung	180.000,00				
6200	Löhne	3.000.000,00				
6300	Gehälter	1.500.000,00				
6400	Soziale Abgaben	850.000,00				
6520	Abschreibungen auf Sachanlagen	800.000,00				
6800	Büromaterial	130.000,00				
6870	Werbung	501.000,00				
6900	Versicherungsbeiträge	75.000,00				
6930	Verluste aus Schadensfällen	125.000,00				
6979	Anlagenabgänge	100.000,00				
70/77	Steuern	240.000,00				
7510	Zinsaufwendungen	750.000,00				
3000	Eigenkapital (Gewinn)	1.400.000,00				
		25.636.000,00				25.636.000,00

Das Eigenkapital am Anfang der Rechnungsperiode betrug 12.500.000,00 €.

Für die Abgrenzungsrechnung stehen folgende Informationen zur Verfügung:

1) Erträge		
5410	120.000,00 €	Betriebliches Sachanlagevermögen wurde gebraucht verkauft (Nettoverkaufserlöse).
5710	24.000,00 €	Verzinsung aus Wertpapieren zur kurzfristigen Kapitalanlage
	12.000,00 €	Verzugszinsen von Kunden

2) Aufwendungen		
6000	12.120.000,00 €	Bewertung des Rohstoffverbrauchs zu Verrechnungspreisen
6160	60.000,00 €	für Reparaturen am vermieteten Gebäude
	120.000,00 €	für betrieblich genutztes Anlagevermögen
6300	20.000,00 €	Entgelt für Hausmeister des vermieteten Gebäudes
6400	4.500,00 €	soziale Aufwendungen für den Hausmeister des vermieteten Gebäudes
6050	14.500,00 €	Energieverbrauch des vermieteten Gebäudes
6520	40.000,00 €	entfallen auf das vermietete Gebäude
	760.000,00 €	bilanzmäßige Abschreibungen auf betrieblich genutztes Sachanlagevermögen (in der KLR werden kalkulatorische Abschreibungen angesetzt)
6800	1.000,00 €	Büroaufwendungen für das vermietete Gebäude
6870	1.000,00 €	Anzeige (Vermietung) für das vermietete Gebäude
6900	5.000,00 €	wurden für das vermietete Gebäude entrichtet
	70.000,00 €	entfallen auf betriebliche, versicherte Risiken
6930	125.000,00 €	Verluste aus Schadensfällen (in der KLR werden kalkulatorische Wagnisse angesetzt)
6979	100.000,00 €	Betrieblich genutzte Anlagen wurden gebraucht verkauft (Buchwerte).
70/77	4.000,00 €	Grundsteuern für vermietetes Gebäude; Rest: Kosten
7510	150.000,00 €	Zinsen für Grundschuld des vermieteten Gebäudes; Rest: tatsächlich gezahlte Zinsen für Fremdkapital (in der KLR werden kalkulatorische Zinsen angesetzt)

3) Kalkulatorische Kosten		
	600.000,00 €	kalkulatorische Abschreibungen
	900.000,00 €	kalkulatorische Zinsen
	360.000,00 €	kalkulatorische Wagnisse

a Erstellen Sie eine Ergebnistabelle und ermitteln Sie das
    aa Gesamtergebnis,
    ab Ergebnis der unternehmensbezogenen Abgrenzung,
    ac Ergebnis der betriebsbezogenen Abgrenzung,
    ad Betriebsergebnis.
b Erläutern und beurteilen Sie die Ergebnisse.
c Beurteilen Sie den Erfolg des Betriebs mithilfe der Kennzahlen
    ca Eigenkapitalrentabilität,
    cb Umsatzrentabilität,
    cc Wirtschaftlichkeit (Leistungen/Kosten).

Aufgabe 3

In welchen Spalten der Ergebnistabelle muss in nachfolgenden Fällen eingetragen werden?

Geschäftsbuchhaltung		Unternehmensbezogene Abgrenzung		Betriebsbezogene Abgrenzung		Kosten- und Leistungsarten	
1 Aufwen- dungen	2 Erträge	3 Aufwendun- gen	4 Erträge	5 Aufwendun- gen	6 Erträge	7 Kosten	8 Leistungen

1 Die nicht sachzielbezogenen (betriebsfremden) Aufwendungen stehen in der Ergebnistabelle in den Spalten

_____ und _____.

2 Der Rechnungskreis I betrifft nur die Spalten _____ und _____.

3 Die Aufwendungen und Steuern des GuV-Kontos stehen in Spalte _____.

4 Das neutrale Ergebnis betrifft nur die Spalten _____ bis _____.

5 Das neutrale Ergebnis und das Betriebsergebnis ergeben das _____; im Falle

eines Gewinnes steht diese Differenz in Spalte _____.

6 Die Differenz der Summen der Spalten ___7___ und ___8___ ergibt das _____.

7 Die Erträge des GuV-Kontos stehen in der Ergebnistabelle in Spalte _____.

8 Die periodenfremden und außerordentlichen Aufwendungen stehen in der Ergebnistabelle in den Spalten _____

und _____.

9 Ersetzen Verrechnungspreise die Einstandspreise, so sind diese in Spalte _____ und in Spalte _____

einzutragen.

10 Werden Aufwendungen der Finanzbuchhaltung durch für kostenrechnerische Zwecke ermittelte Kosten in anderer Hö-

he (Anderskosten) ersetzt, so werden die Aufwendungen in Spalte _____ eliminiert und die Kosten in Spalte

_____ und Spalte _____ neu eingefügt.

11 Die periodenfremden und außerordentlichen Erträge stehen in der Ergebnistabelle in den Spalten _____ und

_____.

12 Die nicht sachzielbezogenen (betriebsfremden) Erträge stehen in der Ergebnistabelle in den Spalten _____ und

_____.

Aufgabe 4

Ermitteln Sie

a das Gesamtergebnis in € _____

b die Einzelkosten in € _____

c die Gemeinkosten in € _____

d die Gesamtleistung in € _____

e die neutralen Aufwendungen in € _____

f die Anderskosten in € _____

Konto-Nr.	Kontenbezeichnungen	Geschäftsbuchhaltung in €		Unternehmensbezogene Abgrenzung in €		Betriebsbezogene Abgrenzung in €		Kosten- und Leistungsarten in €	
		1 Aufwendungen	2 Erträge	3 Aufwendungen	4 Erträge	5 Aufwendungen	6 Erträge	7 Kosten	8 Leistungen
5000	Umsatzerlöse für eigene Erzeugnisse		950.000,00						
5200	Bestandserhöhung unfertige und fertige Erzeugnisse		5.000,00						
5400	Nebenerlöse (Mieterträge)		8.000,00		8.000,00				
5410	Erlöse aus Anlagenabgängen		7.900,00				7.900,00		
5490	Periodenfremde Erträge		23.000,00				23.000,00		
5710	Zinserträge		2.500,00		2.500,00				
6000	Aufwendungen für Rohstoffe	46.000,00				46.000,00	48.000,00		
6010	Aufwendungen für Fremdbauteile	236.000,00							
6030	Aufwendungen für Betriebsstoffe	24.500,00							
6050	Energie	43.000,00		2.000,00					
6150	Vertriebsprovisionen	12.000,00							
6160	Fremdinstandhaltung	4.600,00		600,00					
	Zwischensummen								

Konto-Nr.	Kontenbezeichnungen	Geschäftsbuchhaltung in €		Unternehmensbezogene Abgrenzung in €		Betriebsbezogene Abgrenzung in €		Kosten- und Leistungsarten in €	
		1 Aufwendungen	2 Erträge	3 Aufwendungen	4 Erträge	5 Aufwendungen	6 Erträge	7 Kosten	8 Leistungen
	Zwischensummen (Übertrag von Vorseite):								
6200	Löhne (Fertigungslöhne)	52.000,00							
6300	Gehälter	112.000,00							
6400	Soziale Abgaben	36.900,00							
6520	Abschreibungen auf Sachanlagen	36.000,00				36.000,00			
6700	Mieten, Pachten	12.000,00							
6710	Leasing	32.500,00							
68xx	Aufwendungen für Kommunikation	19.200,00		120,00					
6900	Versicherungsbeiträge	4.600,00		60,00					
6979	Anlagenabgänge	3.000,00				3.000,00			
7510	Zinsaufwendungen	24.000,00				24.000,00			
7600	Außerordentliche Aufwendungen	100.000,00				100.000,00			
70/77	Steuern	64.500,00		58.050,00					
	Kalkulatorische Abschreibungen						30.000,00		
	Kalkulatorische Zinsen						28.000,00		
	Kalkulatorische Wagnisse						24.000,00		
	Summen			60.830,00	10.500,00	209.000,00	160.900,00		
	Salden (Gewinn oder Verlust)				50.330,00		48.100,00		

Aufgabe 5

a Führen Sie unter Berücksichtigung nachfolgender Angaben eine Abgrenzungsrechnung für ein Industrieunternehmen durch (die GuV-Werte sind in der Ergebnistabelle auf der Folgeseite bereits eingetragen).

Zusätzliche Angaben:

– Von den Zinserträgen stammen 4.000,00 € aus verspäteten Kundenzahlungen (Verzugszinsen).

– Die außerordentlichen Erträge sind betriebsbezogen.

– Für Roh-, Hilfs- und Betriebsstoffe wird ein Verrechnungspreis in Höhe von 430.000,00 € angesetzt.

– Für das vermietete Wohnhaus entstanden folgende Aufwendungen:

– Energie	1.200,00 €
– Fremdinstandhaltung	1.800,00 €
– Löhne, Gehälter, soziale Aufwendungen	2.300,00 €
– Aufwendungen für Kommunikation	200,00 €
– Versicherungsbeiträge	1.480,00 €
– Zinsaufwendungen	2.500,00 €

– Die außerordentlichen Aufwendungen sind nicht betriebsbezogen.

– In der Position 70/77 Steuern sind 62.000,00 € als betriebsfremd abzugrenzen.

– Für die Abschreibungen auf Sachanlagen werden kalkulatorische Abschreibungen in Höhe von 55.000,00 € angesetzt.

– Für die betriebsbezogenen Zinsaufwendungen werden kalkulatorische Zinsen in Höhe von 32.000,00 € angesetzt.

b Das eingesetzte Eigenkapital des Unternehmens beträgt 2.000.000,00 €. Geben Sie folgende Auswertungsergebnisse an:

ba neutrales Ergebnis: _____ €

bb Betriebsergebnis: _____ €

bc Eigenkapitalrentabilität des Unternehmens: _____ %

bd Eigenkapitalrentabilität des Betriebs: _____ %

be Umsatzrentabilität des Unternehmens: _____ %

bf Umsatzrentabilität des Betriebs: _____ %

bg Wirtschaftlichkeit des Unternehmens: _____

bh Wirtschaftlichkeit des Betriebs: _____

Konto-Nr.	Kontenbezeichnungen	Geschäftsbuchhaltung in €		Unternehmensbezogene Abgrenzung in €		Betriebsbezogene Abgrenzung in €		Kosten- und Leistungsarten in €	
		1 Aufwendungen	2 Erträge	3 Aufwendungen	4 Erträge	5 Aufwendungen	6 Erträge	7 Kosten	8 Leistungen
5000	Umsatzerlöse für Erzeugnisse		1.280.000,00						
5200	Mehrbestand fertige Erzeugnisse		120.000,00						
5400	Mieterträge		24.000,00						
5410	Erlöse aus Anlagenabgängen		4.500,00						
5710	Zinserträge		26.000,00						
5800	Außerordentliche Erträge		36.000,00						
6050	Energie	85.000,00							
60XX	Aufwendungen Roh-, Hilfs-, Betriebsstoffe	425.000,00							
6150	Vertriebsprovisionen	12.000,00							
6160	Fremdinstandhaltung	8.200,00							
62–64	Löhne, Gehälter, Soziale Aufwendungen	520.000,00							
6520	Abschreibungen auf Sachanlagen	65.000,00							
66XX	Sonstige Personalaufwendungen	12.400,00							
67XX	Aufwendungen für die Inanspruchnahme von Rechten und Diensten	4.700,00							
68XX	Aufwendungen für Kommunikation	7.200,00							
6900	Versicherungsbeiträge	12.600,00							
6979	Anlagenabgänge	5.200,00							
70/77	Steuern	148.000,00							
7510	Zinsaufwendungen	12.000,00							
7600	Außerordentliche Aufwendungen	3.200,00							
	Kalkulatorische Abschreibungen								
	Kalkulatorische Zinsen								
	Summen	1.320.500,00	1.490.500,00						
	Salden (Gewinn oder Verlust)	170.000,00							

Aufgabe 6

In welchen der unten stehenden Fälle sind die Aufwendungen oder Erträge

1 betriebsbezogen,

2 betriebsfremd,

3 periodenfremd oder

4 außerordentlich?

Ein Industrieunternehmen

a ☐ spendet an den Förderverein einer kaufmännischen Schule,

b ☐ kauft Rohstoffe ein, die sofort in die Produktion einfließen,

c ☐ nimmt Mieten aus Werkswohnungen ein,

d ☐ muss eine Maschine aufgrund technischer Überalterung außerplanmäßig abschreiben,

e ☐ muss für das vorherige Geschäftsjahr eine nicht eingeplante Gewerbesteuernachzahlung leisten,

f ☐ bezahlt die Rechnung für die Inspektion eines betrieblich genutzten Lkw,

g ☐ erzielt Zinserträge aus Kapitalanlagen.

Aufgabe 7

Konto-Nr.	Konten-bez.	Geschäftsbuchhaltung in €		Unternehmensbezogene Abgrenzung in €		Betriebsbezogene Abgrenzung in €		Kosten- und Leistungsarten in €	
		1 Aufw.	**2** Erträge	**3** Aufw.	**4** Erträge	**5** Aufw.	**6** Erträge	**7** Kosten	**8** Leist.
	Summen	862.800,00		60.830,00	10.500,00	209.000,00	160.900,00	695.170,00	955.000,00
	Salden (Gewinn oder Verlust)				50.330,00		48.100,00	259.830,00	

a Ermitteln Sie

  aa den Gesamtgewinn oder den Gesamtverlust,

  ab die Summe der Erträge in Spalte 2.

b In welche beiden Spalten (1-8) müssen nachfolgende Werte eingetragen werden?

ba	Rohstoffverbrauch zu Verrechnungspreisen: 15.000,00 €		
bb	Kalkulatorische Zinsen: 25.000,00 €		
bc	Umsatzerlöse für eigene Erzeugnisse: 930.000,00 €		
bd	Zinserträge: 7.000,00 €		
be	Nettoverkaufserlöse aus dem Verkauf gebrauchter Anlagen: 5.000,00 €		
bf	Fertigungslöhne: 212.000,00 €		

SB → S. 303 ff. | Lernfeld 4, Kapitel 3.2

Kostenstellenrechnung – Kostenträgerzeitrechnung

Der Spezialrahmenbauer Köller e.K., ein Zulieferer für die Fahrradindustrie, produziert in zwei Fertigungsstufen hochwertige Y-Rahmen für die Fahrradindustrie. Für den Abrechnungsmonat Mai 20XX sind noch alle Daten für den BAB und die Kostenträgerzeitrechnung zu ermitteln. Eine neue Anfrage muss schnellstens beantwortet werden.

Fly Bike Werke GmbH

FBW GmbH • Rostocker Str. 334 • 26121 Oldenburg

Hans Köller Spezialrahmenbau e. K.
Verkauf / Frau Reiz
Lorenzstr. 10
18146 Rostock

Ihr Zeichen, Ihre Nachricht vom	Unser Zeichen, unsere Nachricht vom	Telefon, Name	Datum
	nem	0441 885-77 Frau Nemitz-Müller	02.06.20XX

Anfrage nach Y-Rahmen

Sehr geehrte Frau Reiz,

wie im Vorjahr planen wir auch in diesem Jahr ein Fahrrad-Sondermodell mit Y-Rahmen Ihres Modells 2. Da wir dieses Fahrradmodell im Weihnachtsgeschäft 20XX zum Sonderpreis anbieten wollen, müssen wir unsere Bezugspreise für alle Fahrradkomponenten genauestens planen.

Bei einer möglichen Auftragsmenge von 2 000 Y-Rahmen bieten wir Ihnen einen Barverkaufspreis von 50,00 € je Rahmen. Wir würden die Rahmen bei Ihnen abholen lassen. Je Abholung benötigen wir ab der 40. Kalenderwoche wöchentlich 500 Rahmen.

Wir freuen uns auf Ihr Angebot.

Mit freundlichen Grüßen

Fly Bike Werke GmbH

i. A. *Nemitz-Müller*

Nemitz-Müller

Fly Bike Werke GmbH	Geschäftsführer	Bankverbindung	Handelsregister
Rostocker Str. 334	Hans Peters	Landessparkasse zu Oldenburg	Amtsgericht Oldenburg
26121 Oldenburg		BLZ 280 501 00	HR Oldenburg B 2134
		Kto.-Nr. 112 326 444	
www.flybike-werke.de	Tel. 0441 88592-0	IBAN DE86 2805 0100 0112 3264 44	Steuer-Nr. 112/8870/0057
mail@flybike-werke.de	Fax 0441 88592-11	BIC BRLADE21LZO	USt-Id-Nr. DE236667691

1 Ermitteln Sie auf Basis der aktuellen Kostensituation die Zuschlagssätze gemäß BAB.

2 Führen Sie die Kostenträgerzeitrechnung durch.

3 Ermitteln Sie je Kostenträger (je Stück) die Selbstkosten, den Verkaufspreis, den Gewinn oder Verlust in € und in Prozent der Selbstkosten.

4 Kann die Firma Köller e. K. den vorgegebenen Verkaufspreis laut Anfrage der FBW GmbH anbieten?

Verwenden Sie für Ihre Berechnungen die Arbeitsblätter auf den Folgeseiten.

Arbeitsblatt 33.1: BAB der Hans Köller Spezialrahmenbau e. K., Mai 20XX

Kostenstellen	Gesamt-kosten	Material	Fertigung Stufe I	Fertigung Stufe II	Verwal-tung	Vertrieb
Hilfs- und Betriebs-stoffe/Energie	198.000,00 €					
Hilfslöhne[1]	172.600,00 €					
Gehälter[1]	96.600,00 €					
Abschreibungen	91.000,00 €					
Zinsen	42.500,00 €					
Aufwendungen für Kommunikation	7.624,00 €					
Übrige Kosten	365.000,00 €					
Summen Gemein-kosten	973.324,00 €					
Zuschlagsgrundlagen						
Zuschlagssätze						

[1] Einschließlich direkter Lohn- und Gehaltsnebenkosten (Arbeitgeberanteile zu den Sozialabgaben).

Einzelkosten und Bestandsveränderungen	
Fertigungsmaterial	1.004.700,00 €
Fertigungslöhne Stufe I	650.640,00 €
Fertigungslöhne Stufe II	826.975,00 €
Bestandsminderung fertige Erzeugnisse	45.105,00 €

Verteilungsgrundlagen für den BAB der Hans Köller Spezialrahmen-bau e. K., Mai 20XX		Material	Fertigung Stufe I	Fertigung Stufe II	Verwaltung	Vertrieb
Hilfs- und Betriebsstoffe/ Energie	MES/ Zähler	12.000,00 €	64.000,00 €	68.000,00 €	30.000,00 €	24.000,00 €
Hilfslöhne	Arbeits-stunden	200 Std.	4 600 Std.	3 200 Std.	150 Std.	480 Std.
Gehälter	Anteile	4	6	8	6	4
Abschreibun-gen	Anlagen-werte	384.000,00 €	1.024.000,00 €	1.088.000,00 €	320.000,00 €	384.000,00 €
Zinsen	Anteile	2	4	5	2	4
Aufwendun-gen für Kom-munikation	Belege in €	-------	-------	-------	2.242,00 €	5.382,00 €
Übrige Kosten	Prozent	15	30	35	15	5

Arbeitsblatt 33.2: Kostenträgerzeitrechnung der Hans Köller Spezialrahmenbau e.K., Mai 20XX

	Kostenträgerzeitrechnung	Zuschlagssatz in % lt. BAB	Y-Rahmen 1 in €	Y-Rahmen 2 in €	Y-Rahmen 3 in €
	Fertigungsmaterial		502.350,00	301.410,00	200.940,00
+	Materialgemeinkosten				
=	Materialkosten				
	Fertigungslöhne Stufe I		227.724,00	292.788,00	130.128,00
	Fertigungsgemeinkosten Stufe I				
	Fertigungslöhne Stufe II		413.487,50	248.092,50	165.395,00
	Fertigungsgemeinkosten Stufe II				
	Fertigungskosten				
	Herstellkosten der Abrechnungsperiode/ Fertigung				
	Bestandsminderungen fertige Erzeugnisse		20.297,25	15.786,75	9.021,00
	Herstellkosten des Umsatzes				
	Verwaltungsgemeinkosten				
	Vertriebsgemeinkosten				
	Selbstkosten				
	Gewinn oder Verlust				
	Umsatzerlöse		1.802.540,00	1.172.000,00	940.000,00

Absatzmengen in Stück	18 000	20 000	12 000
Realisierte Selbstkosten in € je Stück			
Realisierter Verkaufspreis in € je Stück			
Gewinn oder Verlust in € je Stück			
Gewinn oder Verlust in % der Selbstkosten			

Ermittlung der Herstellkosten (unterschiedliche Begrifflichkeiten)	
Herstellkosten der Abrechnungsperiode	**Herstellkosten der Erzeugung**
+ Bestandsminderung unfertige Erzeugnisse oder	+ Bestandsminderung unfertige Erzeugnisse oder
- Bestandsmehrung unfertige Erzeugnisse	- Bestandsmehrung unfertige Erzeugnisse
= Herstellkosten der Fertigung	+ Bestandsminderung fertige Erzeugnisse oder
+ Bestandsminderung fertige Erzeugnisse oder	- Bestandsmehrung fertige Erzeugnisse
- Bestandsmehrung fertige Erzeugnisse	**= Herstellkosten des Umsatzes**
= Herstellkosten des Umsatzes	
Die Herstellkosten der Abrechnungsperiode sind also identisch mit den Herstellkosten der Erzeugung!	

Arbeitsblatt 33.3: Betriebsabrechnungsbogen ohne Bestandsveränderungen

Ermitteln Sie die Gemeinkosten-Zuschlagssätze.

Gemeinkostenart	Gesamtkosten	Material	Fertigung	Verwaltung	Vertrieb
Summen Gemeinkosten in €	4.380.000	420.000	2.280.000	672.000	1.008.000
Zuschlagsgrundlagen	Einzelkosten o. Herstellkosten = 100 %	Fertigungs-material 4.200.000 €	Fertigungs-löhne 1.500.000 €	Herstellkosten[1]	
Zuschlagssätze in %	Gemeinkosten = wie viel %?				

[1] Herstellkosten des Umsatzes

Ermittlung der Herstellkosten des Umsatzes ohne Bestandsveränderungen bei unfertigen und fertigen Erzeugnissen

Fertigungsmaterial in €	
+ Materialgemeinkosten in €	
+ Fertigungslöhne in €	
+ Fertigungsgemeinkosten in €	
= Herstellkosten des Umsatzes in €	

Ermittlung der Zuschlagssätze für den BAB

Zuschlagssatz	Formel	Berechnung	Prozentsatz
Materialgemeinkosten-Zuschlagssatz	$\dfrac{\text{Materialgemeinkosten} \cdot 100}{\text{Fertigungsmaterial}}$	_____ =	
Fertigungsgemein-kosten-Zuschlagssatz	$\dfrac{\text{Fertigungsgemeinkosten} \cdot 100}{\text{Fertigungslöhne}}$	_____ =	
Verwaltungsgemein-kosten-Zuschlagssatz	$\dfrac{\text{Verwaltungsgemeinkosten} \cdot 100}{\text{Herstellkosten des Umsatzes}}$	_____ =	
Vertriebsgemeinkosten-Zuschlagssatz	$\dfrac{\text{Vertriebsgemeinkosten} \cdot 100}{\text{Herstellkosten des Umsatzes}}$	_____ =	

Arbeitsblatt 33.4: Betriebsabrechnungsbogen mit Bestandsveränderungen

Ermitteln Sie die Zuschlagssätze unter Berücksichtigung einer
- Bestandsmehrung bei den unfertigen Erzeugnissen in Höhe von 32.000,00 € und einer
- Bestandsminderung bei den fertigen Erzeugnissen in Höhe von 46.000,00 €.

Gemeinkostenart	Gesamtkosten	Material	Fertigung	Verwaltung	Vertrieb
Summe Gemeinkosten in €	2.483.980	812.500	937.500	282.300	451.680
Zuschlagsgrundlagen	Einzelkosten o. Herstellkosten = 100 %	Fertigungs-material 1.250.000 €	Fertigungs-löhne 750.000 €	Herstellkosten[1]	
Zuschlagssätze in %	Gemeinkosten = wie viel %?				

[1] Herstellkosten des Umsatzes

Ermittlung der Herstellkosten des Umsatzes mit Bestandsveränderungen bei unfertigen und fertigen Erzeugnissen

Fertigungsmaterial in €	
+ Materialgemeinkosten in €	
+ Fertigungslöhne	
+ Fertigungsgemeinkosten in €	
– Bestandsmehrung unfertige Erzeugnisse in €	
+ Bestandsminderung fertige Erzeugnisse in €	
= Herstellkosten des Umsatzes in €	

Ermittlung der Zuschlagssätze für den BAB

Zuschlagssatz	Formel	Berechnung	Prozentsatz
Materialgemein-kosten-Zuschlagssatz	$\dfrac{\text{Materialgemeinkosten} \cdot 100}{\text{Fertigungsmaterial}}$	_____ =	
Fertigungsgemein-kosten-Zuschlagssatz	$\dfrac{\text{Fertigungsgemeinkosten} \cdot 100}{\text{Fertigungslöhne}}$	_____ =	
Verwaltungsgemein-kosten-Zuschlagssatz	$\dfrac{\text{Verwaltungsgemeinkosten} \cdot 100}{\text{Herstellkosten des Umsatzes}}$	_____ =	
Vertriebsgemeinkos-ten-Zuschlagssatz	$\dfrac{\text{Vertriebsgemeinkosten} \cdot 100}{\text{Herstellkosten des Umsatzes}}$	_____ =	

Arbeitsblatt 33.5: Einstufiger BAB mit Kostenträgerzeitrechnung

Einem Industriebetrieb stehen im Rahmen der Kostenkontrolle und -planung nachfolgende Zahlen zur Verfügung. Verteilen Sie die Gemeinkosten auf die Kostenstellen und ermitteln Sie mithilfe der Kostenträgerzeitrechnung die Istgemeinkosten-Zuschlagssätze.

Zuschlagsgrundlagen: Fertigungsmaterial 800.000,00 €, Fertigungslöhne 300.000,00 €, keine Bestandsveränderung bei den unfertigen Erzeugnissen, Bestandsmehrung fertige Erzeugnisse 80.000,00 €

Einstufiger Betriebsabrechnungsbogen zur Verteilung der Gemeinkosten						
Kostenart	Verteilungsschlüssel (Anteile)	Gesamtbetrag in €	Kostenstellen			
			Material	Fertigung	Verwaltung	Vertrieb
Gemeinkostenmaterial	5 40 2 3	50.000,00				
Energieaufwand	50 700 150 100	100.000,00				
Hilfslöhne/Gehälter	50 70 60 120	300.000,00				
Zinsen	2 24 3 6	175.000,00				
Abschreibungen	2 16 4 1	115.000,00				
Kalkulatorische Wagnisse	1 10 2 4	85.000,00				
Übrige Kosten	15 50 46 64	175.000,00				
Summen		1.000.000,00				
Zuschlagsgrundlagen						
Zuschlagssätze						

	Kostenträgerzeitrechnung	Istkostenrechnung	
		€	%
	Fertigungsmaterial		
+	Materialgemeinkosten		
=	Materialkosten		
	Fertigungslöhne		
+	Fertigungsgemeinkosten		
=	Fertigungskosten		
=	Herstellkosten der Fertigung		
–	Bestandsmehrung		
=	Herstellkosten des Umsatzes		
+	Verwaltungsgemeinkosten		
+	Vertriebsgemeinkosten		
=	Selbstkosten des Umsatzes		

Arbeitsblatt 33.6: BAB mit Kostenträgerzeitrechnung

Der BAB eines Industriebetriebes zeigt folgende Werte für einen Abrechnungsmonat:

Gemeinkosten in €			
Material	**Fertigung**	**Verwaltung**	**Vertrieb**
460.000,00	225.000,00	98.725,00	80.775,00

Einzelkosten und Bestandsveränderungen	€
Fertigungsmaterial	920.000,00
Fertigungslöhne	150.000,00
Sondereinzelkosten der Fertigung	15.000,00
Sondereinzelkosten des Vertriebs	35.000,00
Mehrbestand unfertige Erzeugnisse	12.000,00
Minderbestand fertige Erzeugnisse	37.000,00
Umsatzerlöse	2.200.000,00

Ermitteln Sie das Betriebsergebnis dieses Abrechnungsmonats je Erzeugnis.

Kostenträgerzeitrechnung	Insgesamt		Erzeugnis A	Erzeugnis B
BAB II	**€**	**%**	**€**	**€**
1. Fertigungsmaterial			552.000,00	368.000,00
2. Materialgemeinkosten				
3. Materialkosten (1. + 2.)				
4. Fertigungslöhne			90.000,00	60.000,00
5. Fertigungsgemeinkosten				
6. Sondereinzelkosten der Fertigung			9.000,00	6.000,00
7. Fertigungskosten (4. + 5. + 6.)				
8. Herstellkosten der Rechnungsp. (3. + 7.)				
9. +/– BVÄ unfertige Erzeugnisse			7.200,00	4.800,00
10. Herstellkosten der Fertigung (8. +/- 9.)				
11. +/– BVÄ fertige Erzeugnisse			22.200,00	14.800,00
12. Herstellkosten des Umsatzes (10. +/- 11.)				
13. + Verwaltungsgemeinkosten				
14. + Vertriebsgemeinkosten				
15. + Sondereinzelkosten des Vertriebs			21.000,00	14.000,00
16. Selbstkosten (12. + 13. + 14. + 15.)				
17. Umsatzerlöse			1.320.000,00	880.000,00
18. Betriebsergebnis (17. – 16.)				

Aufgaben

Aufgabe 1

Vervollständigen Sie die nachstehende Kostenträgerzeitrechnung (Begriffe und Werte).

	Summe in €	Zuschlagssatz in %	Produkt A in €	Produkt B in €
Fertigungsmaterial	300.000,00			100.000,00
_____		10 %		
Materialkosten				
Fertigungslöhne	100.000,00		60.000,00	
_____		50 %		
Fertigungskosten				
Herstellkosten der _____				
Minderbestand unfertige Erzeugnisse	20.000,00		10.000,00	10.000,00
Herstellkosten der _____				
Mehrbestand fertige Erzeugnisse	50.000,00		30.000,00	20.000,00
Herstellkosten des _____				
Verwaltungsgemeinkosten		5 %		
Vertriebsgemeinkosten		10 %		
Sondereinzelkosten des _____	12.500,00		10.000,00	2.500,00
Selbstkosten				
Umsatzerlöse			420.000,00	180.000,00
_____				

Aufgabe 2

Bringen Sie die nachfolgenden Tätigkeiten in eine sachlich richtige Reihenfolge, indem Sie diese mit 1 bis 7 nummerieren.

☐ Ermittlung der Herstellkosten des Umsatzes

☐ Ermittlung der Summe der Gemeinkosten je Kostenstelle

☐ Zuordnung der Einzelkosten (Zuschlagsgrundlagen) zu den relevanten Kostenstellen

☐ Ermittlung aller Gemeinkosten-Zuschlagssätze je Kostenstelle

☐ Aufteilung der Kosten in Einzel- und Gemeinkosten

☐ Übernahme aller Kosten aus der Ergebnistabelle

☐ Verteilung der Gemeinkosten auf die Kostenstellen

Aufgabe 3

Ein Industrieunternehmen ermittelt folgende Gemeinkosten für einen Abrechnungsmonat:

Gemeinkosten in €			
Material	**Fertigung**	**Verwaltung**	**Vertrieb**
130.000,00	?	36.800,00	55.200,00

Ermitteln Sie

a den Materialgemeinkosten-Zuschlagssatz, wenn die Materialkosten insgesamt 390.000,00 € betragen,

b die Fertigungsgemeinkosten, wenn bei einem Zuschlagssatz von 50 % die Fertigungslöhne (Fertigungseinzelkosten) 360.000,00 € betragen,

c die Herstellkosten des Umsatzes, wenn bei den unfertigen Erzeugnissen eine Bestandsminderung von 15.000,00 € und bei den fertigen Erzeugnissen eine Bestandsmehrung von 25.000 € ermittelt wird,

d den Verwaltungsgemeinkosten-Zuschlagssatz,

e die Selbstkosten der Abrechnungsperiode.

Aufgabe 4

Welche der nachfolgenden Aussagen sind richtig oder falsch? Bitte kreuzen Sie an.

Richtig	Falsch	Aussage
		Alle Kosten der Ergebnistabelle werden über Verteilungsschlüssel auf die Kostenstellen des BAB verteilt.
		Die Zuschlagsgrundlage für die Verwaltungs- und Vertriebsgemeinkosten in einem BAB hat wertmäßig immer die gleiche Höhe.
		Die Materialeinzelkosten sind immer ausschließlich der Wert des Rohstoffverbrauchs.
		Sondereinzelkosten werden im BAB nicht berücksichtigt.
		Bestandsveränderungen bei den unfertigen und fertigen Erzeugnissen beeinflussen die Höhe der Herstellkosten des Umsatzes.
		Ein BAB kann mehrere Fertigungskostenstellen enthalten.
		Vertriebsprovisionen sind Gemeinkosten, die ausschließlich der Kostenstelle Vertrieb zugerechnet werden.
		Kostenstelleneinzelkosten sind Gemeinkosten.
		Der Fertigungsgemeinkosten-Zuschlagssatz sinkt immer dann, wenn die Fertigungslöhne steigen und die Fertigungsgemeinkosten konstant bleiben.
		Wenn die Energiekosten steigen, erhöhen sich zwangsläufig die Gemeinkostensummen aller Kostenstellen in dieser Höhe.

Lernsituation 34

SB → S. 312 ff. | Lernfeld 4, Kapitel 3.3

Kostenträgerstückrechnung – Kalkulation auf Vollkostenbasis

Die Geschäftsleitung der Fahrrad & Motorrad GmbH ist besorgt. Neue Mitbewerber bieten den Händlern hochwertige Fahrradanhänger zu sagenhaften Preisen an. Auf einer Leitungssitzung sollen die Preise für den Fahrradanhänger Modell Grace neu kalkuliert werden. Vielleicht kann die Fahrrad & Motorrad GmbH ähnlich günstige Preise anbieten. Ihre Aufgabe ist es, die Kostenstellen- und Kostenträgerrechnung durchzuführen und der Geschäftsleitung eine geeignete Entscheidungsbasis zur Neubestimmung der Verkaufspreise vorzulegen.

Kostenart	Gesamt in €	Verteilungsgrundlage	Allgemeine und Hilfskostenstellen			Hauptkostenstellen				
			EDV	Kantine	Arbeitsvorbereitung	Einkauf (Material)	Fertigung I	Fertigung II	Verwaltung	Vertrieb
Gemeinkostenmaterial	48.000	MES (Anteile)	0	0	0	6	12	15	3	12
Betriebsstoffe	16.000	MES (Anteile)	0	30	10	20	30	40	15	15
Energie	50.000	kWh	5 000	25 000	5 000	40 000	70 000	50 000	30 000	25 000
Gehälter	849.380	Gehaltsliste	28.200	27.900	40.600	176.870	206.840	135.400	83.020	150.550
Soziale Abgaben	64.520	Liste (in €)	2.700	5.320	8.200	8.500	19.000	14.000	3.800	3.000
Mieten, Pachten	90.000	m²	200	400	400	1000	1 600	2000	100	300
Abschreibungen	43.500	Plan (in €)	0	0	0	7.500	16.000	18.000	2.000	0
Büromaterial	14.100	Belege (in €)	300	100	400	1.100	1.500	1.200	8.000	1.500
Reisekosten	15.500	Belege (in €)	0	0	1.300	900	3.500	1.800	6.000	2.000
Versicherung	24.000	nach Schlüssel	2	4	4	10	16	20	1	3
Steuern	26.000	Abrechnungen u. a. (in €)	0	0	0	6.000	9.000	7.000	0	4.000

MES = Materialentnahmeschein

Hinweis: Die Umlage der EDV ist im BAB bereits vorgetragen.

Die Kosten der allgemeinen Kostenstelle „Kantine" werden nach folgendem Verteilungsschlüssel umgelegt:

Allg. Kosten-stellen	Hauptkostenstellen				
Arbeits-vorbereitung	Einkauf (Material)	Fertigung I	Fertigung II	Verwaltung	Vertrieb
4 Anteile	10 Anteile	16 Anteile	32 Anteile	8 Anteile	10 Anteile

Die Kosten der Hilfskostenstelle „Arbeitsvorbereitung" werden auf die nachgelagerten Hauptkostenstellen wie folgt umgelegt:

Hauptkostenstellen				
Einkauf (Material)	Fertigung I	Fertigung II	Verwaltung	Vertrieb
0 €	27.200 €	40.800 €	0 €	0 €

Bereiten Sie die Leitungssitzung vor, indem Sie

a den Betriebsabrechnungsbogen korrekt ausfüllen (siehe Arbeitsblatt 34.1, Zuschlagssätze ggf. auf zwei Nachkomma-stellen kaufmännisch runden),

b die Gemeinkosten-Zuschlagssätze ermitteln (Bestandsminderung in Höhe von 1.250 €),

c die Selbstkosten des Umsatzes und

d die Selbstkosten eines Fahrradanhängers Modell Grace ermitteln (Materialeinzelkosten pro Stück: 36 €, Fertigungs-einzelkosten I pro Stück: 22 €, Fertigungseinzelkosten II pro Stück: 28 €).

Kalkulation der Selbstkosten je Stück des Fahrradanhängers „Grace"

Selbstkostenkalkulation	Zuschlagssatz in %	Wert in €
Materialeinzelkosten		
Materialgemeinkosten		
Materialkosten		
Fertigungslöhne Stufe I		
Fertigungsgemeink. Stufe I		
Fertigungslöhne Stufe II		
Fertigungsgemeink. Stufe II		
Fertigungskosten		
Herstellkosten		
Verwaltungsgemeinkosten		
Vertriebsgemeinkosten		
Selbstkosten		

Arbeitsblatt 34.1: Betriebsabrechnungsbogen

Kostenart in €	Kostenstelle Gesamt in €	Allgemeine und Hilfskostenstellen EDV	Kantine	Arbeits- vorbereitung	Einkauf (Material) in €	Hauptkostenstellen Fertigung I in €	Fertigung II in €	Verwaltung in €	Vertrieb in €
Gemeinkosten- material									
Betriebsstoffe									
Energie									
Gehälter									
Soziale Abgaben									
Mieten, Pachten									
Abschreibun- gen									
Büromaterial									
Reisekosten									
Versicherung									
Steuern									
Zwischen- summe									
Umlage EDV			1.080	5.400	2.880	7.560	10.800	3.780	4.500
Zwischen- summe									
Umlage Kantine									
Zwischen- summe									
Umlage Arbeits- vorbereitung									
Summe der Gemeinkosten									
Zuschlags- grundlagen					700.000	400.000	493.750		
Gemeinkosten- Zuschlagssatz									

Arbeitsblatt 34.2: Kalkulation des Listenpreises je Stück des Fahrradanhängers „Grace"

Vervollständigen Sie die Tabelle mit den entsprechenden Begriffen und benennen Sie jeweils eine Anweisung zur Berechnung des jeweiligen Wertes. Berechnen Sie anschließend den Barverkaufspreis, den Zielverkaufspreis und den Listenpreis eines Fahrradanhängers Modell Grace (siehe Lernsituation 34, Seite 221). Berücksichtigen Sie folgende Werte: 20 % Gewinnzuschlag, 3 % Skonto, 2 % Vertriebsprovision, 8 % Rabatt.

	Begriff	Berechnung	Wert
	Selbstkosten		
+			
=			
+			
+			
=			
+			
=			

Arbeitsblatt 34.3: Mehrstufiger BAB mit Kostenträgerstückrechnung

1 Führen Sie die Kostenumlagen gemäß den angegebenen Verteilungsschlüsseln durch. Ermitteln Sie die Zuschlagssätze unter Berücksichtigung einer Bestandsmehrung an fertigen und unfertigen Erzeugnissen in Höhe von 42.000,00 €.
Hinweis: Runden Sie – falls notwendig – immer kaufmännisch auf zwei Nachkommastellen.

Allgemeine Kostenstelle 1 in €	Allgemeine Kostenstelle 2 in €	Allgemeine Kostenstelle 3 in €	Endkostenstellen in €			
			Material	Fertigung	Verwaltung	Vertrieb
24.000,00	32.000,00	70.000,00	352.000,00	480.000,00	85.000,00	125.000,00
Gemeinkosten je Kostenstelle						
Zuschlagsgrundlagen			1.494.510,00	1.071.200,00		
Zuschlagssatz						

Verteilungsschlüssel						
Allgemeine Kostenstelle 1	1	1	3	3	2	2
Allgemeine Kostenstelle 2	0	2	1	3	2	2
Allgemeine Kostenstelle 3	0	0	2	4	1	1

2 Kalkulieren Sie die Selbstkosten für zwei Produkte mit den gerundeten Zuschlagssätzen des BAB.

Kalkulation für zwei Produkte	Zuschlagssatz in %	Produkt A Werte in €	Produkt B Werte in €
1. Fertigungsmaterial		32,00	64,00
2. Materialgemeinkosten			
3. (1. + 2.) Materialkosten			
4. Fertigungslöhne		17,00	38,00
5. Fertigungsgemeinkosten			
6. (4. + 5.) Fertigungskosten			
7. (3. + 6.) Herstellkosten			
8. Verwaltungsgemeinkosten			
9. Vertriebsgemeinkosten			
10. (7. + 8. + 9.) Selbstkosten			

Arbeitsblatt 34.4: Betriebsabrechnungsbogen mit Kalkulation (mit Bestandsveränderungen)

Ermitteln Sie die Zuschlagssätze und kalkulieren Sie mit diesen Zuschlagssätzen den Listenverkaufspreis für selbst hergestellte Kettenschaltungen eines Zulieferers der Fahrradindustrie.

Kostenstellen	Gesamtkosten	Material	Fertigung	Verwaltung	Vertrieb
Gemeinkosten in €	14.321.500,00	2.850.000,00	9.100.000,00	1.395.000,00	976.500,00
Zuschlagsgrundlagen		Fertigungs-material	Fertigungs-löhne	Herstellkosten des Umsatzes[1]	
		9.500.000,00 €	6.500.000,00 €		
Zuschlagssätze					

[1] **Hinweis:** Die Bestandsveränderung bei den unfertigen und fertigen Erzeugnissen beträgt 50.000,00 € (Bestandsmehrung).

Kalkulation Ketten-schaltungen je Stück	Zuschlagssatz in % lt. BAB	Wert in €	Kalkulation Ketten-schaltungen je Stück	Zuschlagssatz in %	Wert in €
1. Fertigungsmaterial		8,40	10. Selbstkosten (Übertrag)		
2. Materialgemein-kosten			11. Gewinnzuschlag	25,00	
3. Materialkosten			12. Barverkaufspreis		
4. Fertigungslöhne		3,20	13. Kundenskonto	3,00	
5. Fertigungsgemein-kosten			14. Zielverkaufspreis		
6. Fertigungskosten			15. Kundenrabatt	15,00	
7. Herstellkosten			16. Listenverkaufspreis		
8. Verwaltungsgemein-kosten					
9. Vertriebsgemein-kosten					
10. Selbstkosten					

Arbeitsblatt 34.5: Kostenorientierte Preisermittlung mit der Zuschlagskalkulation

Nachfolgende Kosten sind in einer Abrechnungsperiode entstanden:

Fertigungsmaterial:	120.000,00 €	Materialgemeinkosten:	30.000,00 €
Fertigungslöhne:	360.000,00 €	Fertigungsgemeinkosten:	540.000,00 €
Verwaltungsgemeinkosten:	5 %	Vertriebsgemeinkosten:	10 %

Kalkulationsschema zur Ermittlung der Gemeinkosten-Zuschlagssätze

	€		%
Fertigungsmaterial			100 %
+ Materialgemeinkosten		Materialgemeinkosten-Zuschlagssatz:	
= Materialkosten			

	€		%
Fertigungslöhne			100 %
+ Fertigungsgemeinkosten		Fertigungsgemeinkosten-Zuschlagssatz:	
= Fertigungskosten			

Materialkosten	
+ Fertigungskosten	
= Herstellkosten	

	€		%
Herstellkosten			100 %
+ Verwaltungsgemeinkosten		Verwaltungsgemeinkosten-Zuschlagssatz	
+ Vertriebsgemeinkosten		Vertriebsgemeinkosten-Zuschlagssatz	
= Selbstkosten			

1 Auf Basis dieser Istkosten ist eine Angebotskalkulation für **250 Stück** zu erstellen.
2 Ermitteln Sie unter Berücksichtigung der Gemeinkostenzuschlagssätze den Angebotspreis.

Fertigungsmaterial:	12,00 €/Stück	Fertigungslöhne:	36,00 €/Stück
Gewinnzuschlagssatz:	12 %	Kundenskonto:	3 %
Kundenrabatt:	12 %		

Hinweis: Alle €-Beträge sind auf zwei Nachkommastellen kaufmännisch zu runden!

Kalkulationsschema	%	€
Fertigungsmaterial		
Materialgemeinkosten		
Fertigungslöhne		
Fertigungsgemeinkosten		
Herstellkosten		
Verwaltungsgemeinkosten		
Vertriebsgemeinkosten		

Kalkulationsschema	%	€
Selbstkosten		
Gewinnzuschlag		
Barverkaufspreis		
Kundenskonto		
Zielverkaufspreis		
Kundenrabatt		
Angebotspreis		

Arbeitsblatt 34.6: Vor- und Nachkalkulation

1 Vervollständigen Sie die Begriffe des Kalkulationsschemas.
2 Ermitteln Sie den Angebotspreis für ein Fahrrad mit den Daten für die Vorkalkulation.
3 Ermitteln Sie den realisierten Gewinn oder Verlust in € und Prozent je Fahrrad in der Nachkalkulation.
4 Welche Gründe könnten zu Abweichungen bei den Einzelkosten führen?
Hinweis: Alle Werte sind auf zwei Nachkommastellen kaufmännisch zu runden.

Kalkulationsschema		Vorkalkulation		Nachkalkulation	
		Beträge in €	Zuschlagssatz in %	Beträge in €	Zuschlagssatz in %
1.	Fertigungsmaterial	240,00		235,00	
2.	+ Materialgemeinkosten		8,00		10,00
3.					
4.	Fertigungslöhne (Stufe I)	34,00		35,00	
5.	+ Fertigungsgemeinkosten (Stufe I)		112,00		110,00
6.					
7.	Fertigungslöhne (Stufe II)	48,00		50,00	
8.	+ Fertigungsgemeinkosten (Stufe II)		240,00		235,00
9.					
10.					
11.	+ Verwaltungsgemeinkosten		5,00		5,50
12.	+ Vertriebsgemeinkosten		9,00		9,50
13.					
14.	+ Gewinnzuschlag		20,00		
15.					
16.	+ Kundenskonto		3,00		3,00
17.	+ Vertriebsprovision		1,50		1,50
18.					
19.	+ Kundenrabatt		30,00		32,00
20.					

Arbeitsblatt 34.7: Normalkostenrechnung, Teil 1

Tragen Sie die beiden fehlenden Begriffe ein und ermitteln Sie unter Beachtung einer Bestandserhöhung (unfertige und fertige Erzeugnisse) von 45.000,00 € die fehlenden Werte.

Hinweis: Ist-Zuschlagssätze sind auf zwei Nachkommastellen kaufmännisch zu runden.

Normal-/Istkosten-Vergleich	Normal-kosten in €	Zuschlags-sätze in %	Istkosten in €	Zuschlags-sätze in %	Kostenüber-deckung (+) in €	Kostenunter-deckung (–) in €
Fertigungsmaterial	240.000,00		240.000,00			
Materialgemein-kosten		15 %	27.500,00			
Materialkosten			267.500,00			
Fertigungslöhne	360.000,00		360.000,00			
Fertigungsgemein-kosten		80 %	260.000,00			
Fertigungskosten			620.000,00			
Herstellkosten der _____			887.500,00			
Bestandserhöhung unfertige und fertige Erzeugnisse						
Herstellkosten des _____						
Verwaltungs-gemeinkosten		25 %	149.500,00			
Vertriebs-gemeinkosten		6 %	36.500,00			
Selbstkosten und Kostenüber-/Kos-tenunterdeckung						

Umsatzerlöse	1.250.000,00 €
– Normal-Selbstkosten	
= Normal-Umsatzergebnis	
+ Summe Kostenüberdeckung	
– Summe Kostenunterdeckung	
= Ist-Betriebsergebnis	

Arbeitsblatt 34.8: Normalkostenrechnung Teil 2

Ermitteln Sie die fehlenden Werte.

Hinweis: Die Einzelkosten sind in der Normal- und Istkostenrechnung gleich hoch.

Normal-/Istkosten-Vergleich	Normalkosten in €	Zuschlagssätze in %	Istkosten in €	Zuschlagssätze in %	Kostenüberdeckung (+) in €	Kostenunterdeckung (−) in €
Fertigungsmaterial						
Materialgemeinkosten	6.000,00	10 %				− 1.200,00
Materialkosten						
Fertigungslöhne						
Fertigungsgemeinkosten				170 %		
Fertigungskosten						
Herstellkosten der Rechnungsperiode			445.200,00			
Mehrbestände fertige und unfertige Erzeugnisse	18.000,00		18.000,00			
Herstellkosten des Umsatzes	440.000,00					
Verwaltungsgemeinkosten		6 %			5.040,00	
Vertriebsgemeinkosten						
Selbstkosten	501.600,00					
Summen Kostenüber- bzw. Kostenunterdeckung					19.040,00	− 4.484,00

Arbeitsblatt 34.9: Betriebsabrechnungsbogen mit Ist- und Normalkosten

Ermitteln Sie die fehlenden Werte (Zuschlagssätze ggf. auf zwei Nachkommastellen runden) sowie die Art und Höhe der Bestandsveränderung.

Gemeinkosten und Berechnungsgrundlagen	Gesamtkosten in €	Material	Fertigung – Fertigungshilfskostenstelle	Fertigung – Fertigungshauptkostenstelle I	Fertigung – Fertigungshauptkostenstelle II	Verwaltung	Vertrieb
Gemeinkosten Monat Mai in €	810.000,00 €	210.000,00 €	40.000,00 €	200.000,00 €	160.000,00 €	90.000,00 €	110.000,00 €
Umlage Fertigungshilfskostenstelle: Verteilungsverhältnis:				6	2		
Umlage in €:							
Summe Istgemeinkosten in €							
Zuschlagsgrundlagen		Fertigungsmaterial 336.000,00 €		Fertigungslöhne I 400.000,00 €	Fertigungslöhne II 500.000,00 €	Herstellkosten des Umsatzes 1.900.000,00 €	Herstellkosten des Umsatzes
Istzuschlagssätze in %							
Summe Normalgemeinkosten in €	840.000,00 €	220.000,00 €		215.000,00 €	195.000,00 €	105.000,00 €	105.000,00 €
Zuschlagsgrundlagen		Fertigungsmaterial 336.000,00 €		Fertigungslöhne I 400.000,00 €	Fertigungslöhne II 500.000,00 €	Herstellkosten des Umsatzes 1.920.000,00 €	Herstellkosten des Umsatzes
Normalzuschlagssätze in %							
Kostenüberdeckung in €							
Kostenunterdeckung in €							

Arbeitsblatt 34.10: Maschinenstundensatzrechnung

Kosten in €	Material-stelle	Fertigungshauptkostenstellen			Verwaltung	Vertrieb
		Maschine 1	Maschine 2	Übrige FKSt.		
Gemeinkosten	460.000,00 €	210.000,00 €	196.000,00 €	78.000,00 €	163.520,00 €	122.650,00 €
Zuschlagsgrundlagen	920.000,00 €			156.000,00 €	HK d. U.:	
Maschinenstunden		120 Stunden	160 Stunden			€
Masch.-Stundensatz		€	€			
Zuschlagssätze in %						

	Kosten-trägerzeit-rechnung in €	Kalkulation eines Auftrags	
		%	€
Fertigungsmaterial			500,00 €
+ Materialgemeinkosten			
= Materialkosten			
Fertigungslöhne			300,00 €
+ Gemeinkosten Maschine 1		10 Minuten	
+ Gemeinkosten Maschine 2		12 Minuten	
+ Übrige Fertigungsgemeinkosten (= Restfertigungsgemeinkosten)			
= Fertigungskosten			
= Herstellkosten der Abrechnungsperiode			
− Mehrbestand unfertige Erzeugnisse	12.000,00 €		
+ Minderbestand fertige Erzeugnisse	36.000,00 €		
= Herstellkosten des Umsatzes			↓
+ Verwaltungsgemeinkosten			
+ Vertriebsgemeinkosten			
= Selbstkosten			

Aufgaben

Aufgabe 1

Der Betriebsabrechnungsbogen eines Industriebetriebs weist nach der Verteilung der primären Gemeinkosten folgende Kosten aus:

Kostenstellen	Primäre Kosten
1. Kantine	21.000,00 €
2. EDV	135.500,00 €
3. Material	107.000,00 €
4. Fertigung	190.000,00 €
5. Verwaltung	109.700,00 €
6. Vertrieb	86.400,00 €

a   Verteilen Sie die Kosten der Hilfskostenstellen auf die Kostenstellen mithilfe der folgenden Schlüssel:

Empfangende KSt Abgebende KSt	2. EDV	3. Material	4. Fertigung	5. Verwaltung	6. Vertrieb
1. Kantine (Essen)	500	750	2 500	1 000	500
2. EDV (Std.)	–	500	1 000	750	500

b   Ermitteln Sie die Gemeinkosten-Zuschlagssätze unter Berücksichtigung folgender Bezugsgrößen:
   ba Fertigungsmaterial (Materialeinzelkosten): 750.000,00 €
   bb Fertigungslöhne (Fertigungseinzelkosten): 200.000,00 €
   bc Herstellkosten des Umsatzes (muss ermittelt werden); dabei ist eine Bestandsmehrung bei den fertigen Erzeugnissen in Höhe von 75.000,00 € (= 3 750 Stück) zu berücksichtigen.

c   Ermitteln Sie
   ca die Herstellkosten je Stück,
   cb die Selbstkosten je Stück,
   cc den Absatz,
   cd die Produktionsmenge.

Aufgabe 2

Nach der Verteilung der Gemeinkostenarten auf alle Kostenstellen mithilfe des Betriebsabrechnungsbogens hat ein Industriebetrieb in einer Abrechnungsperiode nachfolgende Zahlen ermittelt.
Angaben zur Kostenträgerzeitrechnung: Bestandsminderung bei fertigen Erzeugnissen 22.650,00 €; Umsatzerlöse 10.035.000,00 €.

a   Verteilen Sie die Kosten der allgemeinen Kostenstellen und der Hilfskostenstelle auf die Kostenstellen, die Leistungen der abgebenden Kostenstellen empfangen haben.

b   Erstellen Sie eine Kostenträgerzeitrechnung und ermitteln Sie
   ba die Herstell- und die Selbstkosten des Umsatzes,
   bb die Gemeinkosten-Zuschlagssätze,
   bc den Gewinnzuschlag in € und %.

Kosten- stelle	EDV	Kantine	Arbeitsvor- bereitung	Material	Fertigung I	Fertigung II	Verwaltung	Vertrieb
Summe (€)	360.000,00	60.000,00	150.000,00	300.000,00	750.000,00	900.000,00	375.450,00	443.750,00
Zuschlags- grund- lagen (€)				4.464.000,00	519.500,00	574.650,00	HK des Umsatzes	HK des Umsatzes

Verteilungshinweise:

Verteilungsgrundlage	Inanspruchnahme	Ausgegebene Essen	Erbrachte Leistung
Abgebende Kostenstelle	EDV (Stunden)	Kantine (Essen)	Arbeitsvorbereitung (Stunden)
Empfangende Kostenstellen			
Kantine	216		
Arbeitsvorbereitung	1 080	600	
Material	576	1 600	
Fertigung I	1 512	4 200	3 125
Fertigung II	2 160	7 680	3 750
Verwaltung	756	1 800	
Vertrieb	900	3 000	
Summe	**7 200**	**18 880**	**6 875**

Aufgabe 3

Die Vorkalkulation für eine Maschine basierte auf folgenden Istdaten:

Einzelkosten	€
Fertigungsmaterial	15.000,00
Fertigungslöhne	16.320,00

Zuschlagssätze	%
Materialgemeinkosten	20
Fertigungsgemeinkosten	525
Verwaltungsgemeinkosten	15
Vertriebsgemeinkosten	10
Gewinn	25

Ermitteln Sie

a den Barverkaufspreis im Rahmen der Vorkalkulation,

b den effektiven Gewinnzuschlag (in € und in %), wenn die Nachkalkulation einen Verbrauch an Fertigungsmaterial von 17.500,00 € ergibt und an Fertigungslöhnen 14.400,00 € anfallen. Der Barverkaufspreis bleibt unverändert.

Aufgabe 4

Eine Papierfabrik produziert Spezialpapiere verschiedener Sorten in bis zu drei Fertigungsstufen.
Stufe I: Rohpapier (Papiermaschine)
Stufe II: beschichtetes Papier, Rollenware (Extruderanlage)
Stufe III: konfektioniertes Papier (beschichtet), unterschiedliche Papiermaße (Schneidemaschine)
Für eine Abrechnungsperiode liegen nachfolgende Produktions- und Kostendaten vor:

Produktionsstufe I:
- Produktionsmenge: 400 000 kg Rohpapier
- Gesamtkosten (inkl. Materialeinsatz) Produktionsstufe I: 1.200.000,00 €

Produktionsstufe II:
- Materialeinsatz = 200 000 kg Rohpapier aus Stufe I zuzüglich 2 000 kg Granulat (Beschichtungsmaterial), Einstandspreis 10,00 €/kg
- Produktionskosten (ohne Materialeinsatz) der Stufe II: 87.000,00 €

Produktionsstufe III:
- Materialeinsatz = 150 000 kg beschichtete Rollenware aus Stufe II
- Produktionskosten (ohne Materialeinsatz) der Stufe III: 15.000,00 €

a Ermitteln Sie
   aa die Selbstkosten je kg für jede Produktionsstufe,
   ab den Angebotspreis für 200 000 kg Rohpapier, wenn dieses Papier mit einem Gewinnaufschlag von 20 % kalkuliert wird und eine Handelsvertreterprovision in Höhe von 4 % berücksichtigt werden muss.

b Für beschichtete Rollenware liegt die Anfrage eines Neukunden vor. Er erwartet einen Angebotspreis von 4,00 €/kg. Bei Zahlung innerhalb von acht Tagen soll diesem Neukunden 2 % Skonto gewährt werden.
   ba Welcher Gewinnaufschlagssatz in Prozent könnte unter diesen Bedingungen realisiert werden?
   bb Wie hoch wäre der Rechnungsbetrag inkl. 19 % Umsatzsteuer für 100 000 kg beschichtete Rollenware für den Neukunden?
   bc Wie viel Gewinn könnte der Erstauftrag des Neukunden über 100 000 kg der Papierfabrik einbringen, wenn der Kunde Skonto in Anspruch nimmt?

c Für konfektioniertes Papier soll eine neue Preisliste für Stammkunden erstellt werden. Kalkulieren Sie aufgrund der aktuellen Produktions- und Kostendaten unter Berücksichtigung von 20 % Gewinnaufschlag, 2 % Skonto und 10 % Stammkundenrabatt den Listenverkaufspreis je kg für diese konfektionierte Papiersorte. (Alle Zwischenergebnisse sind auf zwei Nachkommastellen kaufmännisch zu runden.)

Aufgabe 5

Die FBW GmbH produziert im Abrechnungmonat September 20XX 800 Fahrräder des Modells Trekking Light für einen Auftrag. Auf Basis der Einzelkosten und der Normalkosten-Zuschlagssätze wird für den Auftrag ein Barverkaufspreis von 273.137,73 € fest vereinbart.

Komponentenliste Trekking Light,
Komponentennummern und geplante Komponentenpreise

Fahrradtyp Set-Nr. FBW:	Trekking Light	Einstands- preise in €
Rahmen	1020	12,20
Gabel	1520	3,06
Räder und Schaltung	2020	47,09
Antrieb	2220	17,10
Bremsen	2520	17,40
Bereifung	3020	12,99
Beleuchtung	4020	13,08
Lenkung	5020	11,05
Ausstattung 1	6020	5,60
Ausstattung 2	6520	3,60
Sattel	7020	9,59
Kleinteileset	8020	2,60
Abzüge	8520	1,95
Verpackung 1	9020	1,00
Verpackung 2	9520	0,14
Summe		158,43

Die Materialeinzelkosten sind der nebenstehenden Tabelle zu entnehmen.
- Die Fertigungslöhne der Stufe I betragen 4,20 € je Fahrrad.
- Die Fertigungslöhne der Stufe II betragen 17,50 € je Fahrrad.
- Die Sondereinzelkosten des Vertriebs betragen 5,00 € je Fahrrad.
- Die Einzelkosten sind in der Normal- und Istkostenkalkulation gleich.

Keine Bestandsveränderungen.

Normal- und Istkostenrechnung Auftrag: 800 Fahrräder Trekking-Light	Normalkosten in €	Zu-schlags-sätze in %	Istkosten in €	Zu-schlags-sätze in %	Kostenüber-deckung (+) in €	Kostenunter-deckung (-) in €
Fertigungsmaterial						
Materialgemeinkosten		13,50		13,90		
Materialkosten						
Fertigungslöhne I						
Fertigungsgemeinkosten I		433,80		435,00		
Fertigungslöhne II						
Fertigungsgemeinkosten II		275,00		295,00		
Fertigungskosten						
Herstellkosten						
Verwaltungsgemeinkosten		6,60		6,90		
Vertriebsgemeinkosten		5,40		5,20		
Sondereinzelkosten des Vertriebs						
Selbstkosten (Kostenüber- und -unterdeckung)						
Gewinn						
Umsatzerlöse						

a Ermitteln Sie auf Basis der Normal- und der Istkosten die Selbstkosten für diesen Auftrag.

Hinweis: Alle Ergebnisse sind auf zwei Nachkommastellen kaufmännisch zu runden.

b Ermitteln Sie den geplanten und den realisierten Gewinn in € und in %.

Aufgabe 6

Erstellen Sie eine Kostenträgerzeitrechnung und ermitteln Sie die fehlenden Werte.

BAB-Kostenstellen	Material	Fertigung	Verwaltung	Vertrieb
Summe Istgemeinkosten	202.500,00 €	1.350.000,00 €	366.525,00 €	447.975,00 €
Zuschlagsgrundlagen (Ist)	1.620.000,00 €	900.000,00 €	4.072.500,00 €	4.072.500,00 €
Istgemeinkosten-Zuschlagssatz				
Normalgemeinkosten-Zuschlagssatz	12 %	145 %	10 %	12 %
Zuschlagsgrundlagen (Normal)	1.620.000,00 €	900.000,00 €	4.029.400,00 €	4.029.400,00 €
Normalgemeinkosten				
Kostenüber- (+)/ Kostenunterdeckung (–)				

Nehmen Sie kritisch Stellung zu den ermittelten Ergebnissen und zur Eignung dieser Kostenkontrolle.

Aufgabe 7

Für eine Maschine liegen folgende Daten vor:

Anschaffungskosten	140.000,00 €
Wiederbeschaffungskosten	168.000,00 €
Betriebsindividuelle Nutzungsdauer	7 Jahre
Lineare (kalkulatorische) Abschreibung	? €
Kalkulatorische Zinsen 6 % auf die halben Anschaffungskosten	? €
Strompreis je kWh	0,20 €
Grundgebühr für Strom monatlich	80,00 €
Maschinenleistung	20 kWh
Wartungskosten je Jahr	3.600,00 €
Stand- und Arbeitsfläche	40 m²
Platzkosten je m²/Monat	45,00 €
Durchschnittliche Werkzeugkosten/Monat	100,00 €
Betriebsstoffkosten/Monat	80,00 €

Ermitteln Sie den Maschinenstundensatz bei einer geplanten Laufleistung der Maschine von 160 Std. in einem Abrechnungsmonat.

Aufgabe 8

Ermitteln Sie den Listenverkaufspreis:

Erzeugnis	A	B	C
Fertigungsmaterial	20,00 €	100,00 €	50,00 €
Maschinenlaufzeit	3,0 Min.	6,0 Min.	9,0 Min.
Maschinenstundensatz	180,00 €	150,00 €	200,00 €
Fertigungslöhne (Stückakkord)	30,00 €	5,00 €	20,00 €
Materialgemeinkosten-Zuschlagssatz	12,0 %	18,0 %	10,0 %
Restgemeinkosten-Zuschlagssatz	80,0 %	150,0 %	100,0 %
Verwaltungsgemeinkosten-Zuschlagssatz	6,0 %	10,0 %	9,0 %
Vertriebsgemeinkosten-Zuschlagssatz	9,0 %	12,0 %	7,5 %
Gewinn-Zuschlagssatz	20,0 %	15,0 %	17,5 %
Kundenskonto	3,0 %	2,0 %	3,0 %
Kundenrabatt	17,5 %	20,0 %	30,0 %

Aufgabe 9

In einem Industriebetrieb sind im Rahmen der Ermittlung der Fertigungsgemeinkosten folgende Kosten zu beachten:

Gesamte Fertigungsgemeinkosten	100.000,00 €
Maschinenabhängige Fertigungsgemeinkosten Maschine I Maschine II	 24.000,00 € 56.000,00 €
Maschinenlaufzeit Maschine I Maschine II	 400 Std. 700 Std.
Fertigungslöhne	25.000,00 €

Ermitteln Sie
a die Maschinenstundensätze der Maschinen I und II,
b die lohnabhängigen Fertigungsgemeinkosten,
c den Rest-Fertigungsgemeinkosten-Zuschlagssatz.

Aufgabe 10

Für die Kalkulation eines Auftrags über 400 Jeans liegen folgende Daten vor:

Gesamte Fertigungsgemeinkosten	200.000,00 €
Maschinenabhängige Fertigungsgemeinkosten Maschine I (Schneidemaschine) Maschine II (Nähmaschine)	60.000,00 € 113.400,00 €
Maschinenlaufzeit Maschine I (Schneidemaschine) Maschine II (Nähmaschine)	1 500 Std. 1 800 Std.
Bearbeitungszeit je Stück Maschine I (Schneidemaschine) Maschine II (Nähmaschine)	3,0 Min. 3,6 Min.
Fertigungslöhne	80.000,00 €
Fertigungslohn/Stunde	22,50 €
Fertigungszeit je Stück	6 Min.
Gesamte Materialkosten für den Auftrag	6.488,75 €

Ermitteln Sie

a die Maschinenstundensätze der Schneide- und der Nähmaschine,

b die Rest-Fertigungsgemeinkosten und den Restfertigungsgemeinkosten-Zuschlagssatz,

c die maschinenabhängigen Fertigungsgemeinkosten des Auftrags,

d die Fertigungslöhne und die Rest-Fertigungsgemeinkosten des Auftrags,

e die gesamten Fertigungskosten des Auftrags,

f die Herstellkosten des Auftrags,

g die Herstellkosten je Stück.

Aufgabe 11

Ermitteln Sie die Zuschlagssätze und die Maschinenstundensätze (ohne Bestandsveränderungen).

Gemeinkosten und Berechnungs-grundlagen	Gesamt-kosten	Material	Maschine I	Maschine II	Restgemein-kosten	Verwal-tung	Vertrieb
Summe Gemeinkosten	452.360 €	120.000 €	90.000 €	84.000 €	7.500 €	55.580 €	95.280 €
Zuschlags-grundlagen		480.000 €	600 Stunden	480 Stunden	12.500 €	Herstellkosten	
Zuschlagssätze							
Maschinen-stundensatz							

Aufgabe 12

Ein Metall verarbeitender Betrieb hat folgende Daten zusammengestellt:

Fertigungsgemeinkosten des Monats August

Art der Gemeinkosten		Maschinenabhängige Gemeinkosten			Fertigungslohnabhängige Gemeinkosten	
Maschine:		Fräs-maschine	Bohr-maschine	Dreh-maschine		
Summe der Gemeinkosten		4.050,00 €	9.504,00 €	7.200,00 €	Restgemeinkosten	3.000,00 €
Zuschlagsbasis	M.-Laufzeit	90 Std.	176 Std.	120 Std.	Fertigungslöhne	5.000,00 €
Satz	M.-Stunden				FGK-Zuschlag	

Für einen Auftrag sind folgende Daten zu beachten:

Vorkalkulation	
Verbrauch an Fertigungsmaterial:	750,00 €
Materialgemeinkosten-Zuschlagssatz:	25 %
Fertigungslöhne:	200,00 €
Maschinenlaufzeit/Auftrag Fräsmaschine: Bohrmaschine: Drehmaschine:	180 Min. 75 Min. 120 Min.
Verwaltungsgemeinkosten Vertriebsgemeinkosten:	10 % 10 %
Gewinnzuschlag:	$16\,\frac{2}{3}$ %

Ermitteln Sie

a die Maschinenstundensätze und den Fertigungsgemeinkosten-Zuschlagssatz für die Restgemeinkosten,

b die Selbstkosten des Auftrags,

c den Angebotspreis, wenn weder Skonto noch Rabatt gewährt werden.

Der Auftrag wird im September ausgeführt. Für diesen Monat gelten folgende Daten:

Fertigungsgemeinkosten des Monats September

Art der Gemeinkosten		Maschinenabhängige Gemeinkosten			Fertigungslohnabhängige Gemeinkosten	
Maschine:		Fräs-maschine	Bohr-maschine	Dreh-maschine		
Summe der Gemeinkosten		3.600,00 €	8.960,00 €	6.600,00 €	Restgemeinkosten	3.375,00 €
Zuschlagsbasis	M.-Laufzeit	75 Std.	160 Std.	100 Std.	Fertigungslöhne	4.500,00 €
Satz	M.-Stunden				FGK-Zuschlag	

(Fortsetzung der Aufgabe auf S. 239)

Für den Auftrag sind folgende Daten realisiert worden:

Nachkalkulation	
Verbrauch an Fertigungsmaterial:	720,00 €
Materialgemeinkosten-Zuschlagssatz:	27,5 %
Fertigungslöhne:	220,00 €
Maschinenlaufzeit/Auftrag Fräsmaschine: Bohrmaschine: Drehmaschine:	180 Min. 75 Min. 120 Min.
Verwaltungsgemeinkosten Vertriebsgemeinkosten:	10 % 10 %

Ermitteln Sie

d die realisierten Maschinenstundensätze und den Fertigungsgemeinkosten-Zuschlagssatz für die Restgemeinkosten,

e die tatsächlichen Selbstkosten des Auftrags,

f den realisierten Gewinn,

g die Steigerung/Senkung des Gewinns in %
(Basis: Gewinn der Vorkalkulation).

Aufgabe 13

In einem Papier verarbeitenden Betrieb werden fünf Papiersorten hergestellt. Folgende Daten wurden ermittelt:

Sorte	Produktionsmenge zu je 1 000 Einheiten	Materialeinzelkosten in €	Äquivalenzziffern Fertigung
I	12 000	14,00	1,2
II	10 000	11,00	0,7
III	8 000	13,00	1,0
IV	4 000	17,00	1,3
V	3 000	20,00	1,4

Die Fertigungskosten belaufen sich auf 194.000,00 €, der Zuschlagssatz für die Materialgemeinkosten beträgt 5% und für die Verwaltungs- und Vertriebsgemeinkosten 10 %.

Ermitteln Sie die Herstellkosten und die Selbstkosten für die einzelnen Papiersorten.

Kostenart	Sorte I	Sorte II	Sorte III	Sorte IV	Sorte V	Zuschlagssatz
MEK						
+ MGK						
= MK						
+ FK						
= HK						
+ Vw- + VtGK						
= Selbstkosten						

Deckungsbeitragsrechnung im Einproduktunternehmen

Herr Werner, Leiter der Verkaufsabteilung der Sektkellerei Söhngen GmbH, erhält folgende Anfrage per Mail:

```
Absender: dr.klein@lida-discount.de
Empfänger: werner@soehngen.de
Datum: 14.01.20XX
Betreff: Dringende Anfrage
```

Sehr geehrter Herr Werner,

auch in diesem Jahr möchte die Lida-Discountmärkte AG wieder in der Karnevalszeit eine für beide Seiten erfolgreiche Sonderaktion mit Ihrem Qualitätssekt durchführen. Kurzfristig benötigen wir für diese Aktion 4 800 Flaschen Ihres Markensekts. Allerdings können wir – wie im Vorjahr – nur einen Barverkaufspreis von 4,00 € akzeptieren, da wir zurzeit aufgrund der Konkurrenzsituation keinerlei Preiserhöhungen in unserem Sortiment vornehmen können.

Darüber hinaus wären wir stark an einer Sekt-Eigenmarke für die Lida-Discountmärkte AG interessiert. Wir gehen hier langfristig von einem monatlichen Bedarf von ca. 10 000 Flaschen aus; die Etikettierung müsste auf unser Haus hinweisen und im Detail noch abgesprochen werden. Für dieses Produkt bieten wir Ihnen einen Barverkaufspreis in Höhe von 2,80 € je Flasche an.

Wir danken Ihnen für ein schnellstmögliches Angebot im Voraus.

Mit freundlichen Grüßen

Lida-Discountmärkte AG
Leiter Einkauf Wein und Sekt
Dr. Klein

Herr Werner beauftragt umgehend Herrn Sommers, Leiter der Kosten- und Leistungsrechnung der Sektkellerei Söhngen GmbH, aktuelle Daten für eine Entscheidung bereitzustellen. Ergebnisse:

Variable Kosten
je Flasche (0,75 l)

Flasche (hochwertig nach Champagner-Art)	0,30 €
Korken (echter Kork)	0,12 €
Sekt (Selbstkosten der Erzeugung)	2,18 €
Etikett	0,05 €
Befüllungs- und Verpackungskosten	0,12 €
je 6 Flaschen wird ein Karton benötigt	1,20 €
je 20 Kartons wird eine (Mini-)Palette mit Schrumpffolie benötigt	3,60 €
Variable Kosten je Flasche =	€

Weitere Angaben

Fixe Kosten	60.000,00 € (Monat)
Üblicher Nettoverkaufspreis (Barverkaufspreis)	5,50 € je Flasche
Durchschnittliche Absatzmenge derzeit	36 000 Flaschen (Monat)
Kapazitätsgrenze	45 000 Flaschen je Abrechnungsmonat

1 Vervollständigen Sie für Herrn Sommers die nachfolgende Tabelle.

Absatzmenge in Flaschen	Variable Kosten in €	Fixe Kosten in €	Gesamtkosten in €	Erlöse in €	Verlust (–) oder Gewinn (+) in €
0					
5 000					
10 000					
15 000					
20 000					
25 000					
30 000					
35 000					
40 000					
45 000					

2 Berechnen Sie für den Abrechnungszeitraum (Absatz: 36 000 Flaschen ohne Zusatzaufträge)
   a den Gewinn im Abrechnungszeitraum,
   b den Break-even-Point.

Absatzmenge in Flaschen	Variable Kosten in €	Fixe Kosten in €	Gesamtkosten in €	Erlöse in €	Verlust (–) oder Gewinn (+) in €
36 000					

3 Stellen Sie in einer Grafik
   a alle Kostenverläufe und die Erlöse (mit Benennungen) **bis zur Kapazitäts**grenze dar und
   b kennzeichnen Sie den Break-even-Point, die Verlustzone und die Gewinnzone.

Erlös- und Kostenverläufe

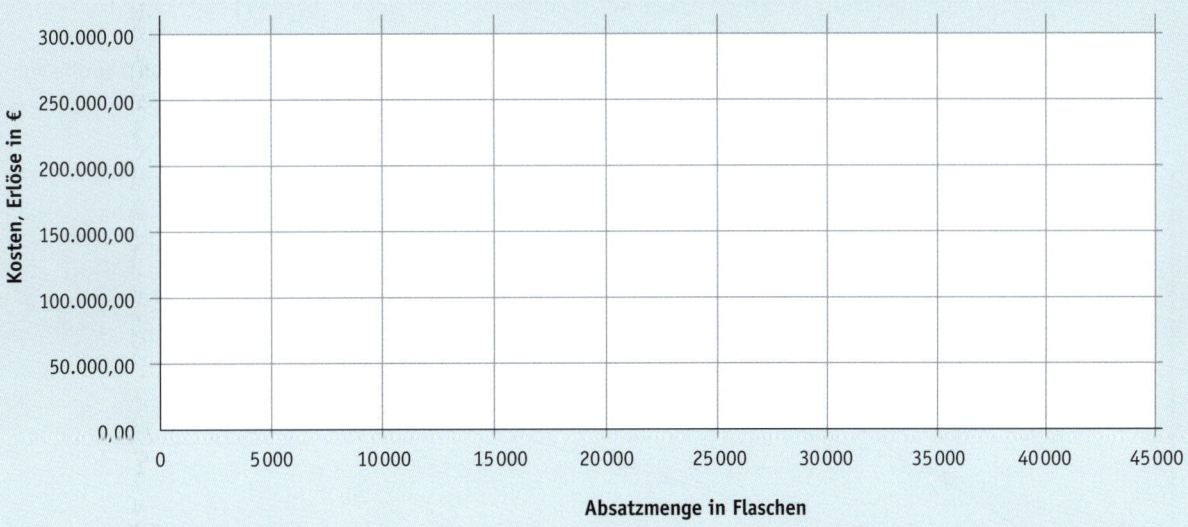

4 Welche Entscheidung ist für die Söhngen GmbH hinsichtlich der Anfrage der Lida-Discountmärkte AG bei der aktuellen Kostensituation sinnvoll?

5 Wie könnte die Entscheidung der Söhngen GmbH aussehen, wenn für die Eigenmarke der Lida-Discountmärkte AG preiswertere Flaschen (0,12 €) und Plastikkorken (0,05 €) sowie Sekt befreundeter Sektkellereien mit einem Einstandspreis von **1,56 € je Liter** abgefüllt würde (alle anderen Kosten bleiben konstant)?

Arbeitsblatt 35.1: Deckungsbeitragsrechnung im Einproduktunternehmen

1 Grundbegriffe und Definitionen

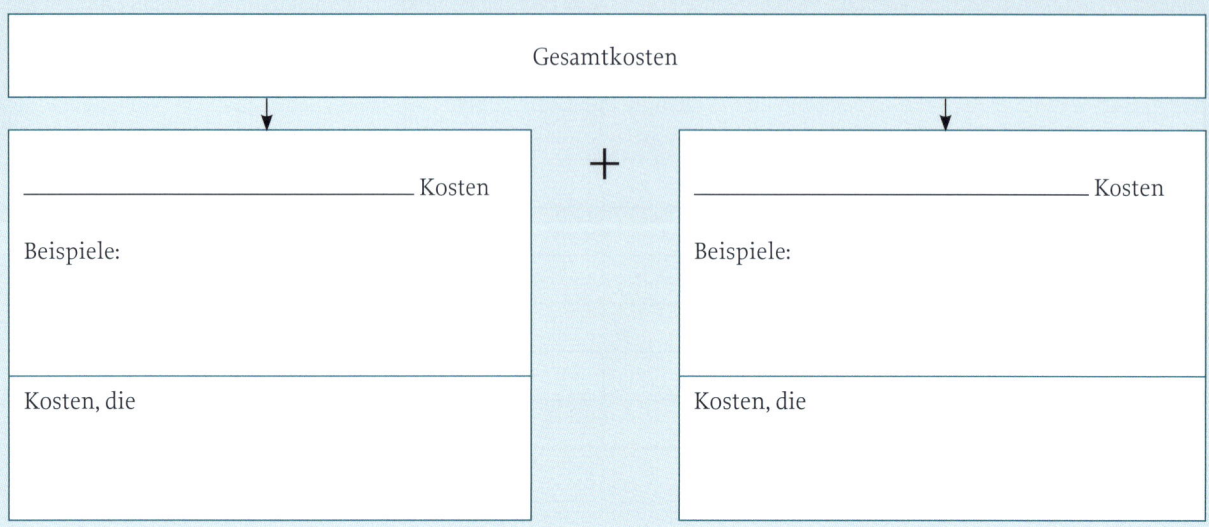

Gesamtkosten

_____ Kosten

Beispiele:

Kosten, die

\+

_____ Kosten

Beispiele:

Kosten, die

2 Berechnungen

Nettoverkaufserlös

– _____ Kosten

= _____

fixe Kosten einer Abrechnungsperiode
_____ [1] = _____

[1] je Einheit

3 Grafische Darstellung

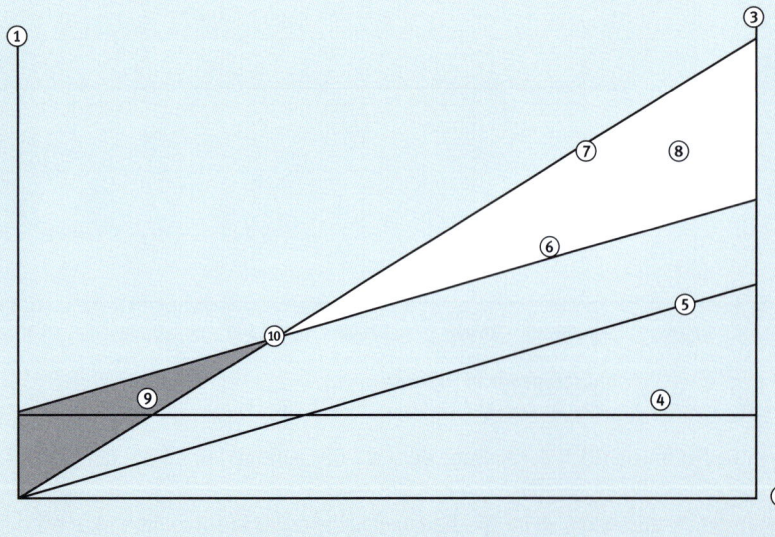

Geben Sie die richtigen Begriffe für nebenstehende Grafik an.

① _____

② _____

③ _____

④ _____

⑤ _____

⑥ _____

⑦ _____

⑧ _____

⑨ _____

⑩ _____

Arbeitsblatt 35.2: Eigenfertigung oder Fremdbezug?

Ein Industrieunternehmen kann eine Komponente für ein eigenes Erzeugnis entweder selbst produzieren oder von einem anderen Unternehmen fremd beziehen. Die Kostenrechnung und der Materialeinkauf stellen für diese Entscheidung folgende Daten zur Verfügung:

Fremdbezug	
Listeneinkaufspreis	7,00 €
Liefererrabatt	15 %
Liefererskonto	3 %
Bezugskosten (vom Zieleinkaufspreis)	5 %

Eigenfertigung	
Fertigungsmaterial	2,50 €
variable Materialgemeinkosten	8 %
Fertigungslöhne	0,80 €
variable Fertigungsgemein-kosten	120 %
Zusätzliche fixe Kosten	74.500,00 €

Bezugskalkulation je Stück

Listenverkaufspreis	
− Liefererrabatt	
= Zieleinkaufspreis	
− Liefererskonto	
= Bareinkaufspreis	
+ Bezugskosten	
= Einstandspreis	

Kalkulation der variablen Herstellkosten je Stück

Fertigungsmaterial	
+ variable Materialgemeinkosten	
+ Fertigungslöhne	
+ variable Fertigungsgemeinkosten	
= variable Herstellkosten	

Verbrauchs-menge	Kosten in €	
	Fremd-bezug	Eigen-fertigung
10 000		
20 000		
30 000		
40 000		
50 000		
60 000		

1 Ermitteln Sie die Kosten bei Eigenfertigung und Fremdbezug in Abhängigkeit von der Verbrauchsmenge.

2 Skizzieren Sie die Kostenverläufe bei Eigenfertigung und Fremdbezug.

3 Ermitteln Sie die kritische Menge (Kosten der Eigenfertigung = Kosten des Fremdbezuges).

4 Ermitteln Sie die jeweiligen Kosten bei einer geplanten Verbrauchsmenge von 45 000 Stück.

5 Die Verbrauchsmenge dieser Komponente soll in den Folgejahren stetig steigen.
Nennen Sie Vor- und Nachteile für den Fremdbezug dieser Komponente.

Kostenvergleich: Eigenfertigung − Fremdbezug

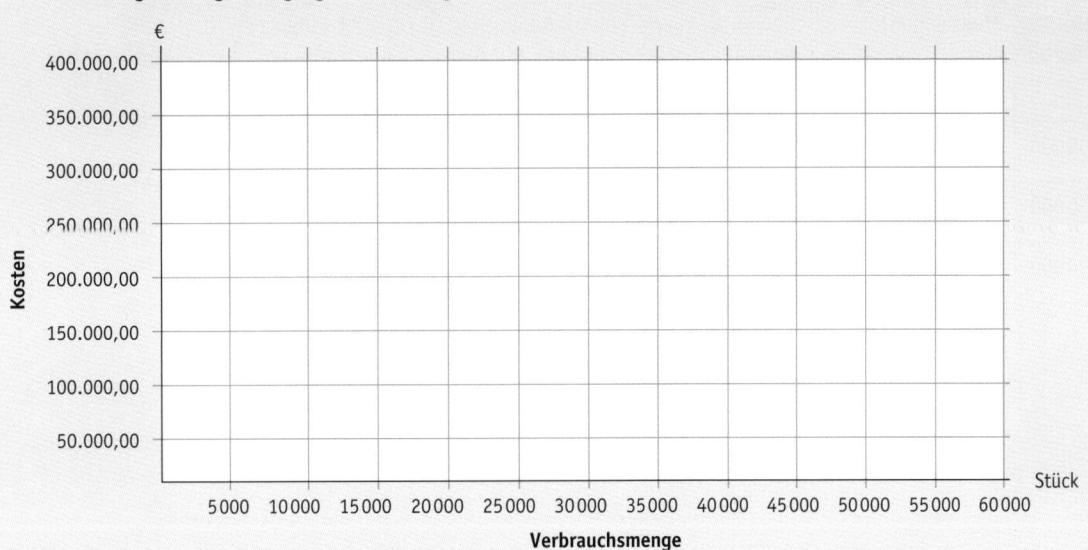

Aufgaben

Aufgabe 1

Herr Schlinkmann von der Bergischen Metall GmbH ist seit einiger Zeit unzufrieden. Die Umsätze entwickeln sich erfreulich, doch die Gewinne bleiben hinter den Erwartungen zurück. Nach längerer Diskussion in der Abteilungsleiterkonferenz beschließt man, den Unternehmensberater Hassel zu engagieren, der die Situation analysieren und Verbesserungsvorschläge unterbreiten soll. Herr Hassel begibt sich umgehend in die Buchhaltung und verschafft sich einen Überblick über die in der Bergischen Metall GmbH im letzten Geschäftsjahr angefallenen Kosten. Diese stellt er in einer Übersicht zusammen:

Kosten	Betrag in €	Variator (in %)[1]	Fixe Kosten in €	Variable Kosten in €
Materialaufwand	4.796.954,00	100		
Personalkosten	3.658.000,00	20		
Allgemeine Verwaltung	220.000,00	0		
Werbung	285.000,00	0		
Weitere betriebliche Aufwendungen	225.450,00	55		
Mieten, Pachten, Leasing	660.000,00	0		
Energie	254.896,00	0		
Abschreibungen	886.000,00	0		
Summen	10.986.300,00			

[1] **Hinweis:** Der Variator gibt den Anteil der variablen Kosten einer Kostenart bei vorgegebener Beschäftigung (Produktionsmenge) an. Aus Vereinfachungsgründen wird der Variator hier als Prozentsatz angegeben.

Außerdem hat der Unternehmensberater Folgendes herausgefunden: Die Bergische Metall GmbH produziert nur einen Artikel, Bremsscheiben für Pkw in Standardgröße, in großen Mengen.

a Ermitteln Sie die Gesamtsumme der fixen und der variablen Kosten.
b Ermitteln Sie die variablen Kosten pro Stück. Gehen Sie von einer Produktions- und Absatzmenge von 478 779 Stück aus. Runden Sie Ihr Ergebnis auf zwei Nachkommastellen.
c Ermitteln Sie den Gesamtumsatz des abgelaufenen Geschäftsjahres. Der Barverkaufspreis beträgt 25,00 € pro Stück.
d Berechnen Sie die Kosten sowie die Erlöse für mögliche Absatzmengen von 0, 200 000, 400 000 und 600 000 Stück. Nutzen Sie hierfür die folgende Tabelle.

Menge (Stück)	Fixe Kosten (€)	Variable Kosten (€)	Gesamtkosten (€)	Erlöse (€)
0				
200 000				
400 000				
600 000				

e   Stellen Sie die Verläufe für die fixen, variablen und Gesamtkosten sowie für die Erlöse in einem Koordinatensystem dar.

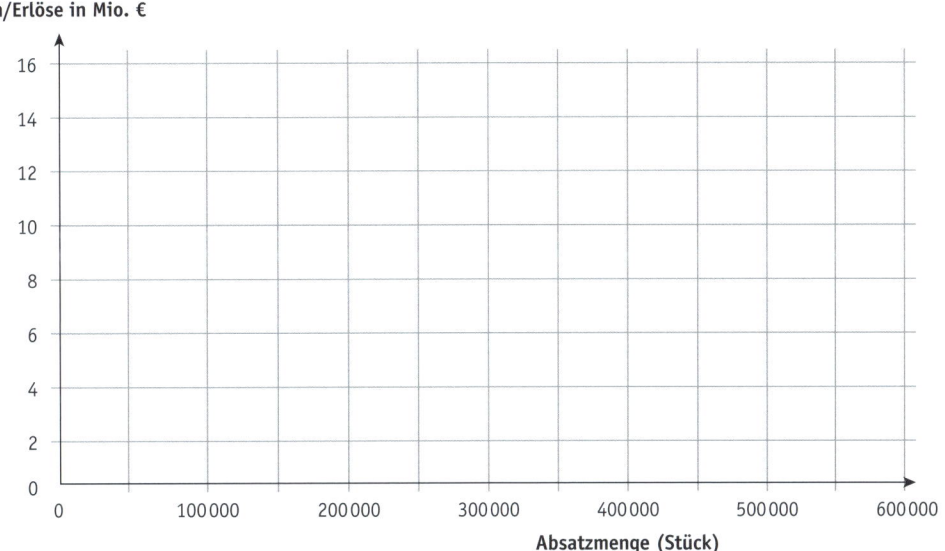

f   Ermitteln Sie grafisch und rechnerisch, bei welcher Absatzmenge die Kosten und die Erlöse der Bergischen Metall GmbH gleich hoch sind.

g   Machen Sie begründete Vorschläge, wie der Gewinn der Bergischen Metall GmbH gesteigert werden könnte.

Aufgabe 2

Ein Getränkehersteller produziert im Monat September 40 000 Flaschen hochwertigen Likör. Die fixen Kosten betragen 200.000,00 €, die variablen Kosten je Flasche betragen 7,00 €.

Ermitteln Sie:

a   die Selbstkosten je Flasche.

b   den Gewinn, wenn alle Flaschen zum Preis von 15,00 € verkauft werden können.

c   den Umsatz, bei dem die Gewinnschwelle erreicht wird.

Aufgabe 3

Ein kleiner Holzverarbeitungsbetrieb produziert für einen Spielwarenhersteller im Auftrag Spielfiguren aus Holz. Der Materialverbrauch und die Produktionszeit je Spielfigur ist bei allen Figuren gleich.

Produktionsmenge August: 100 000 Stück, Gesamtkosten 20.000,00 €

Produktionsmenge September: 120 000 Stück, Gesamtkosten 22.000,00 €

Beachten Sie:

$$k_v = \frac{\text{Gesamtkostenveränderungen}}{\text{Absatzmengenveränderung}}$$

a   Ermitteln Sie
    1   die variablen Kosten je Spielfigur,
    2   die fixen Kosten des Holzverarbeitungsbetriebs in einer Abrechnungsperiode (Monat),
    3   den Gewinn im Monat September, wenn der Erlös je Figur 0,225 € beträgt,
    4   die Absatzmenge, die zur Deckung der fixen Kosten notwendig ist,
    5   den Gewinn im Monat Oktober, wenn zusätzlich zum Lohnauftrag des Spielwarenherstellers in Höhe von 110 000 Stück ein Zusatzauftrag (bei gleichbleibenden Kosten- und Erlösverhältnissen) über 15 000 Stück zum Barverkaufspreis von 0,18 € je Stück ausgeführt werden konnte.

b   Die Kapazitätsgrenze liegt zurzeit bei 130 000 Spielfiguren je Abrechnungsperiode. Durch eine Neuinvestition könnte die Kapazitätsgrenze auf 150 000 Stück steigen. Durch diese Investition würden die fixen Kosten je Abrechnungsperiode um 2.500,00 € steigen. Erläutern Sie, ob sich diese Neuinvestition für den Holzverarbeitungsbetrieb lohnen könnte.

c   Begründen Sie, warum bei Anwendung der Vollkostenrechnung und der Kostensituation des Vormonats als Kalkulationsbasis der Zusatzauftrag für den Monat Oktober hätte abgelehnt werden müssen.

Aufgabe 4

Ein Industrieunternehmen ermittelte für zwei aufeinanderfolgende Monate folgende Daten:

	Dezember	Januar
Umsatz	600.000,00 €	360.000,00 €
Gesamtkosten	500.000,00 €	340.000,00 €

Verkaufspreis: 60,00 €
variable Kosten/Stück: 40,00 €

Ermitteln Sie
a den Absatz in den Monaten Dezember und Januar,
b die fixen Kosten,
c die Gesamtdeckungsbeiträge in den Monaten Dezember und Januar,
d den Break-even-Point.

Aufgabe 5

Einem Industriebetrieb entstehen bei einem Absatz in Höhe von 6 400 Stück und einem Beschäftigungsgrad von 80 % 256.000,00 € Gesamtkosten. Von diesen Gesamtkosten sind 40 % fix. Der Verkaufspreis der Ware beträgt 49,00 €. In dieser Situation erhält das Unternehmen einen Zusatzauftrag über 800 Stück von der Selbsthilfeorganisation „Notleidende Lehrer". Die Organisation ist allerdings nur bereit, 36,00 € je Stück zu zahlen.

a Ermitteln Sie den neuen Beschäftigungsgrad bei Annahme des Zusatzauftrags.
b Analysieren Sie die Kosten- und Erlössituation vor der Annahme des Zusatzauftrags, indem Sie die fixen Kosten, die variablen Kosten pro Stück und den Umsatz ermitteln.
c Ermitteln Sie den Break-even-Point vor Annahme des Zusatzauftrags.
d Ermitteln Sie im Rahmen der Vollkostenrechnung (mit Zusatzauftrag)
  – den Gewinn/Verlust pro Stück,
  – den Gewinn/Verlust des Gesamtauftrags.
e Ermitteln Sie im Rahmen der Deckungsbeitragsrechnung (mit Zusatzauftrag)
  – den Stückdeckungsbeitrag des Auftrags,
  – den Gesamtdeckungsbeitrag des Auftrags.
f Entscheiden Sie, ob der Auftrag unter kostenrechnerischen Gesichtspunkten angenommen werden sollte.

Aufgabe 6

In einem Industrieunternehmen wird für eine Handelsware die Deckungsbeitragsrechnung durchgeführt. Der Einkaufspreis der Handelsware beträgt 22,75 € je Stück. In der Abrechnungsperiode fallen für ein gemietetes Lager 12.000,00 € Kosten an. Der Nettoverkaufspreis für die Handelsware beträgt 45,00 € je Stück, der Reisende erhält 5 % Provision vom Nettoverkaufspreis. Insgesamt werden 850 Stück abgesetzt.

Ermitteln Sie
a den Stückdeckungsbeitrag,
b den Break-even-Point,
c den Gesamtgewinn für diese Handelsware.

Aufgabe 7

Ein Industrieunternehmen produziert Haartrockner für Reisende. Je Monat entstehen 25.000,00 € fixe Kosten, die variablen Kosten je Stück betragen 5,00 €.

	Januar	Februar
Absatzmenge	4000 Stück	3600 Stück
Verkaufspreis	15,00 €	15,75 €

a Berechnen Sie den Gewinn im Monat Januar.

b Berechnen Sie den Gewinn im Monat Februar.

c Wie hat sich die Preiserhöhung auf den Gewinn ausgewirkt?

d Welcher Verkaufspreis ist zu empfehlen, wenn nach einer Marktanalyse bei einem Verkaufspreis von 14,60 € ein Absatz von 4200 Stück möglich ist?

Aufgabe 8

In einem Bruttopreisstellungssystem gewährt ein Hersteller von Kaffeeautomaten gleichzeitig folgende Preisnachlässe:

- Wiederverkäuferrabatt 20 %
- Mengenrabatt: ab 100 Stück 10 %
                          ab 500 Stück 15 %
- Skonto bei Zahlung innerhalb von 8 Tagen 3 %
- Jahresbonus bei Nettoumsätzen über 100.000,00 € = 2,5 %
- Jahresbonus bei Nettoumsätzen über 500.000,00 € = 3 %

Ein Großhändler kauft in einem Großauftrag eine ganze Wochenproduktion von 2000 Kaffeeautomaten zum Stückpreis von je 500,00 € vor Preisnachlässen, die erst im Folgemonat produziert und geliefert werden sollen.

a Ermitteln Sie den realisierten Nettoverkaufserlös für die Verkaufsmenge und je Stück bei Skontonutzung.

b Welchen Gewinnzuschlag hat der Hersteller bei diesem Auftrag erwartet, wenn er mit durchschnittlichen Selbstkosten in Höhe von 300,00 € je Kaffeeautomat kalkuliert (Vorkalkulation)?

c In der Produktionswoche sind tatsächlich folgende Kosten entstanden:
   fixe Kosten der Produktionswoche = 250.000,00 €
   variable Kosten je Kaffeeautomat = 170,50 €

Ermitteln Sie den tatsächlich realisierten Gewinn in € und in %.

Aufgabe 9

Eine Maschinenfabrik mit freien Produktionskapazitäten prüft, ob Blechpressen für Maschinengehäuse, die zurzeit als Handelsware im Absatzprogramm vertrieben werden, nicht selbst hergestellt werden sollen. Je produzierter und verkaufter Blechpresse verlangt der Patentinhaber eine Lizenzgebühr in Höhe von 5.000,00 €.

Gemäß Vorkalkulation werden für die Herstellung der Pressen folgende Kosten entstehen:

	Materialeinzelkosten:	12.000,00 €
+	Fertigungseinzelkosten:	16.000,00 €
+	Materialgemeinkosten:	30 % auf die Materialeinzelkosten
+	Fertigungsgemeinkosten:	50 % auf die Fertigungseinzelkosten
+	Verwaltungsgemeinkosten:	4 % auf die Herstellkosten
+	Vertriebsgemeinkosten:	6 % auf die Herstellkosten

Zusätzliche Angaben der Kostenrechnung:

- Alle Einzelkosten sind variable Kosten
- Von den Materialgemeinkosten gelten 60 % als fixe Kosten, von den Fertigungsgemeinkosten sind 40 % variable Kosten, die Verwaltungsgemeinkosten sind zu 100 % fix und die Vertriebsgemeinkosten sind zu 35 % variable Kosten.

Ermitteln Sie

a die Selbstkosten je Blechpresse mit der Vollkostenrechnung,

b die fixen und variablen Kosten je Blechpresse bei Eigenfertigung,

c die Kosten des Fremdbezugs, wenn derzeit die Blechpressen vom Stammlieferanten für 65.000,00 € Listenpreis bei 5 % Rabatt und 3 % Skonto angeboten werden und die Kosten der Lieferung je Blechpresse 1.500,00 € betragen.

d Welche Entscheidung sollte die Maschinenfabrik treffen, wenn zurzeit durchschnittlich 10 Blechpressen dieser Art je Jahr verkauft werden können?

Lernsituation 36

SB → S. 333 ff. | Lernfeld 4, Kapitel 4.2

Deckungsbeitragsrechnung im Mehrproduktunternehmen

Hausmitteilung

Fly Bike Werke GmbH

Absender	Empfänger	mit der Bitte um
X Geschäftsführung	☐ Geschäftsführung	☐ Kenntnisnahme
☐ Zentralsekretariat	☐ Zentralsekretariat	☐ Erledigung
☐ Controlling	☐ Controlling	X Stellungnahme
☐ Einkauf/Logistik	☐ Einkauf/Logistik	
☐ Produktion	X Produktion	
☐ Verwaltung	☐ Verwaltung	
☐ Vertrieb	☐ Vertrieb	
X Frau/Herr Peters	X Frau/Herr Rother	

Sehr geehrter Herr Rother,

wie mir der Abteilungsleiter Vertrieb, Herr Gerland, mitteilte, gibt es für den kommenden Monat einige Händlerbestellungen für Mountainbikes. Die Bestellmengen belaufen sich auf 1000 Stück für das Modell „Mountain Dispo", 1500 Stück für „Mountain Constitution" und 1800 Stück für „Mountain Unlimited". Die Bestellungen für die beiden letztgenannten Modelle haben absoluten Vorrang, da diese von unseren Stammkunden getätigt wurden. Leider werden ja einige Wartungsarbeiten an den Montagebändern durchgeführt, wodurch uns nur 202 000 Produktionsminuten zur Verfügung stehen. Bitte informieren Sie mich, ob alle bestellten Mountainbikes hergestellt werden können und wie hoch unser Gewinn im nächsten Monat sein wird.

Mit freundlichen Grüßen

Peters

Herr Peters lässt sich von Herrn Time und Herrn Gerland die notwendigen Informationen geben. Er möchte das Produktionsprogramm der Sparte Mountain-Bikes für den kommenden Monat aufstellen. Dabei will er zwar die Vorgabe der Geschäftsleitung berücksichtigen, gleichzeitig will er alternativ das Produktionsprogramm aufstellen, mit dem das bestmögliche Betriebsergebnis erzielt werden kann. In beiden Fällen muss er fixe Kosten in Höhe von 400.000 € berücksichtigen.

Modelle	Deckungsbeitrag je Stück	Montagezeit in Minuten	Bestellte Mengen
Dispo 2	240,00	60	1 000 Stück
Constitution	266,00	70	1 500 Stück
Unlimited	180,00	40	1 800 Stück

Ermitteln Sie für Herrn Peters

a die Produktionsmengen, die Deckungsbeiträge und das Betriebsergebnis nach Vorgaben der Geschäftsleitung unter Berücksichtigung der begrenzten Produktionszeit.

b die gewinnoptimalen Produktionsmengen, die Deckungsbeiträge und das Betriebsergebnis unter Berücksichtigung der begrenzten Produktionszeit.

Arbeitsblatt 36.1: Deckungsbeitragsrechnung (bei Produktionsengpässen)

Ein Betrieb verfügt über eine Fertigungskapazität von 8000 Fertigungsminuten je Periode. Für die Planung der folgenden Periode müssen nachstehende Daten berücksichtigt werden.

Produkt	Absetzbare Menge (Stück)	Zeitbedarf je Stück (Minuten)	Erzielbarer Preis/Stück (€)	Variable Kosten/Stück (€)	Deckungsbeitrag/Stück (€)	Deckungsbeitrag relativ (€/Minute)
A	830	4	50,00	40,00		
B	400	3	100,00	80,00		
C	500	5	70,00	49,00		
D	100	2	30,00	24,00		
E	2000	1	10,00	5,00		

Ermitteln Sie

a die relativen Deckungsbeiträge je Minute für jedes Produkt und tragen Sie die Ergebnisse in die vorstehende Übersicht ein,

b das gewinnoptimale Produktionsprogramm und tragen Sie die Ergebnisse in die nachfolgende Übersicht ein,

c den Gewinn oder den Verlust des Unternehmens, wenn 70.000,00 € fixe Kosten zu berücksichtigen sind.

Priorität	Produkt	Menge (Stück)	Zeitbedarf (Minuten)	Restkapazität (Minuten)	Deckungsbeitrag gesamt (€)
1					
2					
3					
4					
5					
				Summe Gesamtdeckungsbeiträge	
				Fixkostenblock	
				Betriebsergebnis	

Arbeitsblatt 36.2: Deckungsbeitragsrechnung im Mehrproduktunternehmen

Ein Zulieferer der Fahrradindustrie mit drei Erzeugnisgruppen plant einen Abrechnungsmonat mit folgenden Verkaufserlösen und Kosten. Das geplante Betriebsergebnis muss noch ermittelt werden.

Planwerte in €	Erzeugnisgruppe I			Erzeugnisgruppe II			Erzeugnisgruppe III		
Erzeugnis-Nummer	Nr. 100	Nr. 101	Nr. 102	Nr. 201	Nr. 202	Nr. 203	Nr. 301	Nr. 302	Nr. 303
Verkauferlös/Stück (€)	48,60	46,80	102,00	214,00	260,60	320,00	160,00	180,00	145,00
Variable Kosten/Stück (€)	26,60	32,00	84,90	145,00	110,00	210,50	105,00	185,50	85,00
db/Stück									
Absatzmengen (Stück)	4 000	3 800	3 200	400	500	1 850	6 200	3 200	4 800
DB Erzeugnis (€)									
DB Erzeugnisgruppe (€)									
DB Unternehmen (€)									
Fixe Kosten (€)	1.002.500,00								
Betriebsergebnis (€)									

Ermitteln Sie das tatsächliche Betriebsergebnis auf Basis der Istwerte, wenn das Erzeugnis mit der Nummer 302 nicht mehr produziert wird, die Verkaufserlöse je Stück für die verbleibenden Artikel der Erzeugnisgruppe III um 10 % steigen und die geplanten Absatzmengen der Erzeugnisgruppe III um 5 % sinken. Alle weiteren Istwerte sind der Tabelle zu entnehmen.

Istwerte in €	Erzeugnisgruppe I			Erzeugnisgruppe II			Erzeugnisgruppe III		
Erzeugnis-Nummer	Nr. 100	Nr. 101	Nr. 102	Nr. 201	Nr. 202	Nr. 203	Nr. 301	Nr. 302	Nr. 303
Verkauferlös/Stück (€)	47,60	48,80	101,50	212,00	265,60	326,00			
Variable Kosten/Stück (€)	26,80	32,50	82,90	145,50	110,50	211,50	105,00		85,00
db/Stück									
Absatzmengen (Stück)	4 100	3 420	3 000	100	400	1 670			
DB Erzeugnis (€)									
DB Erzeugnisgruppe (€)									
DB Unternehmen (€)									
Fixe Kosten (€)	1.006.500,00								
Betriebsergebnis (€)									

Arbeitsblatt 36.3: Mehrstufige Deckungsbeitragsrechnung im Mehrproduktunternehmen (Direct-Costing)

Ermitteln Sie das Betriebsergebnis.

Produkt	I	II	III	IV	V
Nettoverkaufspreis	16,00 €	23,00 €	28,00 €	32,00 €	14,40 €
− variable Kosten	4,00 €	5,75 €	7,00 €	8,00 €	3,60 €
= Stückdeckungs-beitrag (db)					
· Absatzmenge in Stück	12 000	24 000	9 700	14 000	14 000
= DB I					
− Erzeugnisfixe Kosten	145.000,00 €	212.000,00 €	290.000,00 €	275.000,00 €	159.000,00 €
= DB II					
− Erzeugnisgruppen-fixe Kosten		240.000,00 €		28.000,00 €	12.000,00 €
= DB III					
− Bereichsfixe Kosten		40.000,00 €			20.000,00 €
= DB IV					
− Unternehmensfixe Kosten					800.000,00 €
= Betriebsergebnis					

Aufgaben

Aufgabe 1

Ein Industriebetrieb produziert an der Kapazitätsgrenze. Folgende Aufträge sind noch zu berücksichtigen, obwohl nur noch 120 freie Produktionsstunden zur Verfügung stehen. Das Unternehmen produziert oberhalb der Gewinnschwelle.

	Auftrag A	Auftrag B	Auftrag C
Auftragsmenge (Stück)	200	500	200
db je Stück (€)	300	400	770
Produktionszeit je Stück in Minuten	10	8	14

Ermitteln Sie

a die kostenoptimalen Produktionsmengen für die Aufträge A, B und C,

b den maximal erreichbaren zusätzlichen Gewinn.

Aufgabe 2

Ein Fahrradhersteller für hochpreisige Rennräder bietet drei verschiedene Fahrradmodelle auf einer hausinternen Händlermesse zu Sonderpreisen an. Folgende Planwerte (geplante Produktion = geplante Absatzmenge) liegen für die nächste Abrechnungsperiode vor:

Modelle	Erlöse je Stück	Variable Kosten je Stück	Geplanter Absatz
Acer	420,00 €	240,00 €	2 000 Stück
Bee	480,00 €	290,00 €	1 500 Stück
Cray	560,00 €	350,00 €	3 000 Stück

Die erzeugnisfixen Kosten betragen für das Modell Acer 200.000,00 €, für das Modell Bee 150.000,00 € und für das Modell Cray 225.000,00 €. Die Overheadkosten (unternehmensfixen Kosten) betragen insgesamt 300.000,00 €.

Ermitteln Sie

a den geplanten Deckungsbeitrag je Stück (db I) für das Modell Acer,

b den Gesamtdeckungsbeitrag (DB II) für das Modell Bee, wenn die geplante Absatzmenge realisiert werden könnte,

c den geplanten Betriebsgewinn der Abrechnungsperiode,

d den realisierten Betriebsgewinn der Abrechnungsperiode, wenn der Erlös des Modells Cray um 10,00 € sinkt, die variablen Kosten des Modells Acer aufgrund von Ausstattungsveränderungen auf Wunsch der Kunden um 15,00 € steigen und die tatsächlichen Absatzmengen für das Modell Acer 2 050 Stück, für das Modell Bee 1 400 Stück und für das Modell Cray 3 300 Stück betragen.

Aufgabe 3

Ein Fahrradhersteller produziert zwei Modelle Mountain-Bikes:

Mountain	Up	Down
Erlös je Stück	500,00 €	700,00 €
Variable Stückkosten	365,00 €	520,00 €
Produktionszeit je Stück	30 Minuten	45 Minuten
Absatzgrenze	900 Stück	600 Stück

Kapazitätsgrenze	750 Stunden
Fixe Kosten	150.000,00 €

a Erläutern Sie,

  aa warum die Kapazitätsgrenze nicht in Stück angegeben werden sollte,

  ab warum eine Break-even-Analyse unmöglich ist,

  ac welches Erzeugnis auf Grund eines Kapazitätsengpasses zunächst produziert werden sollte.

b Ermitteln Sie

  ba die gewinnmaximale Produktions- und Absatzmenge,

  bb den maximal möglichen Gewinn.

Aufgabe 4

Die Rad AG produziert die Kinderfahrräder KID, LIT und MID. Alle Erzeugnisse durchlaufen die gleiche Arbeitsgruppe, die eine Kapazität von 92 400 Minuten im Monat aufweist. Für die Erzeugnisse gelten folgende Daten:

Erzeugnis	Variable Stückkosten (k_v) in €	Verkaufspreis (p)	Dauer des Schneidvorgangs (Stück)	Aufträge	Fixkosten je Monat (K_F) in €
KID	320,00	340,00	4 Minuten	6 000	300.000,00
LIT	230,00	242,50	5 Minuten	7 000	
MID	272,00	300,00	7 Minuten	5 250	

Ermitteln Sie

a den absoluten Deckungsbeitrag je Stück des Kinderfahrrades MID in €,

b den Preis in €, zu dem das Kinderfahrrad KID kurzfristig angeboten werden kann,

c den Deckungsbeitrag je Minute des Kinderrades MID in € sowie die Stückzahl, die von Erzeugnis LIT bei der Realisation des gewinnmaximalen Produktionsprogramms hergestellt wird,

d den Gewinn in €, der bei der Realisation des gewinnmaximalen Produktionsprogramms erzielt wird.

Aufgabe 5

Für den Monat Mai ermittelt ein Fahrradhersteller folgende Daten für sein Produktionsprogramm:

Erzeugnisgruppe	City-Räder		Trekkingräder	
Modell	**Light**	**Free**	**Feel**	**High**
Listenverkaufspreis	400,00 €	360,00 €	600,00 €	750,00 €
Variable Herstellkosten	180,00 €	189,00 €	300,00 €	360,00 €
Absatz/Stück	250	240	160	100

Kundenrabatt	20 %
Kundenskonto	2 %
Vertriebsprovision (für alle Modelle)	3 %
Variabler Verwaltungs- und Vertriebsgemeinkosten-Zuschlagssatz	15 %
Fixkostenblock	51.110,00 €

Ermitteln Sie

a den Barverkaufspreis und die variablen Selbstkosten,

b den Stückdeckungsbeitrag und die Gesamtdeckungsbeiträge der Erzeugnisse,

c das Betriebsergebnis.

Aufgabe 6

Ein Industriebetrieb hat für seine Erzeugnisse folgende Daten im Rahmen einer mehrstufigen Deckungsbeitragsrechnung ermittelt:

	Erzeugnisgruppe 1			Erzeugnisgruppe 2		
	Erzeugnis A	**Erzeugnis B**	**Erzeugnis C**	**Erzeugnis X**	**Erzeugnis Y**	**Erzeugnis Z**
Verkaufspreis in €	30,00	18,00	25,00	56,00	96,00	66,00
Variable Kosten in €	21,00	12,00	18,00	42,00	81,60	55,00
Absatz in Stück	2 000	1 200	900	400	300	3 000
Artikelfixe Kosten in €	3.600,00	1.500,00	1.200,00	1.500,00	3.000,00	9.000,00
Gruppenfixe Kosten in €			5.200,00			6.420,00
Unternehmensfixe Kosten in €						28.868,00

Ermitteln Sie

a die Stückdeckungsbeiträge,

b die Gesamtdeckungsbeiträge für die Artikel, die Erzeugnisgruppe und das Unternehmen,

c das Betriebsergebnis,

d die Ertragskraft der Artikel (Deckungsbeitrag in % des Verkaufspreises),

e die Umsatzrentabilität.

Herr Roose, Leiter der Verkaufsabteilung Inland der Maschinenbau ARENZ GmbH, hat es eilig. Heute noch muss er die aktuellen Kosten seiner Kostenstelle für den Abrechnungsmonat Mai 20XX in einem Bericht an die Geschäftsleitung interpretieren und damit auch rechtfertigen – denn er ist der Kostenstellenverantwortliche. Herr Roose hat im Vorjahr einem Budget für seine Kostenstelle zugestimmt; jetzt werden ihm jeden Monat seine aktuellen Istkosten und die Plankosten laut Kostenstellenbudget mitgeteilt.

Kostenstellenabrechnung Monat Mai 20XX

Kostenstelle: Verkaufsabteilung/Inland

Kostenstellenverantwortlicher: Herr Roose

ARENZ GMBH

Erstellt: 04. Juni 20XX

Zur Kenntnis genommen:

_____
Datum   Unterschrift

Bericht an Geschäftsleitung:

_____
Datum   Unterschrift

Personalbestand der Kostenstelle

Planstellen	Ist	Soll
Abteilungsleitung	1	1
Sachbearbeiter	10	9
Hilfskräfte	2	1
Summen	13	11

Kostenvergleich	Istkosten		Plankosten	Abweichungen	
Kostenarten	Abrech-nungsmonat Mai	kumuliert Jan. – Mai	kumuliert Jan. – Mai	€	%
Energie	2.200,00	10.500,00	10.000,00		
Instandhaltung	1.600,00	3.200,00	4.000,00		
Löhne	5.600,00	28.000,00	14.000,00		
Gehälter	49.500,00	247.000,00	227.500,00		
Personalneben-kosten	27.550,00	137.750,00	120.750,00		
Leasing	12.500,00	62.500,00	54.000,00		
Rechtskosten	0,00	4.200,00	5.000,00		
Bürobedarf	0,00	2.500,00	2.000,00		
Reisekosten	1.800,00	8.200,00	6.000,00		
Bewirtung	3.200,00	14.200,00	5.000,00		
Werbung	20.000,00	60.000,00	140.000,00		
Kalk. Abschreibun-gen	8.000,00	40.000,00	30.000,00		
Kalk. Miete	4.000,00	20.000,00	16.000,00		
Kalk. Zinsen	3.000,00	15.000,00	12.000,00		
Summen	138.950,00	653.050,00	646.250,00		

Soll-/Ist-Vergleich Gesamtunternehmen

Personalbestand		Material	Fertigung	Verwaltung	Vertrieb
Ist: 140	Soll: 135	– 4,5 %	– 2,3 %	+ 2,5 %	+ 2,7 %

1 Ermitteln Sie die Kostenabweichungen bis zum Abrechnungsmonat Mai 20XX in € und in Prozent.

2 Formulieren Sie zwei Argumente für Herrn Roose, die die Kostenentwicklung der Kostenstelle positiv bewerten.

3 Formulieren Sie zwei negative Argumente zur Kostenentwicklung, auf die sich Herr Roose für ein bevorstehendes Gespräch mit der Geschäftsleitung vorbereiten sollte.

Arbeitsblatt 37.1: Regelkreis des Controllings

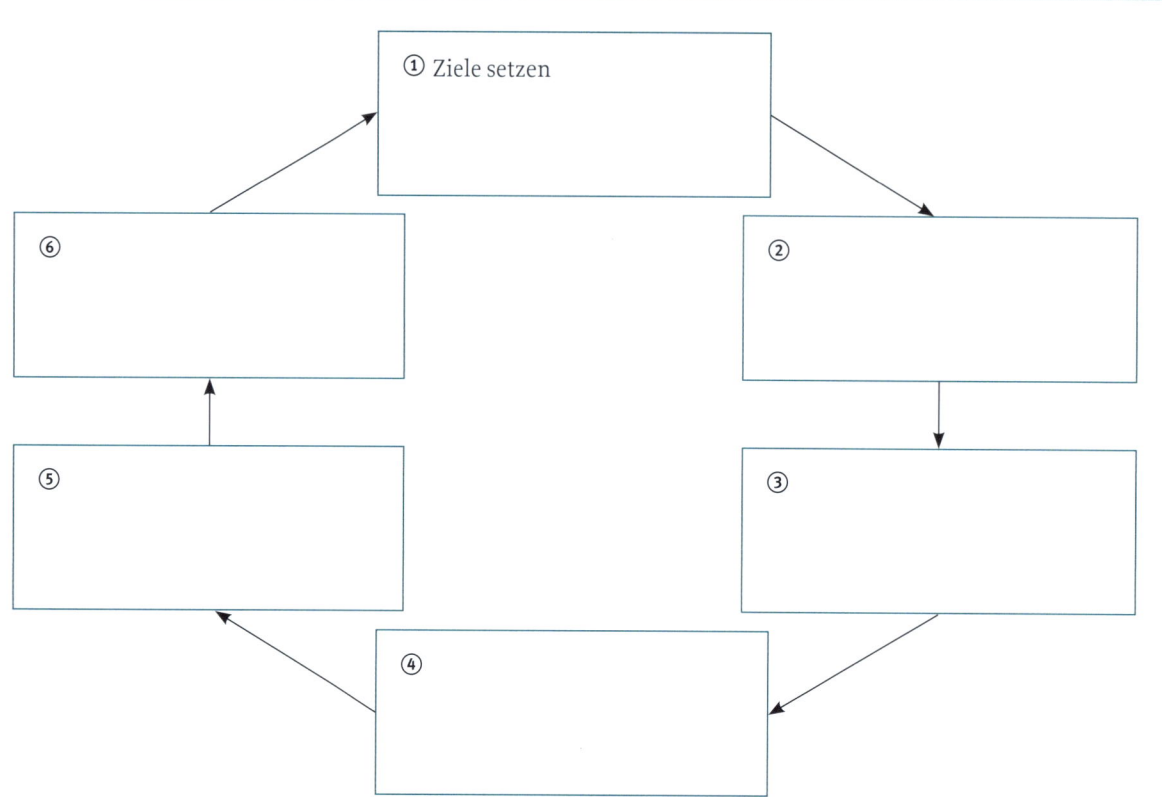

1 Ordnen Sie die nachfolgend beschriebenen Tätigkeiten der Reihenfolge im Regelkreis zu.

	Die Umsatzerlöse und die variablen Selbstkosten des Produktes 30 111 werden am Ende der Abrechnungsperiode 10 zusammengestellt.
	Am Ende der Abrechnungsperiode 9 werden alle Kunden in einem Werbebrief über die Preissenkung des Produktes 30 111 informiert und die Qualität des Produktes umfassend beschrieben.
	Der Deckungsbeitrag für das Produkt 30 111 soll in der Abrechnungsperiode 10 um 20 % gesteigert werden.
	Preissenkungen bei der Konkurrenz für mit dem Produkt 30 111 vergleichbare Produkte verhinderten die geplante Steigerung der Absatzmenge.
	Der geplante Deckungsbeitrag für das Produkt 30 111 wird mit dem realisierten Deckungsbeitrag in der Abrechnungsperiode 10 verglichen. Der realisierte Deckungsbeitrag unterschreitet den geplanten Deckungsbeitrag um 50 %.
	Der Verkaufspreis für das Produkt 30 111 soll in der Abrechnungsperiode 10 um 5 % gesenkt werden. Die Absatzmenge soll um 20 % steigen. Gleichzeitig soll eine Werbeaktion für dieses Produkt am Ende der Abrechnungsperiode 9 gestartet werden.

2 Welche Handlungsalternativen könnten sich nach der Abweichungsanalyse für dieses Unternehmen anbieten?

Arbeitsblatt 37.2: Plankostenrechnung, Teil 1

Ein Industrieunternehmen plant folgende Werte für eine Abrechnungsperiode:

Planbeschäftigung (Ausbringungsmenge):	20 000 Einheiten
Plankosten bei Planbeschäftigung:	160.000,00 €
Variable Kosten bei Planbeschäftigung:	60 %

Am Ende der Abrechnungsperiode werden folgende Werte ermittelt:

Istbeschäftigung (Ausbringungsmenge):	18 000 Einheiten
Istkosten bei Istbeschäftigung inkl. Preiserhöhungen von 5 %:	157.500,00 €

Ermitteln Sie

a den Plankostenverrechnungssatz,

$$\frac{\text{Plankosten bei Planbeschäftigung}}{\text{Planbeschäftigung}} = \underline{\hspace{6cm}} = \underline{\hspace{3cm}}$$

b die Plankosten bei Istbeschäftigung,

$$\text{Plankostenverrechnungssatz} \cdot \text{Istbeschäftigung} = \underline{\hspace{4cm}} = \underline{\hspace{2cm}}$$

c die Fixkosten und die variablen Stückkosten bei Planbeschäftigung,

Fixkosten = _____   variable Stückkosten = _____

d die Sollkosten (mit Plankosten) für die Istbeschäftigung.

$$K_F + (k_v \cdot x_{IST}) = \underline{\hspace{6cm}} = \underline{\hspace{3cm}}$$

Abweichungsanalyse		
Preisabweichung		
	Istkosten einschließlich Preiserhöhung:	€
−	Istkosten ohne Preiserhöhung:	€
=	Preisabweichung (Preiserhöhung bei den Kosten):	€
Beschäftigungsabweichung		
	Sollkosten bei Istbeschäftigung:	€
−	Plankosten bei Istbeschäftigung:	€
=	Beschäftigungsabweichung (ungedeckte Fixkosten):	€
Verbrauchsabweichung		
	Istkosten der Istbeschäftigung (ohne Preiserhöhungen):	€
−	Sollkosten bei Istbeschäftigung:	€
=	Verbrauchsabweichung (verbesserte Wirtschaftlichkeit):	€

Arbeitsblatt 37.3: Plankostenrechnung, Teil 2

Planwerte: Küchenprogramm „Sonne"	
Geplante Absatzmenge:	100 Stück
Umsatzerlöse je Küche:	5.000,00 €
Variable Kosten je Küche:	
Materialeinzelkosten:	1.000,00 €
Fertigungseinzelkosten:	800,00 €
Variable Gemeinkosten:	200,00 €
Fixe Kosten der Küchenherstellung:	200.000,00 €
Geplanter Gewinn:	€

Istwerte: Küchenprogramm „Sonne"	
Realisierte Absatzmenge:	90 Stück
Umsatzerlöse je Küche:	5.200,00 €
Variable Kosten je Küche:	
Materialeinzelkosten	1.100,00 €
Fertigungseinzelkosten	900,00 €
Variable Gemeinkosten	200,00 €
Fixe Kosten der Küchenherstellung:	210.000,00 €
Realisierter Gewinn:	€

Ermitteln Sie den geplanten und den realisierten Gewinn sowie

a die Plankosten der Istabsatzmenge: _____

b die Sollkosten der Istabsatzmenge: _____

c die Istkosten der Istabsatzmenge: _____

d die Preisabweichung der Kosten: _____

e die Beschäftigungsabweichung der Kosten: _____

f die Verbrauchsabweichung der Kosten: _____

g die Gesamtabweichung der Kosten: _____

Aufgaben

Aufgabe 1

Als Planwert für ein Produkt wird eine Absatzmenge von 6 000 Stück zum Preis von je 35,00 € vorgegeben. Tatsächlich werden aber nur 4 800 Stück zu einem Preis von 32,50 € verkauft.

Ermitteln Sie

a die Planumsatzerlöse,

b die Istumsatzerlöse und

c die Abweichung zwischen Plan- und Isterlösen in € und in %.

Aufgabe 2

Für Aushilfslöhne (variable Gemeinkosten) im Lager wurden in einem Abrechnungsmonat folgende Kosten geplant und realisiert:

Plankosten	Istkosten
Arbeitsaufwand 185 Stunden	Arbeitsaufwand 140 Stunden
Stundenlohn 8,70 €	Stundenlohn 9,20 €

Ermitteln Sie die Gesamtkostenabweichung für Aushilfslöhne im Lager in € und in %.

Aufgabe 3

Für die Kostenstelle Fuhrpark wurden für eine Abrechnungsperiode folgende Plan- und Istkosten ermittelt:

Kostenstelle Fuhrpark Soll-Ist-Vergleich Monat Juni 20XX	Plankosten	Istkosten	Abweichungen in €	Abweichungen in %
Personalkosten	23.500,00 €	24.700,00 €		
Mieten, Pachten, Leasing	7.900,00 €	7.900,00 €		
Steuern, Beiträge, Versicherungen	6.200,00 €	5.800,00 €		
Energie, Betriebsstoffe	12.490,00 €	14.320,00 €		
Werbe- und Reisekosten	7.820,00 €	12.590,00 €		
Betriebskosten, Instandhaltung	25.600,00 €	28.600,00 €		
Allgemeine Verwaltung	2.190,00 €	1.780,00 €		
Kalkulatorische Abschreibungen	44.200,00 €	44.200,00 €		
Kalkulatorische Zinsen	28.600,00 €	32.200,00 €		
Kalkulatorische Wagnisse	5.000,00 €	5.000,00 €		
Summe				

Ermitteln Sie

a die Abweichungen in € und in % je Kostenart,

b die Summen aller Spalten,

c für die Kostenart Werbe- und Reisekosten den Anteil der Kostenabweichung an der Gesamtabweichung in %.

Aufgabe 4

Folgende Vor- und Istkalkulation ist auszuwerten:

	Plankalkulation (Vorkalkulation) je Stück			Istkalkulation (Nachkalkulation) je Stück	
	geplante Einzelkosten	25,00 €		realisierte Einzelkosten	24,50 €
+	geplante variable Gemeinkosten	25 %	+	realisierte variable Gemeinkosten	27 %
=	geplante variable Selbstkosten		=	realisierte variable Selbstkosten	

	geplanter Verkaufspreis	42,50 €		realisierter Verkaufspreis	39,60 €
–	geplante variable Selbstkosten		–	realisierte variable Selbstkosten	
=	geplanter Deckungsbeitrag		=	realisierter Deckungsbeitrag	

Ermitteln Sie

a den Plandeckungsbeitrag je Stück,

b den Istdeckungsbeitrag je Stück,

c den Plandeckungsbeitrag für 12 000 Einheiten,

d den Istdeckungsbeitrag für 14 200 Einheiten,

e den Istgewinn, wenn die fixen Kosten 52.000,00 € betragen.

Aufgabe 5

Die Plankosten einer Kostenart bei einer Absatzmenge von 1 000 Einheiten betragen 20.000,00 €. Davon sind 60 % fixe Kosten. Es wird davon ausgegangen, dass die variablen Kosten proportional zur Absatzmenge steigen oder fallen. Bei einer Absatzmenge von 800 Einheiten werden Istkosten in Höhe von 19.000,00 € ermittelt. Preisabweichungen liegen nicht vor.

Berechnen Sie

a die Sollkosten der Istabsatzmenge,

b die Plankosten der Istabsatzmenge,

c die Verbrauchsabweichung,

d die Beschäftigungsabweichung.

Aufgabe 6

Ein Textilhersteller will edle Shirts der Marke HOSS für 30,00 € pro Stück verkaufen. Die Einzelkosten betragen 16,00 €. Die variablen Gemeinkosten betragen 4,00 €. Die Erzeugnisfixkosten betragen 2.800,00 €.

Ermitteln Sie

a den Stückdeckungsbeitrag,

b den Break-even-Point,

c Die Shirts können nur mit einem Preisabschlag von 10 % und nach einer Werbeaktion (Anzeige zum Preis von 700,00 €) verkauft werden. Insgesamt können 600 Shirts abgesetzt werden. Ermitteln Sie den neuen Stückdeckungsbeitrag und den neuen Break-even-Point.

Aufgabe 7

Bestimmen Sie die Mengen- und Preisabweichung im Rahmen der Umsatzanalyse:

Planabsatz	2 000 Stück	Planumsatz	20.000,00 €
Istabsatz	1 500 Stück	Istumsatz	12.000,00 €

Stellen Sie Ihre Analyse auch grafisch dar.

Aufgabe 8

Für einen Abrechnungszeitraum (Monat) wurden folgende Daten ermittelt:

	Plan	Ist
Kosten		250.000,00 €
Beschäftigung	3 500 Stück	3 300 Stück

Kostenart	Plankosten (€)	Variator (%)[1]	Variable Kosten (€)	Fixe Kosten (€)
Fertigungsmaterial	108.450,00	100		
Materialgemeinkosten	24.000,00	80		
Fertigungslöhne	28.000,00	100		
kalkulatorische Abschreibungen	42.000,00	0		
Gehälter	12.000,00	0		
Instandhaltungskosten	12.000,00	30		
kalkulatorische Zinsen	18.550,00	0		
Summen				

[1] **Hinweis:** Der Variator gibt den Anteil der variablen Kosten einer Kostenart bei vorgegebener Beschäftigung (Produktionsmenge) an. Aus Vereinfachungsgründen wird der Variator hier als Prozentsatz angegeben.

Ermitteln Sie

a die Plankostenfunktion,

b die Sollkostenfunktion,

c die Plankosten bei Istbeschäftigung,

d die Sollkosten bei Istbeschäftigung,

e die Beschäftigungsabweichung,

f die Verbrauchsabweichung.

Lernsituation 38

SB → S. 370 ff. | Lernfeld 5, Kapitel 3

Produktionsprogrammplanung

Unter Leitung des Geschäftsführers, Herrn Peters, haben sich die Gesellschafter der Fly Bike Werke GmbH, Herr Ullmann und Herr Ries, mit weiteren Führungskräften des Unternehmens zu ihrer monatlichen Strategiesitzung zusammengefunden. Auf dieser sollen auch Fragen der langfristigen Programmplanung erörtert werden. Herr Peters ergreift das Wort: „Meine geschätzten Damen und Herren! Auf unserer Sitzung Anfang des Jahres hatten wir unsere Vertriebsabteilung damit beauftragt, eine Analyse des Geschäftsfeldes ‚Markenfahrräder' vorzunehmen. Ich darf unsere Kundenbetreuerin für den Fachhandel, Frau Ganser, um ihre Ergebnisse bitten!"

Frau Ganser führt aus: „Ich danke Ihnen, Herr Peters! Ich möchte meinem Vortrag zunächst folgenden grundsätzlichen Gedanken vorausschicken: Um unser Absatz- sowie unser Produktionsprogramm langfristig an den Bedürfnissen des Marktes auszurichten und unsere Wettbewerbsposition zu sichern, müssen wir eine Vielzahl von Einflussfaktoren beachten. Neben unserem eigenen sowie den relativen Marktanteilen unserer Mitbewerber spielt die Wahrnehmung unserer Produkte durch die Kunden im Vergleich zu den Produkten unserer Konkurrenz eine entscheidende Rolle. Die folgende Grafik soll Ihnen das Ergebnis unserer Marktanalyse verdeutlichen."

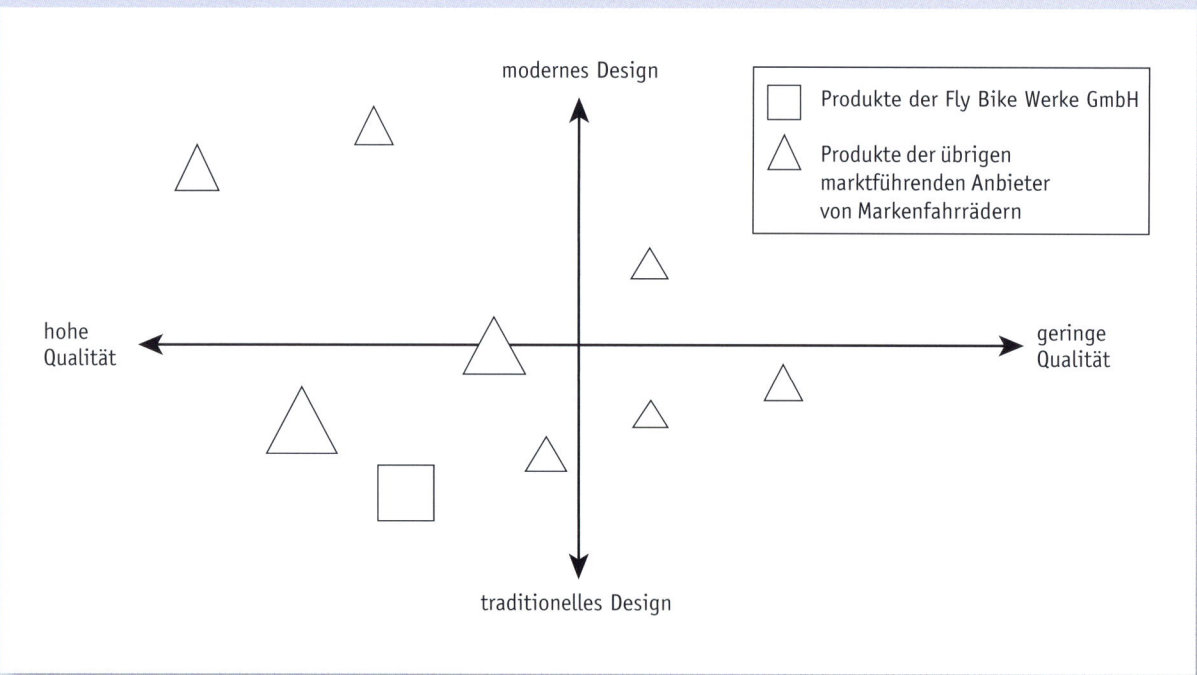

Geschäftsfeld „Markenfahrräder" in Deutschland (Die Größe der Symbole entspricht dem relativen Marktanteil des jeweiligen Anbieters.)

Qualitative Programmplanung

Als Mitarbeiter/-in der Vertriebsabteilung war es Ihre Aufgabe, die Ergebnisse der Marktanalyse zu interpretieren und der Geschäftsleitung entsprechende Handlungsalternativen vorzuschlagen.

1 Beschreiben Sie anhand der vorstehenden Grafik die derzeitige Marktposition der Fly Bike Werke GmbH mit Ihren eigenen Worten.

2 Beurteilen Sie diese Marktposition. Welche Stärken und welche Schwächen birgt die derzeitige Marktposition?

3 Unterbreiten Sie der Geschäftsleitung der Fly Bike Werke GmbH einen Vorschlag für eine mögliche Neupositionierung im Geschäftsfeld „Markenfahrräder". Welche Chancen, aber auch welche Risiken beinhaltet Ihr Vorschlag?

Quantitative Programmplanung

Neben der Beantwortung von Fragen der langfristigen qualitativen Programmplanung gehört es auch zu den Aufgaben der Geschäftsleitung, grundsätzliche Vorgaben für die quantitative, also die mengenmäßige Programmplanung zu machen.

Die Fly Bike Werke GmbH ist dabei mit dem besonderen Problem konfrontiert, dass ihre Absatzzahlen im Jahresverlauf relativ stark schwanken. Schönes Wetter im Frühling lockt regelmäßig zahlreiche Fahrradkunden in die Fachgeschäfte, sodass die Verkaufszahlen nach den relativ umsatzschwachen Wintermonaten ab dem März eines Jahres stark ansteigen. Dies gilt ganz besonders für Fahrräder mit einer betont sportlichen Note, also Rennräder und hochwertige Mountain-Bikes. Die Kinderräder weisen zudem noch einmal eine deutliche Absatzspitze im Weihnachtsgeschäft auf.

Die Großkunden der Fly Bike Werke GmbH – Großhändler und Einzelhandels-Filialisten – schließen mit ihren Lieferanten meist Rahmenverträge ab, in denen sie ihre Abnahmemengen für ein Jahr im Vorhinein festlegen. Mit jeweils vier bis sechs Wochen Vorlauf zum tatsächlichen Verkauf an die Endabnehmer rufen diese Großkunden dann ihre konkreten Abnahmemengen für einen Monat ab. Der Vertriebsleiter, Herr Gerland, legt hierzu die folgenden Auszüge aus der Absatzstatistik der Fly Bike Werke GmbH vor:

	Jan.	Febr.	März	April	Mai	Juni	Juli	Aug.	Sept.	Okt.	Nov.	Dez.
Gesamtabsatz in Stück (Durchschnitt der letzten 5 Jahre)	920	1070	1380	1640	1610	1510	1290	1140	1090	970	910	850
Davon: Rennräder in Stück	84	185	235	245	205	163	123	94	62	55	48	35
Davon: Kinderräder in Stück	98	145	265	305	236	201	128	143	245	349	326	80

Die Produktionskapazitäten der Fly Bike Werke sind so ausgelegt, dass pro Monat bis zu 1350 Fahrradrahmen geschweißt und mit den zugekauften Komponenten zu versandfertigen Fahrrädern montiert werden können.

4 Zeichnen Sie die Absatzmengen der Fahrräder insgesamt sowie der Renn- und Kinderfahrräder in das folgende Diagramm ein. (Alternative: Stellen Sie die Absatzdaten mithilfe eines Tabellenkalkulationsprogramms grafisch dar.)

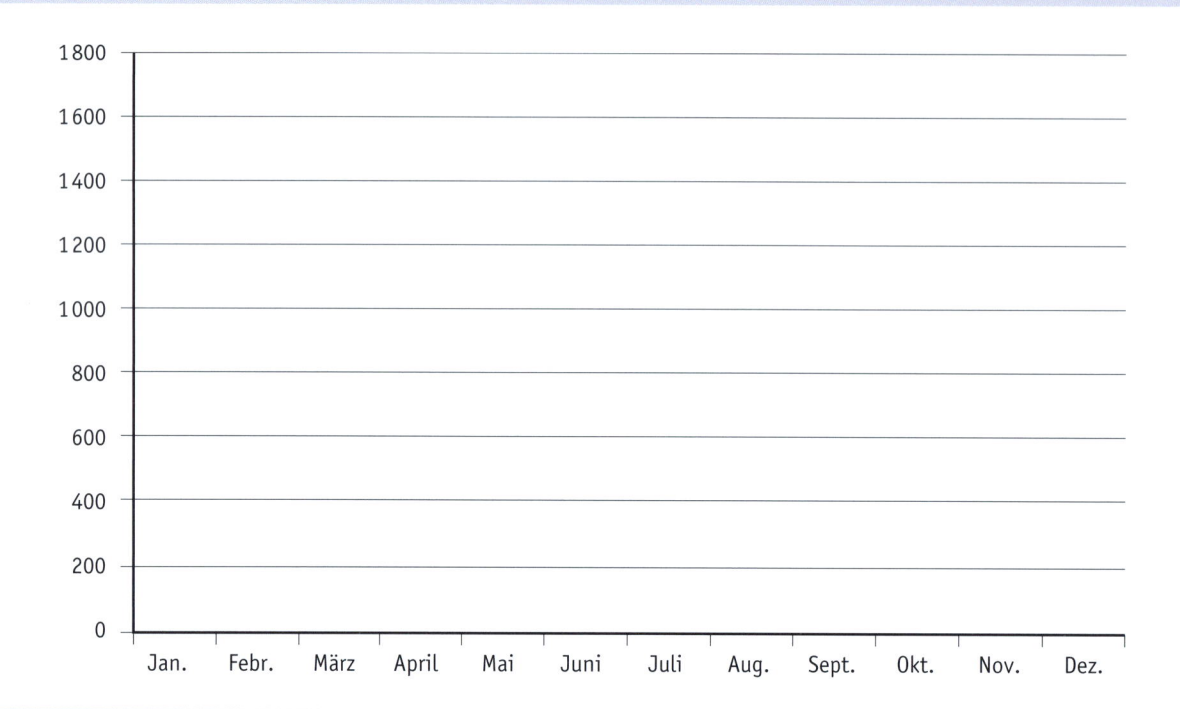

5 Zeichnen Sie nun die monatliche maximale Produktionsmenge (die sogenannte Kapazitätslinie) in das zweite Diagramm ein.

6 Überlegen Sie sich weiterhin, wie hoch die tatsächlichen monatlichen Produktionsmengen der Fly Bike Werke GmbH sein sollten, und zeichnen Sie diese in das zweite Diagramm ein.

7 Legen Sie ebenfalls fest, in welchen Monaten wie viele Renn- und Kinderfahrräder produziert werden sollten. Zeichnen Sie auch diese ein.

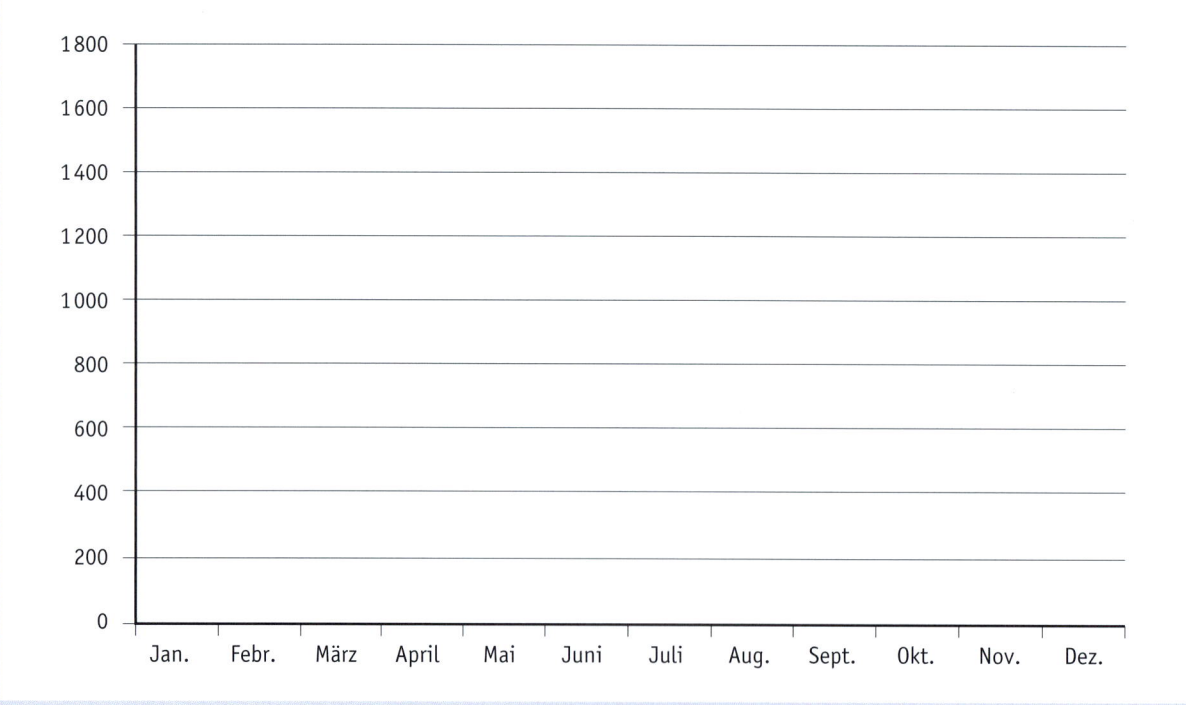

8 Bewerten Sie die von Ihnen vorgeschlagene Planungsalternative. Vergleichen Sie dazu Ihren Vorschlag mit denen Ihrer Mitschüler und diskutieren Sie die jeweiligen Vor- und Nachteile.

Aufgaben

Aufgabe 1

a Wie unterscheiden sich das Absatzprogramm und das Produktionsprogramm der Fly Bike Werke GmbH?

b Unterscheiden Sie an Beispielen aus Ihrem Ausbildungsbetrieb die Begriffe Programmbreite und Programmtiefe.

c Nennen Sie je zwei Argumente für und gegen ein tiefes Produktionsprogramm und wägen Sie diese gegeneinander ab.

Aufgabe 2

Welche Marktentwicklungen lassen sich aus der folgenden Zeitungsmeldung vom Sommer 2010 herauslesen?

> ## Kleinwagen von Ford kommt aus Rumänien
>
> Köln. Ende 2010 soll er auf den Markt kommen – der neue Kleinwagen von Ford. Dazu wurde eigens ein Werk im rumänischen Craiova errichtet. Für Ford handelt es sich dabei um ein „white space vehicle", also um eine Fahrzeugkategorie, die so bisher noch nicht angeboten wurde. Branchenkenner vermuten dahinter eine Reaktion auf den großen Erfolg des Dacia Logan, der für gerade einmal 7.500,00 € angeboten wurde. Zwar wird der Dacia Logan in der Stufenheck-Variante zukünftig in Europa nicht mehr angeboten werden, doch der golfklassengroße Sandero (ab 6.900,00 €) und der Kombi Logan MCV (ab 9.900,00 €) verkaufen sich prächtig.
>
> Quelle: Autorentext

Aufgabe 3

Die Geschäftsleitung eines Werkzeugherstellers hat die Entwicklung der Fertigungs- und Absatzmengen im Zeitablauf untersuchen und darstellen lassen. Die nachfolgende Grafik zeigt das Ergebnis dieser Untersuchungen:

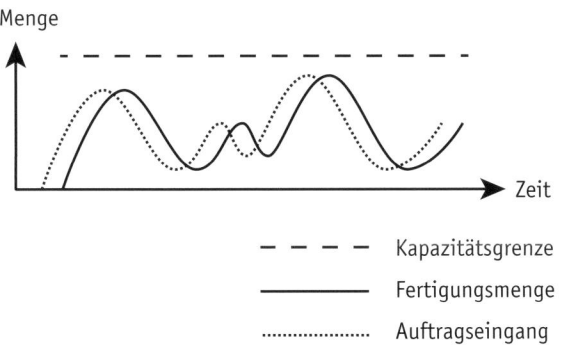

- – – – Kapazitätsgrenze
- ——— Fertigungsmenge
- ·············· Auftragseingang

a Erläutern Sie jeweils zwei Vor- und Nachteile des dargestellten Zusammenhangs zwischen Auftragseingang und Fertigungsmenge.

b Machen Sie zwei Vorschläge, wie die von Ihnen genannten Nachteile ausgeglichen werden können.

Aufgabe 4

Ein Maschinenbaubetrieb fertigt seine Produkte vorwiegend auftragsorientiert. Der anfallende Arbeitsaufwand kann dabei – je nach Auftragslage – stark schwanken.

a Unterbreiten Sie jeweils drei Vorschläge, wie der Betrieb kurzfristig steigenden oder sinkenden Arbeitsaufwand bewältigen kann.

b Welchem Ihrer Vorschläge geben Sie den Vorzug?

Aufgabe 5

Die Merkur AG in Hamburg hat sich darauf spezialisiert, die deutschen Discount-Handelsketten ALDI (Nord), Lidl und Penny mit Obstkonserven, z. B. Kirschen, Pfirsichen, Aprikosen und Birnen in Dosen und Gläsern, zu beliefern. Auch wenn die Geschäftsentwicklung der letzten Jahre durch die ständige Expansion der Discountmärkte durchaus positiv war, bereiten dem Vorstand der Merkur AG Zeitungsmeldungen wie die folgende große Sorgen:

> ## Preiskrieg im Lebensmitteleinzelhandel
>
> Hamburg. Schon zum dritten Mal haben die Einzelhandelskonzerne in diesem Jahr eine Preissenkungsrunde durchgeführt. Allen voran die Lebensmitteldiscounter ALDI und Lidl: Hier sanken die Preise für einfache Lebensmittel wie Frischmilch, Mehl, Zucker und Konserven um bis zu 20 %. Wo soll das noch hinführen, fragen sich viele. Allein die sogenannten „Convenience"-Produkte, also hochwertige Fertigprodukte, die dem Käufer ein besonderes Konsumerlebnis versprechen, konnten ihre Preise stabil halten oder sogar erhöhen.
>
> Quelle: Autorentext

Als Mitglied des Marketingteams werden Sie gebeten, im Rahmen eines Meetings mit der Geschäftsleitung zu folgenden Fragen Stellung zu nehmen:

a Wie stellt sich die derzeitige Marktposition der Merkur AG dar?

b Wie ist diese vor dem Hintergrund der Entwicklungen im deutschen Lebensmitteleinzelhandel (siehe Zeitungsartikel) zu beurteilen?

c Welche Vorschläge für eine Neupositionierung der Merkur AG können Sie unterbreiten? Welche Chancen, aber auch welche Risiken sehen Sie dabei?

d Das bisherige Produktionsprogramm der Merkur AG lässt sich so beschreiben:
- eher schmal: Es werden ausschließlich Obstkonserven in Dosen und Gläsern produziert.
- eher flach: Die relativ wenigen verschiedenen Obstsorten werden meist nur in einer oder zwei unterschiedlichen Verpackungsgrößen angeboten.

Welche Vorteile und welche Nachteile bietet ein relativ schmales und flaches Produktionsprogramm?

e Machen Sie begründete Vorschläge für eine Erhöhung der Programmbreite bzw. -tiefe der Merkur AG.

Produktentstehungs- und -entwicklungsprozess

Der Geschäftsführer der Fly Bike Werke GmbH, Herr Peters, ist völlig begeistert von der INTERMOT, der in Köln stattfindenden internationalen Motorrad-, Roller- und Fahrradmesse, zurückgekehrt. Auf der INTERMOT präsentieren sich alle zwei Jahre die führenden Anbieter von Produkten rund um Zweiräder mit ihren neuesten Trends und Produktinnovationen.

Hybrid-Fahrräder sind der absolute Verkaufsschlager auf dem Markt der E-Bikes. Bei einem E-Bike – auch „Pedelec" genannt – wird der Antrieb durch Muskelkraft mit einem Antrieb durch einen Elektromotor kombiniert. Geht die Fahrt bergab, nutzt ein Hybrid-Fahrrad die Rollenergie, um den Akku des E-Bikes wieder aufzuladen. Der Akku ist dezent im oder am Unterrohr versteckt und kann zum Laden herausgenommen werden, wenn er stark beansprucht wurde. Zielgruppe der E-Bikes sind Genussradler und Alltagsfahrer, die sich das Leben ein wenig leichter machen möchten.

Die Spitzenmodelle können leicht Geschwindigkeiten von 45 km/h und mehr erreichen. Fahren darf man sie mit einem Auto- oder Mofaführerschein. Die Marktpreise dieser Hybrid-Fahrräder liegen zwischen 1.000,00 € und 4.000,00 €.

Nun möchte Herr Peters umgehend prüfen lassen, ob die Fly Bike Werke GmbH auch so ein Hybrid-Fahrrad anbieten kann.

Produktplanung

Den ersten Teilprozess einer jeden industriellen Produktentstehung bildet die Produktplanung. Hierbei ist zunächst die entscheidende Frage zu klären, was genau der Kunde von einem neuen Produkt erwartet. Durch Befragungen, Beobachtungen und Tests liefert die Marktforschung hierzu wichtige Erkenntnisse. Der Vertriebsleiter der Fly Bike Werke GmbH ist in diesem Zusammenhang auf einen interessanten Erfahrungsbericht eines Messebesuchers gestoßen:

Hybrid-Fahrrad mit Generator auf der Radmesse

Elektro-Hybrid-Fahrräder sind nicht mehr neu, es gibt sie seit einigen Jahren. Auf der Fahrradmesse IFMA *[= Vorgänger der INTERMOT; Anm. d. Autors]* habe ich mich breitschlagen lassen, eins Probe zu fahren. Das Elektro-Hybrid-Fahrrad von Flying-Cranes aus der Schweiz überzeugt mit einer Verbesserung: wird der Elektromotor nicht benutzt, dann lädt er wieder. Dieses Konzept nutzen alle Hybrid-Autos (Stichwort: Bremsenergie), bei Fahrrädern wurde es meines Wissens nach jedoch bisher nicht eingesetzt.

Ich nahm also mit etwas Zurückhaltung das Elektro-Fahrrad und fuhr über den Ausprobier-Parcours, der die halbe Halle füllte: Es hat auf Anhieb solchen Spaß gemacht, damit zu fahren, dass ich mir nun vorstellen kann, so ein Fahrrad zu besitzen und zu benutzen.

Das Elektro-Fahrrad fährt sich wundervoll leicht. Man merkt nicht (hört und fühlt nicht), dass ein Elektromotor helfend eingreift, man merkt nur, dass man sehr schnell auf ein angenehmes Reisetempo kommt und dass man am Berg (es war ein kleiner aufgebaut) mit der gleichen Kraft weitertreten kann. Um das Aufladen des Generators zu bemerken, sollte ich auf der Bergabseite nicht trampeln, der anspringende Generator macht sich durch leichtes Bremsen bemerkbar. Offensichtlich lädt der Generator auch, wenn man rollt, denn nach ei-

nigen Runden (konnte mich nicht von dem Rad trennen) habe ich das Rad mit höherem Batteriestand zurückgegeben, als ich es erhalten habe. (...)

Wenn man so ein Elektro-Fahrrad hat, dann hat man keine Entschuldigung mehr: „der Berg zur Arbeit ist zu steil", „ich werde verschwitzt ankommen" und „das Rad sieht aus wie ein Oma-Fahrrad". Das Letzte stimmt zwar, wird aber niemanden interessieren, am wenigsten diejenigen Mountain-Biker, die man gerade überholt hat.

Übrigens wird der Energieverbrauch des Elektro-Fahrrads von genau den gleichen Faktoren beeinflusst wie der Benzinverbrauch beim Auto: Fahrverhalten, Reifenluftdruck, Terrain und Gewicht des Fahrers/Gepäcks.

Bergab kann man laut dem Mitarbeiter am Parcours bis zu 30 % der Energie zurückgewinnen, die man beim Aufstieg hereingesteckt hat. Besitzer scheinen einen internen Wettbewerb zu haben, wer wie weit mit einer „Ladung" der Batterie kommt, der aktuelle Rekord liegt bei 120 km.

Quelle: http://www.energiespar-rechner.de/2008/11/03/energie/hybrid-fahrrad-mit-generator-auf-der-radmesse, Stand: 15.01.2011

1 Studieren Sie den Artikel und sammeln Sie Erwartungen und Wünsche von Konsumenten in Bezug auf Hybrid-Fahrräder (E-Bikes).
2 Ergänzen Sie Ihre Auflistung um selbst recherchierte Informationen, z. B. durch Interviews mit Freunden und Verwandten.
3 Industrielle Hersteller von Konsumprodukten müssen sich bei jeder Produktentwicklung genau überlegen, ob sie die Wünsche der (End-)Kunden tatsächlich in jedem einzelnen Punkt realisieren können und wollen. Von welchen Überlegungen werden sich industrielle Anbieter dabei leiten lassen?

Produktentwicklung

An die Produktplanung schließt sich in einem zweiten Teilprozess die Produktentwicklung des gewünschten Hybrid-Fahrrades an.

4 Die Fly Bike Werke GmbH verfügt selbst nicht über die technischen und finanziellen Voraussetzungen, eine eigene Forschungsabteilung zu betreiben. Nennen Sie externe Einrichtungen, die Forschungserkenntnisse für die Fly Bike Werke GmbH liefern könnten. Unterscheiden Sie dabei zwischen Erkenntnissen in Bezug auf Materialien und Fertigungstechnologien, auf Produkte sowie auf Kunden und Mitbewerber.
5 Produkte werden häufig nicht vollständig neu, sondern aus bereits bestehenden Produkten weiterentwickelt. Welche generellen Argumente sprechen für eine komplette Neuentwicklung des Hybrid-Fahrrades, welche Argumente für eine Weiterentwicklung auf Basis bereits bestehender Fahrradmodelle?

Der Vertriebschef der Fly Bike Werke GmbH und sein Planungsteam denken über das zukünftige Design, also die Form- und Farbgebung, des Hybrid-Fahrrades nach. Ein Mitarbeiter des Entwicklungsteams legt die folgenden Beispiele von Produkten anderer Anbieter vor:

Bei der Betrachtung der Bilder schwirren dem Vertriebschef Sätze wie „Form follows function." – bzw. auf Deutsch: „Die Formgebung soll der beabsichtigten Funktion entsprechen." oder „Design muss verführen." im Kopf herum.

6 Erläutern Sie die Bedeutung des Designs industrieller Produkte für deren Markterfolg.
7 Würden Sie der Fly Bike Werke GmbH eines der beiden abgebildeten E-Bikes als Designvorlage empfehlen? Begründen Sie Ihre Entscheidungen.

Umweltverträgliche Produktgestaltung

Konstrukteure und Designer müssen bei ihrer Arbeit umfangreiche ökologische Bedürfnisse berücksichtigen. Sowohl staatliche Auflagen – z. B. das Kreislaufwirtschaftsgesetz oder das Elektrogesetz – als auch ökologische Marktbedürfnisse sind bei der Gestaltung von Produkten zu erfüllen.

Als ökoeffizient gelten Produkte nur dann, wenn sie während ihres gesamten Produktlebens, also der Produktion, der späteren Verwendung durch den Nutzer sowie der anschließenden Entsorgung, mit einem minimalen Verbrauch natürlicher Ressourcen auskommen. Man spricht in diesem Zusammenhang auch von „Life-Cycle-Engineering".

Demontiert, aber nicht wertlos: Ausgediente Fahrzeuge liefern wertvolle Rohstoffe.

8 Unterbreiten Sie konkrete Vorschläge, wie der Verbrauch von Ressourcen und der Ausstoß von Schadstoffen während
- der Produktion der Hybrid-Räder,
- der Benutzung durch die Fahrradkunden sowie
- der späteren Entsorgung der Räder reduziert werden kann.

Zu Ihrer Information:

Gebrauchte Elektrogeräte dürfen gemäß europäischen Vorgaben (1) nicht zum unsortierten Hausmüll gegeben werden.

Das Symbol der Abfalltonne auf Rädern weist auf die Notwendigkeit der getrennten Sammlung hin. Bitte geben Sie dieses Gerät, wenn es nicht mehr genutzt wird, in diehier für vorgesehenen Systeme der Getrenntsammlung.

In Deutschland sind Sie gesetzlich (2) verpflichtet, ein Altgerät einer vom unsortierten Hausmüll getrennten Erfassung zuzuführen. Die Kommunen haben hierzu Sammelstellen eingerichtet, an denen Altgeräte aus privaten Haushalten Ihres Gebietes für Sie kostenfrei entgegengenommen werden.

Bitte informieren Sie sich über Ihren lokalen Abfallkalender oder die in Ihrem Gebiet zur Verfügung stehenden Möglichkeiten der Rückgabe oder Sammlung von Altgeräten.

(1) Richtlinie 2002/96/EG des Europäischen Parlaments und des Rates über Elektro- und Elektronik-Altgeräte
(2) Gesetz über das Inverkehrbringen, die Rücknahme und die umweltverträgliche Entsorgung von Elektro- und Elektronikgeräten (Elektro- und Elektronikgerätegesetz – ElektroG)

„Beipackzettel" eines Elektrogerätes

Stücklistenerstellung

Die Geschäftsleitung der Fly Bike Werke GmbH hat sich entschieden, einen Prototypen für das neue E-Bike der Fly Bike Werke GmbH auf Basis des bereits bestehenden Mountain-Bike-Modells *Unlimited* entwerfen und bauen zu lassen.

Die – hier verkürzt wiedergegebene – Erzeugnisstruktur des Fahrrades ist somit wie folgt zu ergänzen:

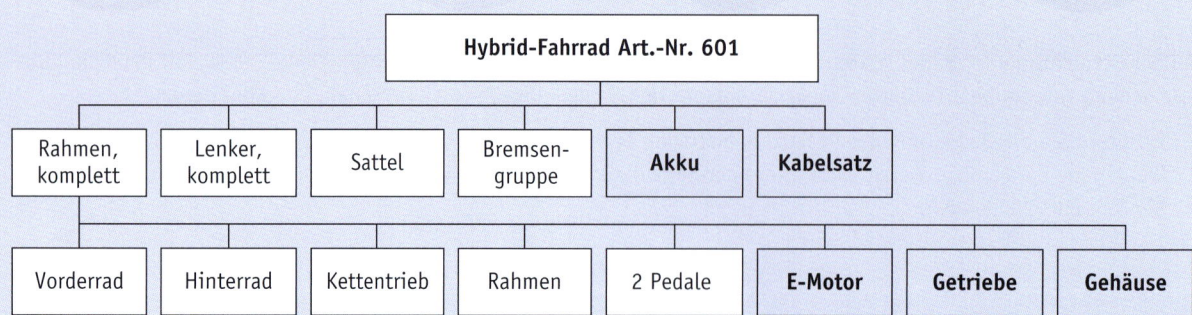

Neben den technischen Zeichnungen bilden die Stücklisten eines Produktes eine für die spätere Fertigung wichtige Planungsunterlage. Diese Stücklisten müssen aber nicht komplett neu erstellt werden. Vielmehr können die bereits vorliegenden Stücklisten des Mountain-Bikes entsprechend der neuen Erzeugnisstruktur angepasst werden.

9 Studieren Sie die abgebildeten Baukasten-, Struktur- und Mengenübersichtsstücklisten und erläutern Sie, wie sich diese voneinander unterscheiden.

10 Ergänzen Sie die noch unvollständigen Stücklisten um die neuen Bauteile des Hybrid-Fahrrades.

Baukastenstückliste

Erzeugnis: Hybrid-Fahrrad

Position	Baugruppe/Teile	Menge
1	Rahmen, komplett	1
2	Lenker, komplett	1
3	Sattel	1
4	Bremsengruppe	1

Strukturstückliste (verkürzte Darstellung)

Erzeugnis: Hybrid-Fahrrad

Ferti-gungs-stufe	Baugruppe/Teile	Menge
1	Rahmen, komplett	1
2	Vorderrad	1
3	Felge	1
3	Speiche	36
3	Schlauch	1
3	Mantel	1
2	Hinterrad	1
3	Felge	1
3	Speiche	36
3	Schlauch	1
3	Mantel	1
2	Kettentrieb	1
3	Zahnkranz	1
3	Kette	1
2	Rahmen	1
2	Pedal	2
1	Lenker, komplett	1
2	Lenker	1
2	Bremsgriff	2
1	Sattel	1
1	Bremsengruppe	1

Baukastenstückliste

Baugruppe: Rahmen, komplett

Position	Baugruppe/Teile	Menge
1	Vorderrad	1
2	Hinterrad	1
3	Kettentrieb	1
4	Rahmen	1
5	Pedale	2

Mengenübersichtsstückliste (verkürzte Darstellung)

Erzeugnis: Hybrid-Fahrrad

Position	Baugruppe/Teile	Menge
1	Rahmen, komplett	1
2	Lenker, komplett	1
3	Vorderrad	1
4	Hinterrad	1
5	Kettentrieb	1
6	Sattel	1
7	Bremsengruppe	1
8	Rahmen	1
9	Pedal	2
10	Lenker	1
11	Bremsengriff	2
12	Felge	2
13	Speiche	72
14	Schlauch	2
15	Mantel	2
16	Zahnkranz	1
17	Kette	1

Rechtsschutz von Erzeugnissen und Fertigungsverfahren

Immer häufiger sehen sich Industrieunternehmen mit dem Problem konfrontiert, dass ihre Ergebnisse aus Forschung und Entwicklung von Nachahmern ("Produktpiraten") skrupellos kopiert und vermarktet werden. Die Fly Bike Werke GmbH möchte ihr neues Hybrid-Fahrrad natürlich vor allzu dreister Nachahmung schützen. Da es aber verschiedene Rechtsquellen für den Schutz von Erzeugnissen und Fertigungsverfahren gibt, muss man genau prüfen, was wie zu schützen ist.

Patentgesetz (Auszüge)

§ 1 Patente werden für Erfindungen auf allen Gebieten der Technik erteilt, sofern sie neu sind, auf einer erfinderischen Tätigkeit beruhen und gewerblich anwendbar sind.

§ 3 Eine Erfindung gilt als neu, wenn sie nicht zum Stand der Technik gehört.

§ 5 Eine Erfindung gilt als gewerblich anwendbar, wenn ihr Gegenstand auf irgendeinem gewerblichen Gebiet einschließlich der Landwirtschaft hergestellt oder benutzt werden kann.

§ 16 Das Patent dauert zwanzig Jahre, die mit dem Tag beginnen, der auf die Anmeldung der Erfindung folgt.

Gesetz über den Schutz von Marken und sonstigen Kennzeichen ("Markengesetz" – Auszüge)

§ 1 Nach diesem Gesetz werden geschützt: 1. Marken, 2. geschäftliche Bezeichnungen, 3. geographische Herkunftsangaben.

§ 3 Als Marke können alle Zeichen, insbesondere Wörter einschließlich Personennamen, Abbildungen, Buchstaben, Zahlen, Hörzeichen, dreidimensionale Gestaltungen einschließlich der Form einer Ware oder ihrer Verpackung sowie sonstige Aufmachungen einschließlich Farben und Farbzusammenstellungen geschützt werden, die geeignet sind, Waren oder Dienstleistungen eines Unternehmens von denjenigen anderer Unternehmen zu unterscheiden.

§ 5 Als geschäftliche Bezeichnungen werden Unternehmenskennzeichen und Werktitel geschützt.

Gesetz über den rechtlichen Schutz von Mustern und Modellen ("Geschmacksmustergesetz" – Auszüge)

§ 1 Im Sinne dieses Gesetzes
1. ist ein Muster die zwei- oder dreidimensionale Erscheinungsform eines ganzen Erzeugnisses oder eines Teils davon, die sich insbesondere aus den Merkmalen der Linien, Konturen, Farben, der Gestalt, Oberflächenstruktur oder der Werkstoffe des Erzeugnisses selbst oder seiner Verzierung ergibt;
2. ist ein Erzeugnis jeder industrielle oder handwerkliche Gegenstand, einschließlich Verpackung, Ausstattung, grafischer Symbole und typografischer Schriftzeichen sowie von Einzelteilen, die zu einem komplexen Erzeugnis zusammengebaut werden sollen; ein Computerprogramm gilt nicht als Erzeugnis.

§ 2
(1) Als Geschmacksmuster wird ein Muster geschützt, das neu ist und Eigenart hat.
(2) Ein Muster gilt als neu, wenn vor dem Anmeldetag kein identisches Muster offenbart worden ist. Muster gelten als identisch, wenn sich ihre Merkmale nur in unwesentlichen Einzelheiten unterscheiden.

§ 27
(1) Der Schutz entsteht mit der Eintragung in das Register.
(2) Die Schutzdauer des Geschmacksmusters beträgt 25 Jahre, gerechnet ab dem Anmeldetag.

11 Studieren Sie die Gesetzestexte sorgfältig und prüfen Sie, inwieweit sie geeignet sind, das neue Produkt der Fly Bike Werke GmbH zu schützen. Unterscheiden Sie dabei, was genau die jeweilige Rechtsquelle schützt und welche Voraussetzungen für den Schutz erfüllt sein müssen.

Aufgaben

Aufgabe 1

Die Fränkische Glashütte GmbH (kurz: FGH) hat sich dazu entschlossen, ihr Produktionsprogramm um eine Glastasse mit Kunststoffgriff, aus der man sowohl Kaffee als auch Tee trinken kann, zu erweitern.

Die Produktidee der Designerin (Handzeichnung) hat ein Konstrukteur der FGH mithilfe eines CAD-Programms (CAD = Computer Aided Design) in eine maßstabgerechte Konstruktionszeichnung (CAD-Zeichnung) umgesetzt.

Je zwei Tassen sollen zusammen mit zwei Untersetzern aus Kork in einem Pappkarton verpackt als Tassen-Set „Java" verkauft werden.

Die Herstellung der Kaffee-/Teetasse wird in einem dreistufigen Fertigungsprozess nach dem unten stehenden Aufbau erfolgen.

Handzeichnung („scribble")

a Welche der Teile 010 bis 019 sind Baugruppen, Einzelteile oder Rohstoffe?

b Erstellen Sie eine Mengenstückliste, eine Strukturstückliste und eine Baukastenstückliste für eine Baugruppe Ihrer Wahl für das Enderzeugnis 010 Tassenset „Java". Verwenden Sie hierzu die Tabellen auf der nächsten Seite.

c Nennen Sie zu jeder der drei Stücklistenarten einen betrieblichen Verwendungszweck.

d Designer entwerfen noch heute am liebsten mit Tuschestift und Papier. Technische Zeichnungen, also maßstab- und normgerechte grafische Darstellungen, werden heute aber meist mithilfe entsprechender CAD-Programme erstellt. Welche Vorteile bietet der Einsatz von CAD-Programmen bei der Konstruktion industrieller Produkte?

CAD-Zeichnung

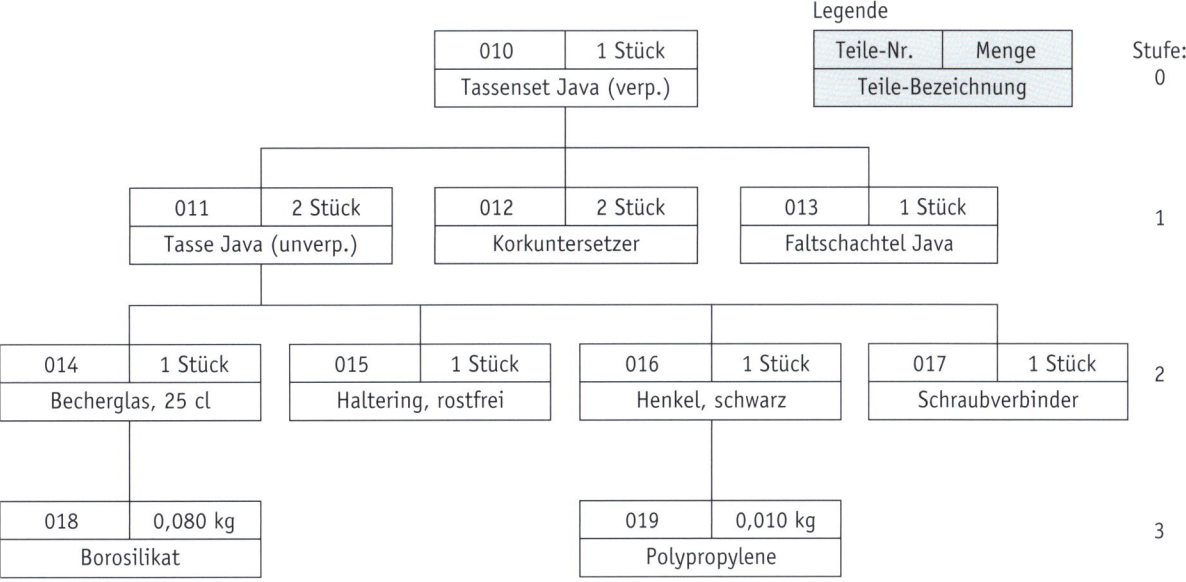

Erzeugnisstruktur Kaffee-/Teetasse „Java", 2 Stück in Faltschachtel

Mengenübersichtsstückliste Art.-Nr. 010 Tassenset „Java"

Teile-Nr.	Teile-Bezeichnung	Menge	Mengeneinheit

Strukturstückliste Art.-Nr. 010 Tassenset „Java"

Stufe	Teile-Nr.	Teile-Bezeichnung	Menge	Mengeneinheit

Baukastenstückliste Art.-Nr. _____

Teile-Nr.	Teile-Bezeichnung	Menge	Mengeneinheit

Aufgabe 2

Gelungenes Design zeichnet sich dadurch aus, dass es sowohl technisch zweckmäßig als auch geschmacklich und künstlerisch vollendet gestaltet ist. Der zentrale Lehrsatz des Produktdesigns lautet: „Form follows function". Nur ein Produkt, das den Geschmack der Käufer trifft, wird einen Markt finden können. Gutes Aussehen allein reicht jedoch nicht aus, vor allem muss das Produkt seinen eigentlichen Zweck erfüllen.

Wählen Sie von den industriell gefertigten Produkten, die Sie heute mit sich führen (Bekleidung, Schuhe, Armbanduhr, Schmuck, Elektronikgeräte o. Ä.), eines aus, das Ihnen besonders am Herzen liegt – quasi Ihr Lieblingsprodukt. Analysieren Sie dieses Produkt in Bezug auf die soeben beschriebenen Ansprüche an industrielles Design. Folgt hier die Form der Funktion? Berichten Sie von Ihren Forschungsergebnissen.

Aufgabe 3

Überprüfen Sie die folgenden (Produkt-)Innovationen im Hinblick auf ihre Patentfähigkeit. Begründen Sie jeweils Ihre Entscheidung.

a das neue Egoshooter-Programm „Kill Billy 5"

b ein Impfstoff gegen den aktuellen Grippeerreger

c eine Konzeptstudie für die nächste Modellreihe des BMW 3er Coupé

d ein Kapuzenpulli in den aktuellen Trendfarben mit drei weißen Streifen auf dem Ärmel

e ein neuartiges lasergestütztes Verfahren zur Herstellung von Maschinenbauteilen (das sogenannte „*rapid tooling*")

f ein hoch schlagfester transparenter Glasfaserwerkstoff, der Kristallglas ersetzen kann

Sofern Sie zu einem negativen Urteil gekommen sind: Gibt es ein anderes Schutzrecht, das hier greifen könnte?

Aufgabe 4

Stücklisten stellen dar, aus welchen Teilen – Rohstoffen, Einzelteilen und Baugruppen – ein bestimmtes Erzeugnis besteht. Im Gegensatz dazu beantwortet ein Teileverwendungsnachweis die Frage, in welchen Baugruppen und Enderzeugnissen ein ganz bestimmtes Teil vorkommt – also wozu es verwendet wird.

a Studieren Sie das unten abgebildete Produktionsprogramm der Fly Bike Werke GmbH und erstellen Sie einen Teileverwendungsnachweis für das Einzelteil „Stollenreifen, 28 Zoll".

b Wozu benötigt ein Industriebetrieb Teileverwendungsnachweise? Machen Sie drei Vorschläge.

Modell	Artikel-Nr.	Modell-Name	Unverbindl. Preis
City-Räder	101	City *Glide*	245,00 €
	102	City *Surf*	274,40 €
Trekking-räder	201	Trekking *Light*	299,25 €
	202	Trekking *Free*	350,00 €
	203	Trekking *Nature*	437,50 €
Mountain-Bikes	301	Mountain *Dispo*	393,75 €
	302	Mountain *Constitution*	598,50 €
	303	Mountain *Unlimited*	997,50 €
Rennräder	401	Renn *Fast*	1.260,00 €
	402	Renn *Superfast*	2.205,00 €
Kinderräder	501	Kinder *Twist*	196,88 €
	502	Kinder *Cool*	262,50 €

Produktionsprogramm

Aufgabe 5

Ein industriell gefertigtes Erzeugnis weist die nachfolgende Struktur auf. Erstellen Sie mithilfe der Vordrucke auf der nächsten Seite eine Mengenübersichts-, eine Struktur- und eine Baukastenstückliste für eine beliebige Baugruppe.

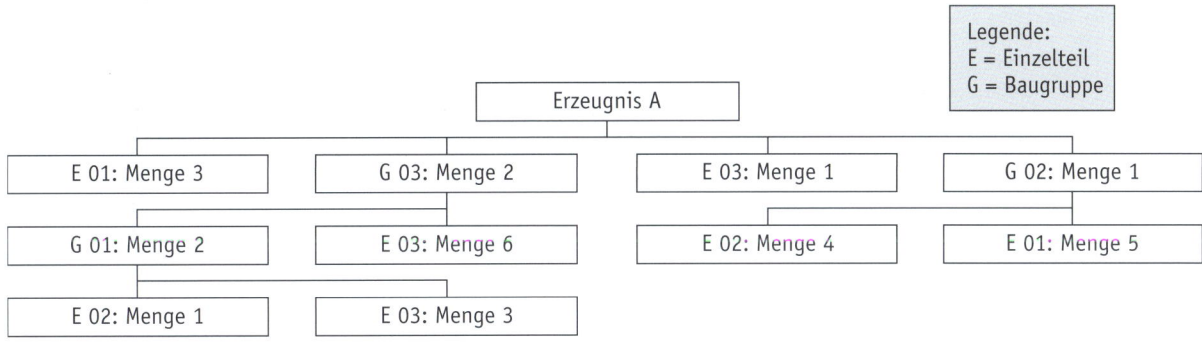

Mengenübersichtsstückliste Erzeugnis A

Pos.	Teile-Bezeichnung	Menge	Mengeneinheit

Strukturstückliste Erzeugnis A

Stufe	Nr.	Teile-Bezeichnung	Menge	Mengeneinheit

Baukastenstückliste _____

Teile-Nr.	Teile-Bezeichnung	Menge	Mengeneinheit

SB → S. 385 ff. | Lernfeld 5, Kapitel 5.2, 5.3

Bedarfsplanung

Das Weihnachtsgeschäft ist für die Produktgruppe Kinderräder der Fly Bike Werke GmbH stets von besonderer Bedeutung. Die Verkäufe in den Monaten September bis November machen hier mehr als ein Drittel des Jahresabsatzes aus (vgl. Lernsituation 38).

Der für die Disposition der zu beschaffenden Materialien zuständige Mitarbeiter der Arbeitsvorbereitung hat sich daher die geplanten Produktionszahlen, also den (Netto-)**Primärbedarf** an Fahrrädern, für den kommenden Herbst zeigen lassen:

Forecast Endmontage						Datum: 20.07.20XX	
Art.-Nr.	Art.-Bez.	KW 33	KW 34	KW 35	KW 36	KW 37
501	Kinder Twist	150	150	200	200	
502	Kinder Cool	-	100	100	100	100

Die Laufräder, Kettenantriebe, Lenker und Sättel sowie die sonstigen Bauteile der Kinderräder werden von verschiedenen Lieferanten überwiegend aus dem Ausland fremdbezogen und mit den selbst gefertigten Rahmen endmontiert. Die Bedarfsmengen sind also hinreichend früh zu planen und an den Lieferanten zu melden. Unnötige Lagerbestände sollen andererseits zwecks Minimierung der Lagerkosten vermieden werden. Die benötigten Bauteile werden daher **programmorientiert** disponiert.

Ermittlung der Brutto-Sekundärbedarfe

Auf Grundlage der Primärbedarfe, also der geplanten Produktionsmengen an Kinderfahrrädern, sind zunächst mithilfe der zugehörigen **Mengenübersichtsstücklisten** die Brutto-Sekundärbedarfe, also die benötigten Rohstoffe, Einzelteile und Baugruppen, zu kalkulieren. Der Disponent der Fly Bike Werke GmbH möchte Ihnen die Planung der Sekundärbedarfe an Reifen für die Kinderräder übertragen und gibt Ihnen dazu die nachfolgende Kalkulationshilfe. (Da die Kinderräder Art.-Nr. 501 *Twist* und Art.-Nr. 502 *Cool* mit der gleichen Bereifung ausgestattet sind, können die Bedarfe an Reifen für diese zusammen kalkuliert werden.)

Terminierte Brutto-Sekundärbedarfsrechnung					
Bedarf/Kalenderwoche	KW 33	KW 34	KW 35	KW 36	KW 37
Primärbedarf Kinderfahrräder Art. 501/502	150				
Sicherheitszuschlag: 2 % des doppelten Primärtarifs (für **zwei** Reifen)	6				
Brutto-Sekundärbedarf Reifen für Art. 501/502	306				

1 Vervollständigen Sie die oben stehende Brutto-Sekundärbedarfsrechnung. Berücksichtigen Sie dabei, dass die Brutto-Sekundärbedarfe nach den Erfahrungen der Arbeitsvorbereitung einen Sicherheitszuschlag von 2 % v. H. enthalten sollen.
2 Begründen Sie die Notwendigkeit eines solchen Sicherheitszuschlages, der auch als „Zusatzbedarf" bezeichnet wird.

Ermittlung der disponierbaren Bestände

Bevor die ermittelten Materialbedarfe an den Lieferanten gemeldet werden können, sind aber zunächst noch vorhandene Bestände an nicht verbrauchten Materialien zu verplanen. Dabei ist allerdings zu bedenken, dass die tatsächlich vorhandenen („effektiven") Materialbestände möglicherweise bereits für andere Aufträge reserviert sind oder als Sicherheitsreserve vorgehalten werden sollen. Andererseits können bereits bestellte, aber noch nicht gelieferte Materialien (sogenannte „Bestellbestände") verplant werden. So hatte der Disponent der Fly Bike Werke GmbH

- im Hinblick auf das Weihnachtsgeschäft bereits 1 000 Reifen zur Lieferung in der 34. Kalenderwoche beim Hersteller bestellt und
- für die 35. Kalenderwoche eine Ersatzteile-Lieferung von 100 Reifen an einen Großkunden mit eigenem Werkstattservice eingeplant;
- außerdem sollen stets 100 Reifen als Sicherheitsbestand vorgehalten werden.

Zu Beginn des Planungszeitraumes weist die Lagerbestandsdatei einen tatsächlichen Lagerbestand von 410 Reifen aus. Die Ermittlung der „disponierbaren" (verplanbaren) Bestände für die kommenden Wochen soll mithilfe des folgenden Formulars erfolgen:

Disponierbare Bestände (terminiert)					
Bedarf/Kalenderwoche	KW 33	KW 34	KW 35	KW 36	KW 37
Tatsächlicher Lagerbestand (= Effektivbestand) Reifen für Art. 501/502	410	104			
+ Bestellbestand Reifen für Art. 501/502	0	1 000	0	0	0
− Reservierungen Reifen für Art. 501/502	0	0	100	0	0
− Sicherheitsbestand Reifen für Art. 501/502	100	100	100	100	100
= **Dispobestand** Reifen für Art. 501/502	310				
Geplanter Lagerabgang Reifen für Art. 501/502	306[1]				

[1] vgl. bereits erstellte Brutto-Sekundärbedarfsberechnung

3 Führen Sie die Berechnung der Bestände und geplanten Lagerabgänge an Reifen entsprechend fort.

4 Ergänzen Sie die folgenden Formeln:

Effektivbestand (Vorwoche)
+ Bestellbestand (Vorwoche)

− _____ (Vorwoche)

= Effektivbestand (zu Beginn dieser Woche)

Effektivbestand

+ _____

− Reservierungen

− _____

= Disponierbarer Bestand

Ermittlung der Netto-Sekundärbedarfe

Nachdem die disponierbaren Bestände an Reifen feststehen, können nun die tatsächlich noch zu beschaffenden Netto-Sekundärbedarfe ermittelt werden. Hierzu sind die Brutto-Sekundärbedarfe um die disponierbaren Bestände zu vermindern. (Ein rechnerisch negativer Bedarf wird dabei i. d. R. mit Null ausgewiesen, da man nicht weniger als Nichts benötigen kann; vgl. nachstehende Tabelle.)

Terminierte Brutto-Netto-Bedarfsrechnung					
Bedarf/Kalenderwoche	KW 33	KW 34	KW 35	KW 36	KW 37
Primärbedarf Kinderräder Art. 501/502	150				
Brutto-Sekundärbedarf Reifen für Art. 501/502	306				
Effektivbestand Reifen für Art. 501/502	410				
+ Bestellbestand Reifen für Art. 501/502	0	1 000	0	0	0
– Reservierungen Reifen für Art. 501/502	0	0	100	0	0
– Sicherheitsbestand Reifen für Art. 501/502	100	100	100	100	100
= Dispobestand Reifen für Art. 501/502	310				
Geplante Lagerentnahme Reifen für Art. 501/502	306				
= **Netto-Sekundärbedarf Reifen für Art. 501/502**	0				

5 Kalkulieren Sie die Netto-Sekundärbedarfe an Reifen für die Kinderräder.

6 Bestimmen Sie den Gesamt-Nettosekundärbedarf an Reifen für den Planungszeitraum und bilden Sie eine sinnvolle Bestellmenge.

7 Um einen zeitlichen Sicherheitspuffer und genügend Zeit für die Wareneingangskontrolle zu haben, sollen die Reifen jeweils eine Woche vor dem tatsächlichen Bedarfszeitpunkt bereitgestellt werden. Tragen Sie die von Ihnen bestimmten Netto-Sekundärbedarfe unter Berücksichtigung dieser Vorlaufverschiebung in die nachstehende Tabelle ein.

Netto-Sekundärbedarfe mit Vorlaufverschiebung						
	KW 32	KW 33	KW 34	KW 35	KW 36	KW 37
Netto-Sekundärbedarfe	0					
Vorlaufverschiebung						

Verbrauchsgesteuerte Bedarfsplanung

Die Befestigungselemente zur Montage der Gepäckträger (Schrauben, Unterlegscheiben und Muttern) sowie sonstige Hilfs- und Betriebsstoffe für die Montage von Fahrrädern werden bei der Fly Bike Werke GmbH nicht anhand konkreter Kunden- und Fertigungsaufträge, sondern grob auf Basis der Verbräuche vergangener Jahre geplant.

Um einen plötzlichen Materialmangel durch eine zu knappe Disposition zu vermeiden, werden für diese Materialien hinreichende Lagerbestände vorgehalten.

8   Überlegen Sie, welche Hilfs- und Betriebsstoffe bei der Fertigung von Fahrradrahmen und der Endmontage der Fahrräder benötigt werden. Warum finden diese in den Stücklisten der Produkte meist keine Erwähnung?

9   Begründen Sie, warum für die genannten Hilfs- und Betriebsstoffe eine verbrauchsorientierte Bedarfsplanung mit entsprechender Lagerhaltung sinnvoller ist als eine programmorientierte.

Die Fly Bike Werke GmbH beschafft Kleinteile stets auf Vorrat, d.h., man bestellt eine gewisse Menge und legt diese auf Lager. Dabei kommt das Bestellpunktverfahren zur Anwendung. Dies bedeutet, dass nach jeder Materialentnahme der Lagerbestand überprüft wird. Erreicht der Lagerbestand einen bestimmten Wert, den sogenannten Meldebestand, erhält der Disponent eine Mitteilung und veranlasst daraufhin die nächste Bestellung. Der Meldebestand muss so kalkuliert sein, dass er ausreicht, den voraussichtlichen Verbrauch während der Lieferzeit zu decken.

Wie die nebenstehende Abbildung zeigt, ist der Bestand eines Hilfsstoffes in den letzten fünf Tagen durch Verbrauch von 50 000 Stück (planmäßiger Höchstbestand) kontinuierlich auf 40 000 Stück zurückgegangen.

Eine Anweisung der Geschäftsleitung besagt, dass von allen wichtigen Werkstoffen stets ein Sicherheits- oder Mindestlagerbestand gehalten werden soll, der nur in Notfällen angegriffen werden darf und Produktionsausfälle verhindern soll. Dieser „eiserne" Bestand hat hier dem Verbrauch von sechs Tagen zu entsprechen.

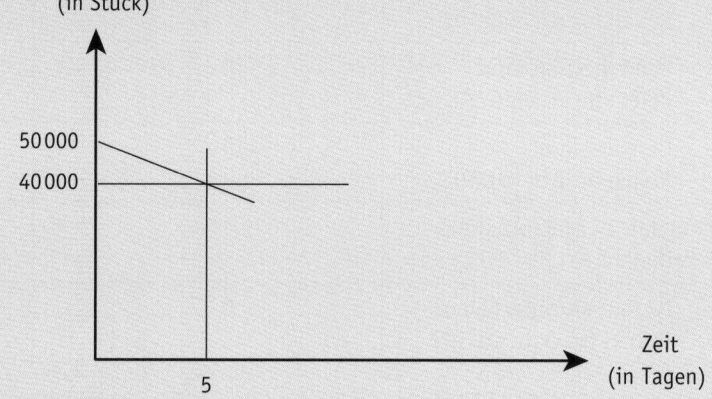

10   Bestimmen Sie zunächst den durchschnittlichen Tagesverbrauch an diesem Material. Errechnen Sie dann den Sicherheitsbestand und zeichnen Sie diesen ein.

11   Ermitteln Sie zeichnerisch, zu welchem Zeitpunkt die nächste Lieferung spätestens eintreffen muss. Denken Sie daran, dass der Sicherheitsbestand nicht unterschritten werden darf.

12   Ermitteln Sie zeichnerisch den Meldebestand, also den Bestand, bei dessen Unterschreiten spätestens bestellt werden muss. Es ist mit einer Lieferzeit von acht Tagen zu rechnen.

13   Ermitteln Sie nun auch rechnerisch den Meldebestand. Welche Menge sollte zu diesem Zeitpunkt bestellt werden?

Eine alternative Methode der Zeitplanung ist das Bestellrhythmusverfahren. Dabei wird der Lagerbestand nicht laufend, sondern nur zu bestimmten Terminen kontrolliert, z.B. zweimal monatlich. Zu diesen Terminen wird jene Menge bestellt, die notwendig ist, um das Lager am Tag der Lieferung wieder aufzufüllen. Bei der Planung der Bestellmenge ist der voraussichtliche Verbrauch während der Lieferzeit zu berücksichtigen.

14   Ermitteln Sie zuerst grafisch und dann rechnerisch, welche Menge in dem oben beschriebenen Beispiel nach dem Bestellrhythmusverfahren am 10. Tag zu bestellen wäre.

15   Welche Voraussetzung muss gegeben sein, damit das Bestellrhythmusverfahren sinnvoll zum Einsatz kommen kann?

Aufgaben

Aufgabe 1

Ein Pumpenhersteller produziert u. a. pneumatische Probeentnahmeventile nach der folgenden Erzeugnisstruktur:

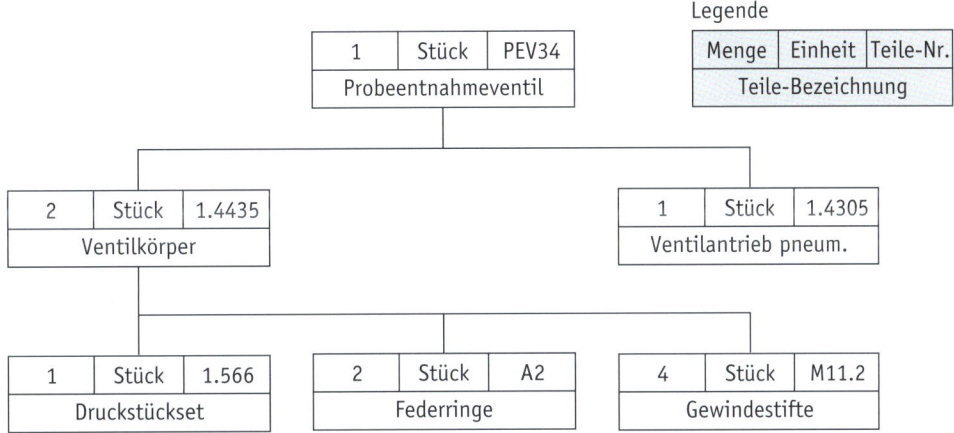

a Erstellen Sie eine entsprechende Mengenübersichtsstückliste für das Produkt PEV34.

Mengenübersichtsstückliste PEV34			
Nr.	**Teile-Bezeichnung**	**Menge**	**Mengeneinheit**

b Ein Kunde bestellt 1 200 Stück PEV34. Weil die Lieferung grundsätzlich auftragsbezogen erfolgt, liegen keine Lagerbestände an Produkt PEV34 vor. Kalkulieren Sie den Bruttobedarf der Fremdbezugsteile Nr. A2 Federringe und Nr. M11.2 Gewindestifte. Berücksichtigen Sie dabei einen Zusatzbedarf von 2 %.

c Für die genannten Teile meldet das Lager die folgenden Bestände. Bestimmen Sie die disponierbaren Bestände und tragen Sie diese in die Tabelle ein.

Teile-Bezeichnung	Effektiver Bestand	Reservierungen	Bestellbestand	Dispobestand
A2	1 500	2 750	5 000	
M11.2	370 000	35 800	0	

d Berechnen Sie die Nettobedarfe der Teile A2 und M11.2 unter Berücksichtigung der von Ihnen in Aufgabe c bestimmten Bestände.

Aufgabe 2

Der tägliche Bedarf an einem Material liegt bei 150 kg. Für die Wiederbeschaffung ist mit einer internen Bearbeitungszeit von 2 Tagen und einer Lieferzeit von 7 Tagen zu rechnen. Es soll ein Sicherheitsbestand für 3 Tage vorgehalten werden. Berechnen Sie den Sicherheits- und den Meldebestand.

Aufgabe 3

Ein Industrieunternehmen möchte seine Netto-Sekundärbedarfe der nächsten drei Wochen für die Baugruppe WQ44 nach dem Programmverfahren berechnen. Aus offenen Bestellungen ist in der 1. Woche mit einem Zugang von 2 000 Stück und in der 3. Woche mit einem Zugang von 1 000 Stück zu rechnen. Berechnen Sie für alle drei Wochen die Bedarfe und Bestände an der Baugruppe WQ44. Als Hilfsmittel sollen folgende Tabellen dienen:

Netto-Bedarfsrechnung Baugruppe WQ44	1. Woche	2. Woche	3. Woche
	Stück	Stück	Stück
Brutto-Sekundärbedarf	2 500	3 000	4 000
Disponierbarer Bestand			
Netto-Sekundärbedarf			

Bestandsrechnung Baugruppe WQ44	1. Woche	2. Woche	3. Woche
	Stück	Stück	Stück
Ist-Lagerbestand am Anfang der Woche	5 000		
Sicherheitsbestand	250	250	250
Zugänge			
Disponierbarer Bestand			
Lagerentnahme der Woche			
Ist-Lagerbestand am Ende der Woche			

Aufgabe 4

Ein Industriebetrieb erhält von einem Kunden kurzfristig einen Auftrag über 2 000 Stück des Produktes XY321 (= Brutto-Primärbedarf). Ermitteln Sie anhand der nachstehenden Mengenübersichtsstückliste und der Inventurdaten

- den (Netto-)Primärbedarf an Produkt XY321,
- den Brutto-Sekundärbedarf,
- den verfügbaren (disponierbaren) Bestand und
- den Netto-Sekundärbedarf der Teile 1010 bis 1014.

Der Zusatzbedarf ist mit 5 % anzusetzen.

Stückliste Produkt XY321	
Teile-Nr.	Menge
1010	3
1011	1
1012	3
1013	4
1014	2

Inventurdaten			
Teile-Nr.	Istbestand	Reservierter Bestand	Offene Bestellungen
XY321	220	120	–
1010	600	550	200
1011	1 550	380	1 000
1012	1 700	700	1 500
1013	400	220	1 200
1014	3 680	290	0

Aufgabe 5

Die folgenden Abbildungen zeigen die Verläufe der Lagerbestände zweier Materialien.

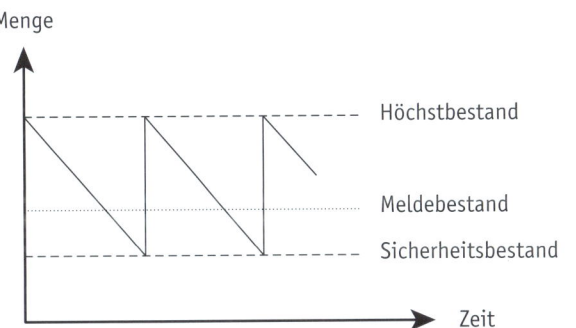
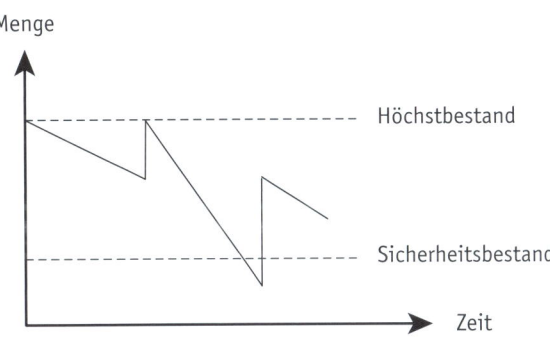

a Welche Verfahren der Bestellorganisation sind hier zur Anwendung gekommen?

b Welche Vor- und Nachteile weisen diese Verfahren im Vergleich zueinander auf?

Aufgabe 6

Ordnen Sie die nachfolgenden Begriffe den unten stehenden Beschreibungen zu.

Begriffe:

- Primärbedarf
- Bruttosekundärbedarf
- Nettosekundärbedarf
- Zusatzbedarf
- Effektiver Lagerbestand
- Bestellbestand
- Sicherheitsbestand
- Disponierbarer Bestand

Beschreibungen:

a zum Ausgleich von Ausschuss oder Fehlmengen benötigte Teile

b Teile, die beim Lieferanten bereits verbindlich bestellt sind

c tatsächlich für die Fertigung in einem bestimmten Zeitraum bereitzustellende Teile

d durch Inventur zu ermittelnder Lagerbestand

e zur Bedarfsdeckung frei zur Verfügung stehende Teile

f unmittelbar aus dem Primärbedarf abgeleitete Menge an bereitzustellenden Teilen

g Lagerbestand, der nur im Notfall verbraucht werden soll

h Anzahl an Produkten, die in einem bestimmten Zeitraum hergestellt werden sollen

Eindeutige Rückmeldungen des Außendienstes haben die Geschäftsleitung der Fly Bike Werke GmbH veranlasst, die angebotenen Trekkingräder zukünftig serienmäßig mit Trinkflaschen in einer entsprechenden Halterung auszustatten. Die Trinkflaschen sollen aus recyclingfähigem PE-Kunststoff gefertigt und mit dem Schriftzug „Fly Bikes" versehen werden.

Der mit der Beschaffung beauftragte Einkäufer der Fly Bike Werke GmbH hat dieses Fremdbezugsteil bei verschiedenen Anbietern, u.a. den Kunststoffwerke AG in Bremen (kurz: KWK), angefragt:

Von: mail@flybike-werke.de
An: info@kwk-bremen.com
Betreff: Anfrage
Anhang: Teilezeichnungen, AGB
Datum: 01.07.20XX

Sehr geehrte Damen und Herren,

bitte unterbreiten Sie uns kurzfristig Ihr verbindliches Angebot über:
5000 Stück PE-Trinkflaschen mit Fahrrad-Flaschenhalterung und Aufdruck gemäß
Teilezeichnungen.

Da wir den genannten Artikel umgehend anbieten möchten, bitten wir um Nennung
Ihres frühesten Liefertermins. Unsere Lieferungs- und Zahlungsbedingungen
entnehmen Sie bitte unseren AGB.

Mit freundlichen Grüßen
Fly Bike Werke GmbH
i.A. Peter Müller

Dem in der Arbeitsvorbereitung der KWK für die Terminplanung verantwortlichen Mitarbeiter liegt folgende vierstufige Erzeugnisstruktur für den Artikel Nr. 2.112 Trinkflasche mit Halterung Motiv „Fly Bikes" vor:

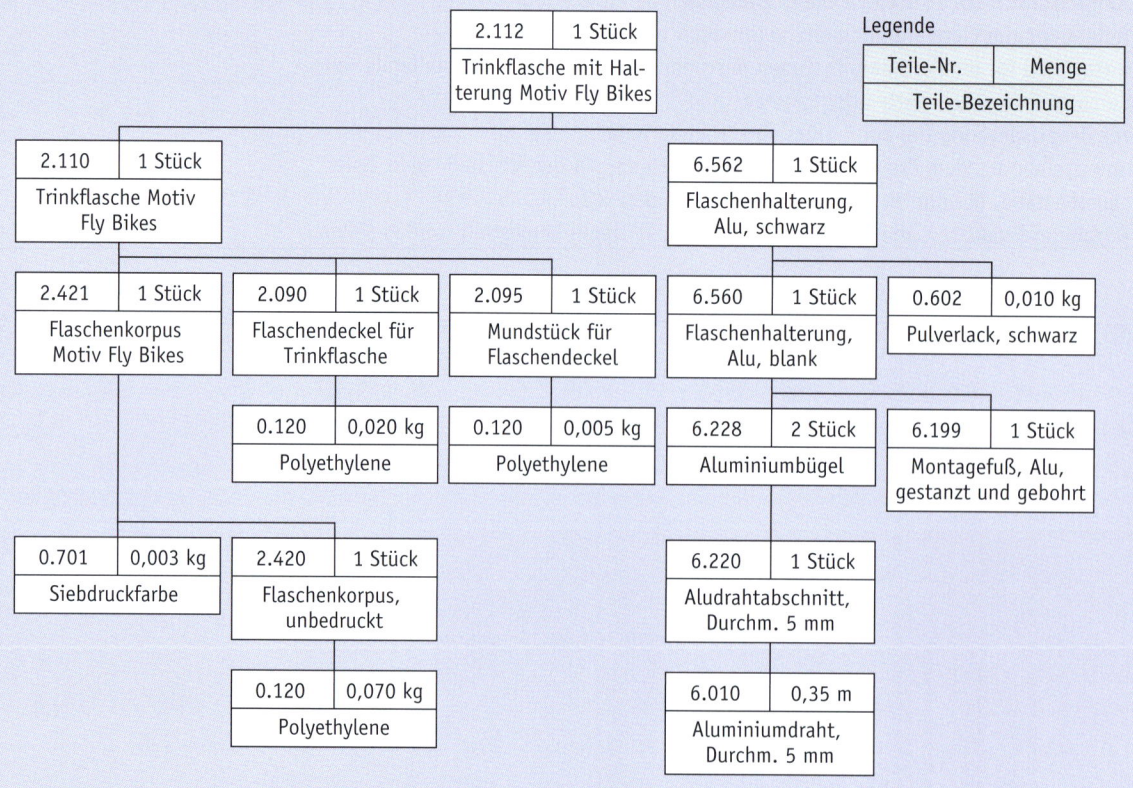

Stücklistenerstellung

Zur Planung des Fertigungsablaufes ist es zweckmäßig, zunächst eine Fertigungsstückliste zu erstellen. Diese soll die selbst gefertigten Einzelteile und Baugruppen ausweisen. (Das Kürzel „EF" steht für Eigenfertigung, das Kürzel „ME" für Mengeneinheiten.)

Fertigungsstückliste	KWK AG				
Teile-Nr. 2.112 Trinkflasche mit Halterung Motiv „Fly Bikes"	Datum: 15.02.20XX		Ersteller:	Blatt: 1	
Teile-Nr.	Teile-Bezeichnung	Material	Teileart	Menge/ME	Bezugsart
					EF
					EF
					EF
					EF
					EF
					EF
					EF
					EF
					EF

1 Vervollständigen Sie die oben stehende Fertigungsstückliste.
2 Die Arbeitsvorbereitung der KWK erfasst bei Produkten üblicherweise nur die Baukastenstücklisten als Stammdaten im PPS-System. Vervollständigen Sie die beiden folgenden Baukastenstücklisten für die Baugruppen 2.110 Trinkflasche und 6.562 Flaschenhalterung.

Baukastenstückliste Teile-Nr. 2.110 Trinkflasche Motiv Fly Bikes			
Lfd. Nr.	Teile-Nr.	Teile-Bezeichnung	Menge
1			
2			
3			

Baukastenstückliste Teile-Nr. 6.562 Flaschenhalterung, Alu, schwarz			
Lfd. Nr.	Teile-Nr.	Teile-Bezeichnung	Menge
1			
2			

3 Erläutern Sie, warum gewöhnlich nur die Baukastenstücklisten eines Produktes als Stammdaten in der PPS-Datenbank hinterlegt werden.

Arbeitsplanerstellung

Bei dem Artikel 6.562 Flaschenhalterung handelt es sich um einen Standardartikel aus dem Sortiment der KWK, sodass hierzu bereits ein Arbeitsplan vorliegt:

Arbeitsplan A 470			KWK AG			
Teil-Nr. 6.562 Flaschenhalterung, Alu, schwarz			Ersteller: WL		Losgröße:	
AVG	Arbeitsvorgangstext	Arbeitsplatz	Rüstzeit (Min.)	Stückzeit (Min.)	Bearbeitungs-zeit (Min.)	Lohn-gruppe
010	Aludraht auf 0,35 m ablängen und entgraten	Trennbank	100	0,05		IV
020	Aludraht gem. Teilezeichnung in Bügelform biegen	Formen	100	0,05		III
030	Nähte schweißen und zwei Bügel mit Montagefuß ver-schweißen	Schweiß-automat	100	0,16		IV
040	Flaschenhalterung pulverbe-schichten	Pulver-beschichtung	50	0,08		III

4 Berechnen Sie die Bearbeitungszeiten der einzelnen Arbeitsgänge sowie die gesamte Auftragszeit, also die Gesamt-zeit in Stunden, die benötigt wird, um die geplante Menge des Teiles Nr. 6.562 Flaschenhalterung zu produzieren.

5 Da es sich bei den Trinkflaschen mit Motiv um eine Sonderanfertigung handelt, ist hier noch ein Arbeitsplan zu er-stellen. Folgende noch nicht geordnete Arbeitsgänge sind auszuführen:

Arbeitsvorgangsliste	Teile-Nr. 2.110 Trinkflasche Motiv Fly Bikes		
Arbeitsgang		Rüstzeit	Stückzeit
Mundstück für Flaschendeckel spritzgießen		50	0,08
Trinkflasche Motiv Fly Bikes mit Korpus, Deckel und Mundstück montieren		50	0,11
Flaschendeckel spritzgießen		50	0,14
Flaschenkorpus mit Motiv Fly Bikes bedrucken		100	0,25
Flaschenkorpus spritzgießen		50	0,20

Erstellen Sie mithilfe des nachfolgenden Vordrucks einen Arbeitsplan für die Trinkflasche Motiv „Fly Bikes". (Alle Ar-beitsgänge sollen nach Lohngruppe III entgolten werden.)

Arbeitsplan A 474			KWK AG			
Teil-Nr. 2.110 Trinkflasche Motiv „Fly Bikes"			Ersteller:		Losgröße:	
AVG	Arbeitsvorgangstext	Arbeitsplatz	Rüstzeit	Stückzeit	Bearbeitungs-zeit (Min.)	Lohn-gruppe

6 Berechnen Sie die Auftragszeit für die Fertigung der gewünschten Menge dieses Artikels.

Vorwärtsterminierung

Der für die Kundenbetreuung zuständige Produktmanager der KWK ist natürlich begierig darauf, seinem Kunden einen möglichst frühen Liefertermin ankündigen zu können. Dazu muss nun die für die Herstellung des Produktes insgesamt benötigte Durchlaufzeit bestimmt werden.

7 Berechnen Sie die Durchlaufzeit in Stunden für ein erstes Los von 5 000 Stück Teil-Nr. 2.112 Trinkflasche mit Halterung Motiv Fly Bikes. Gehen Sie dabei zunächst davon aus, dass alle Arbeitsgänge hintereinander stattfinden und für das Verpacken des Endproduktes (Trinkflasche mit Halterung) weitere fünf Stunden anzusetzen wären.

8 In wie viel Tagen könnte frühestens geliefert werden, wenn die KWK AG im Zweischichtbetrieb zu je 8 Arbeitsstunden produziert?

Ihnen wird aufgefallen sein, dass die Durchlaufzeit unter der Annahme einer hintereinander geschachtelten Produktion natürlich sehr lang wird. Dies ist in der Realität aber weder wünschenswert noch notwendig. Vielmehr besteht ja durchaus die Möglichkeit, verschiedene Arbeitsgänge auch simultan (zeitgleich) auszuführen.

9 Überlegen Sie mithilfe des vorstehenden Strukturbaumes, welche Arbeitsgänge zeitgleich und welche tatsächlich nur hintereinander ausgeführt werden können.

10 Erstellen Sie mithilfe des folgenden Balkendiagramms eine vorwärts terminierte Zeitplanung für die Fertigung eines Loses von 5 000 Stück Teil-Nr. 2.112. Um wie viele Stunden verkürzt sich die gesamte Durchlaufzeit gegenüber Ihrer ersten Planung?

Arbeitsgang-Nr.	Arbeitsgang	Belegzeit (in Stunden)
		10 20 30 40 50 60
010		
020		
030		
040		
050		
060		
070		
080		
090		
100		

Start

Rückwärtsterminierung

Ergänzend zur vorwärtsterminierten soll auch eine rückwärtsterminierte Planung der Gesamtdurchlaufzeit erstellt werden.

11 Führen Sie mithilfe des nachstehenden Balkendiagramms eine rückwärtsterminierte Zeitplanung durch. Bestimmen Sie dazu für jeden Arbeitsgang den spätesten Anfangstermin, wenn die angefragten Trinkflaschen spätestens nach 55 Stunden fertiggestellt sein sollen.

12 Wie viele Pufferzeiten bestehen bei der vorwärtsterminierten Planungsmethode im Vergleich zur rückwärtsterminierten Planung?

13 Erläutern Sie Vor- und die Nachteile der rückwärtsterminierten Planungsmethode im Vergleich zur Vorwärtsterminierung.

Arbeitsgang-Nr.	Arbeitsgang	Belegzeit (in Stunden)					
		10	20	30	40	50	60
010							
020							
030							
040							
050							
060							
070							
080							
090							
100							

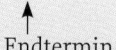
Endtermin

Aufgaben

Aufgabe 1

Für die Fertigung eines Bauteiles kalkuliert ein Industriebetrieb mit einer Stückzeit von 0,2 Minuten. Für das Auf- und Abrüsten des notwendigen Betriebsmittels sind 90 Minuten zu veranschlagen.

Ein vorliegender Kundenauftrag über 6 000 Stück dieses Bauteiles kann nur zeitversetzt in drei gleichen Teilmengen produziert werden, da das Betriebsmittel in der Zwischenzeit für andere Produkte benötigt wird.

Berechnen Sie

a die Durchlaufzeit in Minuten und Stunden für eine Teilmenge,
b die gesamten Lohnkosten für die Fertigung des Kundenauftrages bei zeitversetzter Produktion und einem einheitlichen Lohnkostensatz von 45,00 € pro Stunde,
c die durch die Teilung des Auftrages in drei Teilmengen entstehenden Mehrkosten im Vergleich zur ungeteilten Produktion.

Aufgabe 2

Entscheiden Sie, ob die nachstehenden Tätigkeiten in der Produktionsplanung und -steuerung eines Industriebetriebes

① nur in der genannten Reihenfolge
② nur in umgekehrter Reihenfolge
③ in beliebiger Reihenfolge

ausgeführt werden können. Tragen Sie die zutreffende Ziffer in die Kästchen ein.

a Vorkalkulation der Herstellkosten
Entwicklung und Konstruktion ☐
b Stücklistenerstellung
Materialbedarfsplanung ☐
c Abrechnung der Akkordlöhne
Fertigmeldung des Auftrages ☐
d Bestimmung der Stückzeiten
Materialbestellung ☐

Aufgabe 3

Ein Industriebetrieb fertigt das Endprodukt A aus den Baugruppen G 01 bis G 03 und den Einzelteilen E 01 bis E 06 gemäß der folgenden Erzeugnisstruktur:

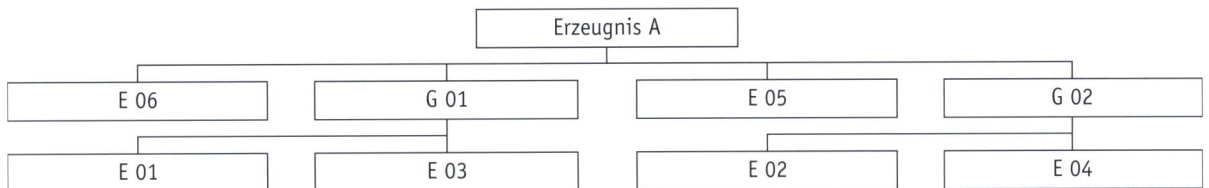

Die Ausführungszeiten für die Herstellung der Einzelteile und die Montage der Baugruppen sind wie folgt:

Teile-Bezeichnung	Ausführungszeit in Tagen
E 01	2
E 03	6
G 01	2
E 02	4
E 04	5
G 02	1
E 05	1
E 06	3
A	3

a Ermitteln Sie vorwärtsterminiert den frühesten Fertigstellungstermin für das Produkt A, wenn mit der Fertigung aller Teile so früh wie möglich begonnen werden soll.

Vorwärtsterminierte Planung																
Teile-Bez.:																
E 01																
E 03																
G 01																
E 02																
E 04																
G 02																
E 05																
E 06																
A																
Arbeitstage	1	2	3	4	5	6	7	8	9	10	11	12	13	14	15	16

b Bestimmen Sie rückwärtsterminiert den spätesten Fertigungsbeginn, wenn mit der Fertigung aller Teile so spät wie möglich begonnen werden und der Gesamtauftrag spätestens nach 15 Tagen abgeschlossen sein soll.

Rückwärtsterminierte Planung																
Teile-Bez.:																
E 01																
E 03																
G 01																
E 02																
E 04																
G 02																
E 05																
E 06																
A																
Arbeitstage	1	2	3	4	5	6	7	8	9	10	11	12	13	14	15	16

Aufgabe 4

Angenommen, das in Aufgabe 3 erwähnte Produkt A sollte noch schneller als von Ihnen kalkuliert fertiggestellt und lieferbereit sein.

Unterbreiten Sie drei konkrete Vorschläge, wie die Auftragszeit weiter verkürzt werden könnte. Nehmen Sie dabei auch zu den Nachteilen Ihrer Vorschläge Stellung.

Aufgabe 5

Ein Arbeitsplan ist die Grundlage für einen reibungslosen Fertigungsablauf. Nennen Sie
a vier Voraussetzungen für die Erstellung eines Arbeitsplanes und
b drei Fertigungsbelege, die auf Grundlage des Arbeitsplanes erstellt werden.

Aufgabe 6

Für die Herstellung eines Produktes nach besonderem Kundenwunsch hat der Arbeitsplaner eines Industriebetriebes den nachfolgenden – unvollständigen – Netzplan erstellt. Vervollständigen Sie den Netzplan und bestimmen Sie den kritischen Weg.

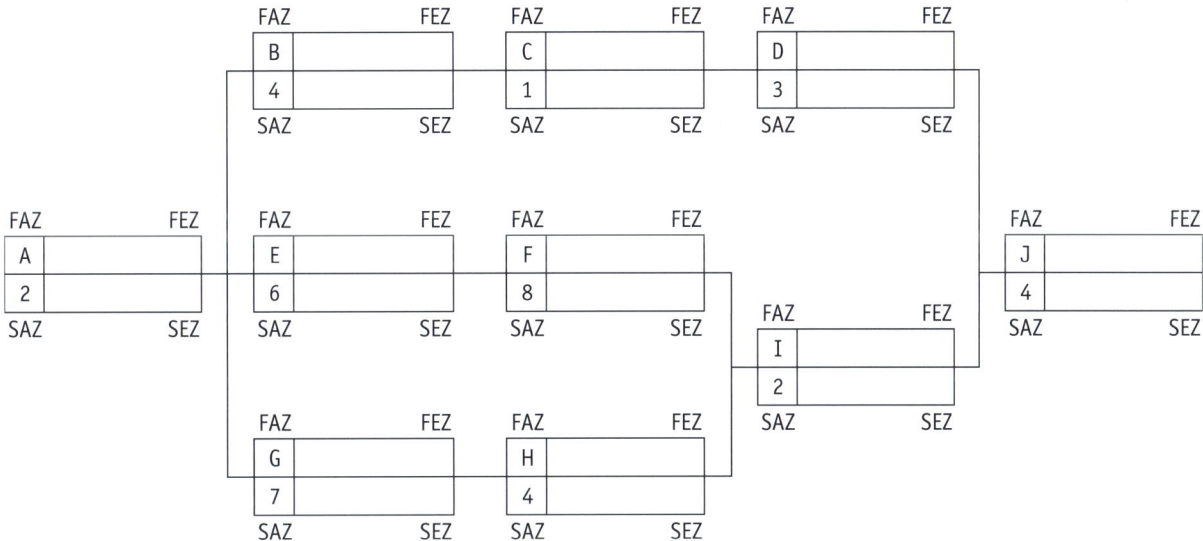

Legende

FAZ		FEZ
VorgBez.	Freier Puffer	
Dauer (Tage)	Gesamtpuffer	
SAZ		SEZ

FAZ: frühester Anfangszeitpunkt
FEZ: frühester Endzeitpunkt
SAZ: spätester Anfangszeitpunkt
SEZ: spätester Endzeitpunkt

```
Vorkalkulation Auftragszeit                    Datum: 05.05.20XX
─────────────────────────────────────────────────────────────
Art.-Nr.              Art.-Bez.
2.112                 Trinkflasche mit Halterung, Motiv

Auftragsmenge:                                 5 000 Stück

geplante Auftragszeit                          55 Stunden
geplanter Produktionsbeginn                    22. Woche
geplanter Liefertermin                         23. Woche
```

Bei der Planung der Auftragszeiten und möglichen Liefertermine für die Trinkflaschen mit Halterung (vgl. Lernsituation 41 Terminplanung) hat die Arbeitsvorbereitung der Kunststoffwerke AG bislang allerdings noch nicht berücksichtigt, dass die benötigten Betriebsmittel und Arbeitsplätze möglicherweise bereits mit anderen Fertigungsaufträgen belegt sind und nicht sofort zur Verfügung stehen.

Kapazitätsplanung

Um die vorhandenen Kapazitäten an Maschinen und Mitarbeitern mit den für die Ausführung der geplanten Aufträge notwendigen Kapazitäten abzugleichen, bedient man sich sogenannter Belastungsübersichten (Belastungsdiagramme).

Die Kapazitätsbelastungsübersicht für die als nächstes zu planende 22. Kalenderwoche weist für die zur Fertigung der Trinkflaschen notwendigen Arbeitsplätze folgende Größen aus:

Kapazitätsbelastungsübersicht 22. Betriebskalenderwoche (Ausschnitt)

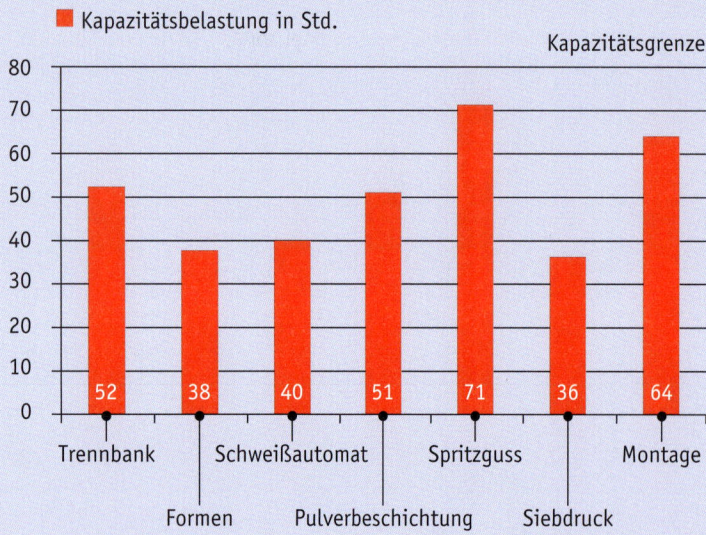

1. **Prüfen Sie**, ob in der 22. Planungswoche hinreichende Kapazitäten für die Fertigung der Flaschenhalterung Teil-Nr. 6.562 und Trinkflasche Motiv „Fly Bikes" Teil-Nr. 2.110 zur Verfügung stehen. (Orientieren Sie sich dabei an den in der Lernsituation Terminplanung ermittelten Auftragszeiten.)
2. Angenommen, die vorhandenen Kapazitäten würden nicht für alle Arbeitsgänge ausreichen. Welche Möglichkeiten bestünden, die Trinkflaschen und -halterungen trotzdem in der kommenden Woche fertigzustellen?

Maschinenbelegung

Sofern die Kapazitätsplanung hinreichende Kapazitäten ergeben hat, kann die zeitliche Grobplanung (Planung der Auftragszeiten) durch eine terminliche Feinplanung, die **Maschinenbelegung**, ergänzt werden.

Auch dazu bedient man sich der Balkendiagrammtechnik. Man spricht in diesem Zusammenhang vom „Einlasten eines Auftrages", wenn die vorhandenen Maschinen mit neuen Fertigungsaufträgen belegt werden.

Die Fertigung der Flaschenhalterungen Teil-Nr. 6.562 soll als Fertigungsauftrag FA 470 (gem. Arbeitsplan A 470), die Fertigung der Trinkflaschen Teil-Nr. 2.110 als Fertigungsauftrag FA 474 (gem. Arbeitsplan A 474) zur Ausführung kommen.

3 Nehmen Sie eine Einlastung der Fertigungsaufträge FA 470 und FA 474 in den nachstehend abgebildeten Maschinenbelegungsplan vor. Starten Sie zum frühesten Zeitpunkt und bestimmen Sie den frühesten Liefertermin. (Anmerkung: Durch Verschieben von weniger dringlichen Aufträgen wurden hinreichende Kapazitäten im Engpass Spritzgießen geschaffen.)

Arbeitsplatz	22. Betriebskalenderwoche: Belegzeiten (in Stunden)							
	10	20	30	40	50	60	70	80
Trennbank				FA 402		FA 465		
Formen				FA 430				
Schweißautomat		FA 466			FA 402			
Pulverbeschicht.	FA 418		FA 424					
Spritzgussautomat				FA 467			FA 459	
Siebdruck	FA 408					FA 419		
Montage	FA 448				FA 467			

FA 402	= bereits eingelasteter Fertigungsauftrag (z. B. FA 402)

4 Planen Sie nun die Fertigungsaufträge FA 470 und FA 474 rückwärtsterminiert ein. Dabei sollen alle Arbeitsgänge bis zum Ende der 22. Betriebskalenderwoche abgeschlossen sein.

Arbeitsplatz	22. Betriebskalenderwoche: Belegzeiten (in Stunden)							
	10	20	30	40	50	60	70	80
Trennbank				FA 402		FA 465		
Formen				FA 430				
Schweißautomat		FA 466			FA 402			
Pulverbeschicht.	FA 418		FA 424					
Spritzgussautomat				FA 467			FA 459	
Siebdruck	FA 408					FA 419		
Montage	FA 448				FA 467			

FA 402	= bereits eingelasteter Fertigungsauftrag (z. B. FA 402)

Auftragsumwandlung und Losgrößenoptimierung

Im Zuge der Produktionsplanung sind auch die konkreten Fertigungsmengen (Losgrößen) festzulegen. Die Planungsdaten für die Festlegung der internen Fertigungsaufträge liefern sowohl konkret vorliegende, externe Kundenaufträge als auch Schätzungen zukünftiger, am Markt noch zu realisierender Absatzmengen. Die im Rahmen der Auftragsumwandlung festgelegten Produktionsmengen können dabei sowohl größer als auch kleiner als die Summe der vorliegenden Kundenaufträge sein.

Die Arbeitsvorbereitung der KWK hatte die Losgröße für die Trinkflaschen mit Halterung in Höhe der konkreten Kundenbestellung festgelegt, um unnötige Lagerkosten für zu viel gefertigte Produkte zu vermeiden. Nun soll überprüft werden, ob diese Losgröße von 5 000 Stück wirtschaftlich wirklich sinnvoll gewählt worden war, denn es ist bekannt, dass neben den Lagerkosten der gefertigten Produkte auch die Kosten der Umrüstung der Maschinen eine entscheidende Rolle spielen.

Die Marketingabteilung geht davon aus, dass in den nächsten 12 Monaten (mittelfristiger Planungshorizont) insgesamt 80 000 Stück der Trinkflaschenhalterungen an verschiedene Kunden verkauft werden können. Bis zu ihrer Auslieferung an die Abnehmer lagern die Flaschenhalterungen bei der KWK. Der Einfachheit halber soll ein gleichmäßiger Lagerabgang unterstellt werden. Die kalkulatorischen Lagerkosten werden mit 0,05 € je Stück des durchschnittlichen Lagerbestandes angesetzt.

Für das Umrüsten der Maschinen sind kalkulatorische Kosten von insgesamt 500,00 € je Los zu veranschlagen.

5 Überlegen Sie zunächst, wie der durchschnittliche Lagerbestand und die Anzahl der Umrüstungen von der gewählten Losgröße abhängen.

6 Berechnen Sie mithilfe der nachstehenden Tabelle die Lagerkosten, die Umrüstkosten und die Gesamtkosten der verschiedenen Planungsalternativen. Welche Losgröße ist unter Kostengesichtspunkten optimal?

Variante: Lösen Sie die gestellte Aufgabe mithilfe eines Tabellenkalkulationsprogramms (z. B. MS Excel). Übertragen Sie dazu die nachstehende Tabellenstruktur auf ein leeres Tabellenblatt und definieren Sie geeignete Formeln zur Berechnung der gesuchten Ergebnisse.

Bestimmung der optimalen Losgröße					
Anzahl der Fertigungslose	Losgröße	Durchschn. Lagerbestand	Lagerkosten gesamt	Rüstkosten gesamt	Gesamtkosten
1					
2					
3					
4					
5					

7 Stellen Sie die Entwicklung der Lagerkosten, der Rüstkosten und der Gesamtkosten in Abhängigkeit von der Losgröße in einer Grafik dar. Wo lässt sich die optimale Losgröße in Ihrer Grafik ablesen?

8 Beschreiben Sie mit Ihren Worten den grundsätzlichen Zusammenhang der Lagerkosten, der Umrüstkosten und der Gesamtkosten in Abhängigkeit von der Losgröße.

9 Erläutern Sie denkbare betriebliche Gründe, bewusst von der kostenminimalen Losgröße abzuweichen.

Auftragssteuerung

Mit der Freigabe eines Fertigungsauftrages zur Produktion (Auftragsveranlassung) beginnt die Phase der Produktionssteuerung. Entsprechende Fertigungsdokumente (Lauf- und Terminkarten, Auftragsarbeitspläne, Zeichnungen u. a.) begleiten die Fertigungsaufträge von Arbeitsplatz zu Arbeitsplatz.

Während die auftragsbezogene Terminüberwachung vorwiegend dem Vermeiden von Liegezeiten bei den Werkstoffen und den unfertigen Erzeugnissen dient, bezweckt die kapazitätsbezogene Auslastungsüberwachung (Kapazitätsüberwachung) das Ziel einer weitgehenden Erforschung der Ursachen, die zu Stillständen der Betriebsmittel und damit zu Leerkosten geführt haben.

Nur eine ständige Erfassung der Betriebsdaten (Auftragsüberwachung), z. B. des Arbeitsfortschrittes, gewährleistet die termingerechte Fertigstellung des Auftrages. Wird der Arbeitsfortschritt unplanmäßig unterbrochen, müssen umgehend geeignete Maßnahmen zur Behebung der Störung ergriffen werden.

10 Die Ursachen für Störungen des Produktionsprozesses können im Bereich der Konstruktion des Produktes oder der Beschaffung der benötigten Materialien sowie des Fertigungsprozesses selbst liegen. Nennen Sie unter Bezugnahme auf den Produktionsprozess Ihres Ausbildungsbetriebes konkrete Beispiele für konstruktions-, material- und fertigungsbedingte Störungen.

11 Skizzieren Sie jeweils eine betriebliche Maßnahme zur Vermeidung oder Behebung der von Ihnen genannten Störungen.

Aufgaben

Aufgabe 1

Einem Hersteller von Kunststoffrohren liegen für das erste Quartal eines Jahres folgende Kundenaufträge vor:

Kunde	Rohrdurchmesser (mm)	Menge (lfd. Meter)	Liefertermin
A	220	50 000	01.03. d. J.
B	300	10 500	15.03. d. J.
C	280	28 000	15.02. d. J.
D	220	10 000	20.02. d. J.
E	300	25 500	01.04. d. J.
F	280	47 000	01.02. d. J.

a Fassen Sie diese externen Kundenaufträge zu drei internen Fertigungsaufträgen (FA 01 bis 03) zusammen. Berücksichtigen Sie dabei die nachstehenden Fertigungszeiten je lfd. Meter. (Rüstzeiten bleiben unberücksichtigt.)

Fertigungsaufträge

Auftrags-Nr.	Rohrdurchmesser (mm)	Menge (lfd. Meter)	Auftragszeit (Stunden)
FA 01			
FA 02			
FA 03			

Fertigungszeiten

Rohrdurchmesser (mm)	Minuten pro lfd. Meter
220–230	0,2
240–250	0,25
260–270	0,3
280–290	0,4
300–320	0,5

b Aus welchen Gründen werden externe Kundenaufträge zu internen Fertigungsaufträgen zusammengefasst?

c Auf der für die Ausführung der drei Fertigungsaufträge vorgesehenen Extrudiermaschine EM8 stehen pro Monat 500 Stunden zur Verfügung. Belegen Sie vorwärtsterminiert die Maschine EM8. Beachten Sie dabei die gewünschten Liefertermine.

Monat	Januar					Februar					März				
Maschinenstunden	100	200	300	400	500	100	200	300	400	500	100	200	300	400	500
FA 01															
FA 02															
FA 03															

Aufgabe 2

In einem Industriebetrieb ist für die nachfolgenden Aufträge FA 01 bis FA 04 eine Maschinenbelegung auf den Maschinen M 01 bis M 03 durchzuführen. Die Reihenfolge der Bearbeitung auf den einzelnen Maschinen und die einzelnen Ausführungszeiten sind wie folgt:

Aufträge	Arbeitsgangfolge auf den Maschinen und Ausführungszeiten (in Std.)		
FA 01	M 01 25 Std.	M 03 5 Std.	M 02 15 Std.
FA 02	M 02 30 Std.	M 01 15 Std.	M 03 10 Std.
FA 03	M 03 25 Std.	M 02 20 Std.	M 01 10 Std.
FA 04	M 03 10 Std.	M 01 25 Std.	M 02 5 Std.

In der betreffenden Planungswoche stehen pro Maschine jeweils 80 Maschinenstunden zur Verfügung.

Führen Sie sowohl vorwärts- als auch rückwärtsterminiert eine optimale – d. h. Leerzeiten nach Möglichkeit vermeidende und die Durchlaufzeiten minimierende – Maschinenbelegung durch. (Überlappungen der zu einem Auftrag gehörenden Arbeitsgänge sollen vermieden werden.)

a   Vorwärtsterminierte Maschinenbelegung:

Maschine/Stunde	5	10	15	20	25	30	35	40	45	50	55	60	65	70	75	80
M 01																
M 02																
M 03																

b   Rückwärtsterminierte Maschinenbelegung:

Maschine/Stunde	5	10	15	20	25	30	35	40	45	50	55	60	65	70	75	80
M 01																
M 02																
M 03																

c   Beurteilen Sie die von Ihnen gefundenen Lösungen im Hinblick auf die Ausnutzung der vorhandenen Kapazitäten.

Aufgabe 3

Häufig reichen die vorhandenen Kapazitäten nicht aus, um alle vorliegenden Aufträge in der zur Verfügung stehenden Zeit auszuführen. Bestimmte Aufträge müssen demzufolge anderen Aufträgen vorgezogen werden.

Erläutern Sie drei mögliche Kriterien, nach denen die Reihenfolge der auszuführenden Aufträge festgelegt werden kann (sogenannte „Prioritätsregeln").

Aufgabe 4

In der betrieblichen Realität wird es praktisch niemals gelingen, die vorhandenen Kapazitäten zu 100 % auszulasten. Vielmehr gilt ein realer Beschäftigungsgrad von über 90 % bereits als sehr guter Wert. Erläutern Sie drei mögliche Gründe für diese Einschätzung.

Aufgabe 5

Ein Industriebetrieb benötigt für die Fertigung seines Produktes P die zugekauften Bauteile A, B und C. Beurteilen Sie, wie sich die Bestände des Produktes P und die Bestände der Zukaufteile A bis C verändern, wenn

a   ein Kundenauftrag in einen Fertigungsauftrag für Produkt P umgewandelt wird,
b   der Fertigungsauftrag zur Ausführung freigegeben wird,
c   der Fertigungsauftrag abgeschlossen und fertiggemeldet wird.

Tragen Sie Ihre Überlegungen in die nachstehende Tabelle ein.

Teilschritte	Verfügbare Bestände A–C	Effektive Bestände A–C	Verfügbare Bestände P	Effektive Bestände P
Auftragsumwandlung				
Auftragsfreigabe zur Durchführung				
Auftragsabschluss/ Fertigmeldung				

Aufgabe 6

Jeder Industriebetrieb stellt Produkte aus den drei Elementarfaktoren Material, Personal und Betriebsmittel her. Aufgabe der industriellen Produktionsplanung und -steuerung (kurz: PPS) ist es, diesen Prozess der Produkterstellung mengen-, termin- und kapazitätsmäßig zu planen und zu steuern. Kurze Lieferzeiten und die Einhaltung zugesagter Termine sind dabei neben dem Preis und der Qualität der Produkte wichtige Faktoren zur Sicherung der Wettbewerbsfähigkeit der Unternehmung. Gleichzeitig sollen zudem die Lagerbestände minimiert und die Betriebsmittel optimal ausgelastet werden.

Begründen Sie an drei konkreten Beispielen, dass die vorrangige Verfolgung eines der genannten Ziele der PPS die Erfüllung der anderen Ziele behindern kann.

SB → S. 416 ff. | Lernfeld 5, Kapitel 6   **Industrielle Fertigungsverfahren**

Der Betriebsleiter der Fly Bike Werke GmbH, Dipl.-Ing. Rother, nutzt einen arbeitsfreien Feiertag, um einmal grundsätzliche Überlegungen in Bezug auf die Fertigungsorganisation der von ihm geleiteten Produktion anzustellen.

Der größte Teil der Produktionsanlagen ist bei der Fly Bike Werke GmbH räumlich nach dem Prinzip der **Fließfertigung** organisiert. Auf den hintereinander – dem Ablauf der Fertigungsschritte folgend – angeordneten Betriebsmitteln werden die City-, Trekking- und Kinderräder sowie die Mountain-Bikes in **Serien** mittlerer Größe hergestellt:

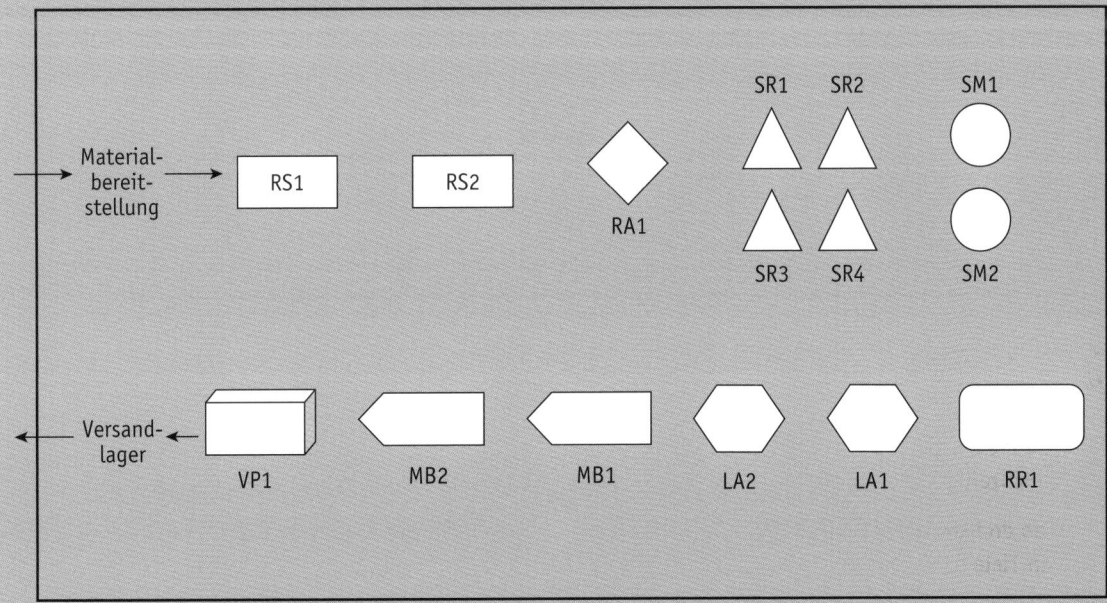

Fließfertigung der Fly Bike Werke GmbH (schematische Darstellung)

Eingesetzte Betriebsmittel:

☐ Rohrschneideanlagen RS1 und RS2   ◇ Rohrabbiegemaschine RA1

△ Schweißroboter SR1 bis SR4   ◯ Schleifmaschinen SM1 und SM2

▱ Rahmenrichtmaschine RR1   ⬡ Lackierautomaten LA1 und LA2

⬠ Montagebänder MB1 und MB2   ▱ Endkontrolle und Verpackung VP1

Die Mitarbeiter fertigen dabei die Rahmen und Radgabeln selbst und komplettieren sie mit den fremdbezogenen Komponentengruppen (Schaltung, Bremsen, Antrieb usw.) zu versandfertigen Fahrrädern.

Für die Produktion von hochpreisigen Profi-Rennrädern, die auf die sehr individuellen Bedürfnisse der Käufer abgestimmt sind und die nur auf Bestellung angefertigt werden (**Einzelfertigung**), ist zudem ein kleinerer Bereich als **Werkstattfertigung** organisiert (siehe nächste Seite):

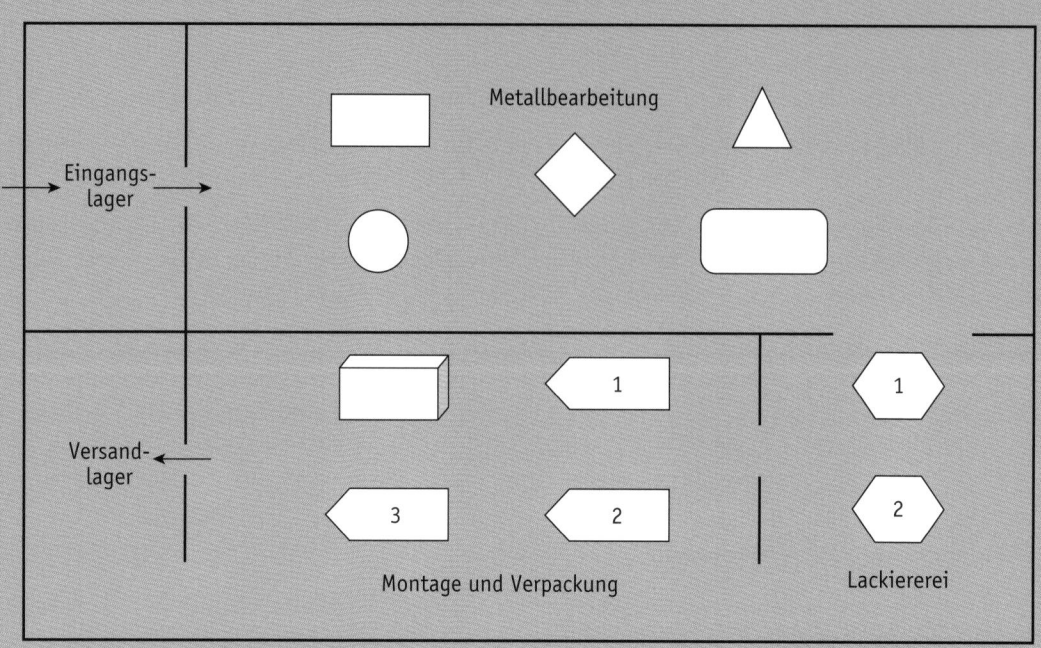

Werkstattfertigung der Fly Bike Werke GmbH (schematische Darstellung)

Eingesetzte Betriebsmittel:

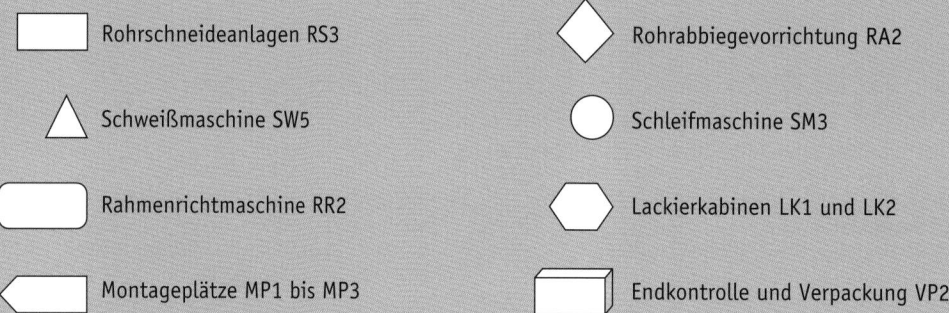

Rohrschneideanlagen RS3

Schweißmaschine SW5

Rahmenrichtmaschine RR2

Montageplätze MP1 bis MP3

Rohrabbiegevorrichtung RA2

Schleifmaschine SM3

Lackierkabinen LK1 und LK2

Endkontrolle und Verpackung VP2

Den Betriebsleiter Herrn Rother beschäftigt nun die Frage, ob es zweckmäßig ist, zwei so verschiedene Organisationsformen nebeneinander zu betreiben. Er bittet Sie daher am nächsten Arbeitstag, ihn bei der Beantwortung seiner Frage aus kaufmännischer Sicht zu unterstützen.

1 Komplettieren Sie zunächst die schematische Darstellung der Fließfertigung auf Seite 297, indem Sie den **Material-fluss** (Weg der Werkstücke von einem Betriebsmittel zum nächsten) mit Pfeilen einzeichnen. Orientieren Sie sich dabei an der nachfolgenden Arbeitsvorgangsliste für das City-Rad Glide.

2 Vervollständigen Sie die obige Darstellung der Werkstattfertigung am Beispiel der nachstehenden Arbeitsvorgangsliste für das Rennrad Superfast.

Arbeitsvorgangsliste Art.-Nr. 101 City-Rad Glide

Vorgangsnr.	Vorgangsbeschreibung	Betriebsmittel
10	Stahlrohr für Rahmen und Radgabel grob ablängen	RS1
20	Stahlrohr für Rahmen und Radgabel fein ablängen und entgraten	RS2
30	Stahlrohr in Form biegen	RA1
40	Rahmen schweißen	SR1, SR2
50	Radgabel schweißen	SR3, SR4
60	Schweißnähte an Rahmen glätten	SM1
70	Schweißnähte an Radgabel glätten	SM2
80	Rahmen und Gabel richten	RR1
90	Rahmen und Gabel grundlackieren	LA1
100	Rahmen und Gabel decklackieren	LA2
110	Rahmen dekorieren; Rahmen, Gabel, Antrieb, Räder, Schaltung und Lenkung montieren	MB1
120	Vormontiertes Rad mit Gepäckträger, Bremsen, Sattel und Beleuchtung komplettieren	MB2
130	Funktionsprüfung und Verpackung	VP1

Arbeitsvorgangsliste Art.-Nr. 402 Rennrad Superfast

Vorgangsnr.	Vorgangsbeschreibung	Betriebsmittel
10	Alurohr für Rahmen ablängen	RS3
20	Alurohr für Rahmen entgraten	SM3
30	Alurohr für Rahmen in Form biegen	RA2
40	Rahmen schweißen	SW5
50	Schweißnähte an Rahmen glätten	SM3
60	Rahmen richten	RR2
70	Alurohr für Radgabel ablängen	RS3
80	Alurohr für Radgabel entgraten	SM3
90	Alurohr für Radgabel in Form biegen	RA2
100	Radgabel schweißen	SW5
110	Schweißnähte an Radgabel glätten	SM3
120	Radgabel richten	RR2
130	Rahmen und Gabel grundlackieren	LK1
140	Rahmen und Gabel decklackieren	LK2
150	Rahmen und Gabel effektlackieren	LK1
160	Rahmen dekorieren, Rahmen, Gabel, Antrieb, Räder, Schaltung und Lenkung montieren	MP1
170	Vormontiertes Rad mit Bremsen und Sattel komplettieren	MP2
180	Funktionsprüfung und Verpackung	VP2

3 Erarbeiten Sie nun die wesentlichen Kennzeichen der Werkstatt- und der Fließfertigung. Tragen Sie Ihre Arbeitsergebnisse in die folgende Tabelle ein:

Merkmale	Werkstattfertigung	Fließfertigung
Räumliche Anordnung der Maschinen und Arbeitsplätze		
Weg der Werkstücke (Materialfluss)		
Durchlaufzeiten der Produkte		
Organisationsaufwand		
Breite und Tiefe des Produktionsprogramms		
Einsatz von Facharbeitern und Angelernten/ Höhe der Lohnkosten pro Mitarbeiter		
Lagerbestände/Kapitalbindung im Umlaufvermögen		
Herstellkosten pro Stück		
Flexibilität bei Marktänderungen		
Typische Industriebranchen für diesen Organisationstyp		

4 Wie beurteilen Sie die von Herrn Rother gestellte Frage, sollte die Fly Bike Werke GmbH einen der beiden Organisationstypen ihrer Fertigung zugunsten des anderen aufgeben? Begründen Sie Ihre Einschätzung ausführlich.

5 Der Betriebsleiter Herr Rother hatte kürzlich in einer ingenieurtechnischen Fachzeitschrift einen euphorischen Artikel über die Vorzüge der Gruppenfertigung gelesen. Leider wurden betriebswirtschaftliche Aspekte in dem Artikel kaum behandelt. Er bittet Sie daher, ihm auch hier mit Ihrem kaufmännischen Sachverstand behilflich zu sein. Informieren Sie sich über das Konzept der Gruppenfertigung. Stellen Sie dann die wesentlichen Kennzeichen und betriebswirtschaftlichen Vorteile der Gruppenfertigung gegenüber der Werkstatt- und der Fließfertigung in Stichworten heraus.

6 Könnte das Konzept der Gruppenfertigung für die Fly Bike Werke GmbH ein brauchbarer Kompromiss zwischen Werkstatt- und Fließfertigung sein? Begründen Sie Ihre Einschätzung und weisen Sie dabei auch auf mögliche Risiken hin.

7 Wie könnte eine am Konzept der Gruppenfertigung orientierte Produktion bei der Fly Bike Werke GmbH aussehen? Orientieren Sie sich an den vorstehenden Skizzen und Ihrem Fachbuch und fertigen Sie eine entsprechende Layout-Skizze an. Nutzen sie dazu den nachfolgenden Vordruck.

Eingesetzte Betriebsmittel:

Rohrschneideanlagen RS1 und RS2

Schweißroboter SR1 bis SR4

Rahmenrichtmaschine RR1

Montagebänder MB1 und MB2

Rohrabbiegemaschine RA1

Schleifmaschinen SM1 und SM2

Lackierautomaten LA1 und LA2

Endkontrolle und Verpackung VP1

⟶ Materialfluss (Weg der Werkstücke)

Gruppenfertigung der Fly Bike Werke GmbH (schematische Darstellung)

Aufgaben

Aufgabe 1

Die Fließfertigung ist heute der weitaus häufigste Organisationstyp industrieller Fertigung. Innerhalb der Fließfertigung haben sich daher verschiedene (Unter-)Arten herausgebildet. Ergänzen Sie hierzu den nachstehenden Text. Verwenden Sie die folgenden Begriffe:

Straßen- oder Linienfertigung, sonstige Fördermittel, in dauernder Folge, Fließbandfertigung, gering, Taktzeit, „Bandabriss", Zwischenläger, Massen- oder Großserienfertigung, Zwangslauffertigung, Fluss- oder Objektprinzip, Zeitzwang, Stückkosten

Für die Fließfertigung ist charakteristisch, dass die Betriebsmittel und Arbeitsplätze nach dem _____

_____ (also dem Ablauf der einzelnen Produktionsschritte) angeordnet sind. Der Arbeitsablauf ist so

festgelegt, dass die zu bearbeitenden Werkstücke die einzelnen Maschinen und Arbeitsplätze _____

_____ durchlaufen. Daher spricht man auch von _____. Im Ge-

gensatz zur Werkstattfertigung gibt es keine Rücktransporte der Werkstücke, die Durchlaufzeiten sind dementsprechend

_____. Erfolgt der Transport der herzustellenden Produkte zwischen den straßenartig aufge-

stellten Maschinen und Arbeitsplätzen ohne _____, so liegt eine besondere Form der Fließfer-

tigung vor, die Reihenfertigung. Die Weitergabe der Werkstücke von Arbeitsplatz zu Arbeitsplatz geschieht hier von Hand

oder durch _____, z. B. Rollenbahnen oder Handwagen. An den einzelnen Arbeits-

plätzen werden häufig _____ als Vorratspuffer eingerichtet, bevor die Teile zum nachfolgen-

den Arbeitsplatz weitergereicht werden.

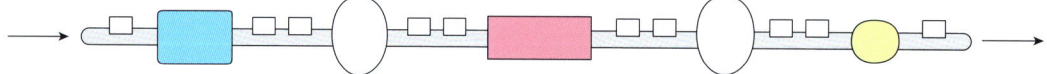

Transport der Werkstücke über Rollenbahnen

Bei der Produktion bestimmter Güter, z. B. Bier, Stahlblech oder Papier, darf der Fertigungsprozess aus technischen Grün-

den nicht unterbrochen werden und erzwingt so eine Anordnung der Betriebsmittel nach dem Flussprinzip. Hier spricht

man von _____ oder naturbedingter Fließfertigung. Der Amerikaner Henry Ford (1863–1947)

gilt als Erfinder der _____, die auch als „organisierte" Fließfertigung bezeichnet wird.

Bei diesem Organisationstyp werden die Arbeitsplätze und Betriebsmittel durch mechanische Fördermittel, z. B. Fließbän-

der, miteinander verbunden. Dazu müssen alle Arbeitsschritte zeitlich exakt aufeinander abgestimmt werden: Alle Ar-

beitsplätze erhalten eine einheitliche Zeitvorgabe, die sogenannte _____. Innerhalb dieser

vorgegebenen Zeit führen die Bandarbeiter in ständiger Folge die gleichen, auf relativ wenige Handgriffe beschränkten

Arbeitsschritte aus. Eine Zwischenlagerung der Werkstücke entfällt.

Transport mittels Fließband

Die Fließbandfertigung erlaubt durch ihren hohen Grad an Standardisierung und den Einsatz von spezialisierten Betriebsmitteln die Produktion von industriellen Gütern zu minimalen _____. Der Ausfall eines Betriebsmittels bzw. einer Arbeitsstation führt jedoch fast augenblicklich zum Stillstand der gesamten Produktion, dem gefürchteten _____. Die Fließbandfertigung eignet sie sich daher nur für Betriebe mit

_____.

Aufgabe 2

Industriebetriebe lassen sich auch danach unterscheiden, wie oft ein und derselbe Fertigungsvorgang unverändert wiederholt wird, wie groß also die Menge der in einem Los hergestellten Produkte ist. Dies kann von der einmaligen Fertigung eines ganz besonderen Kundenwunsches bis zur millionenfach gefertigten Massenware reichen. Entsprechend lassen sich sogenannte Produktionstypen der Fertigung (kurz: Fertigungstypen) bilden. Man unterscheidet:

```
                        Fertigungstypen
              ┌───────────────┴───────────────┐
        Einzelfertigung                 Mehrfachfertigung
                            ┌──────────┬──────────┼──────────┐
                    Massenfertigung  Serienfertigung  Sortenfertigung  Chargenfertigung
```

Ordnen Sie die folgenden Beispiele zu.

a	Automobilbau	**j**	Sektkellerei
b	Schokoladenherstellung	**k**	Arzneimittelindustrie
c	Spezialmaschinenbau	**l**	Schiffsbau (Luxusliner)
d	PC-Herstellung	**m**	Unterhaltungselektronik
e	Brückenbau	**n**	Oberbekleidungsfabriken
f	Kaffeerösterei	**o**	Gas- und Wasserwerke
g	Stahlerzeugung	**p**	Schafswollweberei
h	Kupferbergwerk	**q**	Kraftwerksbau
i	Raumfahrttechnik (Satelliten)	**r**	Ihr Ausbildungsbetrieb

Aufgabe 3

Welche Aussagen treffen auf die Fließfertigung zu? Tragen Sie in die Kästchen eine

1 ein, wenn die Aussage zutrifft,
9 ein, wenn die Aussage nicht zutrifft.

☐ Der Anteil der Abschreibungen an den Produktionskosten ist relativ hoch.
☐ Die Fließfertigung eignet sich insbesondere für die Fertigung kleiner Losgrößen.
☐ Die Herstellkosten pro Stück nehmen bei rückläufiger Kapazitätsauslastung stark zu.
☐ Der Fertigungsprozess ist unübersichtlich und schwierig zu kontrollieren.
☐ Es werden überwiegend Facharbeiter eingesetzt.
☐ Die eingesetzten Betriebsmittel sind meist für spezielle Arbeitsvorgänge konstruiert.

Aufgabe 4

Im Folgenden sind Organisationstypen und Produktionstypen der Fertigung (Fertigungstypen) genannt. Tragen Sie in die Kästchen eine

1 für Organisationstypen,
9 für Produktionstypen (Fertigungstypen) ein.

☐ Einzelfertigung   ☐ Fließbandfertigung
☐ Gruppenfertigung   ☐ Sortenfertigung
☐ Massenfertigung   ☐ Werkstattfertigung
☐ Serienfertigung   ☐ Linienfertigung
☐ Reihenfertigung   ☐ Chargenfertigung

Aufgabe 5

Flexible Fertigungssysteme sind eine weitere Variante der Fließfertigung. Die nachfolgende Grafik zeigt schematisch den Aufbau eines solchen flexiblen Fertigungssystems:

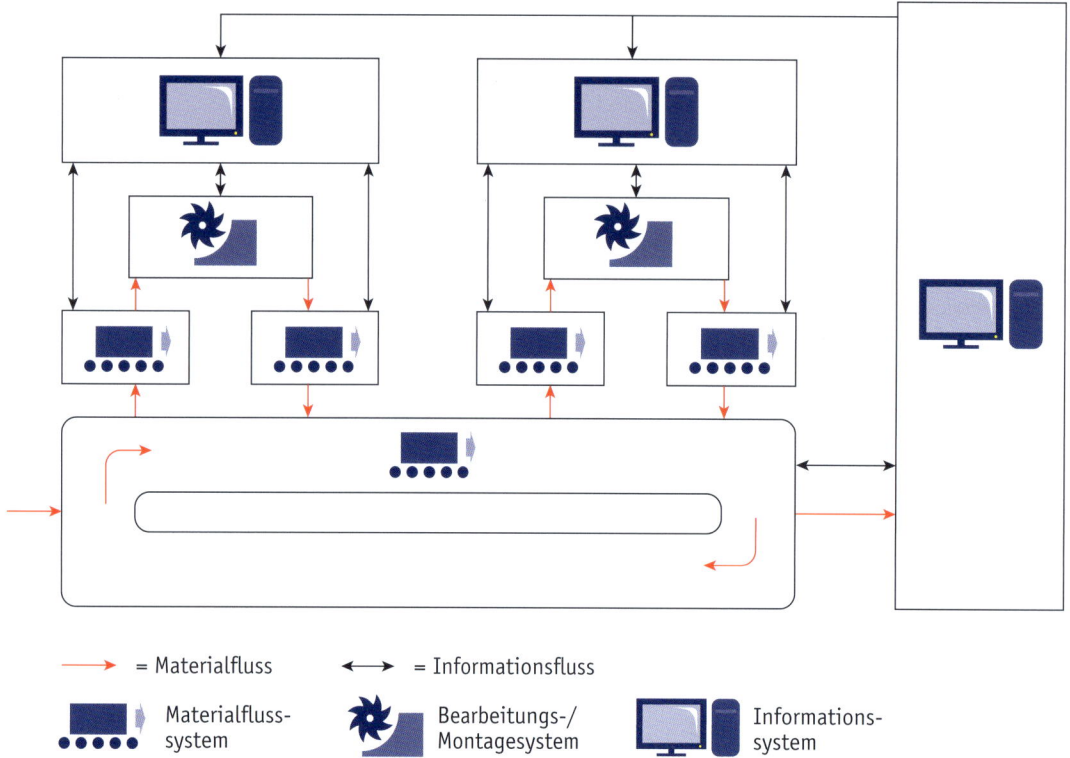

→ = Materialfluss ↔ = Informationsfluss

Materialflusssystem

Bearbeitungs-/ Montagesystem

Informationssystem

Studieren Sie diese Darstellung und beschreiben Sie, wie sich ein flexibles Fertigungssystem von einer klassischen Fließbandfertigung unterscheidet.

Aufgabe 6

a Je nach Fertigungstyp müssen Industriebetriebe spezifische Probleme lösen. Erläutern Sie zu jedem der fünf Produktionstypen industrieller Fertigung jeweils eine besondere Problemstellung.

b Schlagen Sie zu jeder von Ihnen genannten Problemstellung einen Lösungsansatz vor.

Aufgabe 7

Die Wenzel GmbH, Werkstattfertiger von Sondermaschinen für die spanabhebende Metallbearbeitung (Fräsen, Drehen, Bohren), will ihr Produktionsprogramm um einen neu entwickelten Multifunktionsautomaten erweitern. Diese NC-gesteuerte Maschine soll in verschiedenen Varianten in Kleinserien hergestellt werden.

a Beschreiben Sie den genannten Organisationstyp und nennen Sie jeweils zwei Vor- und Nachteile dieses Typs.

b Erläutern Sie, was man unter Serienfertigung versteht und wie sich diese von der Sortenfertigung unterscheidet.

c Die Geschäftsleitung der Wenzel GmbH überlegt, ob eine Umstellung der Fertigungsorganisation auf Gruppenfertigung sinnvoll sein könnte. Wägen Sie jeweils zwei Pro- und Kontraargumente sowohl aus Sicht der Geschäftsleitung wie auch aus Sicht der Belegschaft gegeneinander ab.

d Welche Zielkonflikte könnten sich aus den unterschiedlichen Interessenlagen von Geschäftsleitung und Belegschaft ergeben?

Teilkostenrechnung

Krisensitzung bei der Fly Bike Werke GmbH: Der Geschäftsführer, Herr Peters, hat Frau Taubert aus dem Rechnungswesen, den Vertriebschef, Herrn Gerland, und den Betriebsleiter, Herrn Rother, zusammengerufen:

Frau Taubert: „Die Lage, meine Herren, ist bedrohlich. Unsere Gewinnspannen sind drastisch eingebrochen. Wenn es uns nicht gelingt, kurzfristig die Profite unseres Hauses zu steigern, sehe ich uns in ernster Gefahr."

Herr Gerland: „Ich weiß. Aber was soll ich denn machen? Der Wettbewerb auf unseren angestammten Märkten hat sich durch die Konkurrenz aus Osteuropa und Asien derart verschärft, dass an eine Erhöhung unserer Preise nicht zu denken ist."

Frau Taubert: „Dann hilft nur eines, Kosten runter. Herr Rother, welche konkreten Möglichkeiten sehen Sie, unsere Fertigungskosten kurzfristig zu senken?"

Herr Rother: „Nun, Frau Taubert, das ist nicht ganz so einfach. Als metall- und kunststoffverarbeitender Betrieb ist unsere Fertigung natürlich sehr stark auf den Einsatz maschineller Anlagen ausgerichtet. Die so verursachten Kosten lassen sich kurzfristig nicht so leicht beeinflussen."

Herr Peters: „Dann schlage ich vor, dass Sie und Frau Taubert umgehend einen Planungsstab bilden, um sich mit dem Problem zu befassen. Morgen um diese Zeit erwarte ich Ihre Vorschläge."

Kostenarten

Sie sind Mitglied im Planungsstab von Frau Taubert. Wie auf der Krisensitzung mit der Unternehmensleitung besprochen, sollen Sie Vorschläge zur kurzfristigen Senkung der Fertigungskosten erarbeiten.

1 Überlegen Sie dazu zunächst, welche konkreten Kosten bei der Produktion in einem Industriebetrieb typischerweise verursacht werden. Tragen Sie diese in die unten stehende Tabelle ein.
2 Entscheiden Sie dann in einem zweiten Schritt, welche der von Ihnen genannten Kostenarten kurzfristig zu beeinflussen, also **variabel**, sind und welche nicht. Kreuzen Sie die Kostenarten in der Tabelle entsprechend an.

Kostenart	Kurzfristig	
	Variabel	Fix

3 Definieren Sie (ggf. mithilfe Ihres Schülerbuches) die folgenden Begriffe und tragen Sie diese Definitionen ebenfalls in die nachstehende Tabelle ein.

- Kosten (K)
- Erlöse (E)
- Gesamtkosten (K_g)
- Stückkosten (k)
- Beschäftigungsgrad (BG)
- Kapazität (Kap)
- Fixe Kosten (K_f, k_f)
- Variable Kosten (K_v, k_v)

(Kosten-)Begriffe	Definitionen
Kosten (K)	
(Verkaufs-)Erlöse (E)	
Gesamtkosten (K_g)	
Stückkosten (k)	
Beschäftigungsgrad (BG)	
Kapazität (Kap)	
Fixe Kosten (K_f, k_f)	
Variable Kosten (K_v, k_v)	

Das Verhalten von fixen und variablen Kosten

Die maximale Kapazität der Fly Bike Werke GmbH liegt bei 1 350 Fahrrädern pro Monat. Im Januar dieses Jahres wurden 1 013, im Februar 1 080 und im März 1 215 Fahrräder gefertigt.

Für den Monat Januar hat das Betriebscontrolling zudem die durchschnittlichen variablen Kosten pro Fahrrad mit 300,00 € ermittelt. Hinzu kamen für diesen Monat anteilige Fixkosten in Höhe von 97.160,00 €.

4   Berechnen Sie für das erste Quartal dieses Jahres
   – die jeweiligen Beschäftigungsgrade in Prozent,
   – die monatlichen fixen und variablen Kosten insgesamt und pro Fahrrad sowie
   – die Gesamtkosten der drei Monate des Quartals jeweils insgesamt und pro Fahrrad. Unterstellen Sie dabei, dass die variablen Kosten pro Stück unabhängig von der Fertigungsmenge, also konstant, sind.

Tragen Sie Ihre Ergebnisse in die nachstehende Tabelle ein.

(Alternative: Nutzen Sie ein Tabellenkalkulationsprogramm.)

Monat	Beschäf-tigungsgrad (%)	Fixe Kosten (€)		Variable Kosten (€)		Gesamtkosten (€)	
		gesamt	pro Stück	gesamt	pro Stück	gesamt	pro Stück
Januar							
Februar							
März							

5   Stellen Sie den Verlauf der fixen Kosten gesamt, der variablen Kosten gesamt und der Gesamtkosten in Abhängigkeit vom Beschäftigungsgrad in einem Diagramm grafisch dar.

6 Stellen Sie den Verlauf der fixen Kosten pro Stück, der variablen Kosten pro Stück und der Gesamtkosten pro Stück in Abhängigkeit vom Beschäftigungsgrad dar.

7 Beschreiben Sie mit Ihren Worten, wie sich die fixen, die variablen und die Gesamtkosten in Abhängigkeit vom Beschäftigungsgrad verändern.

8 Wie lässt sich die von Ihnen beobachtete Veränderung begründen?

Die Gewinnschwelle bestimmen

Um die Marktchancen des neu entwickelten E-Bikes (vgl. Lernsituation 39 Produktentstehungs- und -entwicklungsprozess) beurteilen zu können, möchte die Geschäftsleitung der Fly Bike Werke GmbH bestimmen lassen, wie viele Fahrräder dieses Typs pro Jahr mindestens abgesetzt werden müssen, damit sich die Produktion langfristig lohnt.

Die Controlling-Abteilung veranschlagt die variablen Kosten eines E-Bikes mit 535,00 € pro Stück. Weiterhin ist mit zusätzlichen Fixkosten in Höhe von 116.000,00 € pro Jahr zu rechnen. Geplant ist, das E-Bike zu einem durchschnittlichen Nettopreis von 850,00 € pro Stück zu verkaufen.

9 Bestimmen Sie die Lösung der gestellten Aufgabe mithilfe der folgenden Tabelle. (Alternativ: Nutzen Sie ein Tabellenkalkulationsprogramm.)

Fertigungs-menge (Stück)	Fixkosten gesamt (€)	Variable Kosten gesamt (€)	Gesamtkosten (€)	Verkaufserlös gesamt (€)	Gewinn/ Verlust (€)
100					
200					
300					
400					
600					
800					
1 000					

10 Überprüfen Sie die so gefundene Lösung, indem Sie zunächst die errechneten Gesamterlöse und Gesamtkosten in das nachstehende Koordinatensystem eintragen.

11 Tragen Sie dann die „kritische Menge" in Ihr Diagramm ein. Dies ist jene Produktionsmenge, ab der sich die Herstellung der E-Bikes lohnt. (Bei Erreichen der kritischen Menge wird die Schwelle zum Gewinn, die sogenannte „Gewinnschwelle", erstmals überschritten.)

12 Nach welcher Formel lässt sich die gesuchte kritische Menge errechnen? Überprüfen Sie mithilfe dieser Formel Ihr vorheriges Ergebnis.

13 Wäre die Markteinführung des neuen E-Bikes auch dann sinnvoll, wenn die voraussichtlichen Absatzzahlen die kritische Menge zunächst nicht erreichen können?

14 Die Differenz zwischen dem (Netto-)Verkaufspreis und den variablen Stückkosten eines Erzeugnisses bezeichnet man als den Deckungsbeitrag des Produktes. Berechnen Sie den geplanten Deckungsbeitrag eines E-Bikes. Welche inhaltliche Bedeutung hat dieser Deckungsbeitrag?

15 Wie lässt sich mithilfe des Deckungsbeitrages eines Produktes die kritische Menge vereinfacht berechnen?

Aufgaben

Aufgabe 1

Die Lübecker Marzipan-Manufaktur GmbH (LMM) stellt verschiedene marzipanhaltige Süßwaren her. Zwecks Optimierung des Produktionsprogramms hat der betriebseigene Controller Erlös- und Kostendaten aus der letztjährigen Weihnachtskampagne zusammengetragen. Für drei typische Weihnachtsprodukte des Betriebes sind dies:

	Marzipanriegel mit Schokoüberzug, 200 g	Marzipankartoffeln, 175-g-Tüte	Weihnachtsfiguren aus Marzipan, 4 Stück, sortiert
Absatzmenge (Stück)	172 400	245 700	28 900
Verkaufspreis netto je ME (€)	1,15	0,80	2,75
Materialkosten je ME (€)	0,42	0,25	0,65
Lohnkosten je ME (€)	0,15	0,12	1,30
Sonstige Kosten je ME (€) (Hilfsstoffe, Energie, Zinsen, Abschreibungen usw.)	0,38	0,25	0,85
Selbstkosten je ME (€)			
Gewinn je ME (€)			

a Berechnen Sie die Selbstkosten und den Gewinn je ME und treffen Sie für die LMM eine sortimentspolitische Entscheidung. Begründen Sie diese.

b Zusätzlich zu diesen Daten hat der Controller die Kosten nach ihrem variablen und fixen Bestandteil aufgeschlüsselt:

	Marzipanriegel mit Schokoüberzug, 200 g	Marzipankartoffeln, 175-g-Tüte	Weihnachtsfiguren aus Marzipan, 4 Stück, sortiert
Absatzmenge (Stück)	172 400	245 700	28 900
Verkaufspreis netto je ME (€)	1,15	0,80	2,75
Variable Kosten je ME (€)	0,68	0,45	2,35
Deckungsbeitrag je ME (€)			

Während der Weihnachtskampagne fielen für die drei Produktgruppen insgesamt fixe Kosten in Höhe von 101.322,00 € an. Berechnen Sie, mit wie viel Euro je ME sich die einzelnen Produktarten an der Deckung der auf sie entfallenden fixen Kosten beteiligen und tragen Sie diese in die Tabelle ein.

c Berechnen Sie, wie hoch der Gesamtgewinn der LMM für die drei Produktarten ist.

d Stellen Sie diesem Ergebnis den Gesamtgewinn gegenüber, der verbliebe, wenn eine Produktart aus dem Sortiment gestrichen würde. (Bedenken Sie, dass die fixen Kosten zunächst unberührt blieben.)

e Ziehen Sie Rückschlüsse auf die Aussagekraft des Deckungsbeitrages für produktpolitische Entscheidungen eines Industriebetriebes.

Aufgabe 2

Die maximale monatliche Kapazität eines Industriebetriebes für ein bestimmtes Produkt liegt bei 20 000 Stück. Um das Verhältnis von fixen und variablen Kosten zu ermitteln, wurde eine Kostenanalyse bei einer Auslastung von 70 % durchgeführt. Dabei betrugen die Gesamtkosten 1.500.000,00 €.

Bei einer Kapazitätsauslastung von 90 % betrugen die Gesamtkosten dagegen 1.750.000,00 €.

Ermitteln Sie unter Angabe des Rechenweges

a die variablen Stückkosten und

b die fixen Gesamtkosten.

c Der Verkaufspreis des Produktes beträgt 135,00 € pro Stück. Ermitteln Sie die Gewinnschwelle.

Aufgabe 3

Das Management der Lübecker Marzipan-Manufaktur GmbH (LMM) hat sich von Ihrer Kalkulation des Stück-Deckungsbeitrages überzeugt gezeigt und entschieden, das defizitäre Produkt „Weihnachtsfiguren" einstweilen im Programm zu belassen. In der aktuellen Weihnachtskampagne stellt sich nun aber ein weiteres Problem: Die Auftragseingänge sind so gut, dass die vorhandenen Fertigungskapazitäten nicht ausreichen, um die gesamte Marktnachfrage zu befriedigen. Marketing- und Produktionsleitung haben hierzu die nachfolgenden Zahlen bereitgestellt:

	Marzipanriegel mit Schokoüberzug, 200 g	Marzipankartoffeln, 175-g-Tüte	Weihnachtsfiguren aus Marzipan, 4 Stück, sortiert
Aktuelle Kundenbestellungen (Stück)	190 000	255 000	34 800
Deckungsbeitrag pro Stück (€)	0,47	0,35	0,40
Fertigungszeit pro Stück (Min.)	0,5	0,3	0,7
Deckungsbeitrag pro Min. Fertigungszeit (€/Min.)			

Für die Fertigung der drei genannten Artikel kann die Arbeitsvorbereitung im Rahmen der Weihnachtskampagne eine Fertigungskapazität von insgesamt 2 500 Stunden zur Verfügung stellen. Außerdem können für die drei Produktgruppen weiterhin fixe Kosten in Höhe von insgesamt 101.322,00 € angesetzt werden.

Planen Sie ein optimales Produktionsprogramm. Die von Ihnen ausgewählten Produktarten und Fertigungsmengen sollten dabei – unter Beachtung der zur Verfügung stehenden Fertigungszeit – den Gesamtgewinn maximieren. Wie hoch würde dieser ausfallen?

Zu planende Produktionsmengen (Stück)			
Benötigte Fertigungszeit (Min.)			
Verbleibende Restkapazität (Min.)			
Gesamtdeckungsbeitrag (€)			

Aufgabe 4

Aus der Kostenrechnung eines Industrieunternehmens liegen folgende Daten vor:

Maximalkapazität: 2 500 Einheiten/Monat, Fixkosten: 1.200.000,00 €/Monat, Variable Kosten: 400,00 €/Einheit, Barverkaufspreis: 900,00 €/Einheit

a Erläutern Sie in diesem Zusammenhang die Begriffe Maximalkapazität und Optimalkapazität.

b Ein Auftragsrückgang führte dazu, dass im letzten Monat nur noch 1 550 Einheiten hergestellt wurden. Ermitteln Sie
  ba den entsprechenden Beschäftigungsgrad und
  bb die entsprechenden Selbstkosten je Einheit.

c Ermitteln Sie unter Angabe des Rechenweges, ob ein monatlicher Gewinn von 100.000,00 € im Rahmen der vorhandenen Kapazitäten zu realisieren ist (Lagerbestände sind nicht vorhanden).

Aufgabe 5

Prüfen Sie, wie sich eine Erhöhung der Maschinenauslastung auf die Kosten eines Betriebes auswirkt. Tragen Sie dazu in die nachstehenden Kästchen eine

1 ein, wenn Sie der Antwort zustimmen,
9 ein, wenn Sie der Antwort nicht zustimmen.

☐ Die Fixkosten des Betriebes sinken.
☐ Die Fixkosten pro Erzeugnis sinken.
☐ Die Fixkosten des Betriebes steigen.

☐ Die Gesamtkosten pro Erzeugnis steigen.
☐ Die Gesamtkosten pro Erzeugnis sinken.
☐ Die Gesamtkosten pro Erzeugnis bleiben gleich.

Ihr derzeitiges Einsatzgebiet bei der Fly Bike Werke GmbH ist die von Herrn Gerland geleitete Vertriebsabteilung. An diesem Morgen zeigt Ihnen der Abteilungsleiter die folgende E-Mail, die er vom Qualitätsbeauftragten, Herrn Schimanski, erhalten hat:

Von: k.schimanski@flybike-werke.de
An: r.gerland@flybike-werke.de
Betreff: Qualitätssicherung
Anhang: Testbericht.docx

Hallo Ralf,

ich brauche dringend deine Hilfe bei der Vorbereitung einer Besprechung mit unserem Geschäftsführer Herrn Peters. Anlass ist die Meldung im Anhang zu dieser E-Mail, die Herr Peters auf der Homepage der Stiftung Warentest gefunden hat und die ihn in ziemliche Aufregung versetzt hat.

Für mich als Techniker ist Qualität ja immer die Erfüllung technischer Normen. Aber wie seht ihr das als Kaufleute? Und welche Ansprüche haben unsere Kunden an die Qualität unserer Fahrräder?

Bitte schicke mir doch möglichst schnell deine Stellungnahme!

Besten Dank

Kai

Rückruf für Pegasus- und ZEG-Elektrofahrräder: Risiko Rahmenbruch

Die Zweirad Einkaufs-Genossenschaft eG (ZEG) ruft knapp 11 000 Elektrofahrräder („Pedelecs") zurück, nachdem an zwei Fahrrädern der nur aus einem Rohr bestehende Rahmen brach. test.de informiert:

Betroffene bekommen Post vom Händler

Betroffen sind folgende Modelle: Electra 1 und 2; E-Bike Li-Tec 1, E-Swing und E-Bike 1 und 2. Besitzer solcher Fahrräder sollen ihren Händler aufsuchen. Dieser montiert alle Komponenten an einen neuen Rahmen. Nach ZEG-Darstellung haben die meisten Händler die Adressen der Käufer und werden sich unverzüglich auch direkt an sie wenden. Unklar bleibt, wie hoch das Risiko ist. Laut ZEG sind bisher zwei Fälle bekannt. Beide Rahmen brachen an unterschiedlichen Stellen. Zum Glück kam in beiden Fällen niemand zu Schaden. Bilder der vom Rückruf betroffenen Räder wollte die ZEG nicht zur Verfügung stellen. test.de hat sich das Beispielbild selbst beschafft. Auch eine Hotline hat die ZEG nicht geschaltet.

Höheres Risiko durch höheres Gewicht

Experten wie der Fahrradsachverständige Ernst Brust haben von Anfang an darauf hingewiesen: Durch das höhere Tempo, das Zusatzgewicht von Motor und Akku sowie die entsprechend exponentiell höheren Kräfte beim Bremsen unterliegen Elektrofahrräder sehr viel größeren Belastungen als herkömmliche Fahrräder und müssen entsprechend stabil konstruiert sein. Sachverständige hatten bei den Herstellern gründliche Stabilitätsprüfungen angemahnt.

Schadenersatz und Schmerzensgeld

Wer wegen des Rahmenbruchs an einem nicht ausreichend stabilen Elektrofahrrad stürzt und sich verletzt, kann vom Hersteller Schadenersatz und ein angemessenes Schmerzensgeld verlangen. Ein Verschulden muss er ihm nicht nachweisen. Feststehen muss nur, dass ein Produktfehler Ursache für die Verletzung war. Schäden am Fahrrad selbst fallen nicht unter diese Produkthaftung. Im Rahmen der gesetzlichen Gewährleistung hat der Händler ab Kauf zwei Jahre lang für die Lieferung einwandfreier Ware einzustehen.

Quelle: https://www.test.de/themen/freizeit-reise/meldung/Rueckruf-fuer-Pegasus-und-ZEG-Elektrofahrraeder-Risiko-Rahmenbruch-4116262-4116267/, Stand: 08.10.2010

1 Lesen Sie zunächst auch die auf der Vorseite wiedergegebene Internetmeldung.
2 Verfassen Sie sodann für Herrn Gerland eine Stellungnahme zu den von Herrn Schimanski gestellten Fragen. Wie unterscheidet sich ein technisches Qualitätsverständnis von einem kaufmännischen? Welche Anforderungen stellen Endverbraucher und Händler an die Qualität langlebiger Gebrauchsgüter wie z. B. Fahrräder?
3 Welche Risiken gehen industrielle Hersteller ein, wenn sie Produkte mit Qualitätsmängeln ausliefern?

Qualitätssicherung

Herr Schimanski und Herr Gerland waren sehr zufrieden mit Ihren bisherigen Ausführungen. Um Katastrophen wie die im Text beschriebene Rückrufaktion zu vermeiden, soll die Qualitätssicherung der Fly Bike Werke GmbH optimiert werden. Man bittet Sie daher um Beantwortung der folgenden Fragen:

4 Welche Ursachen können Qualitätsmängel bei industriell gefertigten Produkten haben? Sortieren Sie die Ursachen nach solchen, die bei den eingesetzten Produktionsfaktoren (Personal, Betriebsmittel, Werkstoffe) zu suchen sind, und nach Mängeln, die prozessbezogene Ursachen haben.
5 Schlagen Sie zu jeder der von Ihnen genannten Ursache eine konkrete Maßnahme zu deren Vermeidung vor.
6 Analysieren Sie die nachfolgenden Grafiken, die in der Automobilindustrie gewonnene Erkenntnisse zur Qualitätssicherung darstellen. Welche Schlüsse für die Qualitätssicherung in Industriebetrieben lassen sich aus diesen Erkenntnissen ziehen?

Fehlerentstehung und -behebung im Produktlebenslauf

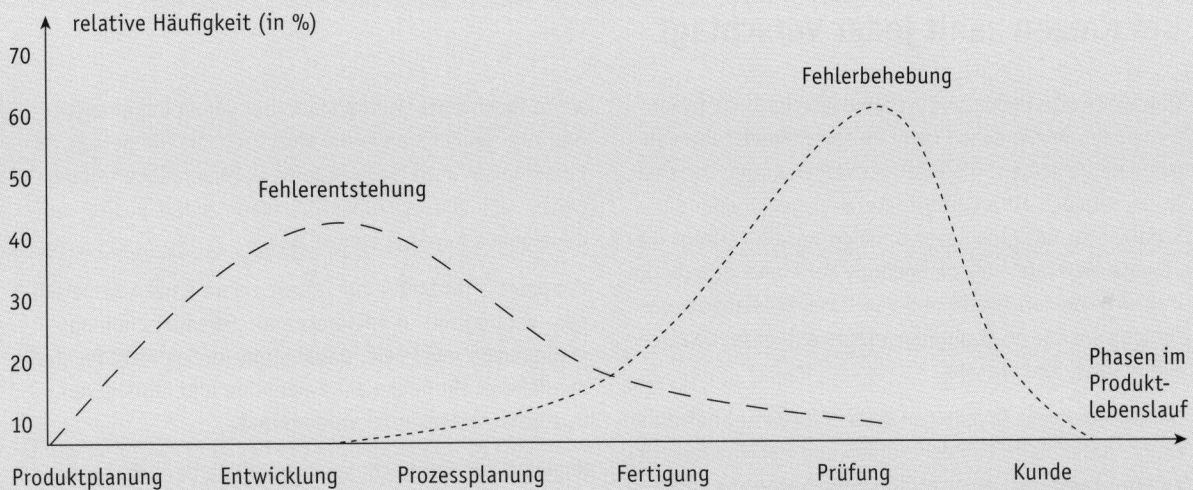

„Zehnerregel der Fehlerkosten"

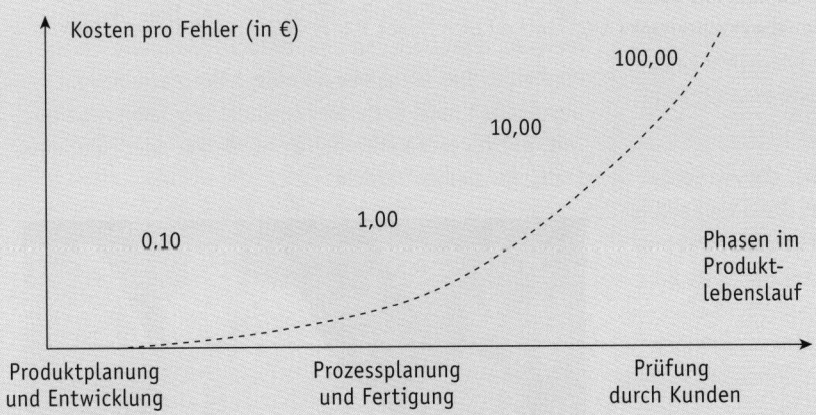

Unternehmensweites Qualitätsmanagement

Unter dem Eindruck der von Ihnen beschriebenen Ursachen und Risiken für mangelnde Qualität diskutieren Herr Peters, Herr Gerland und Herr Schimanski die Einführung eines unternehmensweiten Qualitätsmanagements bei der Fly Bike Werke GmbH. Dabei fallen Begriffe wie „Toyota-Methode", TQM oder DIN/ISO. Herr Gerland meint, er „verstehe nur Chinesisch" und beauftragt Sie, für ihn Informationen zu beschaffen und aufzubereiten.

7. Wählen Sie **einen** der beiden nachfolgenden Texte (Text 1 **oder** Text 2) aus und informieren Sie sich mit dessen Hilfe über das dort dargestellte Qualitätsmanagementkonzept. Ergänzen Sie die so gewonnenen Informationen durch selbst recherchierte Texte – z. B. aus Online-Datenbanken.
8. Fassen Sie die Kerngedanken des von Ihnen bearbeiteten Qualitätsmanagementkonzepts in Stichworten zusammen.
9. Beschreiben Sie sowohl die Chancen als auch die Schwierigkeiten/Risiken, die bei der Einführung dieses Konzeptes in einem deutschen Unternehmen – in z. B. der Fly Bike Werke GmbH auftreten könnten.
10. Kommen Sie mit Mitschülern, die das **gleiche** Qualitätsmanagementkonzept wie Sie bearbeitet haben, zusammen und vergleichen Sie Ihre Arbeitsergebnisse.
11. Stellen Sie Ihre Arbeitsergebnisse Ihren Mitschülern, die ein **anderes** Qualitätsmanagementkonzept analysiert haben, vor – z. B. in Form einer Wandzeitung. Diskutieren Sie im Plenum Gemeinsamkeiten und Unterschiede der beiden Konzepte.

Text 1

Bei Kaizen zählt jeder Vorschlag!

Ihre weltweite Bedeutung haben deutsche Industrieunternehmen immer schon gern am Forschergeist ihrer Ingenieure gemessen. Die internen Verbesserungsvorschläge der eigenen Mitarbeiter fristeten dagegen eher ein Schattendasein. Einen ganz anderen Ansatz verfolgt die „Toyota Methode", die maßgeblich auf Firmengründer Sakichi Toyoda zurückgeht und von Masaaki Imai zum unternehmensweiten Qualitätsmanagementkonzept Kaizen weiterentwickelt wurde.

Der Unternehmer Toyoda und seine Mitarbeiter hatten erkannt, dass Qualität in den Köpfen und Herzen aller Mitarbeiter entsteht und nicht durch Prüfautomaten am Ende des Fließbandes. Daher müssen alle Mitarbeiter des Unternehmens motiviert werden, ihre Arbeit jeden Tag ein wenig besser zu machen. So können Produktionsabläufe kontinuierlich optimiert und die Qualität der Produkte immer weiter erhöht werden. Unnötiger Materialverbrauch wird ebenso vermieden wie überhöhte Lagerbestände. Hierzu sieht Kaizen eine Reihe organisatorischer Maßnahmen vor:

Durch Ziehen an einer gelben Reißleine, die von jedem Arbeitsplatz aus leicht zu erreichen ist, kann und soll jeder Mitarbeiter den Produktionsprozess sofort unterbrechen, wenn er einen Qualitätsmangel erkannt hat. Binnen Sekunden erhält er Hilfe durch einen Vorarbeiter, der mit ihm gemeinsam das Qualitätsproblem vor Ort löst. Erst dann darf sich das Band wieder in Bewegung setzen.

Verbesserungsvorschläge zusammen mit ihren „Erfindern" als Ansporn für die Kollegen unternehmensweit durch Aushänge in den Werkshallen, in Broschüren und im Intranet publiziert. Innerhalb des Konzerns finden landesweite Ideenwettbewerbe statt, bei denen die einzelnen Betriebe gegeneinander im Wettstreit um die besten Verbesserungen antreten. Als Teil der Personalbeurteilung wirken sich Verbesserungsvorschläge zudem positiv auf die eigenen Karrierechancen aus.

Um jeden Mitarbeiter zur Teilnahme an Kaizen zu befähigen, wird gezielt in entsprechende Personalschulungsmaßnahmen investiert. Dabei steht die Vermittlung standardisierter Methoden zur Erkennung und Lösung von Qualitätsproblemen im Vordergrund.

Regelmäßige Besprechungen innerhalb der Arbeitsgruppe, die sogenannten Qualitätszirkel, dienen dazu, die Kommunikation der Mitarbeiter untereinander zu verbessern und den gegenseitigen Lernprozess zu fördern. So werden z. B. auf einem Morgenmarkt alle Qualitätsprobleme des Vortages von Bandarbeitern und Ingenieuren gemeinsam diskutiert und unmittelbar Lösungsvorschläge erarbeitet. Die Teilnahme an diesen Besprechungen, nicht selten auch nach dem Ende der regulären Arbeitszeit, gilt für jeden Mitarbeiter, ob Werker oder Führungskraft, als „heilige" Pflicht.

Das japanische Kaizen-Konzept war derart erfolgreich, dass es zunächst von sämtlichen europäischen Automobilbauern, später dann auch von vielen anderen Industriebranchen kopiert und weiterentwickelt wurde.

Nicht vernachlässigen darf man dabei aber, dass Kaizen sehr stark mit der japanischen Mentalität und Kultur verbunden ist. Die traditionell sehr enge, häufig lebenslange Verbundenheit eines japanischen Arbeitnehmers mit seinem Arbeitgeber sowie die dem Konfuzianismus entstammende Betonung des Kollektivs gegenüber den Interessen des Individuums erleichtern die Umsetzung von Kaizen-Konzepten erheblich. Die strenge Hierarchie in japanischen Unternehmen entspricht sehr häufig der Rangfolge in der traditionellen japanischen Familie: Der Unternehmenschef nimmt die Rolle des Familienoberhauptes ein, der Rat, Schutz und Hilfe in allen Lebenslagen bietet. Den übrigen Führungskräften und Mitarbeitern kommt die Rolle des Kindes zu, das sich für

die elterliche Fürsorge ein Leben lang durch bedingungslose Treue und Tatkraft zu bedanken hat. Das auf den kurzfristigen Erfolg ausgerichtete Karrierestreben vieler westlicher Manager steht den traditionellen japanischen Werten von Loyalität und Ritterlichkeit („bushido") jedenfalls diametral entgegen.

Für die Umsetzung des Kaizen-Konzeptes in einem Betrieb ist mit durchschnittlich fünf Jahren zu rechnen, da Kaizen im Sinne einer Unternehmenskultur alle Bereiche des Betriebes durchdringen soll. Langgediente Mitarbeiter zu ermuntern, über ihre Arbeit nachzudenken und eingefahrene Wege zu verlassen, ist eine besonders anspruchsvolle Führungsaufgabe, die meist der externen – und sehr kostspieligen – Unterstützung durch eine Kaizen-Unternehmensberatung bedarf.

Quelle: Autorentext

Text 2

ISO 9000 – ein Qualitätszertifikat, das auch dem Image dient

Eine Zertifizierung nach den Normen DIN EN ISO 9000 ff. ist für viele Unternehmen in Europa und den USA längst zur Selbstverständlichkeit geworden. Automobil- und Maschinenbauer, Elektronikkonzerne, Software-Entwickler oder andere Dienstleister haben ihre Geschäftsprozesse nach den ISO-Normen 9000 bis 9004 gestaltet und sich die Erfüllung dieser Normen durch eine unabhängige Zertifizierungsgesellschaft bestätigen lassen. So dokumentieren sie die Verlässlichkeit ihres eigenen Qualitätsmanagements – und verschaffen sich gleichzeitig einen

häufig entscheidenden Wettbewerbsvorteil gegenüber nicht zertifizierten Konkurrenten. Grundlage einer Zertifizierung sind die von der Internationalen Standardisierungs-Organisation (ISO) im Jahr 1987 veröffentlichten Normen 9000 bis 9004, die konkrete Schritte für die Qualitätssicherung festlegen. Später wurden sie auch von der Europäischen Union (Europäische Norm (EN)) und dem Deutschen Institut für Normung e. V. (DIN) übernommen. Die ISO-„Normenfamilie" hat in ihrer derzeit gültigen Fassung drei **Kernnormen**:

Kernnorm	Inhalt
DIN EN ISO 9000	Allgemeine Zielsetzungen und Begriffe für Qualitätsmanagementsysteme sowie Anleitungen zu deren Darstellung
DIN EN ISO 9001	Der Umfang der Qualitätssicherung und deren Nachweis bezieht sich auf alle Leistungsprozesse: Entwicklung, Konstruktion, Teilefertigung, Montage, Instandhaltung und Service
DIN EN ISO 9002	Diese Normen werden seit dem Jahr 2003 nicht mehr angewendet. (Ausnahme: DIN EN ISO 9003 wird in der Medizintechnik noch gelegentlich verwendet.)
DIN EN ISO 9003	
DIN EN ISO 9004	Weitergehende unverbindliche Empfehlungen zur Einrichtung eines Qualitätssicherungssystems

Text 2 (Fortsetzung)

Die ISO-Regelungen sind Ausdruck des Wunsches, zu international vergleichbaren Qualitätsmaßstäben zu gelangen. Denn die stetig wachsende Bedeutung von Outsourcing-Strategien, also die Abgabe von Wertschöpfungsstufen an Fremdlieferanten, erfordert die immer stärkere Einbindung der Zulieferer in den Betriebsablauf, speziell in die Qualitätssicherung. Nur wenn der Lieferant in der Lage ist, nachprüfbare Qualitätsgarantien abzugeben, kann die Qualität der eigenen Produkte gewährleistet werden. Die zunehmende technische Komplexität der Produkte und Produktionsprozesse und die sich verschärfende Produkthaftung verlangen nach einer immer größeren Transparenz des Fertigungsablaufes, um Qualitätsmängel frühzeitig erkennen und beheben zu können.

Im Gegensatz zu anderen Qualitätsmanagementkonzepten – wie z. B. dem japanischen Kaizen-Konzept – zielen die ISO-Normen 9000 ff. nicht unmittelbar auf die Produkte sondern auf die **Prozesse** eines Betriebes ab. Es geht also um die betrieblichen Strukturen und Abläufe sowie um die Methoden und Instrumente, mit denen die Qualität gesichert werden kann. Bei der weitestgehenden Norm 9001 werden sämtliche Leistungsprozesse – vom Produktdesign bis zum Kundendienst – dokumentiert und auf ihre Übereinstimmung mit den Vorgaben der Norm überprüft. So sollen Fehler in sämtlichen Phasen der Leistungsentstehung und -erbringung verhütet werden.

Kernstück eines Qualitätsmanagements nach DIN ISO 9000 ff. ist die Erstellung eines **Handbuches**, in dem die Qualitätsziele des Betriebes und sämtliche Schritte zur Erreichung dieser Ziele dokumentiert werden. Dabei sind sämtliche Arbeitsabläufe exakt nach den DIN-ISO-Normen zu gestalten und entsprechende Verantwortlichkeiten der Mitarbeiter festzulegen. Die Standardisierung der Arbeitsabläufe soll gewährleisten, dass alle Mitarbeiter nach einem einheitlichen und transparenten Schema handeln, um so ineffiziente Abläufe und Fehler zu vermeiden und schließlich die Kosten zu senken. Das Qualitätshandbuch muss eng mit einer entsprechenden, auf unternehmensweite Qualitätssicherung ausgerichteten Unternehmensphilosophie verzahnt sein.

Die größte Schwierigkeit besteht dann allerdings meist darin, die Theorie – Qualitätshandbuch und Unternehmensphilosophie – in die Praxis, also das tatsächliche Tun der Mitarbeiter umzusetzen. Nicht selten verschwindet das Qualitätshandbuch ungelesen in den Schreibtischen und Regalen und wird erst dann hervorgeholt, wenn die Auditoren der Zertifizierungsgesellschaft danach fragen.

Denn ein Qualitätsmanagement nach DIN ISO 9000 ff. gewinnt erst dann seinen wahren Wert, wenn dem Betrieb die Erfüllung der Normen durch eine unabhängige Zertifizierungsgesellschaft, z. B. TÜV CERT, bestätigt wurde. Die Prüfer der Zertifizierungsgesellschaft gleichen zunächst die dem Qualitätssicherungssystem zugrundeliegenden Unterlagen mit den DIN ISO Normen ab und inspizieren das Konzept dann an Ort und Stelle in einem sogenannten **Audit**. Wurden die Normen zur Zufriedenheit der Prüfer erfüllt, erhält das Unternehmen das begehrte Zertifikat.

Dabei dauert die Erarbeitung und Prüfung eines Qualitätsmanagements nach DIN ISO 9000 ff. schon bei einem mittelständischen Betrieb mindestens ein bis zwei Jahre. Die Kosten der Zertifizierung durchbrechen leicht die Marke von 100.000,00 € – ohne Beraterhonorare und interne Aufwendungen. Kein Wunder, dass sich auf dem Markt der DIN-ISO-Audits mittlerweile über 20 akkreditierte Zertifizierungsgesellschaften tummeln. Zudem muss sich der Betrieb das Zertifikat durch eine jährlich Teilprüfung und alle drei Jahre durch eine Vollprüfung bestätigen lassen.

In vielen Branchen ist das DIN-ISO-Zertifikat aber längst zum selbstverständlichen Qualitätssiegel und zur Eintrittskarte in den Markt geworden. Auch öffentliche Aufträge, z. B. im Rahmen EU-weiter Ausschreibungen, können häufig nur zertifizierte Unternehmen erhalten.

Quelle: Autorentext

Aufgaben

Aufgabe 1

Die YOCKO GmbH stellt Nieten, Knöpfe und Reißverschlüsse für die Bekleidungsindustrie her. Um die Qualität der Produkte zu gewährleisten, werden den einzelnen Losen während des Produktionsprozesses fortlaufend Stichproben entnommen und geprüft. Dazu hat man folgendes Entscheidungsschema erstellt:

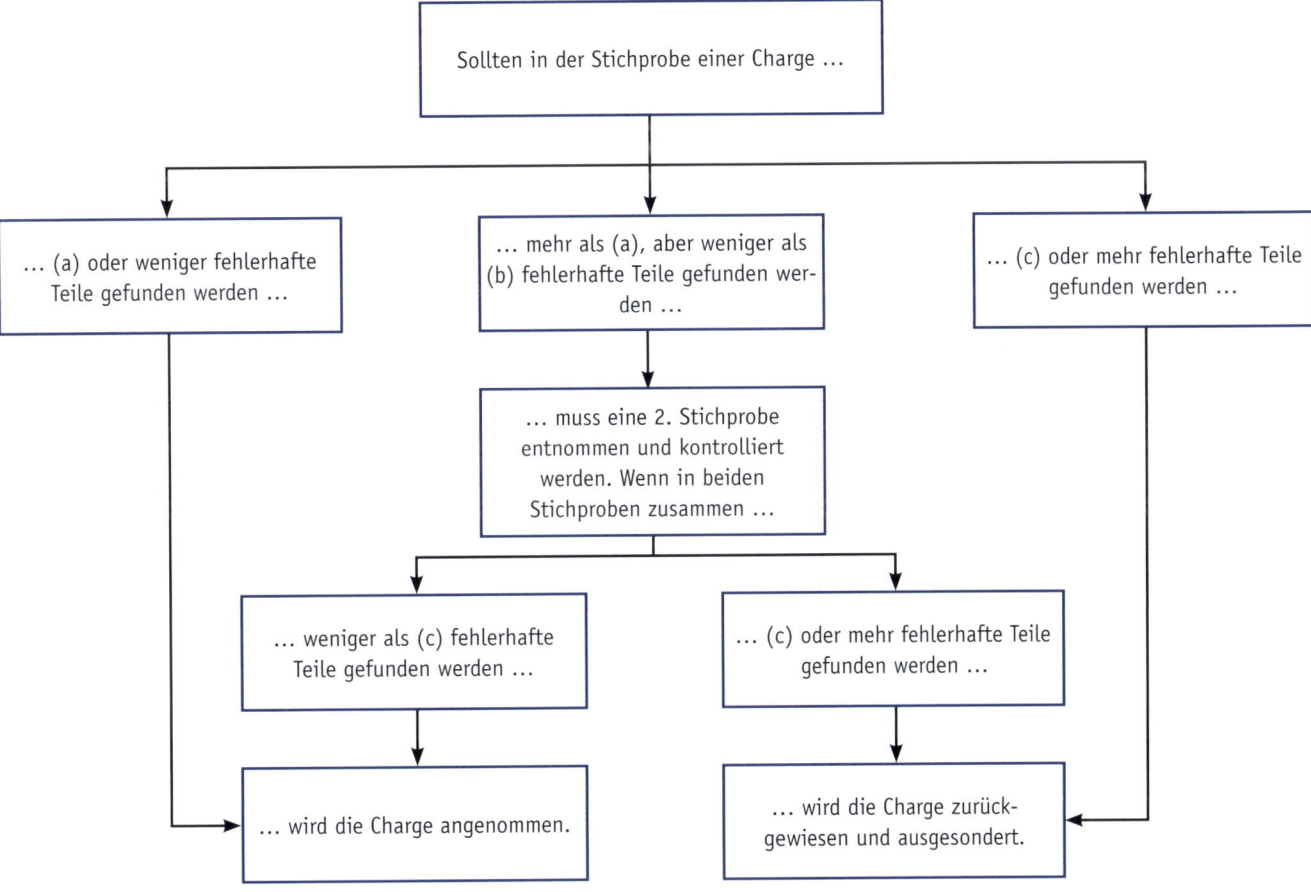

Für die Produktgruppe Jeansknöpfe gilt dabei der nachstehende Stichprobenplan:

Stichprobenplan				
Chargengrößen	Stichprobenumfang (Stück)	Fehlerhafte Teile		
		(a)	(b)	(c)
0 bis 1 500	13	0	2	2
1 501 bis 12 000	50	0	3	4
12 001 bis 32.000	80	1	4	5
32 001 bis 100 000	125	2	5	7
100 001 bis 350 000	200	3	7	9
350 001 bis 1 500 000	315	5	9	13

a Begründen Sie, warum man sich bei der YOCKO GmbH mit einer stichprobenhaften Qualitätskontrolle begnügt. Nennen Sie außerdem drei Beispiele für Produkte, bei denen eine Vollkontrolle (100 %-Kontrolle) notwendig erscheint.

b Die Zwischenkontrolle von drei verschiedenen Chargen Jeansknöpfe wurde nach dem nachstehenden Stichprobenplan durchgeführt und erbrachte folgendes Ergebnis:

Charge	Chargengröße	Fehlerhafte Teile in der 1. Stichprobe	Fehlerhafte Teile in der 2. Stichprobe
1	200 000	2	–
2	60 000	10	–
3	750 000	8	3

Bestimmen Sie den Stichprobenumfang für Charge 1 nach dem obigen Stichprobenplan.

c Konnte die 2. Charge angenommen werden oder musste sie zurückgewiesen und ausgesondert werden? Begründen Sie Ihre Antwort mithilfe des Entscheidungsschemas.

d Wie viele weitere fehlerhafte Teile hätten in der zweiten Stichprobe von Charge 3 höchstens noch vorkommen dürfen, um die Charge annehmen zu können?

e Welche Verwendungsmöglichkeiten ergeben sich für eine Charge Knöpfe, die wegen Qualitätsmängeln nicht angenommen werden konnte?

Aufgabe 2

Die Mitarbeiter der Qualitätssicherung der YOCKO GmbH bestimmen bei ihrer Qualitätskontrolle der Jeansknöpfe u. a. die Abweichung vom Soll-Durchmesser. Dabei gilt eine Abweichung von bis zu 50 Mikrometern (µm) als hinnehmbar. (Anm.: 1 µm = 1/1000 mm)

Die Qualitätskontrolle während der Frühschicht am vergangenen Montag ergab folgende Messwerte:

QS-Messprotokoll
Teil-Nr.: 0979.987
Soll-Durchmesser: 16,00 mm

Datum: 22.08.20XX
Toleranzgrenze: 50 µm

Uhrzeit	07:30	08:00	08:30	09:00	09:30	10:00	10:30	11:00	11:30	12:00
Stichproben-Nr.	1	2	3	4	5	6	7	8	9	10
Durchschn. Abweichung (in µm)	58	51	47	42	39	38	39	43	47	53

a Stellen Sie die Ergebnisse der Qualitätsprüfung in einem Koordinatensystem grafisch dar.

b Formulieren Sie Mutmaßungen über die Gründe für diesen Verlauf der Messwerte.

c Bei welchem Messwert hätte man spätestens in den Produktionsprozess eingreifen müssen, wenn man 20 % unterhalb der Toleranzgrenze eine zusätzliche Warngrenze definiert hätte?

Aufgabe 3

Die Controlling-Abteilung der YOCKO GmbH hat in einer umfangreichen Untersuchung den Zusammenhang einer relativen Fehlerhäufigkeit in einer Charge (= Fehlerquote in %) mit den jeweils aufgewendeten Prüfkosten und den möglicherweise entstehenden Fehlerfolgekosten analysiert. Hier das Ergebnis:

Fehlerquote in %	Prüfkosten	Fehlerfolgekosten
0,50	20.000,00 €	1.550,00 €
1,00	10.000,00 €	3.100,00 €
1,50	6.670,00 €	4.650,00 €
2,00	5.000,00 €	6.200,00 €
2,50	4.000,00 €	7.750,00 €
3,00	3.300,00 €	9.300,00 €
3,50	2.860,00 €	10.850,00 €
4,00	2.500,00 €	12.400,00 €
4,50	2.200,00 €	13.950,00 €
5,00	2.000,00 €	15.500,00 €

a Stellen Sie in einer Grafik den Verlauf der Prüf- und Fehlerfolgekosten in Abhängigkeit von der Fehlerquote dar. Warum verlaufen die Prüf- und Fehlerfolgekosten wie von Ihnen dargestellt?

b Ermitteln Sie die Gesamtkosten in Abhängigkeit von der Fehlerquote und stellen Sie auch diese grafisch dar.

c Ermitteln Sie die kostenoptimale Fehlerquote.

d Formulieren Sie zwei Argumente dafür, trotz höherer Gesamtkosten eine Null-Fehler-Qualität anzustreben.

Aufgabe 4

Die Qualitätsprüfung der Erzeugnisse kann erfolgen

a direkt am Arbeitsplatz oder an einem separaten Prüfplatz,

b durch den die Arbeitsschritte ausführenden Mitarbeiter (Eigen- oder Werkerselbstkontrolle) oder durch einen externen Prüfer (Fremdkontrolle).

Welche Vorteile hat dies jeweils im Vergleich zueinander?

Aufgabe 5

Moderne Systeme des Total Quality Management (TQM) haben für Industriebetriebe eine herausragende Bedeutung gewonnen.

a Erklären Sie, wie sich TQM-Systeme (z. B. das japanische Kaizen) von herkömmlichen Verfahren der Qualitätsprüfung unterscheiden.

b Erläutern Sie an drei Beispielen, wie durch TQM-Systeme die betrieblichen Kosten beeinflusst werden.

Aufgabe 6

Bringen Sie die folgende Teilschritte bei der Einführung eines Qualitätsmanagementsystems nach DIN EN ISO 9001 in eine sinnvolle Reihenfolge.

☐ Es werden nur solche Lieferanten zugelassen, die die unternehmenseigenen Qualitätsanforderungen erfüllen.

☐ Es wird ein Qualitätshandbuch erstellt, das die Erfüllung aller Qualitätsanforderungen gewährleisten soll.

☐ Alle Erzeugnisse werden so gekennzeichnet, dass ihre spätere Rückverfolgung jederzeit möglich ist.

☐ Der Prüfzustand der Produkte wird durch entsprechende Kennzeichnungen (z. B. Sperr- oder Freigabezettel) dokumentiert.

☐ Alle Produktions- und Montageschritte werden nach den anzuwendenden Normen geplant.

☐ Die Unternehmensleitung definiert ihre Qualitätsziele und stellt sicher, dass dieses Qualitätsverständnis von allen Mitarbeitern verstanden wird.

☐ Eingangs-, Zwischen und Endprüfungen belegen die Erfüllung der gesetzten Qualitätsanforderungen.

☐ Das Erreichen der gesetzten Qualitätsziele wird regelmäßig erfasst und dokumentiert.

☐ Alle eingehenden Materialien sind eindeutig und nach einem einheitlichen Standard zu kennzeichnen.

☐ Die Unternehmensleitung benennt einen Qualitätsbeauftragten, der die Umsetzung aller Normen sicherstellt.

☐ Es werden Anweisungen für das Archivieren und die Pflege von Qualitätsaufzeichnungen definiert.

☐ Fehlerhafte Produkte werden unverzüglich ausgesondert und deren versehentliche Weiterverarbeitung wird ausgeschlossen.

☐ Die Ursachen unzureichender Qualität werden dokumentiert und Maßnahmen zu ihrer Vermeidung werden ergriffen.

☐ Auch für die Lagerung, Verpackung und den Versand der Produkte werden standardisierte Regelungen festgelegt (z. B. Packvorschriften).

Bildquellenverzeichnis

Titelbild: Fotolia/pressmaster

Derby Cycle Werke GmbH, Cloppenburg S. 9/1–4
Fotolia S. 5/Industrieblick
Gewerkschaft NGG S. 37
Global Refund Deutschland GmbH S. 156
Gottwald, Joachim, Berlin S. 94
iStockphoto S. 56/LuisPortugal, S. 275/belljohn, S. 314/inkastudio
Lange, Marek, Berlin S. 53
Lüders, Henning, Berlin S. 29
OrangeBikeConcept GmbH, Karlsruhe S. 267/1
Peter von Tresckow S. 90
Picture-alliance S. 83/1/Eibner-Pressefoto, S. 268/Bildagentur/Klein
Shutterstock S. 21/Goodluz, S. 27/liveostockimages, S. 41/Elena Elisseeva, S. 45/1/
    efirm, S. 45/2/Yuri Arcurs, S. 45/3/Denis Kuvaev, S. 59/2/TOSP Photo, S. 59/3/Sopot-
    nicki, S. 73/Benis Arapovic, S. 262/Marcin Balcerzak
Stadtwerke Soltau GmbH, Soltau S. 70
VISUM, Hamburg S. 15/Gregor Schläger
Wikipedia S.59/1/Hubert van Ham, Radical Design, S. 83/2/ Yanks 9596/GNU/CC
www.bike-doctor.de S. 267/2